中国现代高等口腔

Zhongguo Xiandai Gaodeng Kouqiang

医学教育发展史

Yixue Jiaoyu Fazhanshi

主　编：周学东

副主编：王松灵　赵铱民　张志愿　郭传瑸

高等教育出版社·北京

HIGHER EDUCATION PRESS　BEIJING

内容简介

　　本书是2007—2010年教育部高等学校口腔医学专业教学指导委员会指导下的研究成果。全书共分12章，分别从中国现代高等口腔医学教育的建立、各阶段高等口腔医学教育发展、高等口腔医学教育学术管理机构、口腔医学专业教育标准及医学相关参考标准、中国口腔医学研究生教育、中国高等口腔医学教育战略规划、高等学校口腔医学院系或医学院校系口腔医学专业培养、中国高等口腔医学教育大事年表等角度，概括了有关中国现代高等口腔医学教育发展的历史进程。书末有9份附录，记录了从20世纪中期以来口腔医学类教材、期刊及作为管理机构的各委员会组成情况等。

　　本书可作为高等学校口腔医学专业教育的史书教材，也可供其他专业学生和社会读者阅读使用，对关注中国口腔医学教育发展的读者更具有较大的参考价值。

图书在版编目（CIP）数据

中国现代高等口腔医学教育发展史/周学东主编. —北京:高等教育出版社,2011.6
ISBN 978 – 7 – 04 – 031864 – 7

Ⅰ.①中…　Ⅱ.①周…　Ⅲ.①口腔科学 – 高等教育 – 教育史 – 中国 – 现代　Ⅳ.①R78 – 4

中国版本图书馆 CIP 数据核字（2011）第 083198 号

策划编辑	安　琪	责任编辑	丁燕娣	封面设计	张　志
版式设计	张　志	责任印制	张泽业		

出版发行	高等教育出版社	咨询电话	400 – 810 – 0598	
社　　址	北京市西城区德外大街4号	网　　址	http://www.hep.edu.cn	
邮政编码	100120		http://www.hep.com.cn	
印　　刷	北京机工印刷厂	网上订购	http://www.landraco.com	
开　　本	787 × 1092　1/16		http://www.landraco.com.cn	
印　　张	27	版　　次	2011 年 6 月第 1 版	
字　　数	500 000	印　　次	2011 年 6 月第 1 次印刷	
购书热线	010 – 58581118	定　　价	55.00 元	

中国现代高等口腔医学教育发展史

编　委（以姓氏笔画为序）：

王　林	南京医科大学	周　健	安徽医科大学
王佐林	同济大学	周学东	四川大学
王松灵	首都医科大学	周延民	吉林大学
牛卫东	大连医科大学	赵铱民	第四军医大学
毛立民	哈尔滨医科大学	胡勤刚	南京大学
台保军	武汉大学	俞立英	复旦大学
闫福华	福建医科大学	贾暮云	青岛大学
安　峰	河北北方学院	徐　欣	山东大学
买买提·牙森	新疆医科大学	凌均棨	中山大学
余占海	兰州大学	郭传瑸	北京大学
谷志远	浙江大学	唐　亮	暨南大学
宋宇峰	贵阳医学院	章锦才	南方医科大学
张志愿	上海交通大学	焦艳军	山西医科大学
张连云	天津医科大学	阙国鹰	中南大学
周　洪	西安交通大学		

以史为鉴　再创伟业——

——《中国现代高等口腔医学教育发展史》序言

　　"一年之计，莫如树谷；十年之计，莫如树木；终身之计，莫如树人。"每当我望向窗外沪上万家灯火的时候，总是情不自禁回想起在华西坝求学的经历。当年言传身教的那些授业恩师，也是近现代中国高等口腔教育的先驱们，他们用自己的心血和实践浇灌出了累累硕果。然而，"韶华不为少年留"，往昔的记忆渐渐已有些模糊，感觉遗憾之余却又只能扼腕叹息，难道就让自己脑海中这些关于我国口腔教育事业的记忆湮没到岁月中去？

　　此时欣闻教育部高等学校口腔医学专业教学指导委员会主任周学东教授开始组织撰写《中国现代高等口腔医学教育发展史》，令我不禁喜出望外、万分期待。它的出版对于所有为中国高等口腔教育事业披荆斩棘、呕心沥血而奉献终身的先行者而言，既是一枚迟来的荣誉勋章，也是一份沉甸甸的厚礼。

　　遥想1907年，历经蜀道艰险的加拿大多伦多大学牙医学博士林则来到锦水之畔，在四圣祠创办仁济牙科诊所，遂将现代口腔医学教育模式引入中国，开创中国高等口腔医学教育之先河。星星之火可以燎原，微弱的火光与坚定的信仰先后闪耀于华夏之域——为了现代口腔医学能扎根在中国，林则、唐茂森、吉士道、安德生、刘延龄、叶慈夫妇、甘如醴、勒·乔爱、罗家伦、司徒博、韩文信、沈国祚、黄天启、宋儒耀、陈华、毛燮均、席应忠、肖卓然、李得奇、夏良才等一批中国高等口腔医学教育的缔造者和履践者暗夜举火、除旧布新，历经数十载寒暑，终于建立起以华西协合大学牙学院、震旦大学牙医学系、南京国立牙医专科学校、北平大学医学院齿学系为代表的近代中国口腔医学教育体系。

　　"以史为鉴，可以知兴替"，撰史是一项利在社会、功在千秋的事业，但编史者须得耐寂寞、淡名利，从尘封的档案中去挖掘史料，从与历史的参与者的访谈中去发现线索，这些工作做起来又谈何容易？这部发展史不仅填补了过去我国高等口腔教育发展历程记录的空白，还带给我们许多反思与感悟。翻开扉页，读者能站在历史的高度去逐步见证中国口腔医学院系从无到有，从以个为计、以十为计直至以百为计的历程；掩卷沉思，又能从内心深处感慨这长卷舒展中凝聚的如烟岁月，先行者们的奋斗历程，浩瀚长河里缀满的璀璨群星。

一部发展史承载了数代口腔人的光荣与梦想，新时期的口腔医学教育也已扬帆起航。汗青付梓，丹心可鉴，愿读者们都能从本书中汲取智慧和力量，祝我国高等口腔医学教育事业之树常青！

邱蔚六

2010年7月22日于上海

　　2007年，为了进一步深化高等教育教学改革，提高高等教育质量，加强教育行政部门对高等学校医药学科（专业）教学工作的宏观调控，推进宏观决策的科学化和民主化，充分发挥专家学者对高等医药教育教学改革与建设的研究和指导作用，教育部成立了教育部高等学校口腔医学专业教学指导委员会。这是由教育部直接领导的专家组织，我有幸成为第一届主任委员，并和其他29位专家一起担负起口腔医学本科教学的研究、咨询、指导、评估、服务等使命。

　　对口腔医学教育研究愈深入就愈感目前记载口腔医学教育历史发展进程的书籍的匮乏，而岁月的流逝必将带走前人对口腔医学发展历程的宝贵记忆，后来者对口腔医学教育历史也将会越来越陌生。

　　常言"盛世修史"，如今正值祖国国力日益强盛、人民安居乐业之时代，撰写让读者览一部而知中华口腔人百年之耕桑耘梓、励精图治的发展史，我们责无旁贷。本书以中国现代高等口腔医学教育的历史演变为研究对象，是该领域的第一部专题史书，力求突出中国特色，充分展示了百年来中国高等口腔医学教育从牙医学舶来到口腔医学发展这一历史进程。我们设想，这不仅应该是一部完整记录我国高等口腔教育历史的重要资料，也是百年来数代中华口腔人艰苦创业历程积淀而成的结晶。从搭建框架到组稿、成稿，其间得到了从教育部农林医药处王启明处长到教指委委员以及全国兄弟单位的鼎力支持，邱蔚六院士专门为本书作序，四川大学华西口腔医学院王翰章教授、王大章教授以及吴婷博士等均参加了相关章节的编写工作，在此一并表示深深的谢意。

　　在编写过程中，我们努力搜集各方史实，分门别类归入相关章节。如中国现代高等口腔医学教育的建立章中，包括了起源、创始人及为中国高等口腔医学教育建立作出杰出贡献的人；各阶段高等口腔医学教育章节中，分1949年以前创办的牙医学院校、系和1949年以后发展的高等口腔医学院、系。新中国成立后的院系情况还分别就1949—1965年、1966—1976年及1977—2008年期间的中国高等口腔医学教育作列述。中国高等口腔医学教育学术管理机构章节中，包括了教育部高等学校口腔医学专业教学指导委员会、中华口腔医学会口腔医学教育专业委员会及全国高等学校口腔医学专业教材及教材评审委员会等机构。此外，全文对中国口腔医学研究生教育、中国高等口腔医学教育战略规划和中国高等学校口腔医学院、系均有相关列述以供参考。特别重要的是，本书对中国高等口腔医学教育大事进行汇总作年表，对20世纪中期开始的各类口腔医学教材、期刊进行汇总作附录，不仅适用于口腔医学教育发展史的教学，而且可为口腔医学教育发展的实践者与理论研究者提供一定的参考。

"落红不是无情物，化作春泥更护花"，正是在不断寻觅、收集我国口腔教育先驱者们的足迹的过程中，我们既领略到前辈诸贤开疆拓野之艰辛，又深感吾辈口腔人肩负责任之重大。薪火相传，百年延绵始有成；人事代谢，一生奉献甘无闻。借史鉴今，我们自当更加奋发图强、砥砺前行，携手共创我国口腔医学教育辉煌的明天！

周学东

2010年7月20日于成都

目录

第十一章 医学院校、系及高职高专院校、系口腔医学专业

附录

中国现代高等口腔医学教育发展史

第一章 中国现代高等口腔医学教育的建立

世界口腔医学的发展推动了中国高等口腔医学教育的建立与发展，中国高等口腔医学教育从一开始就建立在古今中外口腔医学及其教育历史遗产之上，建立在最先进的世界一流水平的基础上。加拿大多伦多大学牙医学博士林则在中国高等口腔医学教育与世界接轨过程中发挥了重要的作用，他不仅把西方先进的口腔医学教育理念带入中国，还对中国的历史精华予以发扬并传播到全世界。

第一节 中国现代口腔医学教育的起源

口腔医学源自牙医学，起源于公元前7000年左右。口腔医学教育建立于19世纪，中国高等口腔医学教育则建立于20世纪初。本节从口腔医学的起源出发，回顾世界口腔医学教育及中国现代口腔医学教育的起源。

一、口腔医学的起源

根据世界各地古文明的文字记载，对龋齿、牙痛、牙周疾病、牙齿脱落等齿科疾病，苏美尔人、古埃及人、伊特鲁里亚人、亚述人等都有着相同的认识与征伐。公元前7000年，印度河文明记载由技艺精湛的珠宝工匠使用弓钻治疗牙齿的相关疾病，这种治疗方法从现代口腔医学的角度来看仍是有效而可靠的。公元前5000年，苏美尔人用文字记载了龋齿是由一类"牙齿蠕虫"造成，在古印度、埃及、日本、中国也有相似的记载。一直到公元1300年的欧洲中世纪，这种说法仍然存在。"牙齿蠕虫"一说也被当时最杰出的外科医生 Guy de Chauliac 极力推崇。公元前2700年，中国人已经开始用针灸治疗龋病引起的牙痛。公元前17世纪，古埃及医学中最重要的医药记录——"埃伯斯的莎草纸"，记载了多种牙齿疾病和牙痛的治疗措施。公元前700—前510年间，意大利实施了世界最早的义齿修补术。公元前100年，古罗马医书作者Aulus Cornelius Celsus的著作De Medicina最早提出用棉绒或铅填补牙齿，同时提出了牙齿固位、牙痛的治疗、颌骨骨折的治疗和正畸治疗术。

中世纪初期，牙科手术一般都是由受过教育的僧侣实行。理发师则因其剃头使用的工具（理发尖刀和剃须刀）有利于手术而经常担任僧侣的助手。随着专业的分化，理发师中的一部分参与拔牙行业，一部分则演变为外科医生。1530年，第一本牙科专著*The Little Medicinal Book for All Kinds of Diseases and Infirmities of the Teeth*（Artzney Buchlein）在德国出版。该专著为治疗口腔疾病的理发师和外科医生所著，涵盖了诸如口腔卫生、拔牙、钻孔和安置黄金填料等许多实际问题。1575年，享有"外科学之父"美誉的法国人Ambraise Pare使压迫神经干而产生局部麻醉的老方法得到重新应用。他将金线运用于牙齿的移植、填补和连接，并对充填物进行了描述。Ambraise Pare出版了他的全集，包括拔牙技术、蛀牙及颌骨骨折治疗在内的各种实际操作知识。1685年，Charles Allen主编的第一本英文教科书*Operator for the Teeth*出版。

牙医行业的发展始于18世纪。1723年，法国外科医生福查德（Pierre Fauchard，1678—1761）出版了著作*The Surgeon-Dentist, or, Treatise On The Teeth*。该著作包括了牙齿的解剖、生理、胚胎发育、口腔病理和临床病例，列举了103种牙病和口腔病。首次将牙科从外科中独立出来成为专业的科学，奠定了近代牙医学的基础。从此，牙医从外科医师中分离出来成为一种独立的职业——牙外科医师（surgeon-dentist）。Pierre Fauchard被公认为"现代牙科之父"。

荷兰科学家雷文虎克（Antonie van Leeuwenhoek，1632—1723）发明了显微镜，曾报道牙本质细管的存在，并于1683年报道牙石上附有微生物，由此开阔了牙医学的研究领域。显微镜的发明及继此产生的脓毒症、抗菌法的概念同时改革了内科实践。此后，约翰·亨特（John Hunter，1728—1793）对尸体的口腔及颚部做了深入的研究，并对牙齿疾病、错𬌗矫正作过介绍，以其*The Natural History of Human Teeth*一书奠定了现代牙医学的基础。在约翰·亨特之前，技术性修复一直在牙科中占主导地位。随着他的不朽著作于1771年的问世，人们通过对生物本质的了解，继而对口腔疾病有了全新认识，推动了牙科学缓慢的革命。1789年，乔治·华盛顿的义齿由象牙制成。同年，法国人Nicolas获得首项瓷牙专利。1790年，John Greenwood创造了第一个脚踏牙钻车。美国人Josiah Flagg建造第一把牙椅。1794年，John Greenwood将压模金基托应用于义齿。

美国牙医师维洛比·米勒（Willoughby D. Miller）关于龋齿的研究打破了自巴比伦（Babylonia）帝国以来深入人心的"牙虫之惑"的说法，首次提出口腔微生物代谢进入口腔的糖类产生酸是引起龋齿的原因，建立了著名的化学细菌学说。芝加哥大学法兰克·欧兰德（Frank J. Orland）找出了龋齿的元凶并由此衍生了牙科预防医学和牙科公共卫生学。19世纪，科学牙医学之父格林·布雷克（GV Black）发明了一套迄今仍适用的窝洞制备（cavity preparation）方法和器械，并精心改进银汞合（silver amalgam）的成分，使其稳定性大大提升，解决了长久以来龋齿填补的问题。

牙医学早期发展非常缓慢，除了在技术上的进步，这个新兴的学科明显落后于内科。当时大多数医疗工作者将牙医学归类于内科的一个旁支或者附属，使新的知识应用到口腔疾病过程中存在许多困难。牙科所需的科研资金和实践本身对高素质人才的吸引力由此受到了限制。直到20世纪，牙科行业的形势才发生了迅速而且彻底的变化。1910年，威廉·亨特（William Hunter）揭开了牙科与内科在健康和口腔脓毒症的深刻影响。

牙医学的发展过程同时也是牙医学组织的发展过程，各种牙科组织也在百年间中相继成立。1900年，在巴黎牙医学院院长高登（Dr. Charles Godon,1854—1913）的号召下，"国际牙科联盟"（Federation Dentaire International）成立，旨在公共卫生及教育基础上积极改善牙科专业。1904年的第四届国际牙医会议被认为是有史以来最重要的国际牙科会议，大会改良了"国际牙科联盟"的组织架构，形成了今日的架构雏形，使各个国家协会会员及个人都可成为该组织的成员。今天"国际牙科联盟"的主要功能是在国际的水准上，建立了世界性的标准及鼓励研究风气。

1918年，成立"国家义齿专科医师协会"（National Society of Denture Prosthetists）和"美国口腔外科医生与拔牙医生协会"（American Society of Oral Surgeons and Exodontists）。

1920年，成立了"国际牙科研究协会"（International Association for Dental Research）。其他专业分科团体包括"美国义齿协会"（American Prosthodontic Society）、"女牙医师协会"（Association of Women Dentists）、"临床牙科催眠协会"（Society for Clinical Dental Hypnosis）及"法医牙科学协会（Society of Forensic Odontology）"等。

1920年，康札特（John V. Conzett）等4人创办了"美国牙医师学院"（American College of Dentists）。同年8月，该组织被牙科界承认，并制定了内部规则，对外发布了"美国牙医师学院"要努力的目标：提升牙科标准，鼓励研究，并颁给优秀研究者奖金。多年以来，该组织成为牙科与社会大众之间沟通的桥梁。

1928年，"美国牙医师学院"与"国际牙医师学院"（International College of Dentists，ICD）合并。

二、口腔医学教育的建立

19世纪，世界牙科发展逐步具备了稳固的基础、正式的机构、正规的专业教育、正式的科学文献。1839年，世界第一本牙科杂志——《美国牙科学杂志》（The American Journal of Dental Science）创刊；1840年，美国Haydan和Harris在马里兰州创办了世界第一个牙科学院——巴尔的摩牙学院（Boltimor College of Dental Surgery）；1840年，世界第一个正式的牙科机构——美国牙科医师协会（The American Society of Dental Surgeons）宣布成立。世界口腔医学发展史上具有里程碑意义的"三个第一"使牙医学成功地从医学专业中独立出来，形成了一门独立的专业，并成为口腔医学教育的开端。

1866年，Lucy Beaman Hobbs毕业于Ohio College of Dental Surgery，成为世界第一位牙医学女毕业生。1867年，哈佛大学牙医学院成立，成为最早的大学附属牙科机构，授予毕业学生学位是DMD（Dentariae Medicinae Doctor）。1894年，密歇根大学建立早期的毕业后牙医学教育。1900年，美国公认的牙科学校有57个，国际牙科联合会（FDI）成立。进入20世纪，牙医学的教育发展迅速，世界各地的众多牙学院相继建立，牙科行业相关的各种培训机构（如护士培训等）开始萌芽。口腔医学的技术革新，新材料（合金、树脂等）、尼龙牙刷、氟化牙膏等的广泛应用为现代口腔医学的发展作出了重大的贡献。欧美国家牙科治疗逐渐在寻常百姓家普及，牙科教育规模显著增加。美国、英国等的牙科协会对于从事牙医行业进行了严格的规定，从而保证了行业内部的稳定与规范。

1908年，各大学的牙医学院等教育机构联合组成了"美国大学牙科教师协会"（Dental Faculties Association of American Universities），建立"以三年高中学历及四年牙科学院教育"作为合格证书认定的资格。

1910年，来自英国伦敦的威廉·亨特爵士（Sir William Hunter）在美国迈克吉尔大学（McGill University）医学院的演讲中，严厉批评了美国的牙医教育以及牙科治疗的不完善，激起了美国牙科界的强烈反响，促使美国牙医师开始检视自己，并放弃一些不合宜的技术。这次事件直接引发了牙科界的大反思，并改变了过去纯粹以机械性或美观为目的的牙科诊疗观点，将降低系统疾病的发生率、预防口腔败血症提高到首位。

1918年，牙科教育的变革随着第一次世界大战的爆发而得到大幅度的促动。在1918年的战争评估中，美国国会委托成立了"牙科储备兵团"（Dental Reserve Corps）和"牙科教育审议会"（Dental Educational Council）。在1918年至1937年的20年间多次提高牙科生的入学申请标准，使得美国的牙科教育水平得到了大幅度的提高。

1922年，卡耐基教学改进基金会（Carnegie Foundation for the Advancement）成立了由哥伦比亚大学生物化学教授、《牙科研究学刊》（Journal of Dental Research）创始人吉斯（William J. Gies）领衔的、对牙科教育进行研究的委员会。

1923年，在吉斯的推动下，美国牙科学院协会（American Association of Dental Schools）成立。1925年之前，美国牙医学院的教学质量良莠不齐，除附属于各知名大学的牙科学院外，还有许多独立创办的学院。这些学院入学申请标准非常低，虽然1905年曾试图提高入学最低标准，但仍未能从根本上改变当时的现状。1926年，吉斯发表了名为《美国与加拿大的牙科教育》的研究报告，促使了这两个国家在牙科教育上的彻底改革。他在报告中指出："一个体制健全的牙科专业，应该独立于传统医学之外。"他正确预测了牙科服务必须也应该会发展成为等同医学的保健服务（health service），有力回应了始于19世纪第一个10年的关于牙科究竟应当归属于医学分支还是一个独立领域的争议问题。同年，卡耐基基金会报告出版，这份牙科教育状况的全面报告立即对牙科专业产生了重要影响。此后，美国全国委员会牙科考试机构于1928年成立，世界第一个牙科专业委员会——美国正畸学委员会于1930年成立。

如今，口腔（牙）医学已经在美国、加拿大及大多数欧洲国家医学界和学术界中拥有很高的地位，口腔（牙）医学教育在许多欧洲国家中已经成为一门需要学习内科之后才能学习的研究生课程。在美国、加拿大及更多的地方已经和内科并列成为本科生开设课程中用时最长、要求最严格、费用最昂贵的课程之一。随着世界口腔（牙）医师培养的瞩目成就及其相关学科的迅速发展。一名合格的口腔（牙）医师培养的入学条件、课程要求都在不断提高。各界对牙医学的进一步了解促成了大量的研究资金投入，也促进了大批学者、教师、科学家的积极关注。他们都为口腔（牙）医学的发展和地位作出了杰出贡献。

三、中国口腔医学教育的建立

中国口腔医学早在殷商时期就有记载，但真正的口腔医学教育直到20世纪才开始，前后经历了3 000余年的发展与准备。

（一）中国古代口腔医学

中国古代口腔医学起源甚早。《诗经·卫风·硕人》中有形容美女牙齿"齿如瓠犀"，指牙齿要如同葫芦子一样整齐洁白。对牙齿参差不齐者则称之为龃龉，咬合不齐者病之为齼，排列不正者称为龇，不平整者为龋，均视之为病态。殷王武丁时代的甲骨卜辞为公元前1300年的记录文字，记载了"疾口"、"疾舌"、"疾言"、"疾齿"、"龋齿"等50多种与口腔疾患有关的卜辞。其中"龋"字的出现是中国最早对龋齿的记录。

甲骨文中的"龋"字是牙齿生虫的象形字（图1-1），这是世界医学史上有关龋齿的最早记载，其中对于龋齿的描述证实了中国对龋齿的记载早于世界上相当多的国家。象形文——"龋"字下部是口腔中排列整齐的牙齿形象，上部是虫在蛀蚀牙齿，旁边还散落被虫蚀的牙碎屑。由此

图1-1 甲骨文龋齿图

可证，中国早在殷代就有关于"龋齿"的记载。西汉名医淳于意在其诊籍中记录有关于口齿疾病的认识和治疗方法，即用灸法和苦参汤含漱治疗龋齿，且指出其病因为"得之风，及卧开口，食而不漱"。可见当时对口腔不洁与致龋的关系已有所认识。与此相应，埃及于公元前300—前400年发现龋齿，印度与希腊对龋齿的最早记载是在公元前600年。

周秦时代（公元前1066—前206年）的史料显示该阶段已经注重对口腔疾病的记录，《内经·素问》介绍了恒牙的萌出时间。《素问·奇病论》所记载的"厥逆"相当于中国的首例三叉神经痛。《灵枢·肠胃》关于口腔形状的认识谈到："唇至齿长九分，口广两寸半。齿以后至会厌深两寸半，大容五合。舌重十两，长七寸，广两寸半。"《论衡》记载"孔子反羽"，是中国首例中切牙外翻畸形。所记载的"帝喾骈齿"以及《史记》所记载的"武王骈齿"是中国最早有记载的牙齿移位或多生牙症例。其中"颜回（公元前521—前409年）年29，发尽白，齿早落"的记载，说明颜回是中国有记的首例青年型牙周病变患者。

东汉到唐宋间的1200多年历史中，中国的口腔医学得到了很大的发展。在认识口腔疾病的同时也发明了很多相应的治疗方法。张仲景撰写了中国第一部口腔医学专著《口齿论》。《淮南子》记载的"孕见兔而子缺唇"是中国唇裂记载之始。三国北魏嵇康在《养生论》中有"齿居晋而黄"的论述，是中国也是世界对于氟牙症的最早认识。马王堆三号汉墓帛书中发现了治疗口腔疾病的"齿脉"，帛书《五十二病方》中记载了中国最早的牙充填法。甘肃省武威县出土汉简记载"治千金膏药方"是中国最早的治疗齿痛用膏剂。以砷治失活牙髓法、牙签和牙

膏及植毛牙刷、牙齿再植术、银膏补牙四大发明为代表，记载着中国古代口腔医学的发展。

砷治失活牙髓法被誉为中国古代口腔医学四大发明之首，最早见于东汉时期（25—220年）名医张仲景所编著的《金匮要略》中"小儿疳虫蚀齿方"。处方为"雄黄、葶苈，上二味，末之，取腊月猪脂溶，以槐枝绵裹头四五枚，点药烙之"。其中雄黄的化学成分为二硫化砷。明代（1368—1644年）《本草纲目》中也记载有"用乌爹泥、雄黄、贝母等分，研末，米泔洗净患处后涂搽"，"用雄黄和枣肉，捏成小丸，塞牙齿空洞中"。美国人斯普纳（Spooner）1836年始用砷剂失活牙髓。该方法到今天仍是牙体牙髓临床治疗中所常用的技术。

牙签、牙膏及植毛牙刷合誉为中国古代口腔医学四大发明之一。西晋至南北朝（265—589年）始见牙签之记载。晋朝陆云在致其兄陆机书有"一日行曹公器物，有剔牙签，今以一枚寄兄"，其制法虽不知其详，但可看出，牙签当时尚属罕见之物。在三国东吴高荣墓中出土了金制剔牙签，这是中国首次发现的金牙签。葛洪《抱朴子》中提到叩齿健齿法，即上下齿列轻轻相互叩击，此法至今仍有人奉行，且证实有效，其机制可能是通过叩齿给予齿龈以适度的刺激，以促进牙周血液循环，长期行之，可起到预防牙周疾患的作用，达到固齿的目的。此期对齿科的医源性疾病也有所描述。晋代已有以拔牙治疗牙齿病者，据《晋书·温峤传》载："峤先有齿疾，至是拔之。因中风，至镇，未旬而卒。"1976年，江西省南昌市发掘了汉末三国东吴时代的高荣墓葬，其中有一个两端分别为耳挖勺和小杨枝的龙形金制器物。小杨枝是龙的尾部，圆形，末端尖。研究者考证后认为此系墓主人生前用来剔除齿间食物残渣的口腔清扫用具，此小杨枝也就是今之牙签的雏形。

东汉安世高译《温室经》谈到沐浴时所用的七物之中，有"六者杨枝"之句，可知汉代已知用杨枝来清洁牙齿了。隋唐五代时期（581—960年）已渐趋流行"揩齿以保口齿清洁"。其方法主要有"杨枝揩齿法"和"手指揩齿法"两种，《外台秘要》中载有"每朝杨柳枝咬头软，点取药揩齿，香而光洁。"手指揩齿法见于晚唐敦煌壁画中的"劳度叉斗圣图"。至于洁牙剂，或为盐，或为药物散剂。《千金要方》和《外台秘要》中就有不少揩齿方，所用药粉多有芳香祛风、解毒止痛、排脓消肿之功。隋唐医籍对食物、药物在口齿保健上的宜忌也有所论述。如孟诜《食疗本草》指出："砂糖多食则损齿。"两宋时期（960—1279年），著名学者苏东坡提出茶叶对预防龋齿的作用，现代医学实验证实茶叶中含有较多的氟，故有防龋、防口臭、杀菌消炎之功。《太平圣惠方》指出刷牙应早晚行之，其中还载有药膏药齿法："柳枝，槐枝，桑枝煎水熬膏，入姜汁，细辛末、川芎末，每用擦牙"，此可谓今之药物牙膏的雏形。中国在此时期已有植毛牙刷，宋代周守中《养生类纂》中记载有"盖刷牙子皆是马尾为之"。植毛牙刷也曾在辽代左辽驸马卫国王墓中出土。

牙齿再植术作为中国古代口腔医学四大发明之一，记载于宋代《太平圣惠方》和《圣济总录》中。牙齿再植术的过程是将撞落的牙经过处理后，重新再植入到原来的牙床里。最后再将植入牙与邻近的几颗健康牙捆绑固定在一起，目的是避免再植牙再受伤，再次获得丰富的新鲜血液供应，使再植牙有了新的神经、新的生命，再生达到成功。《圣济总录》中的"治牙齿摇落，复安令著，坚齿散方"中记有："齿才落时，热黏齿槽中，贴药齿上，五日即定，一月内，不得咬硬物。"这是最古老的牙齿再植术，但原理却与今天的方法相通。

从唐代（618—907年）开始，一直使用熏牙法治疗牙痛。《千金要方·卷第六下》曰："黑羖羊脂，莨菪子各等分，先烧铁锄斧錾令赤，内其中，烟出，以布单覆头，令烟气入口熏之。"在《外台秘要》、《东医宝鉴》及《医心方》等书中都记述了熏牙止痛法，但所用器具均不同。目前保存最好的是清代太医院制造的银制熏牙器。用法是将药物装入后，加水置炉上煎开，使药气从管口喷出，患者张口对管口以熏病齿，以微量之麻药达到止痛目的。

银膏补牙也是中国古代口腔医学四大发明之一。659年，中国李绩、苏敬等编撰的《唐本草》中有银膏的记载："其法用白锡和银箔及水银合成之，凝硬如银，堪补牙齿脱落。"1578年，李时珍所著的《本草纲目》对此有了更加详细的描述。1896年，美国C. V. Black对银汞合金的组成、性质、调和及充填方法进行了大量的研究和改进，使银汞合金逐渐成为较理想的充填材料。

明代（1368—1644年）薛己撰写《口齿类要》，成为近代一部口腔医学专著。清朝（1644—1911）光绪时期太医院"共设五科，口齿为其一，咽喉归口齿"。中国近代口腔临床治疗诊室的建立，最早始于晚清皇宫太医院中的牙医室。西方的口腔科药品和材料治疗口腔疾患和修复牙齿缺损及牙列缺失在牙医室中得以应用。民间建立的近代口腔临床治疗诊室较牙医室略晚。

清末，中国口腔医学发展虽比较缓慢，但临床上治疗的病种已涉及牙体病、牙髓病、牙周病、口腔黏膜病、口腔炎症、口腔肿瘤、颜面神经疾患以及涎腺与颞颌关节疾病等。1907年，加拿大多伦多大学牙医学林则博士在四川成都四圣祠创办仁济牙科诊所，为平民医治口腔疾病，是中国最早建立的近代牙科诊所之一。

（二）中国高等口腔医学教育的起源

1905年，经基督教华西各差会顾问部讨论后，决定在成都联合创办一所"规模宏大"、"学科完备"的高等学府，定名为华西协合大学（West China Union University，简称WCUU），于1910年正式成立。华西协合大学系五个基督教差会联合创议开办，故称"协合"，成为中国十三所基督教大学之一，教员多来自英国、美国、加拿大等国，行政及组织机构采用英国式大学模式（牛津大学、剑桥大学式）。

林则博士经过十年的艰苦努力，终于在1917年创办了华西协合大学牙学院，开创了中国现代高等口腔医学教育。1928年仁济牙症医院搬入四川成都华西坝，更名为华西协合大学口腔病院，林则博士担任院长。1936年创办了华西协合大学医牙研究室，1942年更名为华西协合大学口腔病研究室。

第二节 ▎中国高等口腔医学教育的创始人——加拿大林则博士

艾西理·渥华德·林则博士（Dr. Ashley W. Lindsay，1884—1968），加拿大人，医学教育家，中国高等口腔医学教育的创始人，对中国高等口腔医学教育的发展作出了突出贡献。

一、林则博士生平

1884年2月24日，林则出生于加拿大魁北克东南部的Magog镇，1906年毕业于多伦多大学牙学院，获得皇家牙外科学院博士学位。大学就读期间，时值加拿大掀起宗教复兴运动。多伦多大学牙医学院的中国西部传教会也在大学校园里开展活动，吸引在校大学生毕业后到中国参加海外传教。通过传教会的活动开展以及Mr. E. W. Wullace的指导，林则逐渐对华西教会的工作产生了兴趣，萌发了到古老的东方帝国——中国的西部做牙医的愿望。1906年秋，林则向传教会委员会递交申请，要求在传教会的支持下去中国西部做牙医。同年，他在多伦多大学牙医学院毕业，获得了牙医学博士学位。接着，他到多伦多的西方医院进修了全身麻醉和多种小手术，以便全面开展牙医实践工作。1907年，林则得到批准，成为加拿大第一名牙医学传教士，被派到华西教区从事牙医实践。见图1-2。

林则博士前往成都开展牙医学事业前后近半个世纪，在初期曾经遇到诸多困

9

难。林则博士的得意门生、中国著名整形外科专家宋儒耀
教授于1942年撰文描摹林则入川的艰难及面对未来的热
情与憧憬。

　　"距今三十五年前的春天，急湍的三峡江里，有一只
老旧的木船。它以十分迂缓的速度，被拉着逆流前进。
在这只平凡的木船里，坐着一位年轻的牙医林则博士和
他的新婚夫人林铁心（A. T. Lindsay）女士。他们都是
加拿大人，被加拿大基督教英美会派到成都去工作。他
们面对险峻的岩壁，急湍的江水，陌生的人物，与无从
捉摸的前途，不但毫无恐惧，而且怀着一颗勇敢而快活的心前进，他们经过一
个月的木船水程与半个月的滑竿陆程，终于走完了'难于上青天'的蜀道，到
达了成都。"

　　1907年5月18日，林则到达成都之后，又面临了双重困境。一是语言的问
题，二是信任的问题。就语言的问题，按照教会的规定，林则必须掌握中文才能
给中国人看病，而短时间内掌握一门语言困难重重。信任的问题则来自于常人眼
里的"市场需求"，即便是在当时的美国，最受欢迎的也是全科医生，而非像林则
博士这样的专科医生。在当时贫穷的中国，最需要的是全科医生。

　　遭遇到这双重困境后的林则博士并没有彻底放弃做牙医，而是执著寻找转
机。信任问题的转机首先来自于传教士内部。当时许多传教士的胶托义齿已经破
坏，急待修理，这位险遭"驱逐"的牙科医生由此得以停留。1907年秋，在早已
来华的启尔德医生帮助下，林则博士于成都四圣祠仁济医院借用了一个小房间，
设立了仁济牙科诊所，揭开了中国牙医学史上新的一页。信任问题的另一个转机
则来自于开诊当日的一个治疗。Kilborn医生老朋友的女儿患有十分严重、长达十
年的牙槽脓肿，伴有大量的骨缺失并不断排脓。林则为这开诊的第一位病人拔除
了病牙，进行了治疗，帮助她彻底恢复了健康。林则整洁、优雅的个性，手到病
除的精湛技艺，很快使他声名大噪，求医者日见增多。从此，林则博士及其仁济
牙科诊所取得了教会与民众的信任。病员数量的激增使得林则博士出诊的时间受
到限制，推动当时深闺中患牙病的官太太、富小姐们冲破藩篱，离开深宅大院到
诊所就诊。这对破除封建礼法、摒弃社会旧俗、解放女性于桎酷以及推动文明进
程起到了重要作用。

　　1911年，林则博士的工作逐渐得到教会认可。鉴于他的勤劳、热心与民众
的所需，准许他在四圣祠礼拜堂左侧修建一所独立的牙症医院——四圣祠牙症
专科医院，即中国第一个口腔专科医院，林则博士任院长。1910年，华西协合

大学成立。林则博士和唐茂森博士除忙于牙症医院的工作外，还为医科学生讲授牙科课程。1917年，华西协合大学牙科系成立，林则博士任系主任。1919年，牙科系正式扩建为牙学院，与医科并列，林则博士任院长，并兼口腔外科主任。1928年，牙症医院由四圣祠街迁至华西坝新址。林则博士强调口腔疾病与全身疾病的关系，将新的专科医院更名为口腔病院（Stomatological Clinic），分为五大部门，号称"远东第一"，林则博士任院长，成为中国第一个口腔专科医院院长。

1929年，林则博士的论文 *Direct Approach Mandibular Block* 发表在美国牙医学杂志，他的《下齿槽神经阻滞麻醉直接注射法》被誉为"林则方法"，至今被全世界通用，对世界牙科学作出了贡献。1917年创办了华西协合大学牙学院，林则博士任院长，兼任口腔外科主任。医牙学院初设主席，由两科科长担任。1941—1950年，林则博士担任华西协合大学副校务长和最后一届的校务长，对华西协合大学的发展作出了卓越的贡献。

1950年，年过60岁的林则博士告别华西，返回加拿大。回国后，林则博士担任安大略省牙科联合会期刊（O.D.A.Journal）的编辑。1968年，安大略牙医协会授予他终身会员资格。1968年11月9日，林则博士在Wellesley医院逝世，享年84岁。

二、林则博士对中国高等口腔医学教育的突出贡献

林则博士在华工作生活近半个世纪，为创建中国高等口腔医学教育作出了卓越的贡献，被誉为中国现代口腔医学的创始人。林则博士来华的目标非常明确，就是身体力行地将西方现代高等牙医学教育在中国传播，他对中国高等口腔医学教育的突出贡献集中表现在以下三个方面。

（一）将现代口腔医学知识与新技术引入中国，揭开中国现代口腔医学发展史新的一页

1907年，在启尔德医生的帮助下，林则博士开创了中国第一间牙科诊所——仁济牙科诊所（图1-3）。诊所设在成都四圣祠仁济医院，仅有一个小房间，"不及加拿大三流的柴房"。林则博士这样描绘："所谓的诊所没有天花板，地板是泥坯的，雨后简直就成了泥泞。房椽被火炉产生的油烟熏成了黑色。房顶杂乱地铺着烧制的陶瓷瓦片，已经破败不堪，站在屋内，可以见着当天的太阳。诊所前屋的窗子是带格子的中国古式的纸窗户，后屋是一堵潮湿破旧的泥土墙，用来将诊

所和紧邻的出租屋分开。但这堵围墙挡不住出租屋成天吵闹的声音，租房的人像是一直在大声的家庭争吵中生活。小屋的一头堆放着家用的煤、木头和木屑，另一头堆放着已经损坏不能使用的中式家具。"然而，林则博士正是在这间破败的诊所内，揭开了中国牙医学史上新的一页。

牙症医院墙壁上曾有一幅令人捧腹的"无齿之图"，描绘了一个面黄肌瘦的四川老财，手捧饭碗，开口大笑，露出口中唯一的一颗蛀牙。这幅图促进了人们对口腔卫生健康进行预防，但当时的中国严重缺医少药，不仅缺少"万金油医生"，更缺少牙科专科医生。按照国际通行的牙医人口比来统计当时的牙医人口比全无意义，因为有着十万人口的成都，仅有林则博士一名牙医，还身兼医师、教师、助手、护士、技师数职。与同期美国芝加哥城相比，正所谓天壤之别。因此，林则博士致力于开创中国的牙医学史这新的一页，为中国高等口腔医学教育奠定坚实的实践基础。1909年，加拿大英美会又派毕业于多伦多大学牙学院的唐茂森博士（John E.Thompsin）来成都协助林则博士工作。1912年，建立了四圣祠牙症专科医院，成为中国第一个口腔病院。

图1-3 仁济医院内的牙科诊所（1907）

（二）将现代口腔医学教育模式引入中国，创建中国高等口腔医学教育

林则博士特别重视培养中国的牙科医生与牙医学教师。1912年，牙症医院建立以后，在唐茂森的合作下，牙症医院开始培训人才。招收了邓真明和刘仲儒两名中国人在牙症牙科医院学习牙科技工工艺学，作为助手。这是中国现代牙医教育的雏形。邓真明毕业后留在牙症医院工作，成为中国最早的高级牙科修复工艺学专家。1913年，林则又招收了6名学生，成立了中国第一期正式的口腔修复工艺学技师班。为期两年的学习完成后，一部分学生进入全日制继续学习，成为充分培训过的医术精湛的牙医，另外一些学生在牙症医院当助手、牙科技师或修复示范教师。

鉴于过去所训练的中国牙医生，类似于旧式的学徒，不易获得丰富的知识，所以林则与华西协合大学负责人商酌，在大学开展牙科教育，培养牙医生人才。1914年，华西协合大学设立医科，林则博士和唐茂森博士在医科为学生开设牙科课程。1917年，吉士道博士来到成都的牙症医院工作，单独设立牙科的条件已趋于成熟。林则博士建立华西协合大学牙科系，成为中国第一个高等口腔医学教育基地。1919起，牙科系正式扩建为牙学院，成为与医科并列的学科。1921年，中国第一个牙医学博士黄天启毕业。1936年，张琼仙、黄端芳成为华西协合大学牙学院培养的第一批牙医女博士毕业生。这些女性牙医师比男性牙医师更温柔，很受病人欢迎。

林则博士从口腔疾病与全身疾病的关系出发，要求学生具备坚实的基础和熟练的技术。在安排教学计划时，特别重视基础广厚、扎实，技术训练严格、细致。牙学院刚成立时所招收的头两届学生，前三年的学习课程与医科基本相同，后三年专业课包括口腔解剖学、比较解剖学、口腔组织学与胚胎学、牙科修复学、手术学、齿冠与齿桥学、特殊麻醉学、矫形学、口腔外科学、特殊病理学等。要求学无机化学课程时要与化学系的学生在一起，学内科学要与医学专业的一样，课时相同，考试亦相同，从而保障了广泛而扎实的医学基础和临床基础。华西牙医学不仅吸引了华西协合大学中优秀的学生，还吸引了来自中国各省、世界各地的学子。

早在20世纪20年代末期，华西协合大学牙学院从苏联、匈牙利、朝鲜、印度尼西亚等国招收留学生，是中国接受外国留学生学习现代科学技术最早的地方之一。华西协合大学牙学院的毕业生在中国以及远东的重要中心城市供不应求。

（三）重视高素质强能力人才培养，为中国高等口腔医学教育奠定了重要的基础

林则博士提出华西口腔的办学理念是"选英才，高起点，严要求，淘汰制"。

早在20世纪40年代林则就发表文章，阐述了他创办高等牙医学教育的指导思想。他认为，中国牙医学所制定的教育方针和设置的课程要走在西方牙医学校的前面，要求学生学习与医科学生相等的基础生物学和医学课程，使学生认识到口腔卫生的重要性及与全身的关系。提出，培养出来的学生首先是医学家，然后才是专科医生，绝不是匠人。这项工作揭示了一个新的教育计划，为高等口腔医学教育奠定了一个高的标准：即以第一流牙医学教育为目的，成为一个示范中心，推广到全国甚至国际。林则博士深知在中国开创口腔医学事业，不是一个人能完成的。一方面他亲自担任口腔生理解剖学、口腔外科学、麻醉学、全口义齿等课程的教学；另一方面他积极努力通过教会动员志愿者前来参加。

林则博士对中国口腔医学事业发展有五种期望，分别从以下五个方面着手培养中国口腔医学的医生与教师：在中国推广现代牙医学治疗和修复；举办高等牙医学教育；开展预防牙医学；开展牙医学科学研究；要做医学家，不要当匠人。

华西协合大学牙学院实行严格淘汰制，每年用"Curve"来分析学生的各方面表现，以能否达到做一位口腔医生的要求来选留学生。每年，林则博士从毕业生中选拔优秀学生留校，并把他们陆续送到国外去进修提高。这些毕业生以后陆续成为华西协合大学牙学院各个专业或者中国各地区口腔医学的带头人。1921年黄天启博士作为中国第一位牙医学博士，留校任教。此后林则于1926年、1937年两次让黄天启赴加拿大进修。黄天启相继获得多伦多大学牙医学理学士、牙医学博士学位。1928年，黄天启任华西协合大学牙学院教授。

1939年毕业生宋儒耀博士被送到美国罗彻斯特大学医学院整形外科、脑外科学习后转入宾夕法尼亚大学进修学院，师从国际上著名的整形外科泰斗艾伟博士（Dr. Robert Henry Ivy）。他学习出色，5年后得到了美国医学上最高的学位——医学科学博士学位（Doctor of Medical Sciences）。他回国以后，开创了中国口腔颌面外科和整形外科，成为中国整形外科的开拓者。1948年6月9日的"China Daily"报道了他的业绩。

邹海帆博士于1948至1949年到美国和加拿大研修，专门向国际上的牙周病学泰斗们学习，并得到他们的赏识。邹海帆博士用钢丝录音机（很大一个箱子）把上课时所有的讲座都录了下来。回国后，他就创建了中国牙周病学研究室，即口腔医学的研究部。他是中国牙周病学开拓者，曾担任过华西协合大学牙学院院长和口腔系两研究室的主任。

1930年毕业生毛燮均博士，曾于1936年、1947年两次赴美国进修口腔正畸学，后来他成为北京大学口腔医学院的创建人。1930年毕业生陈华博士，与同事们白手起家一起创办了中国人自己开办的第一所牙症医院。席应忠博士，1940年、1946年在美国进修，回国后参与筹建上海第二医学院口腔医学院。严开仁博士在美国进修后就留在美国，为哈佛大学正畸学教授。还有曾做过华西口腔颌面外科主任的胡永承博士，他到了美国，一直在那里从医执教。成为美国哥伦比亚大学的口腔外科教授。

林则博士认为，华西协合大学的毕业生，完全可以和美国、加拿大以及其他国家牙医学院毕业生相媲美。1931年华西协合大学在工作总结报告中写道："我们牙学院正在为全国服务。一年前，北京协和医学院要求我们一名毕业生到那里去行医及教授牙科学，另一位毕业生应邀到山东齐鲁大学，目前该校还在要另一位毕业生。与此同时，已经有一名毕业生到国家卫生委员会工作。"1939年，中央大学筹建牙科时也请求华西协合大学给予帮助。至今，许多中国口腔医学高端人才多出自华西协合大学。经过林则博士及其团队的共同努力，中国高等口腔医学事业得到蓬勃的发展。

林则博士来华之始，于右任先生题"林则博士推广牙医教育之宏绩，敝国人士每饭不忘"以赠。在华之末，著名国际友人文幼章（J. D. Endicott）评价其为"他的名字作为科学的牙科学之父受到占世界人口四分之一民众们的尊敬"。1999年7月15日，华西口腔医学院在新落成的口腔医学科教大楼前，为林则博士铸造了一尊铜像，以纪念他对华西口腔和中国现代口腔医学的创建与发展作出的杰出贡献。

三、林则博士自述

1907年，我受命来到华西这片土地后开始着手创立牙科系。时至今日，这里有两位牙医，地处成都一所装备不错的建筑里，并日益受到关注。不仅如此，我们还有一个即将培训成功的牙科助手的班级，社会公众对我们培养毕业生的需求日增。每当回顾华西协合大学牙学院的成长，我们衷心感谢加拿大魁北克省新教教会在一开始就给予的及时卓越的支持。若没有他们的帮助，就不可能有今天的牙学院。而且，在当时没有任何一个传教团在宣传资料上准备将牙医学作为单独院系设立的情况下，加拿大教会委员会的决策虽显得过于大胆，却反映出加拿大人不循陈规，勇于创新的精神，值得称赞。

首先说明，为了能够更加详尽地记述我们当时负责的部分工作，我有必要加入一些个人的经历，因为一个仅有两人的院系没有太多选择的余地。如果办成了某件事情，那么肯定是我们两人中的一个负责筹划，那么我则是这个领域的第一

15

人，所以请允许我开始讲述我们当时的故事（图1-4）。

图1-4 林则博士（1949）

（一）受命前的个人经历

在大学的日子里，由于Mr.E.W.Wullace的引导，我逐步熟悉华西教会的工作并对其逐步产生了兴趣。怀着为这项事业奉献一生的人生理想，我于1906年秋天向传教团委员会提出申请去华西开展牙医事业。委员会提出我需从医学专业毕业才能得到任命。Dr.Fred Stephenson对我的想法很感兴趣并与我保持联系，并在一次谈话中指点我说，若我能自己争取到担保，委员会将重新考虑他们的决定。我牢记于心，在圣诞节假期里回家乡的教会提出请求并得到了担保，之后回到多伦多，凭此条件向委员会再次提出了申请。委员会派遣Drs.Sutherland和Carman去上海参加百年纪念大会，并调研论证牙医服务能否在传教士工作中占一席之地。1907年春天，我终于得到任务，成为一名医学传教士。由于我被明确指派从事牙医实践，教会规定只有新传教士及医学人士才能担此工作，委员会先安排我学习麻醉和小手术等，以便我在到达成都的最初几年内有事可做。我们那时的传教士很少，所以委员会也要求我多付出些努力。

（二）一段令人兴奋的等待

1907年，我们离开了加拿大，经历了一次长时疲惫的旅行到达了成都。在途中，我已为几个旅行中出现的牙科急症患者提供了医疗服务。第二天早上，我们见到了派往上海百年纪念大会的代表。在简短自我介绍后，他很快向我表达了对我们一行人特别对我的到来的喜悦心情。若在今日有人以这种口吻与我交谈，我会理解这仅是一种礼节，而当时年青单纯的我，却倍感兴奋与高兴。几分钟的交谈后，他给我看了一副马上就要断成两半的上颌义齿。那时我们的牙科设备材料迟迟未到，而且在接近一年的时间内都没有运到，但经过一番仔细搜寻后，我们发现了硬化剂、牙科橡胶，同时也发现在本地可以买到石膏。于是我买了石膏，焙烧后配制成可用的"巴黎石膏"。在一两天内把它修好，完整地交给了那位患者，从那以后，这位患者也成了我们的一位积极支持者。如果我们不在此时来到这里，这位患者很有可能不得不把义齿送到上海去修复，无奈地等上几个星期，这么长时间的等待对他日常进食和气质举止都会有不利的影响。

除非特殊情况，我们一直严格遵守着使团要求，每人用最初两年时间专门学习语言的规定。然而我进了语言学习班后却没有幸运地找到暂离医疗安心学习的方法，因为这儿有很多欧洲人已有很久没有得到牙科服务，有的甚至长达8年。因此，我每天不能不放弃半天的学习来从事牙科服务。

（三）我的牙科诊疗室

我的诊疗室是在一所旧医院大楼里的一个小房间里，候诊室紧邻Mrs.Ewan的客厅，实验室在我们居住的中国式围地里。我们志愿者在这样的艰苦条件下工作着，建筑状况不及加拿大三流的柴房，没有天花板，地板是泥泞的，雨后更甚，房子的椽被长年开放式火炉产生的油烟熏成了黑色。房顶杂乱地铺着烧制的陶瓷瓦片，其上已经有不少的漏缝了。前屋的窗子是中国古式的带格子的纸窗户；后屋是潮湿破旧的泥土墙，这墙未达到屋顶，只是把这屋和那个吵闹的中式出租复合房分隔开来，租房的人像是一直在大声的家庭争吵中生活。小屋的一头堆放着家用的煤、木头和木屑，另一头堆放着已经损坏不能使用的中式家具。幸好这个地方我只住了一年就找到了更加满意的住处。我们在新住处阳台的一头建了一间手术室，工作室是相邻的房间。但我们仍然缺一间候诊室；或者说是两间，因为是在中国，男女患者需分开。所以这三年半来我们的私人客厅就被用来当候诊室了。

（四）我的第一个中国病人

许多接受过我服务的西方人没有成为我掌握中文的障碍，因为通过他们，我很快被渴望治疗的中国人发现了。在我来之前Kilborn医生的一位老朋友把他的女儿带来，请求Kilborn医生为她治疗严重的牙科疾病。医生解释说一位牙科医生马上要来了，他建议他们等我来治疗。我来这个城市还没多久这些人就知道了，他们再次找到Kiborn医生，于是他特别请我看看他的这些中国朋友。尽管我原本不准备在掌握中文至少是一点点中文之前，诊治中国患者，但检查后发现她有一个已经长达十年的牙槽脓肿。有大量的骨缺失并不断排脓。她看起来很没信心，一直服用大量药品但没什么疗效。还好，经过拔除几颗牙和其他彻底的治疗后，效果很显著，不久她恢复了健康，非常高兴。我请她和她的家人不要提我为她治疗的事，因为我目前的任务是学习语言。但毫无疑问，她健康的显著改善使这秘密很难保守，后来很多来找我的病人说到她的康复，都不经意地提到她家。

有一段时间我可以做到不受电话干扰，但电话渐渐越来越多，病人也越来越执著，花去我大量时间接电话。这时一件有趣的事发生了。由于接电话太影响工作，我开始拒绝要求出诊的电话。我的这种态度在有钱或有权的妇女中引起了很大的不满，因为她们实际上从不被允许离开丈夫外出。或许我的这种做法在这种时候——牙科工作的开始阶段是不明智的，但由于我坚持这个原则使总督不得不叫身患严重的下颌坏死的侄女来找我。她多次来访，每次都有一大批仆人和警卫，这成为了街头巷尾关注和谈论的对象。从那时起我在这方面就很少有麻烦了，既然一个高层官员家的女子可以这样做，那么其他人也同样可以遵守。

（五）唐茂森医生

1910年的春天，唐茂森（John E. Thompson）医生到达成都，他没有被指定到牙科，而是作为YMCA的工作人员。唐茂森医生和我是大学同学。我们在YMCA学院曾共过事，特别是在我被任命后，我们曾在一起多次讨论过传教的事情。他从一份申请上发现教会不是很清楚怎样使传教团有一个牙医。过了一段时间，他在加拿大的尼亚加拉的一次夏季会议上遇到了Dr.T.E.Egerton Shore，并与他商讨了相关问题。Dr. Shore告诉他华西传教团需要一名YMCA工作人员，如果他愿意的话，我们教会可以接受他加入团队，需要时请他转入牙科系。唐茂森博士赞同这个计划，把自己的成员资格转到Methodist教堂，并被分配到中国。由于牙科系的迅速发展，1911年理事会将他分到牙科组，参加牙医巡回医疗。

（六）建立办公室和居所

1909年理事会通过了建立牙医院的评估，但是直到1911年春天才找到一个合适的地方。我从3月开始修建，酷暑和革命不时中断我的工作，直到11月，才搬进去——而且只待了两周。不过，牙医院已完工，并投入使用了一段时间。到上海后，唐茂森博士被授权批准购买牙科设备，就像日本牙科诊所里的一样，并且护理从四川来的传教士的口腔健康。在上海停留数月后，我们1907年的那批人被准假回家；在安徽短时间协助了一下饥荒救灾工作后我们回到加拿大。我在那儿进行了一个冬天的研究生工作后，于1913年秋天回到中国。

（七）强调中国牙医的训练

唐茂森博士在1912年12月底的时候再次回到成都，并在1913年1月重新开诊。1914年他的病人很多，工作很忙。我回去后发现很有必要在重庆开办第二个牙科系，覆盖我们负责地区的东部。这个想法其实源于我回来时成都仅有两名牙医，人们热切希望东部也有一名牙医，这样会比较方便。幸运的是为了牙科系的未来，这个计划没有成功。我相信当时的牙科策略应该集中力量发展现有牙科力量。这是因为教区难于得到牙医志愿者，同时理事会反复强调要训练牙医，而只有集中我们的力量干几年才可能完成牙医的训练。

由于身患多种严重的疾病，唐茂森博士得到一个长假。这样长期以来的两人组合又变为一人。如果不是牙科助手的帮助，最后的两年是不能维持的。

（八）在训的六名学生

长假归来，我发现有必要拥有受过训练的助手和机械师，以利于院系的发展和专业的未来。最后我找到一些愿意学习新专业的学生并开始训练他们。参训学生的数量后来曾达到六人。当时训练为期四年，学生晚上学习常规的协合教育学校课程，白天则在实验室和牙椅旁工作。其中的一些学生在完成四年的课程后继续全日制学习，并成为合格的牙医；其他人得到了诸如助手、牙科机械师和在修复课上示教的职位。

我们在华西协合大学和城外的中学中有十个学生在接受唐茂森博士或我的帮助以期进入牙科专业。我们在小学还有两名学生。当然时间、能力和机遇会使这个数目减少，但是我们推测人数也会有所增加，同时我们希望校董会授权我们开办牙学院时我们会有好的表现。

当我预期中国牙科学的未来时，我希望能够把握住机会，尽全力利用好这个充满希望的开端。我们传教会的其他部门没有一个在这么短的时间内取得比我们更大的成就。牙医传教士能够做到所有医学传教士所能达到的基督功能，何况我们或许可以吸取医学分支的经验和教训，因为他们毕竟进行的是开创和启蒙的工作。我们希望训练这样的牙医，他们能够通过一些方法减轻同胞的痛苦。我们为什么不期待我们的社区拥有受过最好教育的医生和牙医？因为中国也正要求拥有所有的科学。真希望我们具有远见卓识，真希望我们能充分把握住向我们敞开的机会之门！

第三节 | 为中国高等口腔医学教育建立作出杰出贡献的人

除林则博士外，在中国高等口腔医学教育的早期实践活动中，还有唐茂森、吉士道、安德生、刘延龄、叶慈夫妇、甘如醴、黄天启、宋儒耀、戴述古等一批学问很高、造诣很深、很受人尊敬的老师，他们为中国高等口腔医学教育的建立作出了杰出的贡献。他们是中国高等口腔医学教育的缔造者和履践者。

一、唐茂森博士

唐茂森博士（Dr. John E.Thompson），牙医学博士，毕业于加拿大多伦多大学皇家牙医学院，是林则博士的同窗好友。1909年，应林则博士所邀并受大英美国会委派来到成都，协助林则博士的工作。林则博士和唐茂森博士不仅要忙于牙症医院的工作，还要为医科学生讲授牙科课程。1914年私立华西协合大学设立医科时，林则博士和唐茂森博士的牙科技术已在中外人士中赢得了声誉。华大牙科专业成立后，唐茂森博士负责讲授《牙体外科学》和《冠桥学》，是中国口腔修复学的创始人。唐茂森工作认真负责，学识渊博，对于华西牙学院的建立费尽了精力，后来因病去世（图1-5，图1-6）。

图1-5 唐茂森博士

图1-6 唐茂森博士指导第一位中国牙医学学生黄天启临床实习（1921）

二、吉士道博士

吉士道博士（Dr. Harrison J. Mullett），加拿大牙外科医师、美国牙科医师学会会员（图1-7）。1917年来到华西，专门负责讲义齿学和正牙学。他是最早在中国讲授正牙学的教授，曾任四圣祠牙症医院院长、华西协合大学医牙学院管理委员会委员、口腔实验外科技术学主任、赝复学系主任。著有"罗素民族之口腔检查"、"以超胶为牙列修复材料之研究"等。到1919年，华西坝就有了规模可观的与医科并列的牙科学院，这所在中国最早建立的培养高等牙科医师的牙科学院，其名声逐渐从成都扩散到全国乃至世界。

华西协合大学的口腔医学院在全国乃至全世界的出名，引来了中国文化名人、政界名人专程到成都来治牙病。吉士道博士医术精湛，多次为蒋中正治疗牙病，1949年蒋离开大陆时，最后一次来华西协合大学口腔病院，就是由吉士道博士和徐乐全教授为他做了在大陆的最后一副全口义齿（图1-8）。

图1-7 吉士道博士　　　　图1-8 吉士道博士与蒋中正

三、安德生博士

牙科博士安德生（Dr.Rog M.Anderson）1920年来到中国。先在重庆任重庆加拿大联合医院牙科主任，后也来华西协合大学牙学院任教，讲授牙体修复学（图1-9）。

四、刘延龄博士

图1-9 安德生博士

刘延龄博士（Dr.R.Gordon Agnew）是国际上很有名的口腔组织病理学家，牙科博士，医学、药学博士，持行医证书的牙外科医师，1923年来华西，而且他曾做过国际牙医师学院的副主席。他讲授口腔病理学、口腔组织学和牙周病学；对于培养牙医学人才，他做了大量的工作。1945年，他用英文写了一篇专著，题为《第二次世界大战后中国的牙医学教育》，总结了华西协合大学牙学院的办学经验和展望，他把以往的教学计划都列入表中，很详细。1949年以后，刘延龄博士回到美国后任加利福尼亚大学口腔病理系教授和主任。1933年他和他的夫人Mary Gordon Agnew（营养学家）在美国牙医学杂志（JADA）上发表《龋病的模型制造及其预防方法》。这份研究以控制实验动物大白鼠的饮食来造成龋病的模型，食谱多达11种。文章发表后，被国际上很多人引用。此后，经过1933年到1943年10年的共同研究，他们又在JADA上发表了《关于环境和食物对牙周病结构组织健康的影响》。刘延龄热情地把中国的牙医学介绍给世界。1926年他在《华西边疆杂志》上发表文章提出中国是最早发现牙病并有文献记载的国家。《黄帝内经》把牙病分为三型：风牙就是炎症，虫牙就是龋病，牙疳就是牙周病。他引用了《黄帝内经》上的记载，以此说明牙周病、龋病都是在中国最早记录

图1-10 刘延龄博士　　　　图1-11 教师照片

的。他的文章发表以后，国际上很多专家引用他的材料。后来朱希涛教授的文章中也引用了他的有关材料。20世纪50年代刘延龄博士在加利福尼亚大学仍继续进行在华西开始的环境和食物对牙周病结构影响的研究工作，随后又开展内分泌因素对牙周病影响的研究。1959年，刘延龄博士在美国主持了国际口腔暨颌面部疼痛的专题会议。刘延龄博士还是一位音乐家，会弹琴，善歌咏，精通乐队指挥，为五大爱乐乐团的指挥，是当时华西坝上之名人（图1-10，图1-11）。

五、叶慈夫妇、甘如醴博士

参与中国高等口腔医学教育建立及推动发展的学者还有1922年从美国浸礼会来的叶慈夫妇（Dr. and Mrs. Morton Yates）、1932年来的甘如醴博士（Dr. W.G. Campbell）。甘如醴博士讲授牙体外科学（现叫做牙体修复学），他非常关心中国口腔医学教育的发展（图1-12，图1-13）。1985年，80高龄的他远道成都，参加华西医科大学建校75周年校庆。

图1-12 甘如醴博士　　　　图1-13 教师照片

六、罗家伦教授

罗家伦（1897—1969）教授，字志希，笔名毅，绍兴柯桥镇江头人（图1-14）。父罗传珍，曾任江西进贤等县知县，思想比较进步，家伦幼年就受其父影响。1914年入上海复旦公学，1917年肄业后进入北京大学文科，成为蔡元培的学生。1919年，在陈独秀、胡适支持下，与傅斯年、徐彦之成立新潮社，出版《新潮》月刊。同年，当选为北京学生界代表，到上海参加全国学联成立大会，支持新文化运动。五四运动中，亲笔起草了印刷传单中的白话宣言（其中文言篇由许德珩起草）《北京学界全体宣言》，提出了"外争国权，内除国贼"的口号，并在5月26日的《每周评论》上第一次提出"五四运动"这个名词，一直沿用至今。1928年8月任清华大学校长，使清华大学由教会学校转为国立大学。1930年后，任武汉大学历史系教授、南京中央政治学院教育长、中央大学校长等职。

图1-14 罗家伦教授

罗家伦教授、黄子濂教授、陈华教授等都是南京口腔医学教育界的启蒙大师。1935年7月，国立中央大学校长罗家伦先生于南京创办了中国国家出资兴办的第一所牙医专科学校——国立牙医专科学校。校址设在国立中央大学内，校长由罗家伦兼任。学校招收高中毕业生，学制4年，聘请黄子濂教授为主任，结束了只有外国人或私人创办牙医教育的局面。1938年，增聘陈华教授主持牙科工作，筹建牙科门诊部。

七、黄天启博士

黄天启（1892—1985）博士，四川青神县人。1915年入华西协合大学医学院。1917年华西协合大学牙学院成立，林则博士从医科三年级的学生中选拔出优秀学生黄天启攻读牙科专业。1921年，黄天启毕业，是华西协合大学牙学院第一班毕业生（只有一个学生），成为中国第一位牙医学博士。黄天启博士留校任医师、教师。1926年、1937年两次赴加拿大进修，获多伦多大学牙医学理学士、牙医学博士学位，并得到加拿大行医执照。1928年黄天启回国任华西协合大学牙学院教授、成都仁济牙症医院院长。1938年，任中央大学医学院牙科主任、教授。黄天启博士著有《口腔烤瓷学》、《牙齿与健康》、《牙体修复学》。他医术精湛，医德高尚，经验丰富，历任第三、四、五届全国政协委员。1985年10月26日黄天启博士病故，享年93岁（图1-15）。

图1-15 中国第一位牙科博士黄天启

八、司徒博医师

司徒博（1889—1976）医师，字学之，广东恩平县人，中国高等口腔医学教育奠基人之一。1912年起行医，1919年创办"中华全国齿科医学会"，同时编印《中华全国齿科医学学报》，这是中国最早的牙医学学术刊物。1922年，毕业于日本东京齿科学校（后改为东京齿科大学）。1923年，创立了一个群众性的护牙协会——中国保牙会，一些社会名流都加入该会以示倡导，如于右任、邵力子、戈公振等都是会员，于右任担任"总队长"。保牙会还出版《口腔卫生月刊》，于1923年6月15日创刊，邵力子、戈公振等为编辑。保牙会及《口腔卫生月刊》堪称中国口腔卫生宣传教育之先导。司徒博医师于1930年编纂出版了一部《齿科医学全书》，共四集。这是近代史上中国人编著的第一部齿科医学全书，由胡汉民先生题签，时行政院秘书长褚民谊博士题序，封三有民国时期首任行政院长谭延闿的题词"每饭不忘"，以勉励中国齿科医师发愤图强。1935年5月司徒博医师被推荐为日本齿科学会名誉会员，1939年他在上海组织了中国牙科医学会并持续两年，此外还编著《家庭口腔卫生学》、主编《中国齿科月报》等。

司徒博医师为推动中国的牙医学教育事业，曾经三次创办牙医学学校。1923年创办中国齿科医学专门学校；1941年创办中国牙科医学夜校；1945年创办上海牙医专科学校。他对中国口腔医学教育事业的卓越贡献成为一个时代的佳话，各大名士相继题赠。民国监察院于右任院长题"牙之神"，民国政府主席林森题"有口皆碑"，段祺瑞题"齿牙馀惠"，中央监察委员研究院蔡元培院长题"金齿铁牙，寿考宜家"，中央委员前陕西省政府主席邵子力题"仁心仁术"，朱培德题"仁术济世"，唐生智题"牙科圣手"，前日本齿科医学专门校秘书西卷周题"中华第一人"（图1-16~图1-19）。

司徒博医师的长子司徒学（1910—1960）也是中国牙医学教育事业的推动者，对司徒博的事业起了很大作用。1929—1936年，司徒学赴日本齿科医学专门学校学习，是该校首名中国留学生。回国后在司徒博的牙医院任医务主任，在后来创办的上海牙医专科学校任教务主任。1937年，司徒学从日本学成归国时正

图1-16 齿科医学全书

图1-17 司徒博医师与
其长子司徒学医师

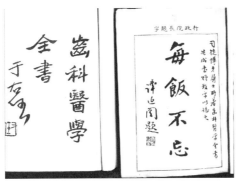

图1-18《齿科医学全书》中谭延闿、于右任题词

图1-19《口腔疾病与
齿牙卫生》

值司徒博的牙医院开业25年，中国齿科医学书局为此发表纪念合刊，题名《口腔疾病与齿牙卫生》，书中兼附司徒博考察日本牙医事业概况记录。司徒父子在促进中国口腔医学教育发展的同时，促进了中日两国口腔医学教育的合作与交流。

九、陈华教授

陈华（1902—1990）教授，字明孝，号棠村，四川成都人。中国著名的口腔医学教育家和口腔正畸学专家，是中国口腔医学教育的主要创始人之一，我军口腔医学教育的奠基人（图1-20）。

1923年，陈华考入华西协合大学牙学院。1930年，获牙医学博士学位。1931年，陈华应聘到北京协和医学院任口腔外科助教。1935年，国立牙医专科学校在南京成立，附设于国立中央大学。1938年，陈华被该校聘为

图1-20 陈华教授

25

国立中央大学医学院暨国立牙医专科学校副教授，兼任国立中央大学医学院、华西协合大学医学院、齐鲁大学医学院三大学联合医院门诊部牙科主任。1940年9月，在陈华的带领下，中国人自己创办的第一所牙症医院诞生。1945年，陈华赴美深造，在美国哥伦比亚大学牙科研究院专攻正畸学，并加入国际牙师医学院（FICD）。1947年，完成学业后谢绝美国友人的挽留，回归祖国，开展口腔正畸工作。1949年，有人劝他连同牙症医院一起搬迁台湾，他拒绝同行。1949年后，历任南京大学医学院牙症医院和第五军医大学口腔医院院长、第四军医大学口腔学系主任（兼院长）及副校长、学位评定委员会主任委员等职，被选为江苏省、西安市、陕西省人民代表和第四、第五届全国政协委员，兼任中华医学会口腔分会副主任委员、中华口腔科杂志编辑、总后勤部医学科学技术委员会委员（兼任口腔医学专业组组长）及中国科协自然科学专门学会会员等职。

陈华教授大力开展活动矫治器的临床应用和研究，探索矫治器设计、改进眼圈簧、设计新式带簧扩弓矫治器，还将锡焊技术推广应用于正畸临床，改变了过去用银焊使钢丝变软失去弹性的缺点，深受基层同行的欢迎。1939年，他组织了牙科名词研究会，每月例会1次，收集牙科中文名词。研究会首先选用了《康熙字典》中的"齿"和"牙"二字为部首创造牙科用字，如现在使用的"龋"、"龈"等字就是那时选定的。1951年卫生部召开牙科名词审查委员会，会上以陈华等人原拟的名词为蓝本。主编《口腔医学名词》，由人民卫生出版社出版发行。

1929年，陈华教授将华西口腔就读时到四川西北的灌县、汶川、威州、理县、茂县等地进行牙病调查的经历记述成《夷疆旅行琐记》一文，连续刊登于天津国闻周报社发行的《国闻周报》上。1934年，张查理教授主编《军医必携》，邀他撰写"牙科篇"论述口腔炎症以及全身病的口腔的表现。50年代初，第四军医大学口腔医学系购买了10万颗中国人的牙齿进行研究。在此基础上陈华教授组织编写了《口腔医学》、《口腔组织胚胎学》、《牙病预防学》、《牙体解剖学》、《牙髓病学》、《实用拔牙学》、《全口义齿学》等第一批具有中国特点的口腔医学教材。此后，还编撰了《临床口腔学》、《实用拔牙学》等著作，相继于1958年出版发行。此外，他还先后参加全国《医疗护理技术操作常规》、《临床疾病诊断依据治愈好转标准》、全国口腔专业通用教材及《中国医学百科全书·口腔医学》的编写、评审工作。

十、毛燮均教授

毛燮均（1901—1979）教授，四川仁寿县人，中国著名的口腔医学家、口腔医学教育家，中国口腔正畸学科的主要创始人之一（图1-21）。

图1-21 毛燮均教授

1922年，考入成都华西协合大学牙医学系。1930年，以优异的成绩毕业，并获牙医学博士学位。1930—1935年，在北京协和医学院任助教。1935—1936年，去美国明尼苏达及塔夫兹大学进修。1942—1945年，在协和医学院所属的北平市第一卫生事务所任牙科主任。1945年，任北京大学医学院牙医学系教授，北京大学医学院牙医学系主任。1947年，在哈佛大学考察牙医教育及进修口腔正畸学。1949年新中国成立后，他从美国进修回国，在北京医学院建立了口腔正畸科，并担任北京医学院口腔医学系主任兼口腔正畸科主任，一级教授。

1949年毛燮均教授撰写"中国今后的牙医教育"一文，提出牙医教育革新运动，包括教育思想、教育政策、教育组织以及教授方法等。建议取消不必需之技工练习，节省时间用以增加生物学及医学方面之课程，将有关联的若干课程合并讲授。裁减修复部门之教学时间，增加口腔内科科学之教学时间。

毛燮均教授提出走新兴的牙医学术必然为广大群众所需要。百年来以牙齿为对象的牙科，虽然未能成功为很理想的学术专门，然而它能独立发展，挺进千垒，在医学界中早有了广大的领域。今后再加重口腔内科学、口腔外科学、公共卫生牙医及口腔生理矫形学等的教学，它的服务范围与任务更要大倍于前。他主编了中国第一部《口腔矫形学》教科书，发表的《从口腔正畸学方面理解大自然》《演化途中的人类口腔》等论文，提出从人类演化背景角度来研究错𬌗畸形的发生、发展的理论。1959年，提出了错𬌗畸形的新分类法——毛燮均错𬌗分类法，这项研究获得了1978年全国科学大会成果一等奖。1983年，他研究设计的"环托式活动矫正器"获得了国家科技发明四等奖。

十一、席应忠教授

席应忠（1906—1985）教授，四川安县人（图1-22）。席家系当地名门大族，人口众多。祖辈曾为秀才、贡生。其兄长席应弟（字长卿），1927年毕业于华西协合大学医科，获得博士学位，曾任成都四圣祠仁济医院院长、护士学校校长、成都

图1-22 席应忠教授

基督教青年总干事等职，并在绵阳创办有"民生医院"。席应忠教授于1922年毕业于成都华西中学，旋即考入华西协合大学牙医学院。1930年毕业，并获牙医学博士学位。毕业后留校任教，后被山东齐鲁医院聘去供职。由于医术精湛，超过了该院的美国医师而名声大振，不久便被当时亚洲最大的医院——北平协和医院聘作医师。在北平协和医院时，著名爱国将领冯玉祥将军为他书匾，以彰扬他的高超医术和工作业绩。日本侵略我国华北时，他先转到南京中央大学任教，后又转到重庆宽仁医院供职。

1940年开始留学美国。1940—1941年间在美国Fotsgtn儿童牙科医院进修牙科，1941—1944年间在美国哈佛大学牙医学院攻读正畸学、口腔外科和颌面赝复学，1945—1946年间在美国费兹蒙陆军医院继续攻读颌面外科学、赝复学、头颅部学。在哈佛大学期间，除学习外，席应忠还打工补助生活，六年没有一个星期天休息，每天晚上还要到饭店做3个小时服务员，这样辛苦所得的收入，加上奖学金，勉强维持夫妇二人读书的费用。席应忠渴求知识，拼命攻读，在他所研究的领域取得了突出的成就。一些单位以优厚的待遇留他在美国工作，特别是在波士顿，转眼即可成为百万富翁。但是，席应忠一心向往报效祖国，立志发展祖国的医学教育事业，于1946年完成学业计划后立即回国。

席应忠是中国著名的正畸学家，由于当时口腔正畸学在中国是新的专业，无论器材、材料、技术都要从头做起。在极困难的条件下，在很短的时间内，他就把这一工作开展起来。他积极努力把口腔正畸学引进国内，先后在国内外医学杂志上发表《错𬌗的预防矫正》、《上海市10 178例错𬌗的调查统计分析》、《矫正经验交流》等论文，在国内外口腔医学界颇受瞩目与重视。1982年6月12日，哈佛大学授予他哈佛大学口腔学院最高学会荣誉会员证，表彰他在口腔医学学术上的业绩和对人民大众所作的贡献，成为享有国际声誉的口腔医学专家。

毛燮均、陈华、席应忠是中国口腔正畸学发展史上有重要影响的三位元老。他们都于1930年毕业于华西协合大学口腔病院，20世纪40年代先后在美国研修正牙学并学成归来，以后分别在国立北京大学医院（现北京大学医学部）、第四军医大学、震旦大学医学院（后改为上海第二医学院，现为上海交通大学医学院）担任口腔系主任，从事传播、开创这一新兴学科的工作。为中国口腔正畸学科的发展、壮大贡献了毕生精力，作出了突出贡献，堪称中国口腔正畸学的奠基人。席应忠积极致力于口腔医学事业的发展，1949年以前他就是上海牙医学会主席。新中国成立后，他担任上海市牙医进修班教务主任、中华医学会上海分会口腔医学会主任委员、卫生部口腔医学专题委员会委员、上海市口腔疾病预防委员会委员，并兼任《中华口腔科》杂志编委和医学文摘编辑委员会委员。从美回国后即任南京中央大学医学院牙科教授，兼任当时高等医学教育委员会委员，考试院牙科甄别委员会委员。1947—1948年，任上海医学院牙医学教授兼中山医院牙科主任。1948年任震旦大学牙科教授及教务主任。1952年院系调整后，任上海第二医学院口腔系教授、系主任，兼广慈医院口腔科主任。他到上海第二医学院口腔医学系时，最初的一切都是从头开始。他克服困难，广聘人才，在极其艰难的条件下，从无到有，从小到大，逐步把口腔系发展到了相当规模，为开展、推广、普及口腔医学事业培养了大批人才，全国各地口腔医院业务骨干中有不少是他的学生。

上海第二医科大学（原上海第二医学院，现上海交通大学医学院）口腔系编写的《席应忠》一文称："席应忠教授，工作积极，办事认真，作风正派，待人诚恳，态度和蔼，平易近人；教学上耐心细致，诲人不倦，呕心沥血；科研上踏踏实实一丝不苟，不断进取创新；对事业勤奋刻苦，不惜个人一切，不达目的誓不罢休的执著追求与坚忍不拔的精神，深受国内外同行的好评。"他把毕生的精力献给了中国口腔医学与教育事业，对中国口腔医学事业作出了重大贡献。席应忠教授于1985年3月21日病逝，享年79岁，欧美一些医学杂志纷纷载文、刊登照片，悼念这位著名的口腔医学专家。上海市各界600多人参加了他的遗体告别仪式。追悼会上，国务院办公厅送了花圈，骨灰安葬于上海龙华烈士陵园干部公墓。

十二、韩文信教授

韩文信（1892—1969）教授，天津人，中国著名牙医和牙医教育创始人之一，一生从事牙科医学事业，为中国培养了大批优秀的牙科专家学者（图1-23）。

1917年，韩文信毕业于汇文大学（燕京大学前身）。1927年赴美国加州牙医学院学习，1931年在美国加州伯克利牙医学院获博士学位，同年回国成为最早在美国获得牙科学位的中国人之一。1931—1937年任南京中央医院牙科主任，1937—1946年在重庆牙科诊所行医，1946—1947年任上海中美医院牙科主任，

图1-23 韩文信教授

1947—1950年在上海牙科诊所行医。新中国成立后，历任华东保育院口腔科顾问医师、华东医院口腔科主任及顾问、上海市卫生局口腔科顾问，被选为上海市第一、二、三、四届政协委员，全国第四届政协委员。韩文信博士于口腔专业造诣颇深，有丰富的临床经验。担任上海市卫生局顾问期间，认真参加口腔专业会议，经常深入医院、牙病防治所了解情况，指导业务，并在口腔专业的医疗、预防、教学和科研等方面提出建议，对上海口腔医学事业的发展作出了贡献。

韩文信先生一生敬业、爱国，主持正义。在抗战期间经常出入"八路军办事处"与周恩来、董必武、林伯渠等领导人过从甚密，不畏个人安危，为党、为人民作出了很多有益的事情。新中国成立后为上海统战部和中央统战部的重点统战对象。1969年因心脏病医治无效在上海逝世，享年79岁。

十三、肖卓然教授

图1-24 肖卓然教授

肖卓然（1908—1998）教授是中国著名的牙周病学及黏膜病学专家。1908年8月出生于四川新都县华严乡。中学毕业后，于1925年考入华西协合大学牙学院，1932年毕业，获牙医学博士学位，留校任教至1935年。1936年应聘到广西医学院开办牙科，担任齿科主任（图1-24）。

1939年至1943年，担任内迁至成都的中央大学牙学院讲师、副教授。1943年至1945年，担任设在贵州安顺的军医学校牙科科长。1945年抗战胜利后，该校迁往上海，改组为国防医学院，肖教授任该院口腔内科学系主任、教授。

1948年夏，肖卓然教授赴美国哥伦比亚大学进修牙周病学，并加入国际牙医学会，为该会会员。1949年9月新中国成立前夕回国。1950年2月，重返华西协合大学牙学院，任牙周病学系教授，后任华西协合大学牙学院三人委员会主任委员。1953年院系调整后，任华西协合大学牙学院口腔医学系主任、口腔医学研究所所长。1958年加入了中国共产党，1953年至1965年当选成都市人大代表。十年动乱后，任四川医学院口腔内科学教研室主任，中华医学会成都分会口腔科学会主任委员，卫生部医学科学委员会委员，成都市政协委员。

肖卓然教授始终致力于为发展中国口腔医学事业培养口腔医学人才，对培养中青年教授十分热心，经他指导的进修医师中不乏高等学校的教授、口腔医学系主任、口腔医学院院长。

　　肖卓然教授治学严谨，坚持理论联系实际。1952年，他担任中国口腔科最早的学术刊物《中华口腔医学杂志》社长。1957年起，亲自领导了在成都市和乐山地区108 114人的龋病、牙周病的流行病学的调查研究工作，并作《龋病在不同人群中的发病情况的调查分析》报告，丰富了中国这方面的调查统计工作的资料。肖卓然教授领导了口腔白斑和扁平苔藓的基础理论和防治的研究工作，并担任全国"两病"科研协作组的副组长。他和助手们与成都制药一厂协作，研制成功的"消斑膜"，获得四川省科学技术进步二等奖。肖卓然教授主持了全国高等医药院校试用教材《口腔内科学》（1980年版）的主编工作。

十四、李得奇医师

　　李得奇（1912—1976）医师，梅县隆文镇人。1926年，加入中国共产主义青年团。1930年，在党组织的安排下，他远涉重洋侨居印度尼西亚避难。1933年，他在印度尼西亚比林牙科学校毕业（图1-25）。

　　1937年抗日战争爆发，他主动与海外华侨领袖陈嘉庚联系，前往新加坡、马来亚（即现马来西亚）

图1-25 李得奇医师（左一）

等地，发动侨胞捐款，支援祖国抗战。1938年秋，他携带侨胞捐赠的大量金银财物和药品器材，冲破国外反动势力的百般阻挠和国民党的严密封锁，从新加坡辗转来到革命圣地延安。之后，组织上派他在宝塔山三孔窑洞里组建了我党我军第一个牙科诊所。1942年，他任中央总卫生处门诊部主任兼牙科主任，并担负中央首长的保健工作。在延安时期，李得奇曾获中央机关特等模范工作者、模范医师、劳动模范和陕甘宁边区甲等模范医师等荣誉称号。他曾任陕甘宁边区海外华侨联合抗日会执行委员和政协委员等职。新中国成立后，他担任过广州中央医院军事代表、副院长，广东省卫生厅副厅长，广东省人民政府党组成员，中国人民对外文化协会理事，卫生部对外联络室主任，中华医学会广东分会副会长，广东省红十字会副会长，广东医学科学院副院长等职。

十五、沈国祚教授

沈国祚（1906—1997）教授，上海人。1936年毕业于上海震旦大学医学院牙医学系，同年赴法国留学（图1-26）。

上海是中国开放最早的城市之一，牙医学与牙医学教育相对来说发展较早。上海有震旦大学牙医学系、司徒博牙医专科学校等重要的教育基地，也拥有以才尔孟（German G. S. J）、勒·乔爱（Dr. Le Goaer）、司徒博、沈国祚等为主的一批上海口腔医学教育创始人。中国地大人众，牙医教育十分落后。1932年秋，震旦大学校长

图1-26 沈国祚教授

才尔孟决定在大学医学院内增设牙医学系。同年秋，聘请在天津工作的法国牙医学博士勒·乔爱来沪工作并主持筹建震旦大学牙医学系。1938年7月，勒·乔爱博士回国，才尔孟院长聘用第一届毕业生沈国祚主持门诊日常工作。

1939年，沈国祚教授于法国巴黎大学口腔医学院毕业。1940年，任上海震旦大学牙医学系第一任系主任兼上海广慈医院牙科主任。1952年起任上海第二医学院口腔医学系副主任。他是中华牙科医学会的创始人之一，曾任中华医学会口腔科学会筹委会委员，中华医学会上海口腔科学会两任主任委员，《中华口腔科杂志》第一届编辑委员会委员。为上海震旦大学医学院牙医系（现上海交通大学口腔医学院）的创始人及中国口腔黏膜病学的创建人之一，曾参编全国高等医药院校教材《口腔内科学》，著有专著《口腔黏膜病》。1997年在美国底特律市去世。

十六、夏良才教授

夏良才（1911—1975）教授，四川仁寿人。1930年考入华西协合大学牙医学院，1937年毕业并获牙医学博士学位。大学毕业后，夏良才教授就业于南京中央医院牙科，半年后日本侵略军进逼南京时，重返华西协合大学工作。1939年赴云南飞机制造厂医院牙科工作3年。1942年，日军从缅甸进攻云南，夏良才教授再次重返华西协合大学牙医学院任教，于1944年任牙医学系副主任，同年末赴美深造，在美国密歇根大学攻读硕士学位。1948年获得颌面外科硕士学位后，到美国印第安纳州工作，后为美国牙外科学会会员（图1-27）。

图1-27 夏良才教授

1950 年，夏良才教授回国任母校华西协合大学任牙学院外科系主任，1954 年母校调整后任四川医学院口腔医学系主任兼颌面外科主任，夏良才教授夫妇全力以赴投入口腔系的教学、临床、科研工作，重视人才培养和选拔，使四川医学院口腔颌面外科人才济济，实力雄厚，并于 1956 年开始招收研究生。

1959 年，受卫生部委托，夏良才教授主持编写了中国第一部《口腔颌面外科学》全国高等统编教材，为发展中国的口腔医学教育事业作出了贡献。1960 年，夏良才、廖蕴玉教授夫妇按照卫生部的计划，应邀到武汉再创新业——创建湖北医学院口腔系。其后，遭受三年灾害的国家正值国民经济困难调整时期，全国拟建、新建的十余家口腔院系毫无例外都接到停建的指令。夏良才、廖蕴玉教授夫妇充分理解连年灾害给国民经济造成的巨大损失，明确表示"既来之，则安之"，坚决执行中央的正确决策，因时制宜，服从大局，暂时停招学生，缓建口腔系。他们利用旧房破庙维修改建成小型的专科医院——湖北医学院口腔医院，很好地解决武汉百万群众治疗口腔疾病的需求，同时保存了骨干。1962 年，与国家共同渡过艰苦岁月的夏良才教授率领全体职工兴高采烈地接待到口腔医院就诊的第一批病人。应邀前来参观的老红军、时任四川医学院党委书记的孙毅华同志抑制不住内心的激动对湖北医学院领导和夏教授讲："你们继承光荣的革命传统，发扬自力更生，艰苦奋斗的延安精神，开创了经济困难时期勤俭办院的先河，并取得了令人瞩目的辉煌成果，凭着这种精神继续努力，你们将很快走在中国口腔医学的最前列！"他还感情真切地说："夏教授是湖北医学院的骄傲，也是我们华西的骄傲。"

夏良才教授借用良好的同学情谊，选送部分青年医生分别到成都、北京、上海、西安等兄弟口腔院系的口腔内科、口腔矫形科进修深造。他将学成归来的年轻医生视为待琢磨的璞玉，语重心长地激励大家："你们是口腔医院未来的脊梁，承前启后的千钧重担将落在你们肩上，医院起步晚，必须付出更大的代价，才能迎头赶上。年轻人精力旺盛，更要有远大的志向，你们的任务就是努力学习，学习，再学习；拼命奋斗，奋斗，再奋斗，最后的胜利一定属于你们。"在他的鞭策督促下，每位医生都不甘落后、奋发向上。1963 年，湖北医学院口腔系恢复招生。1965 年，口腔系首届毕业生踏上新的人生征程。夏良才教授于十年浩劫中深陷囹圄，忍辱负重。曙光之后，他将生命置之度外，夜以继日拼命赶写新教材。发病的前一天，刚结束教材编写的夏良才教授还自告奋勇报名下乡巡回医疗，为缺医少药的农民群众解除病患，鞠躬尽瘁，死而后已。

十七、邹海帆教授

图1-28 邹海帆教授

邹海帆（1907—1969）教授是中国著名的牙周病学专家，1907年8月生于四川安岳县龙台场。1928年7月，邹海帆由成都宾萌公学以同等学力考入华西协合大学牙医学院。1937年6月毕业，获牙医学博士学位，毕业后留校任助教、讲师、副教授、教授和牙学院院长（图1-28）。

1946年至1949年，邹教授先后在加拿大多伦多大学牙学院研究部、美国芝加哥伊利诺伊大学牙学院研究部研修，获该校硕士学位。1949年回国后，任华西协合大学牙学院进修研究部主任、牙学院副院长。1950年至1951年，任华西大学（1951年10月改名为华西大学）口腔医学院院长。1969年5月在十年动乱中受到迫害，不幸逝世，终年62岁。

邹海帆教授自幼勤奋好学，具有广博的知识。在大学学习期间，他一面学习牙医专业，一面研究优良果树栽培，还善于古琴演奏。他出身中医世家，对中医药学有浓厚兴趣，曾积极从事中药在口腔临床应用的研究。他精通气功，对气功防治一些慢性病有亲身的实践。邹教授一生从事牙周病的教学、临床和科学研究工作，对中国牙周病学专门人才的培养作出了重要的贡献。他从事的科学研究和著述共28项，公开发表的论文和著作共13篇。其中《弥漫性牙槽萎缩临床病理之研究》（华大牙医学杂志1946年第一期）提出了牙槽萎缩患者的血液中磷钙失去平衡，即钙低于磷的比例。他的《地松鼠牙周组织对外物刺激的反应》一文，于1948年6月在国际牙医研究会上报告，并发表于同年7月的《国际牙医学研究》杂志上。

1945年邹海帆教授主持编纂出版了中国第一部英汉《牙医学词汇》，为统一牙医学名词，促进中外学术交流，作出了贡献。原来中文没有表达那些专有名词的词，如"occlusion"就是上下牙之间的接触面，他创造性地把occlusion译作一个"牙"字与一个"合"字的合体字，中文为"𬌗"（读hé），现在全国都在采用。国际上用汉语写有关这些名词，都采用他创立的这些字。新中国成立后，被聘为政务院文化教育委员会学术名词统一工作委员、卫生部牙科名词审查委员、全国卫生教材编审委员会特约编审、中央军委卫生部军医必读编辑委员会编审委员、西南文教部医学教育委员会委员。并于1954年主编出版了军医必读的《口腔学》。

十八、魏治统教授

魏治统（1912—1997）教授，是中国著名的冠桥修复学专家。1912年7月出生于四川资中县，1930年毕业于成都华美女中，1931年考入华西协合大学牙学院，1938年毕业，获牙医学博士学位。毕业后，留校历任助教、讲师、副教授、教授、系副主任（图1-29）。

图1-29 魏治统教授

1946年9月至1950年5月，魏教授先后在美国波士顿塔弗堤大学、哈佛大学、加拿大蒙特利尔大学、加拿大墨格尔大学进修冠桥学和烤瓷学；1950年7月，魏教授回到祖国，重新执教于华西协合大学牙学院；1951年9月，魏教授被任命为华西协合大学牙学院三人委员会副主任委员，1953年院系调整后，魏教授任四川医学院口腔医学系口腔矫形学教研室主任，为新中国成立初期口腔医学的发展和教学改革作出了巨大贡献。当时成立的口腔矫形学科，内容包括：牙体修复科的嵌体、冠桥学；牙列缺损、缺失修复学；赝复学和正牙学等内容。

我国的冠桥修复始于20世纪40年代，近六七十年来，我国冠桥修复技术经历了从无到有的发展过程。临床修复治疗水平已逐渐与发达国家水平同步接轨，冠桥修复已从高等院校、省市专科医院普及到地、县、社区全科牙医的医疗诊所。这些成就与魏治统教授的毕生努力也是分不开的，作为中国冠桥修复发展的重要奠基人、华西口腔冠桥修复的老前辈及创始人，魏治统教授从事口腔医学教学工作近半个世纪，为我国培养了一代又一代的口腔医学人才，为我国口腔医学教育作出了不可磨灭的贡献。曾经受教于她的朱熹涛、陈安玉、杜传诗、胡永瑜、赵云凤、胡国瑜等都先后成为全国著名的技术精湛、学有造诣的口腔修复学专家教授。

魏治统教授一贯重视临床实践，在固定修复方面，她有丰富的临床经验，对技术精益求精，对病人耐心，医疗效果好。几十年来，她经治的病人常称赞她的高超医术和对病人认真负责的精神。

魏教授治学严谨勤奋，善于做科研工作。1964年，她所领导的"牙周膜面积测量"的研究工作，提供了中国人正常恒牙牙周膜面积的数据，研究指出：测量牙根的表面面积，可以了解牙周膜对负荷力的情况。牙周膜的面积愈大，牙的支持力愈强；相反，牙周膜的面积愈小，牙的支持力也愈弱。上颌磨牙牙周膜的全面积均比下颌同名牙牙周膜的全面积大。在所有双尖牙中，上颌第一双尖牙的牙周膜面积均比上颌第二双尖牙及下颌第一第二双尖牙者大。牙周膜的分段面积：前牙及双尖牙牙颈部1/4的牙周膜面积最大，近颈部1/4者次之。而磨牙的情况则不完全相同，其牙周膜面积最大部分不在牙颈部1/4，而是在近颈部的1/4。

自20世纪50年代起，她就是中国高等学校教材《口腔矫形学》的编委、评阅人和《中华口腔科杂志》编委。50年代国内多采用锤造冠为固位体，此种固位体用于后牙具有一定的优越性，但用于前牙却不符合美观要求。60年代以后，不少学者开始寻求非贵金属合金来代替金合金进行部分冠或嵌体的铸造用于固定修复，魏教授也孜孜不倦地作了很多相关研究。

魏治统教授在国内率先将生物力学引入口腔修复学，并长期致力于生物力学和金属烤瓷学的研究工作，还成立了相关的实验室。对生物力学的应用研究，使口腔修复学的基本理论和基本技术提高到生物力学理论的水平上，应用光弹、电测等实验应力分析手段指导临床修复治疗，不仅提高了修复体的功能和强度，而且可减少或消除修复体对基牙及牙槽嵴的损害。这对国内修复学的合理发展作出了极其重要的贡献。

1972年，魏治统教授主持编写了由四川人民出版社出版的口腔专业教材《口腔矫形学》；1979年，在其领导下编写了由人民卫生出版社出版的《口腔矫形学》，作为全国高等医药院校试用教材。1981年国务院批准首批口腔科学博士学位授予单位及专家名单，魏教授就是其中的专家之一。

她所领导的"用光弹性方法对固定桥基牙牙槽骨受力的实验研究"是具有先进水平的成果。其用平面光弹性方法对下颌第一磨牙缺失的两基牙双端固定桥、半固定桥、三基牙双端固定桥、有邻牙的两基牙双端固定桥以及未修复牙的受力情况进行了实验研究，得出了固定桥基牙垂直支反力的分配比例和各类修复体基牙牙槽骨的应力条纹图。该研究对推进口腔修复力学发展有着积极的作用。1987年人民卫生出版社出版了魏教授主审、其弟子胡国瑜主编的《口腔矫形学》，作为全国中等卫生学校教材用书。1989年，在魏教授的领导下，华西医科大学口腔医学院口腔修复学被批准为国家教委重点学科。

十九、欧阳官教授

欧阳官（1911—1996）教授，1911年9月25日出生，四川资中人。中国著名的口腔医学家、口腔修复学专家（图1-30）。1939年毕业于华西协合大学牙学院。历任国立中央大学牙科助教、讲师、副教授，曾代理牙科系主任、牙症医院院长。后任第五军医大学附属口腔医院义齿科主任、教授，第四军医大学口腔医学院教授、主任医师，国务院首批博士研究生导师。

图1-30 欧阳官教授

长期从事口腔医学教学、医疗和科研工作，是中国口腔修复学的创始人之一。执教50多年，为中国、我军口腔医学事业的发展作出了重大贡献。编著有《全口义齿学》，参与编写军医大学口腔专业教材《口腔矫形学》，共发表论文80余篇。曾成功研制"成品总义齿"，获陕西省科技进步一等奖；主持研制的"热软基托预成塑料全口义齿"项目获全军科技成果二等奖，先后立二等功1次，三等功2次。

二十、宋儒耀教授

宋儒耀（1914—2003）教授，中国知名的口腔颌面外科整形专家。1914年生于辽宁海城县一个医学世家，先后就读于山东齐鲁大学和四川华西协合大学，获牙医学博士学位，毕业后留校任教。为解决在抗日战争中发生的颌骨枪伤和颜面、双手烧伤的治疗问题，华西协合大学于1942年送宋儒耀前往美国进修（图1-31）。

图1-31 宋儒耀教授

宋儒耀教授先在美国罗彻斯特大学医学院整形外科当住院医生，并从事脑外科工作。为了求教于名师——美国整形外科的创始人艾维教授，1944年宋儒耀放弃了罗彻斯特大学奖学金，来到了著名的宾夕法尼亚大学，艾维留他当临时手术助手，后来成为艾维教授的高足，获得了宾夕法尼亚大学的医学科学博士学位。在艾维教授去世后留下的自传中，曾有一节专门说到宋儒耀。他这样写道："在宾夕法尼亚大学进修的学员中，宋儒耀是成绩最突出的学生之一。中国出了这样一个人，是幸运的。"1948年，宋儒耀在获取医学科学博士学位的3个月后，放弃了在美国已谋得的高薪职位，怀着一颗报效祖国的赤子之心，和夫人王巧璋抱着刚满月的孩子，毅然回到祖国，成了中国整形外科的第一位教授，在中国整形外科领域起了开拓性的作用。

1950年抗美援朝战争开始，宋儒耀率领志愿军援朝医疗队奔赴朝鲜战场，中国的整形外科也就从"无"到"有"地逐步发展起来了。中国人民志愿军后勤卫生部为了表彰宋教授的功绩，特给他记大功一次。他还发明创造出"一次性完成的全耳再造手术"。这种手术在外国则需要经过游离皮瓣、取肋骨、成形等五次手术才能完成，需要一两年。他还发明创造了具有世界先进水平的修复腭裂上提手术、新的尿道下裂修复手术、全下肢整张植皮术、一次完成的阴茎再造术、有感觉的阴道再造术等。1957年，他创建了当今世界上最大的整形外科专科医院——中国医学科学院整形外科医院。

宋儒耀教授坚持显微外科研究，进行新的游离皮瓣的探索，首次提出了"肌间隔皮瓣"的理论，在许多原来认为不能做游离皮瓣的部位，成功地做出了上臂皮瓣和大腿皮瓣。这一成果后来被国际上称为"中国皮瓣"。这些发明创造也标志着中国医学科学院整形外科医院已进入世界先进行列。1981年秋，他带着这些具有中国特色的再造手术科研成果赴美讲学，轰动了美国整形外科学界。他的讲稿很快由美国同行整理成册，作为《整形外科临床》第九卷第一册于1982年在美国出版，发行全世界。他的专著有《唇裂与腭裂的修复》、《手部创伤的整形外科治疗》、《用一次手术完成的器官再造》、《裂唇与裂腭的整复术》、《美容整形外科学》、《乳房整形外科学》等，并用中、英、日、俄等文字发表科学论文300余篇。还先后为中国培养了三十位博士、硕士学位研究生和数千名整形外科医生。在他的倡导和组织下，中国成功地举办了五次中国国际整形外科会议，为发展中国整形外科事业作出了突出贡献。

1983年5月，他以中国整形外科学会主席的身份，出席在美国召开的国际整形外科大会，并代表中国作学术报告。大会结束时，通过选举授予对当今世界整形外科事业最有贡献的三个人以最高荣誉——金锯奖，这三个人是中国的宋儒耀、美国的丁曼和巴西的彼坦斯。1987年3月，世界整形与再造外科学会五千名会员选举宋儒耀教授为该会十位理事之一，也是唯一的亚洲代表。世界著名整形外科专家麦克西教授和托宾博士评价他时说："你的贡献，不仅造福于你们国家的人民，也促进了世界整形外科带来的发展。"他于1985年牵头成立中华整形外科学会，并创办了《中华整形与烧伤外科杂志》（现更名为《中华整形外科杂志》)。

宋儒耀教授从医50余年，治疗了上千例疑难病患者。面部右侧长有紫色巨型海绵状血管瘤的原副总理方毅经宋儒耀教授治愈后，亲笔写了一副对联以赠："高手创杰作，旧貌换新颜。"

二十一、徐乐全教授

徐乐全（1906—1976）教授，出生于1906年，1939年毕业于华西协合大学牙学院。1947年到加拿大多伦多大学进修义齿学，1948年回国后在华西协合大学牙学院执教（图1-32）。

图1-32 徐乐全教授

徐乐全教授的门下弟子遍及全国，桃李芬芳，硕果累累，曾经受教于他的朱希涛、陈安玉、杜传诗、胡永瑜、赵云凤、袁绍沄、胡国瑜等先后都成为全国著名的技术精湛、学有造诣的口腔修复学专家教授。

徐乐全教授非常重视临床实践，尤其在活动修复方面，造诣颇高。他技术精湛，有着丰富的临床经验，且精益求精，对病人又耐心，医疗效果很好，经他诊治的病人总是称赞他的高超医术和对病人认真负责的精神。

由于华西协合大学牙学院培养出来的学生有较高的水平，医术很精湛，所以在很早除了老百姓以外就有很多的名人到华西来就医。蒋介石需做全口义齿，他没有一颗牙，他或者是请吉士道教授去或者是他自己来，每次吉士道教授为蒋介石制作义齿，实际上主要是由徐乐全教授完成。蒋介石从大陆撤退前，1949年初夏一个星期一的上午，带着他的儿子蒋经国，和十几名侍卫，最后一次来华西协合大学口腔医院，做他在大陆的最后一副全口义齿，就是由吉士道博士和徐乐全教授两个人做的，地点在口腔外科一单间诊疗室。

1949年底，成都解放后，由于华西协合大学牙学院的医术精湛，广为传颂，解放军进城第二天，贺龙元帅就来这里就诊。几年前贺龙曾经从马上跌下，前牙完全松动。当时他的工作很忙，又要开会又要讲话，检查结果是需要拔牙又要镶牙，按照常规需要较长的时间。口腔医院当即决定由徐乐全教授和连瑞华教授合作为其诊治，做即刻义齿，当天由徐乐全教授取模型为贺龙元帅做上颌前牙义齿，第二天，由连瑞华教授拔去上颌四颗前牙，然后徐乐全教授把预先做好的义齿即刻戴上，一下子就好了。贺龙元帅非常满意。

徐乐全教授早期的科学研究成果有"深度覆𬌗的几种活动修复方法"。提出深度覆𬌗患者，当上前牙缺失后，下前牙与上颌牙床间的间隙很小，或完全没有间隙，此种情况下，造成修复工作的困难。建议：① 带翼牙托；② 唇基托牙托；③ 义齿龈式牙托；④ 锤造或铸造金属背作𬌗垫修复，能收到一定效果。

1955年，徐乐全教授对高托牙应用进行研究。他提出：高托牙是一种增高颌间距离，恢复生理咬合关系的托牙修复体。它类似部分托牙的结构，但又与部分托牙不同。部分托牙主要是恢复失牙间隙，并保存既有的咬合关系；高托牙不但要恢复失牙间隙，而它主要的任务是恢复牙列的咬合关系。高托牙的适应证：① 部分牙脱落，而存在的牙有部分为开𬌗者；② 升高颌关系，以改善颞下颌关节及口腔组织情况者。

徐乐全教授采用了高托牙修复处理了8位口腔特殊困难情况的问题。据初步观察，得出以下结论：① 能较完善地修复口腔因各种原因失去的功能；② 肌肉的活动力得到平衡，无少数牙负担力量过重之弊；③ 免除牙的移位；④ 可以改善上下颌前牙的关系，解决深度覆𬌗的问题。

二十二、张锡泽教授

图1-33 张锡泽教授

张锡泽（1911—2004）教授，生于四川省仁寿县。1939年毕业于华西协合大学牙学院，获博士学位。著名口腔颌面外科专家，中国口腔颌面外科学创始人之一，国际牙医学院大师（图1-33）。

张锡泽教授于1946年赴美国哥伦比亚大学专攻口腔颌面外科，1948年回国。回国后历任民国时期的国防医学院和上海医学院中山医院口腔科主任、教授。1952年为上海第二医学院口腔医学系主任、口腔颌面外科教研室主任，上海市口腔医学研究所所长。张锡泽教授早在50年代初期即率先在国内开展口腔颌面外科手术，1953年继华西协合大学口腔系之后，在上海第二医学院附属广慈医院建立了口腔颌面外科病房。

自1939年以来，张锡泽在口腔颌面外科取得了令人瞩目的成就，成为中国口腔颌面外科学事业的开拓者和奠基人之一。1956年，他在国内第一个开展"下颌骨肿瘤切除后立即植骨术"；1962年，在国内率先开展"双侧同期颈淋巴清扫术治疗口腔颌面部恶性肿瘤"手术，达国际先进水平；1979年在国内首先开展"颅颌面联合根治术治疗侵犯颅底的晚期口腔颌面部恶性肿瘤"手术；同年又开始应用显微外科技术进行各类组织瓣游离移植修复口腔颌面部肿瘤术后缺损；1982年在他指导下，创建了口腔颌面外科实验室，并培育成功中国第一株人体舌鳞癌细胞系Tca-8113。

张锡泽教授几十年来，辛勤耕耘，无私奉献，为中国口腔医学事业的发展培养了大批优秀人才。他曾主编全国高等医药院校统一教材《口腔颌面外科学》，参编著作多部；曾获得上海市和卫生部科技成果奖多项，多次赴美国、日本以及中国香港和澳门讲学。1983年国际牙医学院授予他大师荣誉，以表彰他为中国口腔医学事业所作出的杰出贡献。他逝世后，中国工程院院士邱蔚六教授曾以"治学严谨，硕果丰实，呕心沥血，为中国口腔医学发展；襟怀坦荡，淡泊名利，甘为人梯，促华夏颌面外科腾飞"的词句，深情缅怀了张教授矢志专业和提携后辈的高尚精神。

二十三、钟之琦教授

钟之琦（1902—1977）教授，生于陕西省南郑县。1919—1922年就读于北京正志中学，1922—1927年在上海震旦大学医科肄业（因经济困难失学）。1929—1936年任上海市卫生局科员、医药管理股主任。1936年考入日本东京齿科医学专门学校三年级插班，于1939年毕业。1939—1942年在北京私立大良医院、爱齿齿科医院担任牙科医疗工作。自1942年到新中国成立，历任北京大学医学院讲师、教授，代理系主任，北京市牙科医院院长等职。1945—1948

图1-34 钟之琦教授

年间，任北平市牙医师公会理事长。1949年以后，历任北京大学口腔医学系教授兼门诊部主任，口腔医学系副系主任、口腔医院院长、口腔矫形教研室副主任等职（图1-34）。

钟之琦教授重点钻研牙周病矫形治疗的理论和技术。在发表的《牙周病的矫形修复》、《牙周病矫形治疗的临床分类及治疗设计的研究》等文中，提出牙周病临床分为"三个大类和六个亚类"，针对具体病情提出矫治的原则与方法。他编著的《牙体解剖学》，为当时学习牙体解剖的重要参考书。钟之琦教授为口腔医学事业的发展做了大量的工作。

二十四、王巧璋教授

王巧璋（1915—1988）教授，生于四川省自贡市。是中国儿童牙病学的创始人，著名的口腔医学家。1940年毕业于华西协合大学牙学院，获牙学博士学位（图1-35）。毕业后留校任教。1946年至1948

图1-35 王巧璋教授

年留学美国，先在波士顿佛尔塞斯小儿科研究所进修，获得儿童牙医专科医生职衔。1947年在美国纽约故根汉儿童牙医研究所进修，取得在纽约行医的证书。1948年回国，在华西协合大学从事教学、医疗和科研工作，历任助教、讲师、副教授、教授，预防牙医及儿童牙科主任等职。1953年调至北京协和医院任口腔科主任、教授，并历任中国医学科学院学术委员会委员、北京协和医院学术委员会委员、卫生部口腔学学科委员及中华口腔科杂志编委及数种口腔医学杂志特约编委和北京市中华医学会口腔科分会委员、北京市政协委员、全国妇联中央执行委员、农工民主党中央委员。

王巧璋教授对龋病有深入的研究。早在1946年她在美国曾随著名教授诺·豪威（R. Ho-we）进行龋病的动物实验，在纽约曾对龋病的发生率以及儿童、少年龋病的预防和治疗做过广泛的调查研究。在华西协合大学工作期间，又对儿童龋病开展了广泛的治疗工作，在龋病的病因、发病率及防治等方面积累了丰富的经验，形成了独特的防治方法。1953年曾对数所幼儿园和小学的儿童进行检查、预防和治疗，收到显著的效果。1959—1961年，她领导了一个农村工作组对北京小汤山地区13个公社近百个自然村的饮水含氟量进行了测定，并对该地区2万余名中小学生进行了斑釉及龋齿的普查及龋病治疗。通过三年的调研，对氟与斑釉及龋病的关系获得了确切的资料。通过多年的实验，发现在特定食谱的饲养下，经过若干代的传代，可产生获得易感龋病的大白鼠，为龋病病因的研究提供了稳定的易感龋病动物模型。20世纪60年代以来，她致力于龋病病因的研究，提出糖原的内因致龋学说，此项工作的研究成果1977年被列为中国医学科学院重要科研成果。

王巧璋教授1957年曾代表中国参加保加利亚第八届口腔科学会，并宣读了论文《牙髓保存的新方法》，被收入《保加利亚第八届口腔科学会论文集》。她的专著还有《拔牙技术》（1961年，人民卫生出版社）。王巧璋教授执教四十余年，培养了不少口腔专业人才，她的学生不少已成为国内外知名的教授、专家、学者。她在古稀之年时，仍担负着培养研究生的工作。在北京协和医院30余年间，一直主持口腔科的业务工作。经过她的努力使当时该科从一个很小的范围发展到有相当规模的医、教、研相结合的科室，并建立了专科生化免疫、病理、实用外科、医用激光等实验室。由于业绩突出，她被评为1982年北京市三八红旗手、1983年全国三八红旗手。

二十五、章尔仓教授

章尔仓（1914—1996）教授，生于四川成都。1940
年毕业于华西协合大学牙医学院，获牙医学博士学位。毕
业后一直从事口腔医学防治、教学、科研工作。他先后担
任西安医科大学教授、附属口腔医院名誉院长、中华医学
会口腔科学会理事、中华医学陕西分会口腔科学会主任
委员、《中华口腔科杂志》编委、《实用口腔科杂志》副
主编、《临床口腔医学杂志》名誉副主编，《华西口腔医
学杂志》、《口腔医学》、《口腔医学纵横》、《现代口腔医
学杂志》、《国外医学·口腔医学分册》等特约编委（图
1-36）。

图1-36 章尔仓教授

1940年毕业后，章教授曾受聘在华西协合大学任助教及医师；1941年受聘
在河南省立牙科医院任医师；1943年至陕西，曾任西北大学医学院副教授、教
授，为西北大学医学院附属医院开设牙科专科门诊，既为教学基地，又开展口腔
疾病防治工作。新中国成立后，西北大学医学院独立为西北医学院，他被聘为该
院教授、口腔科教研室主任，1953年受西北行政委员会委托创办口腔专修班（三
年制），接收培训西北五省口腔科医师，为西北地区培育出一批大专程度口腔专
科医师，对于中国西北地区口腔事业的发展作出了贡献。西北医学院后更名西安
医学院，1985年更名为西安医科大学（现为西安交通大学医学院）。章尔仓教授
任口腔教研室主任，先后任该校第一、第二附属医院副院长，主管教学及科研工
作。1975年该校建立口腔医学系，他是创建人之一。1982年任口腔医学系主任，
并筹建口腔医院，1985年建成，并正式开诊，为口腔教学、科研和医疗工作创造
了良好的条件。

章尔仓教授曾编写《口腔科学》有关章节。在中西医结合方面，编有《口疮
之中医治疗研究》及《祖国医学口腔疾患命名释义》。近著有《老年口腔常见疾
病防治》、《谈谈有关老年口腔医学几个问题》等文。章尔仓教授热爱自己的专
业，毕生精力注于口腔医学教育工作及口腔疾病的防治工作，在年逾古稀之年，
仍从事教学及培养研究生工作，为口腔医学事业贡献了自己的毕生精力。

二十六、刘臣恒教授

刘臣恒（1917—1999）教授，重庆市人。中国著名的口腔医学家，中国口

43

腔病理学的创始人之一（图1-37）。1941年毕业于华西协合大学牙学院，获美国纽约州立大学牙医学博士学位，留校任教。历任华西协合大学、华西医科大学口腔组织病理学助教、讲师、副教授、教授，硕士研究生导师，华西医科大学附属口腔医院副院长、口腔组织病理学教研室主任，中华医学会口腔科学会口腔病理学组委员，《口腔组织病理学》《肿瘤诊断手册》《中国口腔医学年鉴》《华西口腔医学杂志》《国外医学·口腔医学分册》等图书及杂志编委。刘臣恒教授是中国著名的口腔病理

图1-37 刘臣恒教授

学专家，从事口腔组织病理学教学、科研、医疗工作近50年，学术造诣高深。他对于氟中毒病、实验性龋的动物模型和确定致龋食谱等方面的研究工作在中国曾起到了领先和推动作用。对涎腺肿瘤病理学研究，取得了较好的成绩。用中、英文发表过多篇学术论文，参加编写《中国医学百科全书·口腔医学》《军医参考丛书·口腔学》等专著。他治学严谨，教学中循循善诱，为中国培养了大批的口腔专业人才，为发展中国口腔组织病理学作出了积极的贡献。

二十七、郑麟蕃教授

图1-38 郑麟蕃教授

郑麟蕃（1919—2009）教授，山东省黄县（今龙口）人。中国著名口腔医学专家、口腔医学教育家、口腔组织病理学的奠基人之一（图1-38）。1938年，凭借坚强毅力和勤奋攻读，以优异的成绩考取公派留学，就读于日本东京齿科大学。毕业后，进入北京大学医学院牙医学系，新中国成立后历任北京医学院口腔内科学及口腔病理学教授、口腔内科教研组及口腔病理研究室主任、口腔系主任、口腔医学研究所所长、北京大学口腔医学院名誉院长等职。同时担任国家科委及口腔医学专题委员会主任委员、世界卫生组织专家咨询团成员、世界卫生组织西太平洋地区预防口腔医学研究与训练中心主任等多个社会组织职务，并担任中华口腔医学会口腔病理学专业委员会名誉主任委员。

1947年，郑麟蕃教授亲自创建了北京大学医学院口腔系的口腔病理室，在他

的领导下，该室积累了大量口腔病理学的教学、科研素材，在口腔医学的教学、临床和科研工作中发挥了重要作用。为中国的口腔病理学科培养了许多骨干人才，在国内享有盛誉。1963年该室被卫生部正式命名为口腔病理研究室，是经卫生部批准在高等医学院校建立的第一批研究室。郑麟蕃教授对龋齿、牙周病、口腔黏膜病等的组织病理学有较系统的研究。提出釉质龋四种破坏方式，并首先发现深层破坏重于表层、在早期龋同时存在皮坏与修复现象，特别强调了外源性再钙化的意义。从牙周病理变化中，揭示各种变性改变，阐明牙周病的发病机制与系统病之间的关系。1979年获巴西第四届国际牙科大会勋章。

郑麟蕃教授主编全国统编教材《口腔组织病理学》的第1、2版，其中第2版获教育部优秀教材奖。1957年卫生部指定郑麟蕃教授为全国高等医药院校第一批教材《口腔内科学》的主编，1963年参加制定口腔科学10年规划，著有《口腔内科学》、《口腔病防治学》等多部教材和著作。郑麟蕃教授从1959年开始招收硕士研究生，1981年招收博士研究生，为中国培养了"文革"后首批博士研究生。1990年获北京医科大学"桃李奖"的光荣称号。

二十八、朱希涛教授

朱希涛（1915—2003）教授，河北省阳原县人。中国著名口腔修复学专家（图1-39）。1942年毕业于华西协合大学牙学院并获博士学位。他是中国口腔修复学的开拓者之一，为中国口腔修复事业的发展发挥了重要作用。毕业后留校任助教、讲师，即开始从事口腔矫形学（后更名为口腔修复学）的医疗、教学、科研工作。1945—1947年赴英国曼彻斯特大学牙学院进修，专攻牙体修复学，对固定修复冠桥学进行了深入研究。1948年回国后任天津总医院牙科副主任、主任，并兼任北京

图1-39 朱希涛教授

大学医学院牙医学系教师，还曾兼任北京医院口腔科主任。他不仅致力于推广先进的固定修复技术，还主讲《固定修复学》、《牙科材料学》。20世纪50年代初期，在新中国出版的第一批口腔医学专业书籍中，朱希涛教授在1954年出版了《牙科材料学》、1955年出版了《冠桥学》。1962年，他与毛燮均教授共同主编了中国第1版高等医药院校统编教材《口腔矫形学》。他不仅是北京医学院口腔系口腔矫形教研组成立早期的主任，也是中华医学会口腔科学会口腔矫形学组的首任组长。

朱希涛教授努力发展口腔医学事业，历任北京大学医学院口腔医学系教授、

副系主任、系主任，口腔医学院名誉院长，是新中国口腔医学教育事业的开创者之一。他参与创建中华医学会口腔科学分会并当选为主任委员，参与筹建中华口腔医学会并任中华口腔医学会名誉会长。1953年，朱希涛教授担任《中华口腔科杂志》（该杂志后更名为《中华口腔医学杂志》）副主编和主编，倡导在中国开展高、中、初级多层次的口腔医学教育，并且是中国"爱牙日"的倡议者之一。朱希涛教授是一位享誉国内外的口腔医学专家和活动家。1981年，代表中国第一次参加国际牙科研究会年会并作题为"建国30年来新中国口腔医学进展"的报告，使国际口腔医学同行第一次了解了中国口腔医学现状。1986年，被国际牙医师学会推举为理事，成为国际牙科研究会的终身会员。作为当时中国口腔医学界的代表，朱希涛教授在世界同行中赢得了很高的声誉，1988年美国牙科协会授予他"名誉会员"称号。

二十九、许国祺教授

图1-40 许国祺教授

许国祺（1917—2001）教授，浙江宁海人。1944年毕业于上海震旦大学牙医学系，获得牙医学博士学位，毕业后留校，从事教学与医疗工作。许国祺教授是我国口腔黏膜病学科创始人之一，著名的口腔医学教育家、口腔黏膜病专家，中华口腔医学会口腔黏膜病专业委员会名誉主任委员（图1-40）。1952年院系调整后在上海第二医学院口腔系历任助教、讲师、副教授、教授和附属第九人民医院主任医师。1986年7月被国务院批准为第三批博士生导师，同时也是国内口腔黏膜病专业第一位博士生导师。1987—1998年期间，担任中华医学会口腔科学会口腔黏膜病专业学组的第一任组长，以及中华医学会口腔科学分会老年口腔医学专业学组成员。1998年10月担任中华口腔医学会口腔黏膜病专业委员会第一届委员会名誉主委，还分别担任过全国8种口腔医学杂志编委、名誉主编和顾问等。

许国祺教授于1947—2001年执教期间，长期致力于结合临床进行科学研究，曾任上海第二医学院教育研究室成员、上海市口腔医学研究所口腔黏膜病室主任等。1978年，接受中央卫生部和总后卫生部下达的"口腔黏膜白斑和扁平苔藓及癌变的防治研究"（简称"两病"）重点科研课题。1979年，被卫生部中央保健办公室任命为副团长，赴德国、英国、法国的14个知名学府和医院考察口腔黏膜病医疗、教学与科研的新进展。许国祺教授编写了1975年、1980年全国高等医药院校教材《口腔内科学》中黏膜病章节，主编了《口腔黏膜癌前病变——白斑与扁平苔藓》、《汉法口腔医学词汇》等，还参编了《中国百科全书·口腔科分册》、《中国百科全书·皮肤病学分册》、《口腔疾病防治学》、《口腔科手册》等。

第二章 1949年以前的中国高等口腔医学教育

华西协合大学牙学院作为中国现代口腔医学的发源地和人才培养的摇篮，为中国高等口腔医学教育的发展作出了杰出贡献。到1949年，中国现代高等口腔医学教育经历了近半个世纪的发展，前后建立了7所牙医学院校、系。本章以华西协合大学牙学院、震旦大学牙医学系、南京国立牙医专科学校、北京大学医学院齿学系为代表，介绍新中国成立之前中国高等口腔医学教育发展。

第一节 基本概况

1949年新中国成立以前，中国高等口腔医学教育发展十分缓慢，口腔医学人才奇缺。1914年7月1日在广州举行的中国第一次牙科大会报告，全国牙医约400人，分析当时的牙科医师主要由两类人组成：一类是由海外学习回国的少数牙科医师；另一类是师傅带徒弟式学成的牙科医师，这一类占多数。1917年，中国第一所牙学院（华西协合大学牙学院）在四川成都成立，对中国高等口腔医学教育的发展产生了深远影响。其后，上海震旦大学牙学院，南京国立牙医专科学校，贵州安顺军医学校牙医学系，北京大学医学院齿学系相继成立。

一、招生情况和学制

新中国成立前中国培养的牙医师数量非常有限。根据1952年首次正式统计，全国牙医师仅656人，占医师总数的1.3%。牙医师培养的有限正是囿于培养院校的有限。新中国成立以前进行口腔医学教育的院校仅8所。

（一）华西协合大学牙学院

1907年林则博士创办华西口腔。1912年，林则博士招收邓真明和刘仲儒两名中国人在牙症医院学习牙科修复工艺学，作为他的助手，这是中国现代牙医教育的雏形。1913年，林则博士又招收了6名学生，这是中国第一期正式的口腔修复工艺学技师班，为两年制的口腔修复工艺学培训班。1910年，华西协合大学成立。1917年，林则博士等人利用当时华西协合大学赫斐院（现为四川大学华西校区第四教学楼，图2-1）的一部分建立起牙科系，由林则博士任系主任。1919年后，华西协合大学牙科系扩建为华西协合大学牙学院，牙学院当时学制为6年，加上一年预科，实为7年制教育。1918年，黄天启博士从华西协合大学医学本科三年级转入牙科系学习，1921年毕业，成为中国第一位牙医学博士。1936年，林则博士创建华西协合大学医牙研究室，1946年更名为华西协合大学口腔病研究室，开展牙医学的临床和基础研究，这是中国第一个口腔医学研究室。1946年出版《华大牙医学》杂志中英文版。新中国成立后，1950年，华西协合大学牙学院更名为四川医学院口腔医学系。1951年创办《中华口腔医学杂志》。1985年更名为华西医科大学口腔医学院。2000年9月华西医科大学与四川大学合并，更名为四川大学华西口腔医学院。

图2-1 华西协合大学牙科楼（摄于20世纪30年代）

（二）震旦大学牙医学系

震旦大学牙医学系是上海交通大学口腔医学院前身（图2-2）。1932年初，震旦大学校长才尔孟（Germany G S J）认为中国地大物博，只有华西协合大学牙学院一家是不够的，决定开办牙医系。同年秋，法国牙医博士勒·乔爱来沪主持工作，在震旦大学筹建和主持牙医学系，学制4年。在广慈医院开设牙医系附设的门诊部。牙医系不拘一格聘请有真才实学者来任教。聘请了曾留学于英国、美国、加拿大、法国、日本第一流大学毕业的颜遂良、叶景甫、卢佳、方连珍、梁北和、贾维霖、徐少明等教授，基本上达到各分科有专门教师。以后又陆续聘请到席应忠、陈绍周、沈鹤臣、周继林、桑德斯、培福特、昆德奈、朱学灵、司徒学等教授。新中国成立初期，又有张锡泽、张涤生任教。牙医系在1948年春将学制由4年改为6年，名称改为牙医学院。1950年春，学制仍改为4年。1952年初，上海牙医学校并入震旦大学医学院牙医学系。1952年院系调整时，建立了上海第二医学院口腔医学系，是新中国成立之后全国最早建立的4个口腔医学系之一。"文革"开始，停止招生。1972年，口腔系恢复招生，学制为3年。第一年招生80名，以后每年约招生100名。1978年，学制由3年改为5年。1981年，教育部批准恢复招生硕士、博士研究生，首批导师是张锡泽教授。1982年，首批（3名）硕士研究生毕业，将原5年制本科生教学改为6年制。1987年，成立了上海第二医科大学口腔医学院。2001年，停招5年制本科生，开始正式招收7年制

图2-2 震旦大学

本硕连读生。2005年7月，上海第二医科大学并入上海交通大学，该院更名为上海交通大学口腔医学院。

（三）南京国立牙医专科学校

南京国立牙医专科学校是第四军医大学口腔医学院前身。1935年7月，中国国家创办的第一所牙医专科学校——南京国立牙医专科学校成立，当时委托南京中央大学代办，校址在国立中央大学内（图2-3）。第一任校长由中央大学校长罗家伦兼任，学制为4年。1937年7月学校迁址成都。1938年由专科升格为本科，改为国立中央大学医学院牙本科，学制6年，由陈华主持。1941年夏，第一期9名6年制牙本科学生毕业，这是中国人自己培养的第一批牙科医师。1954年随第五军医大学与西安的第四军医大学合并，口腔医院随校由南京迁至西安。1978年，恢复了5年制本科教学和招收研究生工作。1983年，恢复了6年制本科教学。1989年2月，成立第四军医大学口腔医学院。1992年，开始招收7年制本硕连读生。2005年，开始招收8年制本硕博连读生。目前，年招收30名博士研究生，60名硕士研究生。

图2-3 南京东南大学内的原牙症医院旧址

（四）北京大学医学院齿学系

北京大学医学院齿学系是北京大学口腔医学院前身，始建于1941年（图

2-4）。学院口腔医学专业本科教育始办于1943年，1946年学制从4年改到6年，毕业时授予医学学士学位。1985年开办口腔修复工艺专业（3年制），1988年开始口腔医学专业7年制学硕连读招生，2001年起全部招收口腔医学专业8年制学硕博连读学生，2003年开始招收口腔医学专业5年制本科留学生。目前共有3226名学生毕

图2-4 北京大学医学院齿科诊疗室（1941年）

业，其中口腔医学专业本科毕业生2500名，7年制学硕连读毕业生141名，3年制口腔修复工艺专业毕业生68名，博士毕业生287人，硕士毕业生230人。目前在校学生511人。

二、教学计划

以华西协合大学牙学院为代表作考查，课程设置如下。

预科：生物、无机化学、数学、语文、英语语法、英语阅读、伦理学、党章、体育。

第一年：物理化学、有机化学、比较解剖学、脊椎动物学、心理学、科技英语（牙科）、药剂学、药理学、病理学、临床病理学、诊断学、体育。

第二年：生物化学、系统解剖、骨骼学、组织学、英语、科技英语、神经解剖、体育。

第三年：生理、细菌学、牙齿形态学、英语、科技英语（牙科）、药剂学、药理学、病理学、临床病理学、诊断学、体育。

第四年：内科学、义齿修复学、口腔应用解剖、外科学、比较口腔解剖学、口腔组织学、口腔生理学、神经精神病学、口腔病理学、预防口腔学、皮肤病学、牙科学。专题讲座：演示、临床病理讨论。

第五年：牙齿学、修复学（上）、修复学（下）、口腔应用解剖学、口腔生理学、牙周学、口腔临床病理学、儿科牙齿学、牙齿矫正学、公共卫生、牙科历史、预防口腔学、口腔内外科（外科守则、骨折、肿瘤、根管治疗、诊断、拔牙、X射线、麻醉、口腔射线治疗、耳鼻喉）。

第六年：实习、轮换（牙科、临床）。

1920年考虑改为7年制。在第五学年与第七学年临床学习期间穿插普通内科

学、普通外科学、牙科技术、牙科英语、（物理）诊断学、治疗学、牙科修复学、冶金学，口腔比较解剖学、放射学、卫生学与公共卫生学等。

各门课程对应的学时详见附录一。

三、毕业生情况

新中国成立以前，口腔医学培养的学生人数非常有限。1931年华西协合大学医学院有10人毕业，但牙学院仅有1人；1932年有3人（其中有俄国人鲍罗诺夫）。从1921年华西协合大学牙学院有了第一个7年制学生起，到1949年秋，华西协合大学牙学院共毕业152人，其中男生119人，女生33人。他们中绝大多数在国内外各大医院和学校任教，成为中国口腔医学事业发展的栋梁与精英，为中国发展高等口腔医学教育事业作出了卓越贡献。林则博士感叹"以第一流牙医教育为目的，成为一个示范中心，毕业生可以和美国、加拿大等国的牙医毕业生在学业上竞争"。

此外，哈尔滨医科大学齿科医学部从1938年至1945年共招9期学生，有396人。毕业7期，为318名。1946年在校在读学生共78人转入中国医科大学或长春大学继续求读。震旦大学牙医学系自1932年建系起至1936年首届学生毕业，到1945年第10届毕业生毕业（实际上1939年、1940年没有毕业班，共为8届）共计毕业学生32人，其中外籍学生7人：法国3人、印尼1人、泰国1人、越南2人。1939年至1949年后五届毕业生不满百人。1948年春震旦大学牙医学系学制从四年改为六年，学校名称也改为震旦大学牙医学院。第12、13届毕业生毕业文凭启用该正式名称。南京国立牙医专科学校到1941年有9名学生毕业，1942年原有3年制学生也按时毕业。其后学制又改为4年制。1944年该校撤销后改为中央大学医学院牙专科。1945年年底，南京军医学校第一期牙科学生毕业，学生仅2名。1947年上半年，第二期学生毕业，共7人。第三期延迟毕业学员于1948年随校迁台。北京大学医学院齿学系有6名学生于1949年毕业，该6位首届毕业生均授予医学学士学位。

第二节 ▏1949年以前创办的牙医学院校、系

1949年以前在中国创办的牙医学院校、系有8所，包括华西协合大学牙学院、上海司徒博齿科医学专门学校、震旦大学牙医学系、南京国立牙医专科学校、南京军医学校、北平大学医学院齿学系、哈尔滨医科大学齿科医学院。

一、华西协合大学牙学院

　　1910年，私立华西协合大学（West China Union University）正式成立，是由英、美、加三国5个教会合办的私立教会学校，是一所拥有文、理、医学院的综合大学。1914年华西协合大学设置医科，1917年设置牙科系，1919扩建为牙学院，与医科并列。由林则博士（Dr. Ashley Woodward Lindsay）任系主任兼口腔外科主任。唐茂森博士（Dr. John E. Thompson）、吉士道博士（Dr. Harrison J. Mullett）、安德生博士（Dr. Rog M. Anderson）、刘延龄博士（Dr. R. Gordon Agnew）、甘如醴博士（Dr. W. G. Campbell）等分别担任其他各科的教学。教学工作起步就与国际口腔医学教育接轨，先进的办学理念、国际化教学资源、一流的教师团队使华西协合大学牙学院的教学水平和人才培养质量得到国内外广泛认可。1934年始，华西协合大学牙学院毕业生获得中国教育部颁发的毕业证书，同时获美国纽约州立大学牙医学博士学位（DDS）。林则博士也被誉为中国现代口腔医学创始人，华西协合大学牙学院被誉为中国现代口腔医学的发源地和人才培养的摇篮。

　　1937年抗日战争爆发，大批学校在动乱中内迁。1938年南京中央大学医学院牙学院，南京金陵大学、金陵女子文理学院，山东齐鲁大学；次年，燕京大学先后迁址至四川成都华西坝。华西坝成了中国当时有名的文化教育中心之一。当时几所大学的医学、牙学院不少课程都采用合班上课，全国一批著名医学专家担任了五大校基础和临床课的教学。如刘承钊教授生物学、张查理教授解剖学、蔡翘教授生理学、戚寿南教授内科学、董秉奇教授外科学、陈玉磨教授神经解剖学等。一批全国著名的哲学、社会科学、自然科学的教授经常在华西坝作有关的专业学术报告。华西坝的学术气氛空前活跃。"五大"联合办学时期给华西协合大学牙学院以深刻而积极的影响，同时华西协合大学牙学院也给内迁的几所大学以热情协助，共同为中国口腔医学及口腔医学教育作出了不可磨灭的积极贡献。

　　1948年，华西协合大学牙学院成立正牙系。至1949年，华西协合大学牙学院设8个系：口腔生理解剖系、口腔组织病理系、正牙系、口腔外科系、牙周学系、牙体学系、赝复学系、小儿科系，学制7年。

　　1951年10月6日，人民政府正式接管华西协合大学，更名为华西大学，牙学院更名为华西大学牙学院。1953年10月6日，华西大学更名为四川医学院，牙学院更名为四川医学院口腔医学系，原牙学院的8个系更名为8个教学研究室。1954年四川医学院口腔医学系原有的8个教研室，调整合并为口腔内科学、口腔颌面外科学、口腔矫形学3个教研室。1972年华西口腔医学系恢复招生，学制3

年。1985年，四川医学院口腔医学系更名为华西医科大学口腔医学院。2000年9月29日，华西医科大学与四川大学合并，口腔医学院更名为四川大学华西口腔医学院。华西口腔医学院现设口腔基础医学系、口腔内科学系、口腔颌面外科学系、口腔修复学系、口腔正畸学系5个系，下设龋病学教研室等23个教研室。2005年，口腔医学院新办的口腔修复工艺学本科专业首次招生。

二、上海司徒博齿科医学专门学校（上海牙医专科学校）

上海牙医专科学校的创办人是中国著名的牙医学教育学家司徒博。该校经历两次成长过程，一是创办于1923年的"司徒博齿科医学专门学校"，二是创办于1941年的"中国牙科医科学校"。

1923年，鉴于中国齿科医学及口腔卫生事业正处于萌芽时期，司徒博医生认为要发展该事业，当务之急是培育高质量优秀的口腔（牙）医学人才。他首先在自己诊所开办了一个齿科医学讲习班，设在上海虹口诊所内。以后逐步扩充成立了

图2-5 中国齿科医学专门学校

"中国齿科医学专门学校"（图2-5），迁址到江西西路桥脚。学校聘请了医学家与齿科专家分别任教授课，运作资金全部来自司徒博医生个人的牙科诊所收入。由于资金有限且缺乏师资，学校仅两期而被迫停办。尽管如此，毕业的学生以后服务于社会并具有一定声誉者不乏其人。

1941年，司徒博在中国牙科医学会的基础上再次办学，创办"中国牙科医科学校"。由司徒博医生出资承担大部分建校经费，另成立校董会推动认捐。校董会成员包括上海文化界、卫生界的一些重要人物，如上海医学院院长颜福庆、复旦大学校长李登辉、医学博士王完白、刁信德等人。1941年12月，太平洋战争爆发，日军进占租界，为避免向敌伪当局登记立案，学校办学形式为夜校，聘任教师不少是留日归国的牙科医师，招收高中毕业生，学制三年（图2-6）。课程设置齐全，每届最后一年为临床实习，在司徒博牙医院专辟门诊部作为学生实习基地。夜校招收过两届学生，第二届毕业于1945年，抗战胜利后停办。两届毕业

图2-6 中国牙科医学夜校第一届毕业留影

生共34人，其中两位参加了抗战胜利后的全国高等考试的牙医师考试，分获甲等第一名和中等第一名。全国参加该次同一科目考试仅4人及格，次年考试无一人及格，由此可见中国牙科医学夜校的教学水平是相当高的。

　　1945年，司徒博第三次办学，创办上海牙医专科学校，经教育部核准立案。他亲任校长（于右任为名誉校长），并将自己坐落于上海复兴西路40号的一幢花园洋房以及江湾五角场的一块地皮捐出来作为校舍和附属医院之用，同时向外界包括南洋侨胞募集资金，成立了校董会。特聘了当时著名的柳步青、陈绍周、王贤淑、司徒学、孙夏民、陈庆涛、余撷、邵仲、吴超然、徐声华及孙迭民等牙医学专家任教，学制四年。学校于当年秋季招收了第一期学生，第一期毕业生12名中有黄宗仁、王德昭、宋培智、董玉贞、诸礼文等，毕业后均在各自岗位上为牙医学及牙医学教育作出了不少贡献。根据1948年台湾《齿科医学》杂志报道："全国公私立医学教育机关共有44所，其中私立医学专科的牙科仅有上海牙医专科学校（一所）"。上海牙医专科学校1946至1950年共招收五班学生（图2-7）。

图2-7 上海牙医专科学校第一届毕业留影

1950年上海大专院校院系调整时上海牙医专科学校并入震旦大学牙医学系，原牙医专科学校师资司徒学、黄宗仁、王德昭医师入震旦大学工作，牙医专科学校学生30名一起进入牙医系学习。1956年，司徒家族支援内地建设，随牙医诊所迁往兰州，组建甘肃省牙病防治所。

三、震旦大学牙医学系

1903年2月，马相伯先生捐献家产创办震旦学院。当年8月，震旦学院在法国耶稣会主办下重新开学，成为中国第一所天主教大学，校址设在上海徐家汇天文台附近。1914年正式设立医科，学制4年。1932年，震旦大学获教育部批准立案，将医科改为医学院。1932年初，震旦大学校长才尔孟（German G S J）决定在大学医学院内增设牙医系，学制4年。经著名外科教授Dr. Brugeas大力推荐，请天津的法国牙医博士勒·乔爱（Le Goaer）来沪筹建和主持牙医系。1933年10月，在广慈医院开设牙医系附属门诊部，由震旦大学直接管辖。当时门诊部仅有牙椅5台、脚机6台、电机1台、X线机1台。1936年新教学大楼落成，首届牙医系毕业生2人，其中一人为沈国祚。1938年7月，Le Goaer博士回国，才尔孟校长聘用第一届毕业生沈国祚接替主持门诊日常工作，当年已有3届毕业生共9名。同年秋天，学校选送沈国祚赴巴黎大学口腔医学院进行深造，震旦牙医系理论教学暂停，并由朱家康医师代理门诊工作。1940年，沈国祚被正式任命为牙医系主任（第一任中国籍系主任）。此后，逐步全面恢复牙医系专业理论课教育。1950年春，因新中国成立后急需医生，学院将学制又改回至4年，历届毕业生不满100人，震旦牙医学院又改名为震旦大学医学院牙医系。1951年，根据华东高教处指令，司徒博主办的私立上海牙医专科学校并入震旦大学医学院牙医系。1952年9月1日，华东区高等学校院系调整，圣约翰大学医学院、震旦医学院和同德医学院合并成上海第二医学院。

四、南京国立牙医专科学校

1935年7月在南京创办了我国由国家办的第一所牙医专科学校——"国立牙医专科学校"，当时委托南京国立中央大学代办。校址在国立中央大学内，地址为南京四牌楼（现南京工学院）处。校长由中央大学罗家伦兼任，聘请黄子濂教授为系主任。至此，中国才有第一所由国家出资兴办的牙科医学专科学校，结束了只有外国人或私人创办牙医教学的局面。

淞沪战争爆发后，1937年秋学校随中央大学内迁至四川。校本部移迁到四川重庆沙坪坝，医学院和牙医专科学校迁移至成都华西坝。1938年增聘陈华教授主持牙科工作，筹建牙科门诊部。学生在华西协合大学牙学院学习部分基础和临床课程。1939年，国立中央大学医学院成立六年制牙本科，同时将国立牙医专科学校学制改为3年。1942年，学制又改为4年制。1944年，教育部决定撤销国立牙医专科学校建制改为中央大学医学院牙专科。1945年，牙科主任陈华教授赴美进修、考察，由欧阳官代理工作。抗战后胜利后，1946年学校迁返南京。1947年中央卫生实验院牙病防治所建成（南京市口腔医院前身），是当时中国第一个独立牙病防治机构。1949年，中央大学改名为南京大学，医学院改名为南京大学医学院。1951年医学院改属军队命名为第三军医学院。1953年改属总后勤部，定名为第五军医大学。牙科系改为口腔系，牙症医院改为口腔医院。1954年院校调整，与西安第四军医大学合并成为第四军医大学，口腔系与口腔医院于1957年1月迁入西安。

五、南京军医学校（安顺军医学校）

该校创办于清光绪年间，也是中国开办较早的医科学校之一。1932年校址在南京。抗战爆发后，1937年秋先迁至广州，次年再迁移至桂林。1939年春，迁移到贵州安顺，更名为安顺军医学校。当时仅有5年制与4年制的药科两个系。1940年增设牙科，并聘请军医学校附属医院牙科主任谢晋勋负责筹建牙医学系。该校先后招聘来安顺参加医学教学的教师有：肖卓然、戴策安、张锡泽、余德明、张亦若、黄大斌、王文靖、张毓华、熊大章、陈瞿仲等人。1942—1945年间又先后征调华西医大牙科和中央大学医学院牙科毕业生刘成陆等8人到该校服务一年。谢晋勋主任离任后改由肖卓然教授接任。1943年夏，该校已招收牙科三期学生，学制从4年改为5年。1944年张锡泽院长离开该校。1946年学校迁往上海改名为上海国防医学院。牙科由黄子濂任科长，聘请袁伯亚、周鲸渊两位医生参加牙医学教学。1946年上半年，肖卓然主任赴美考察牙医及牙医学教育。余德明主任离任去四川。1947年秋，原军医署派赴美国进修牙科的一批牙医专家，包括张涤生、洪民、周继林、陈约翰、贾维霖、张伟霜陆续学习期满返回祖国，先后均被安排在国防医学院牙医系工作。1948年国防医学院迁往台湾。黄子濂带领助教2名及全体学员随学校迁台。

六、同仁医院牙科专科学校

1941年在北平（现北京）同仁医院创办了一所牙科学校——同仁医院牙科专科学校。该校由美国教会创办，仅有一位外籍教师。学校学制三年。没有牙科专用教材，主要靠教员口授学生记录，仅办了三年就停办了。毕业生有韩文信、张乐天、陈恒德、朱硕农、张辐臣等。他们大部分都成为我国很有影响的牙医学专家和名医。

七、北京大学医学院齿学系

1941年北京大学医学院在北平（京）西单背阴胡同附属医院开设了齿科诊疗室。1943年在北京大学医学院附属医院齿科诊疗所基础上扩展成立了北大医学院齿学系。当时系主任为东京齿科大学教授小林一郎。1945年抗战胜利后齿学系更名为牙医学系，系主任由毛燮均教授担任。1945年起，国立北京大学医学院加强了牙科学系的师资建设。当时的教授有来自北京协和医院的毛燮均、张乐天、王洁泉；又有来自华西协合大学牙学院的胡郁斌、张光炎、朱希涛；还有原北京大学医学院的钟之琦、郑麟蕃和中央大学的邹兆菊等。1948年，学校由西单背阴胡同迁至西什库。

八、哈尔滨医科大学附属齿科医学院

1938年初，由原私立俄侨第一、第二两所牙科专科学校合并后成立哈尔滨齿科医学院。

俄侨第一牙科专门学校成立于1911年，校址在哈尔滨市秦家岗。创办人俄籍法国人冯·阿尔诺里德（女）亲任校长。阿尔诺里德曾毕业于俄国别德罗奇拉女子大学及瓦拉沙齿科学院。第一牙科专门学校自1911年建校至1931年的20年间只招收俄侨学生，自1932年才开始招收中国学生。每年每期招收学生15~20名。1935年首届中国学生毕业，第二班在1937年毕业，两班学生约为40名。当时中国籍的教师有赵连壁、傅涵溪、黄东尚、唐华庭等人。

俄侨第二牙科专门学校创办于1928年，创办人是林恩德尔（男），外科医师，学校校址设在哈尔滨道里石头通街。1934年由拉脱维亚人葛拉策任学校校长。他是苏联莫斯科大学毕业生，口腔科医师。该校在建校初期全部聘请外籍教师任教，约有教师15名。1935年起才增添中国籍教师刘凤书、陈素梅等人。该校只招收俄籍学生，学制为两年半，其中两年讲课、半年实习。另设有技工班，学制为一年。技工班学生10名，主要招收中国籍学生。

两所牙科学校的主要课程设置相似。基础课有解剖学、牙体解剖学、生理学、病理学、药理学、拉丁文等。临床课有牙体治疗学、拔牙手术学、牙科技工学和牙体材料学等。1937年时两所牙科学校共有在校学生130名。其中一校82人，二校48人。任课教师34人（一校22人、二校12人）。

哈尔滨齿科医学院当时的院址是在哈尔滨道里石头道街112号，是一座四层楼房。第二层是附属病院、第三层是教室及办公室。该校的牙科设备比较齐全，以后又陆续添置了口腔（牙）科治疗椅、牙科X光机等。当时牙科治疗椅位已达60余台，具有相当的规模。任教教师全部是日本人，并用日语授课。

哈尔滨齿科医学院的院长由曾在东京医科齿科专门学校任职的著名牙医学专家福岛参策教授担任，此外还有8位专职教员。在校学生一律穿黑色制服，戴四角帽并在帽上标有银质的M加齿字的帽徽。1938年底，医学院与哈尔滨医科大学合并改称为哈尔滨医科大学附属齿科医学院。1939年又改名为哈尔滨医科大学齿科医学部，该学院的基础课程是与医学部学生一起上，专业课则在齿学部上。1940年哈尔滨医科大学校长是植树秀一，齿学部部长仍是福岛参策，在校学生一律穿戴校服与校帽，领章为银质D字代表齿科。

第三章 1949—1965年间的中国高等口腔医学教育

新中国成立至1965年期间，中国的高等口腔医学教育得到一定的发展，特别是口腔医学学科理念得到了进一步发展。但是由于国力不足、资源限制等，口腔医学的发展与国际距离并没有缩小，从数量来看，还远不能满足社会主义建设对口腔医学专门人才的需要。

第一节 时代背景

1949—1965年，国家高度重视口腔医学教育的发展，中国高等口腔医学教育前后经历了调整、整顿、发展的重要时刻，口腔医学教育事业为国家建设培养了大批实用人才。

一、口腔医学教育之革新

中国牙医学教育向口腔医学教育的革新思想与行动最早始于林则博士。林则博士拥有中国最早的口腔医学学科思想，他从调整学科队伍、建立合理学术梯队，改革教学计划、提高教学水平，确立科研方向、建设研究基地以及组织科研工作，培养高层次人才以才管理工作等角度出发，初步形成了融合教学、科研、医疗、管理部门紧密结合的完整的口腔医学学科体系。林则博士口腔医学学科思想中最重要的部分体现在促成了牙医学向口腔医学教育的发展。他很早就强调科学研究在学科建设中的重要作用，强调口腔疾病与全身疾病的紧密关系，要求从人体的系统性出发进行口腔医学研究。在科学研究方向上，林则博士首先明确口腔医学与医学之间的关系，指出口腔医学与医学相对大生命科学来讲处于同等的地位，并且指出口腔医学并非单纯牙医学，而是关于牙齿、口腔及其他相关组织间之间关系的大医学科学的一部分。林则博士从创建华西口腔开始，就始终坚持医疗、教学、科研并进的口腔医学学科体系建设。他倡导建设科学研究基地以保障科学研究与教学和医疗工作紧密结合，培养具有科学思维的高级临床医生。1928年将华西牙症医院更名为口腔病院（Stomatological Clinic），林则博士任院长。1936年，成立华西协合大学牙医学研究室，林则博士任主任，1942年更名为口腔病研究室，邹海帆博士任主任。口腔病院和口腔病研究室的创建进一步完善了口腔医学学科体系和高素质人才的培养平台，标志着以医疗、教学、科学研究三位一体的现代口腔医学学科体系在华西基本形成。林则博士认为，在培养学生扎实的医学基础理论和专业技能的同时，要用当时最新的科学技术不断提高本科学生的技能，强调学术质量，重视科学研究，造就合格毕业生，真正实用于社会。

19世纪中、后期，世界各地建立起来的院校大部分不是进行口腔医学（Stomatology）教育，而是以牙科学（Dentistry）教育为主。20世纪末期，以牙科学教育为主的专业范围有所扩展，但通常只包括以牙齿为中心的口腔软、硬组织疾病的防治和口腔颌面缺损的修复。就口腔外科而言，其通常只包括齿槽外科及颌骨、颞颌关节、涎腺疾病的治疗。20世纪50年代之前，全国口腔医学院（系）的称谓与欧洲、美国、日本等地区和国家接轨，采用牙学院、齿学院。如美国马里兰大学巴尔的摩牙学院、加拿大多伦多大学牙学院、法国巴黎大学牙学院、日本齿科大学等。林则博士在与国际先进牙医学教育接轨的同时，创造性地建立了华西口腔病院、口腔病研究室等，使牙医学医疗、教学、研究的范围更加扩大，内容更加详细，为培养高素质的临床医生打下坚实的学科基础。1949年毛燮均教授撰文《中国今后的牙医教育》，提出革新牙医教育。新中国成立后，1950年6月，教育部在北京召开第一次全国教育工作会议，8月，卫生部召开了全国卫生工作会议，研究涉及医学教育改革问题，会议决定将我国牙医学更名为口腔医学，采用规范化命名。全国各地的牙医学系、牙科相继改名为口腔医学系和口腔科，并进行了相应教学范畴的调整与布局。中国现代口腔医学学科体系建设，以林则博士口腔医学教育思想为指导，全国口腔医学的前辈们共同努力而蓬勃发展起来。

二、口腔医学学科和教研室的划分

1954年，高等教育部、卫生部在北京联合召开全国高等医学教育会议，会议决定按照苏联医学教育模式与专业构架设立口腔内科学、口腔颌面外科学和口腔矫形学3个教研室及专业教学计划。这3个教研室正是口腔临床医学中4个三级学科中3个学科的雏形。1955年，4所口腔医学系均在口腔医学教学上全面采用苏联的模式均将原有科室合并为口腔内科学、口腔外科学和口腔矫形学3个教研室和3个临床学科。

三、指导性会议及文件

1954年，高等教育部、卫生部在北京联合召开全国高等医学教育会议。会议明确中国高等口腔医学教育的目标是培养具有全面、系统的现代医学基本理论知识及口腔专业知识，掌握现代口腔医学基本医疗技术，能独立担任常见的口腔疾病的预防、诊断、治疗及修复工作，并具有初步研究能力的口腔医师。这一培养目标说明中国的口腔学生和医疗系学生一样必须接受现代大医学的教育培训。

1958年，中国进入大跃进年代。教育与生产劳动的过度结合使得低年级学生以参加工农业体力劳动为主，高年级学生实行"单科独进"，严重违背了事物发展的客观规律。1959年开始的三年自然灾害以及苏联单方面撕毁经济技术合约，使得中国当时状况岌岌可危。1960年冬，党中央决定对国民经济实行"调整、巩固、充实、提高"的方针，对高等教育事业进行了修正。教育部强调要通过贯彻执行"八字方针"建立高等学校正常教学秩序，大力提高教学质量。1961年9月，中共中央批准试行《教育部直属高等学校暂行工作条例（草案）》（简称《高校六十条》）。中央指示指出必须以教学为主，努力提高教学质量。正确执行"百花齐放、百家争鸣"的方针，提高学术水平。1962年3月，周恩来在二届人大三次会议上的报告提出，《高校六十条》在全国高等学校中试行是贯彻"八字方针"的具体措施，重点是抓好调整与提高。六十条给高等学校指明了方向，规定了明确的任务。

第二节 ▌1949—1965年间口腔医学教育的基本概况

口腔医学教育的对象是口腔医学生，其内容主要包括招生、毕业生、学制等。本节从这些基本情况出发，介绍当时的教学计划、教材建设、教学条件等情况。

一、招生情况和学制

1950年，国家批准使用口腔医学名称。据此，全国各所牙学院相继更名为口腔医学院（系）。1950年，北京大学医学院牙医学系经院系调整后于更名为北京医学院口腔医学系，学制5年。华西协合大学于1951年10月6日更名为华西大学，牙学院则更名为华西大学牙学院，学制为7年。1953年10月6日，华西大学更名为四川医学院，牙学院更名为四川医学院口腔医学系。学制改为5年。震旦大学牙医学院自1949年后因国家急需大批口腔医务人员，学制从6年制改为4年制，牙医学院也改为牙医系。1952年，将司徒博医师创办的私立"上海牙医专科学校"并入震旦大学医学院牙医系，在读的30名牙医专科学生也一起进入震旦大学牙医系学习。上海原圣约翰大学医学院与同德医学院均并入震旦大学医学院。三校合并后成立上海第二医学院。震旦大学牙医系则成为上海第二医学院牙医系，不久则改名为口腔医学系，学制为4年。1949年8月，国立中央大学改为南京大学，1951年根据卫生部决定，南京大学医学院改为专科重点。牙本科与牙专科合并为4年制牙科。同年11月，改名为中国人民解放军第三军医学院。1952年，第三军医学院改为第五军医大学，由中国人民解放军总后勤部管辖。1954年，第五军医大学与第四军医大学合并，原牙科和牙病医院改为口腔医学系和口腔医院。

二、教学计划、教材建设、教学条件

（一）教学体系的调整

新中国成立之初，华西大学牙学院共设有8个系并开设相应课程，包括口腔解剖生理系、口腔组织病理系、口腔外科系、牙周学系、牙体学系、赝复学系、小儿牙科学系、正牙系。北京医学院口腔医学系设有牙形态学、牙体外科学、口腔诊断学、牙周病学、根管治疗学、儿齿牙医学、口腔组织学、口腔病理学、材料学、药物学、口腔外科学等。第四军医大学口腔医学系开设实用拔牙学、牙体解剖学、口腔胚胎组织学、牙颌学、牙病预防学、全口义齿学、临床口腔学等课程。上海第二医学院口腔医学系设口腔内科、口腔外科及修冠托牙3个临床学科及牙体解剖、修复冠桥、托牙3个实验室。口腔专业课程设置包括牙体解剖学、口腔组织病理学、牙体修复学、托牙学、冠桥学、口腔诊断治疗学、口腔外科学、口腔卫生学、牙周病学、口腔X线学、儿童牙科学、矫正学等课程。

（二）教材建设

1956年春，高等教育部、卫生部在北京召开第二次医学教育会议，确定了口腔专业各门课程的教学大纲和教材编辑委员会的名单。1959年，夏良才教授主编的高等医药院校试用教材《口腔颌面外科学》由人民卫生出版社出版。1960年，郑麟蕃教授主编的高等医药院校试用教材《口腔内科学》由人民卫生出版社出版。1962年，毛燮均教授、朱希涛教授主编的高等医药院校试用教材《口腔矫形学》由人民卫生出版社出版。

三、毕业生情况

1949年至1957年期间，由于各项工作刚刚起步，新中国对教育结构仅作微调。国防医学院牙科于1948年迁往台湾，其余6所最后仅保留了包括四川医学院口腔医学系、北京医学院口腔医学系、第四军医大学口腔系、上海第二医学院口腔系在内的4所院系。东北、华南、华中地区尚未分布高等口腔医学教育点。华中地区新建立了两所口腔医学系因故停办。河北医学院1958年建口腔系，1962年停办。洛阳医学院1959年建立口腔医学系，1962年下半年停办。高等口腔医学教育举步维艰！在此期间除南京大学医学院有专科外，其余均为本科。1951年，华西大学牙学院和中国人民解放军第三军医学院举办牙医专修班，学制分别为3年和2年。河北医学院口腔系1949和1950年曾招收口腔专科班2期，学制2年，每期15人，分别于1951、1953年毕业。东北地区哈尔滨医科大学曾在1958年建口腔系，招收31人。第一期学制5年，62年毕业。

表3-1为1949年以前至1957年不同历史阶段不同地区口腔医学院、系发展情况。

表3-1 1949年以前至1977年不同历史阶段不同地区口腔医学院、系发展情况

	1949年以前		1949—1957年	
	新建	累计	新建	累计
东北地区	1	1	0	1
华北地区	1	1	0	1
华东地区	2	2	−1	1
华南地区	0	0	0	0
华中地区	0	0	0	0
西北地区	1	1	0	1
西南地区	2	2	−1	1
合计	7	7	−2	5

第三节 | 1949—1965年间创办的口腔医学院 或口腔医学系

1949—1965年这段时期的政治稳定为口腔医学教育的发展提供了良好的土壤，但是经济条件的限制却给口腔医学教育的发展带来了很大的障碍。在这段时期得以建立的院校寥若晨星，虽然预示着光明的到来，但是光亮微乎其微。全国范围来看，仅仅只有三所院校建立并发展至今。

一、华中地区

在此期间创建的学院为湖北医学院口腔医学系，这是新中国依靠自己的力量建立的口腔医学系。1960年，人民政府一道命令将时任四川医学院口腔医学系主任夏良才教授调到武汉，一行7人，包括著名的口腔修复学教授廖蕴玉博士，组织建设湖北医学院口腔医学系（现武汉大学口腔医学院），2001年8月2日经国务院批准，原武汉大学、武汉水利电力大学、武汉测绘科技大学与湖北医科大学组成新的武汉大学。经过几十年的努力和建设，武汉大学口腔医学院现已发展成为一所集教学、科研、医疗于一体的高等口腔医学院校（图3-1，图3-2）。

图3-1 武汉大学口腔医学院

图3-2 夏良才教授创建武汉大学口腔医学院的艰难过程

二、东北地区

（一）中国医科大学口腔医学院

在此期间创建于东北地区的学校为中国医科大学口腔医学院。中国医科大学的前身是中国工农红军军医学校，1931年11月始建于江西瑞金，1932年改名为"中国工农红军卫生和军医学校"，1940年在延安经毛泽东同志提议，中共中央批准，正式命名为"中国医科大学"。1948年11月学校随军迁至沈阳，并于1949年2月正式组建了以福建长汀福音医院（原亚盛顿医馆，1908年建院）和沈阳南满洲铁道株式会社奉天医院（原国立沈阳医学院，1908年建院）为前身的中国医科大学附属第一医院，口腔医院的前身就是附属第一医院的口腔科。当时，任命吴继为代主任，尚世民为代副主任，讲师还有姜国成、王庆章2人，助教以下有15名，承担着口腔医学教学任务。1948年在38期学员、1949年在39期学员中各招收2名口腔专科学员；从1950年开始，前后招收40期、41期共78名口腔专业学生。

1949年，时任东北人民政府卫生部部长兼中国医科大学校长的王斌同志为首的一些老领导，他们既为适应当时医疗卫生发展的客观需要，同时又考虑到卫生事业长远发展的趋势，计划设立中国医科大学口腔学院，于1950年1月27日，东北人民政府卫生部发布命令，中国医科大学成立八院五处，中国医科大学口腔学院正式成立并招生，任命吴继为中国医科大学口腔学院助理院长。后因抗美援朝及院系调整，口腔学院随之停办。抗美援朝期间，口腔科派出吴继、鲁述萍、宫学斌3名同志参加抗美援朝医疗队奔赴朝鲜战场，部分教师带领口腔班学员赴哈尔滨医科大学完成教学任务。

1958年，全国总工会沈阳护士学校解体，学员全部转入中国医科大学卫生学校，其中第一班划归中国医科大学附属第一医院，成立口腔医士、检验士、药剂士三个专业。其中11人成为口腔医士班学员，由口腔科负责，于1961年毕业。随着国民经济的发展，口腔医学事业也有了很大发展，但是从事口腔业务的医护、技术员，特别是基层医院依然奇缺，群众治病难的问题仍待解决。为此，经有关部门批准，于1960—1962年办了口腔中专班，为辽宁省培养30名口腔科医

图3-3 中国医科大学首任口腔系主任钟宝民教授

图3-4 中国医科大学第41期口腔班毕业留影（1952年）

士。除此之外，口腔科还承担医疗系、公共卫生系以及留学生班、外语班的口腔科学教学任务。1998年，成立口腔医学院。党的十一届三中全会以来，党的各项政策逐步落实，在钟宝民主任和杨福钧主任的积极倡导下，提出创办口腔系的设想。1979年9月，为筹建口腔医学系，钟宝民、呼祥麟、杨彦昌、徐天声等人先后到北京医学院口腔系、西安医学院附属一院口腔科、第四军医大学口腔系、四川医学院口腔系、上海第二医学院口腔系参观学习，并由医疗系毕业生中陆续调入余健民、王玉新、李瑞武、刘淑杰等人到口腔外科、儿童牙科工作，为建系做好充分的准备工作。1977年，在61期医疗系学生中筛选20名学生，成立口腔班，三年后毕业，一半留校作为师资继续进行培养，另一半被分配到各地，大多数成为医院领导或业务骨干。1978年起，中国医科大学开设大学本科5年制的口腔专业，每期学生30名，建院前，共招收9期，已经毕业了4期120人，毕业生遍布全国，他们在各自的工作岗位上，都发挥着重要的骨干作用。1985年，中国医科大学创建口腔医学系。1987年，成立附属口腔医院。见图3-3、图3-4。

（二）哈尔滨医科大学口腔医学院

哈尔滨医科大学口腔医学院正式成立于1980年，始建于1958年。前身是哈尔滨医科大学口腔医学系，为新中国最早创建的口腔医学系之一，也是东北地区的第一个口腔系。1998年，哈尔滨医科大学口腔医学院正式成立。2002年迁入总投资达6 000万元、建筑面积为14 000万平方米的现代化新楼，并增设4 000平方米的教学区，医教研各项条件均大大改善。现在，学院经过几代人的不懈努力，几十年来不断发展壮大，已成为一所集教学、科研、医疗于一体的高等口腔医学院，是黑龙江省重要的口腔医学教育基地之一（图3-5，图3-6）。

图3-5 哈尔滨医科大学口腔医学院

图3-6 哈尔滨医科大学口腔医学院首任系主任（1981—1983年）吴瑜教授

第四章 1966—1976年间的中国高等口腔医学教育

1966—1976年，中国经历了十年"文化大革命"，全国高等口腔医学教育遭到严重破坏，口腔医学院、系没有得到发展，与国际口腔医学发展的差距明显拉大。本章收录了在此10年间建立的7所口腔医学院、系。其中华北1所、西北1所、华东3所、东北1所、华南1所。

第一节 ▏时代背景

1966年"文化大革命"开始，全国所有院校全部停止招生，教学工作几乎停滞，甚至有人主张取消口腔医学系，改为五官系。十年的浩劫迫使全国口腔医学教育进入休眠期。

1972年，中断6年的口腔医学教育终于恢复招生，成都、北京、上海、武汉等院校开始招收口腔医学专业学生，学制暂定为3年。1973年卫生部科教司在北京召开医学教学座谈会并决定委托四川医学院在成都举办全国口腔医学教育经验交流学习班，口腔医学教育开始复苏。1975年首批3年制口腔医学专业学生毕业。

1977年恢复招生考试制度，招收5年制本科学生。

第二节 ▏1966—1976年间口腔医学教育的基本概况

1958年至1977年期间，虽然在成都、上海、北京、武汉等地高等院校口腔系每年有几十名毕业生分配至全国各地，但全国口腔医师严重缺乏，各省、市先后在没有口腔医学系的高等院校积极创造条件，在十分困难的条件下陆续创办7个口腔医学系，到1977年全国共有口腔医学院系14所。东北地区建立了佳木斯医学院口腔系（1974年），白求恩医科大学口腔系（1976年）。华北地区除北京医科大学口腔系外，新建了天津医学院口腔系（1974年）。华东地区除上海第二医学院口腔系外，新建了江苏新医学院口腔专业（1974年）、山东医科大学口腔系（1976年）。华南地区建立了第一个承担高等口腔医学教育任务的中山医科大学口腔系（1974年）。西北地区，第四军医大学口腔系1969年11月随学校调防重庆，12月18日被撤销建制，1973年1月恢复建制，开始招收三年制口腔系学生。新建了西安医学院口腔系（1975年）。

表4-1为1949年以前至1977年不同历史阶段不同地区口腔医学院、系发展情况。

表4-1　1949年以前至1977年不同历史阶段不同地区口腔医学院、系发展情况

	1949年以前		1949—1957		1958—1977	
	新建	累计	新建	累计	新建	累计
东北地区	1	1	0	1	3	4
华北地区	1	1	0	1	1	2
华东地区	2	2	−1	1	3	4
华南地区	0	0	0	0	1	1
华中地区	0	0	0	0	1	1
西北地区	1	1	0	1	1	2
西南地区	2	2	−1	1	0	1
合计	7	7	−2	5	10	15

第三节 ▎1966—1976年间创办的口腔医学系

文化大革命时期，中国的口腔医学教育发展受到了限制。有限的几所医学院校的口腔医学院系的建立都集中在20世纪70年代中期。建立并发展至今的学校有7所，地理分布比较适宜，华北、西北、华东、东北及华南地区均有建立。

一、华北地区

天津医科大学口腔医学院位于华北地区，其前身为天津医学院口腔系，始建于1974年。每年招收30名本科生，学制3年，后改为5年制。为解决天津市人民看口腔疾病难及解决口腔系学生生产实习的双重问题，1983年开始筹建天津医科大学附属口腔医学院，并于1988建成试运行，1989年10月正式对外开诊。1995年附属口腔医院被评为天津市三级甲等专科医院，1996年10月随着天津医

科大学进入国家211工程院校，天津医科大学口腔系更名为天津医科大学口腔医学院，天津医科大学附属口腔医院更名为天津医科大学口腔医院，并正式形成两院（院系）合一体制。见图4-1。

图4-1 天津医学院口腔系77级毕业留影（1982年）

二、西北地区

西安交通大学口腔医学院的前身是于1975年经卫生部批准成立的西安医学院口腔医学系。1985年，在西安医学院第二附属医院口腔科基础上成立西安交通大学口腔医院。1991年，成立西安医科大学口腔医学院。2000年，西安医科大学与西安交通大学合并，更名为西安交通大学口腔医学院。西安交通大学口腔医院是卫生部直属的集教学、医疗、科研、预防保健为一体的口腔专科医院，是西北地区口腔医学专业师资培训中心，是卫生部继续医学教育基地之一，是陕西省口腔医疗质量控制中心、陕西省牙病防治指导组挂靠单位。

三、华东地区

华东地区有三所院校在此期间招生。包括南京大学口腔医学院、南京医科大学口腔医学院地、浙江大学医学院口腔医学系。

（一）南京大学口腔医学院

南京大学口腔医学院前身是成立于1947年3月的国民政府中央卫生实验院牙病防治所，设在中华门内下江考棚，是中国最早的一所国家级牙病防治机构，由当时的中央医院牙科主任龙哲三医师兼所长，李代鹄任医务处主任。1949年初，中央卫生实验院牙病防治所工作困难，仅留下医务人员5人。1949年3月16日，交由南京市立医院管理，医务处主任李代鹄代理所长。全所有职工17人，其中医务人员13人，护士2人，雇用员工2人；有牙椅位5张，年门诊量约5 000人次。1952年12月1日，成立南京市立牙症防治所，李代鹄任所长，洪范宇任副所长，有职工26人，简易综合治疗台6张，牙科升降椅7张，开诊第一天的门诊量130余人次。1953年的年门诊量43 652人次，比1949年增加7.73倍。另有奇异牌（美国）壁嵌式牙用10毫安X线机1台和国产牙用10毫安X线机2台。见图4-2。

图4-2 南京市立牙症防治所（1952年）

南京医士学校（地址：南京峨嵋岭，校长马敬之）于1955年增设牙科班（学生来源主要是内招调干生。学制3年），1957年学校迁往镇江，但牙科班留宁，专业教学委托南京市牙症防治所负责。1958年，南京市口腔病防治院大楼建成，（其省厅投资4万元，计600多平方米。作为教学之用），同时牙科班经上级批准为南京市口腔病防治院牙医医士学校，同年秋季开始招生，学制为3年。招生对象为初中毕业生，少数为调干生。学校的党政领导由口腔病防治院人员兼任，另设主任1名，负责学校具体工作，学校编制人员有数人。1959年，更名为南京口腔医士学校。1962年，南京口腔医士学校并入南京药学院附设学校，设口腔专业，该专业后期课教学任务，仍由南京市口腔病防治院负责，学校隶属江苏省卫生厅，经费由省厅拨给。1973年8月，由当时的江苏省革命委员会主持筹备江苏新医学院口腔系，并于1974年招生。口腔病防治院建立口腔医学各专业教学组，负责口腔科的教学和临床实习工作。1975年元月，口腔病防治院接受口腔专业教学工作，1975年6月10日正式成立教学办公室。由李代鹄、邵绍红、刘肇瑞、刘思文、刘文滨组成，由省卫生厅与口腔病防治院共同投资建设面积为3 500平方米的新教学楼。

1978年，设置南京医学院南京专科班，有防疫专业、放射专业、血液专业、寄生虫专业、口腔专业5个班，学制3年，大专学历，招生对象为高中毕业生。口腔专业班委托南京市口腔病防治院于1978年底招生50人。1980年设立口腔技士班，学制3年，招生对象是初中毕业生，毕业后取得技士职称。1981年未招生。1982年改招高中毕业生，学制仍为3年。1983年改招口腔医士班，招生对象仍为高中毕业生，学制3年。1984年未招生，1985年口腔医士班改招初中毕业生，学制改为4年。

（二）南京医科大学口腔医学院

南京医科大学口腔医学院、南京医科大学附属口腔医院、南京医科大学口腔医学研究所三位一体。

1973年7月，江苏新医学院党委常委会研究决定由医学系筹建口腔医学专业。1974年8月，由江苏省革命委员会批复，同意江苏新医学院增设口腔专业，并由1974年下半年开始招生，1974—1976年，招收了3届3年制口腔专业学生（大学普通班）。1977年开始招收本科生。

图4-3 南京医科大学附属口腔医院（1974年，当时称江苏新医学院）

1979年9月成立南京医学院口腔系，设口腔内科学、口腔颌面外科学、口腔矫形学3个教研室。见图4-3。

南京医科大学附属口腔医院则溯源于1977年4月设立的江苏新医学院附属口腔门诊部。现为江苏省口腔医院、江苏省红十字口腔医院，是省内第一所三级甲等口腔专科医院，是江苏省口腔医疗、教学、科研、预防和培训中心。

1977年，附属口腔门诊部只有简易平房10间，建筑面积300平方米。1985年2月，医院建筑面积699.33平方米。1986年5月，新增700平方米医疗用平房。1993年11月2日，附属口腔医院大楼奠基。1997年5月，新大楼开始试运行。5月底，门诊全部迁入新址，8月底，病房、行政和教学迁入新楼。2002年建立凤凰西街第一门诊部250多平方米，凤凰西街技工中心约350平方米。2004年，建立江宁区第二门诊部350多平方米。2008年5月银城东苑第三门诊部开始试营业，同年开始筹建热河南路第四门诊部。

（三）浙江大学医学院口腔医学系

浙江大学医学院口腔医学系成立于1976年，招收5年制本科生。2002年停止5年制招生，改为7年制招生。从2006年开始采用大类医学试验班培养模式，入学前两年主要是通识课程的教育，两年结束确定主修专业，然后进行专业培养模式。

图4-4 浙江大学医学院口腔系首届毕业留影（1980年）

口腔医学一级学科下设口腔临床医学和口腔基础医学两个二级学科。1999年建成的主要实践教学基地附属口腔医院是浙江省唯一的一家省级口腔专科医院，2006年被评为三级甲等口腔专科医院，是浙江省口腔医疗、科研、教学和预防指导中心。浙江省口腔医学会、浙江省牙病防治指导组、浙江省口腔医疗质量控制中心均设在附属口腔医院。见图4-4。

四、东北地区

这段时期于东北地区创建的有佳木斯大学口腔医学院。佳木斯大学口腔医学院和附属口腔医院实行二位一体的管理体制。佳木斯大学附属第二医院、附属口腔医院是在口腔专科医院基础上发展起来的综合性医院，至今已有三十多年的历史。佳木斯大学口腔医学院的前身是创建于1974年的佳木斯医学院口腔医学系。为了满足教学需要，1976年建立了附属口腔医院，1990年扩建成拥有内、外、妇、儿等科室的综合性医院，2005年23 000平方米的新院址大楼投入使用。以此为契机，医院加大了设备力量和技术力量的投入，实现了跨越式发展。目前学院拥有两个本科专业、三个硕士研究生授权点、三个研究所和一个现代化美容院，是黑龙江省东北部地区现代化的口腔医学医疗、教学、科研基地。两个本科专业分别是口腔医学专业、口腔修复工艺学专业，其中口腔医学专业被列为全国统一招生专业，国家级特色专业；三个硕士研究生授权点分别是口腔临床医学硕士点、口腔基础医学硕士点、神经病学硕士点；三个研究所分别是黑龙江省口腔医学研究所、佳木斯大学医学材料研究所、佳木斯大学神经疾病研究所。

五、华南地区

这段时期于华南地区创建的院校有中山大学光华口腔医学院。中山大学光华口腔医学院建系于1974年，起源于1907年。1907发生的"佛山轮命案"，激发了仁人志士的爱国热情。郑豪、梁培基、陈子光等爱国贤达深感丧失医权之痛，为捍卫尊严夺回医权，于1908年春创办医社，名曰光华，为光我华夏之意。1929年经教育部立案，正式命名为广东光华医学院。

光华医社是中国第一所民间集资、中国人管理与执教的西医学校，以"合我华人之力，博采世界文明医学，创办医学院校，造就完备医材以利国利民"为办学宗旨，提倡新医，自主医权，包容共济，吸引众多医学名师于光华任教。1951年，成为华南第一个培养口腔医学人才的学院。1953年，光华牙科学馆落成（图4-5）。1954年，为统筹医学教育资源，中山大学医学院、岭南大学医学院和光华医学院三校合一，命名为华南医学院。1957年，为纪念孙中山先生，华南医学院易名为中山医学院。1985年改名为中山医科大学。1996年，在光华原址建立的中山医科大学口腔医疗中心更名为中山医科大学附属光华口腔医院。1997年，口腔系升格为口腔医学院。2001年，中山医科大学与中山大学合并为新的中山大学，为纪念中国人坚持自主医权而创办的第一所西医学院，将口腔医学院定名为"中山大学光华口腔医学院"，原中山医科大学附属光华口腔医院更名为中山大学附属口腔医院。图4-6为中山大学光华医学院口腔系首任系主任梁绍仁教授。

图4-5 光华牙科学馆落成（1953年）

图4-6 中山大学光华医学院口腔系首任系主任梁绍仁教授

第五章 1977—2008年间的中国高等口腔医学教育

1977年恢复高考，改革开放30余年，中国高等口腔医学教育事业迎来了新的发展春天，得到了跨越式发展，各方面的积极性充分发挥，主动办学、优势办学，办学规模进一步扩大。改革开放30余年期间，全国创建口腔医学院系约百所，其中创建普通高等教育体系的口腔医学院、系50余所。至2008年，全国进行各类口腔教育的单位近180所，其中进行口腔医学教育的普通高等口腔医学院、系近70所。本章收录了在此30余年间新建的45所普通高等教育体系中的口腔医学院、系。其中西南5所、华北6所、西北5所、华东10所、华中5所、东北7所、华南7所。

第一节 时代背景

1977年，"文化大革命"结束。恢复高考制度后，国家对各省、自治区、直辖市自行批准建立的15个口腔医学专业进行全面整顿。这些专业大部分不完全具备置办口腔专业的基本条件，亟待调整、充实和加强。考虑到口腔医师（士）的极度缺乏，没有对这批学校进行关、停、转等措施，而是尽可能给予扶助，并按照口腔医学专业设置的基本标准条件严格要求。1978年到1998年的20年间，伴随党和政府全面拨乱反正，口腔医学教育也迎来了新的发展时机。

1986年，全国高等医药本科专业设置口腔医学专业，确定为一级专业。1998年，国务院学位委员会公布的专业目录中，口腔医学成为一级学科，设口腔基础医学、口腔临床医学两个二级学科，口腔医学学科地位提升的同时，发展速度和规模也不断提升。

1999年以来，口腔医学专业教育与发展呈现多学科交叉的特点，口腔医学院校组织与结构也呈现综合发展趋势。纵观国际上许多具有重要地位和重大影响的著名大学大都是综合大学，并且世界一流的医学院绝大多数都设立在综合大学内。党中央、国务院及时统一部署，进行高等学校管理体制改革和布局结构调整，设立综合大学，并且将许多医科大学都合并到综合大学，以增强国际竞争力。

目前，中国口腔医学教育界正根据国际医学教育专门委员会（IIME）制定的"全球医学教育最低基本要求"（GMER）以及国内发展趋势进行相关文件的研制。

一、指导性会议及文件

1984年10月，中华医学会医学教育委员会在成都召开，这是一次全国口腔医学教育学术研讨会，着重就口腔医学教育如何加快培养人才，口腔医学教育如何为10亿人民保健服务，口腔医学教育应该建成一个什么样体系与结构等，进行了学术交流；在关于培养目标、专业设置、发展规模、人才预测等以及多层次、多规格、多渠道办学问题及高等医学院校如何支持中等口腔教育发展等方面开展了讨论；提出了"改善中国口腔医学事业落后现状的首要任务和关键在于大力加强和发展中国的口腔医学教育事业"。研讨会根据当前的口腔事业现状提出力争在2000年实现口腔医师、医士数与全国人口比例达到1：20 000左右。实现这个目标需要培养大学本科、专科口腔医师15 000名，培养中专口腔医师、技士、护士等40 000名左右。会议对口腔医学院的成立作了具体要求：设置口腔医学三种以上专业，每年招生不少于120名，各专业基础课和专业课门类齐全并拥有相应的教研室与实验室齐备，全院教授与副教授总额不得少于40名等；特别需要有科室齐全、设备完善的附属口腔医院，150张以上的口腔专科病床，250台以上的牙科治疗椅；还要求设有硕士和博士学位研究生培养点，有专门从事科学研究工作的口腔医学研究机构。此外，会议就课程设置提出应该加强口腔医学的基础课和专业课，减少临床医学的临床课，改变口腔系学生的课程设置同医学系学生大体一致的倾向，体现出口腔医学生的专业特点。教学方法上要努力改变灌输式教学为启发式教学，提高学生提出问题、分析问题、解决问题的能力，特别是合乎规范的临床操作能力。

根据1984年10月在成都召开的中华医学会医学教育委员会会议精神，全国办学规模有所增长。从1985年起，各大医学院分别转成医科大学，口腔系也相应成为口腔医学院。

1986年5月，按照国家教育委员会（86）教高二字008号和卫生部（86）卫科教高字199号文的精神，在北京召开了口腔医学类专业目录审定首次工作会议，随后分工对华北、中南、华东、西北、西南等地区的口腔医学现状进行了考查。

1986年7月，于四川省乐山市召开了第二次口腔医学专业目录审定会议，会议认为，中国高等口腔医学教育的改革，应该遵循"面向现代化、面向世界、面向未来"的总方针，以建立具有中国特色的口腔医学教育体系为总的指导思想，除应全面修订专业教育计划外，口腔医学专业的进一步分化也是十分必要的。同年全国高等医药本科专业设置将口腔医学专业确定为一级专业。

1986年11月，国家教育委员会和卫生部在成都召开了全国高等医学教育学制改革专题讨论会，在此次会议上，华西医科大学提出了口腔内科学专业、口腔修复学专业、口腔颌面外科学专业的7年制本科生教学计划的设想，经过有关专家4天的论证，认为当前要解决加快培养高层次的医学人才问题，有重点地办7年学制的医学教育是可行的。

1987年6月，全国普通高等学校医药本科专业目录审订会议在杭州召开，再次研究口腔医学专业目录的审定问题。1987年8月，国家教育委员会印发的《全国普通高等学校医药本科专业目录》中，口腔医学类专业包括口腔医学（0401）、口腔修复学（0402），部分试办专业中有口腔颌面外科学（试04）。

1988年4月，在成都召开了如何办好七年制高等医学教育的工作会议，确定了中国医学教育3、5、7年的学制模式。口腔医学教育3年制的大学专科班，其主要任务是为县以下的综合医院培养口腔科医师，或用于某些仅需短学制的学业，如口腔技工工艺学等；5年制的大学本科班，其主要任务是为县以上综合医院培养口腔医师；7年制的大学本科班，其任务是为省级口腔医院及综合医院、高等医学院校、口腔医学科学研究机构培养临床医疗、教学、科学研究工作的高级口腔医学专门人才，因此，对其要求应具有宽阔的自然科学知识、比较深厚的专业理论知识和较熟练的专业技能，对口腔常见病、多发病和一般急、难、重症基本上能够独立处理，有一定科学研究工作能力，掌握一门外语并能熟练地阅读和翻译本专业外文书刊，使其有创造精神和较大的发展潜力。

1988年，国家教委特发了《关于试办七年制高等医学教育的通知》。目的是为了主动适应医药卫生事业现代化的需要，满足中国医药卫生事业和医学科学技术发展对高层次医学专门人才的需要，从中国社会主义初级阶段的国情出发，决定从中国131所高等医药院校中选择少数有办长年制医学教育经验，且专业比较齐全、教育质量较高的老校，试办七年制高等医学教育。

1993年，全国口腔医学教育研讨会在北京召开。参加会议的代表有全国36所口腔医学院（系）院长（系主任）及20所口腔中等卫生学校有关领导与专家共82人，同时邀请了国外专家出席。卫生部副部长胡熙明及国家教委高教二司副司长王镭到会并作了讲话。会议对研究口腔医学教育如何适应社会主义市场经济，如何面向21世纪、面向农村，学习和了解国外先进经验，加快中国口腔医学教育改革，满足人民群众日益增长的对口腔医疗保健的需求，实现世界卫生组织提出的2000年人人享有卫生保健的战略目标具有重要意义。

1998年5月19—22日，国务院学位委员会学科评议组第七次会议于北京召开，会议根据学位（1997）23号文件颁布的《授予博士、硕士学位和培养研究生的学科、专业目录》的通知，将口腔医学由原来隶属于临床医学下的二级学科，第一次作为一级学科独立组成口腔医学评议组。这是继中华口腔医学会成立，教育部颁布本科生招生目录之后，再一次奠定口腔医学在医学领域中的一级学科地位，此将有利于中国口腔医学今后的发展。

2000年9月，全国第三届口腔医学教育研讨会在吉林省长春市召开，研讨会上就中国口腔医学教育的发展现状与展望、面临的挑战与对策、专业课程设置、教学内容及方法的改革、七年制口腔医学教育等作专题报告。与会代表的发言从多方面展示了口腔医学教育的成果和经验，如前期同中期融合与渗透后期分化课程体系的建立与实践、CAI软件辅助教学法以及实施规范化标准化考试程序等。会议选举产生了以王邦康教授为主任委员的第一届中华口腔医学会口腔医学教育专业委员会。

2001年9月，教育部颁发了《关于加强高等学校本科教育工作提高教学质量的若干意见》，该文件是新中国成立以来教育部发布的关于本科教育的包含具体实施内容的重要文件。针对目前本科教育招生急速扩大的现象，及时提出提高教育质量的明确要求。文件发布后，各口腔医学院系也在积极贯彻落实。近年由于扩大了口腔医学本科教育的招生学校和招生人数，不少过去仅能培养大专生的学校开始招收本科生，而过去招收本科生的学校在没有增加任何教学条件的情况下招生人数翻番，这将严重影响学生的教学质量。因此，尽快加强口腔医学院系的软硬件建设，按照教学基本要求稳步发展口腔医学教育，是亟待解决的问题。为保证口腔医学人才的培养质量，建立专业准入制度，2004年6月3日，卫生部颁布口腔医学专业设置标准、口腔工艺技术专业设置标准。

2001年12月，中华口腔医学会口腔医学教育专业委员会会议于北京召开。来自全国各口腔医学院校的近20位院长、专家共同讨论了21世纪口腔医学教育面临的培养目标和发展战略。对以下问题进行了讨论和交流：关于口腔医学生产实习的问题，加强口腔医学教学中的生产实习是培养实用的能力型人才的重要保证。关于长学制口腔医学教育的问题，长学制的必要性、教学模式、培养目标、教材建设、教学方法改革等。关于2002年全国口腔卫生工作会议中有关口腔医学教育的内容，一致建议尽快建立全国口腔教学评估体系；量化中国培养D.D.S成本；尽快建立专科口腔医师培养计划；建立相应的课程体系等。最后常委会讨论了2002年召开口腔医学教育研讨会事宜。

2002年10月，全国第四届口腔医学教育研讨会在江苏省南京市举行。该次会议以当前中国口腔医学教育中的两个重点议题为中心展开研讨，即适合中国国情的口腔医学教育学制，尤其是长学制问题和如何抓好大学本科生的生产实习问题。会议邀请了我国长期从事口腔医学教育的6位知名教授就中国口腔医学学制问题作特邀报告，还邀请部分口腔医学院校领导就长学制与生产实习作专题报告。与会代表就口腔医学教育学会的发展过程和两个重点议题进行了热烈讨论并达成了部分共识：建议在条件成熟的口腔医学院（口腔医学一级学科博士点或两个二级学科博士点）招收8年制学士－硕士－博士连读的口腔医学生，加强人文学科、医学基础和口腔医学基础教育，以培养研究型高级口腔医学人才。5年制口腔医学教育仍是中国较长时期内培养口腔医师的主体。目前，3年制口腔医学教育仍有存在的必要，从长远发展看，3年学制应逐渐取消。5年本科加4年或5年的硕士－博士连读仍是培养口腔高级人才的重要途径。

2004年10月，第五届全国口腔医学教育研讨会在济南举行。会议的重点研讨主题是本科生前期实习、生产实习及研究生教育。教育部高教司农林医药处石鹏建处长做了中国医学教育现状及发展的讲话，指出中国高等医学教育已进入新发展时期，重点要转变到抓教学质量、培养国家及个人全面需要的高级医学人才。强调医学教育既是精英教育，又要向个性化、多样化发展。今后的高等医学教育要转向学生能力的培养，以往强调学习、实践及创新能力，还要增加创业能力、适应环境能力及国际竞争能力的培养。由于扩招带来的一系列问题也是下阶段面临的问题之一。教育部正在进行新一轮高等医学教育评价，希望从国家层面上宏观调控中国高等医学教育规模及资源。另外，继续进行教学方式的改革，与卫生系统合作建立健全中国毕业后教育体系（住院医师规范化培训及建立专科医师培训体系）及继续教育体系。

2005年11月，全国口腔医学教育专业委员会常委扩大会议在湖南省长沙市召开。出席此次会议的有现任医学口腔教育专业委员会常委、部分委员以及部分院校主管教育教学工作的领导共计31人。教育部高教司石鹏建副司长在会上介绍了目前中国医学教育的宏观情况后，认为口腔医学有自己的专业特殊性，因此需要有自己的质量认证标准。他希望口腔医学教育专业委员会承担组织完成这项任务。与会代表对此表示认同，认为应组织全国的口腔医学教育专家经过充分探讨、研究，率先形成口腔医学教育本科教育标准，为中国口腔医学教育标准化、国际化以及口腔医学教育教学尽快与国际接轨而努力奋斗。

二、院校合并调整

国内13所口腔医学院凭借改革和调整中的机遇和挑战并入综合性大学。华西医科大学合并入四川大学，其口腔医学院称为四川大学华西口腔医学院；北京医科大学合并入北京大学，其口腔医学院称为北京大学口腔医学院；上海第二医科大学合并入上海交通大学，其口腔医学院称为上海交通大学口腔医学院；湖北医科大学合并入武汉大学，其口腔医学院称为武汉大学口腔医学院；中山医科大学合并入中山大学，其口腔医学院称为中山大学光华口腔医学院；西安医科大学合并入西安交通大学，其口腔医学院称为西安交通大学口腔医学院；白求恩医科大学合并入吉林大学，其口腔医学院称为吉林大学口腔医学院；浙江医科大学合并入浙江大学医学院，其口腔医学院称为浙江大学医学院口腔医学系；山东医科大学合并入山东大学，其口腔医学院称为山东大学口腔医学院；上海铁道大学合并入同济大学，其口腔医学院称为同济大学口腔医学院等。

综合性大学倡导宽口径专业培养，文、理、工、医相互渗透，加强通识课程，突出交叉学科教育的理念得以更好实现，为口腔医学的科学发展开始了新的篇章。从发展情况来看，与综合性大学融合得越好，发展就越快。四川大学华西口腔医学院充分利用综合性大学的优势，与文科、理科、艺术类学院密切联系合作，积极开展本科创新人才培养，调整教育思想、改革教学计划，力求培养具有深厚人文底蕴、扎实专业基础、强烈创新意识、宽广国际视野的高素质口腔医学人才。北京大学口腔医学院8年制学生进校前两年即按照通科教育的培养模式选择课程。

三、本科教学评估

1995年，国家教委关于加强教学评估的指令下达后，口腔院系的教学评估工作在各地普遍展开。有的由上级行政部门组织各方面专家对口腔院系进行全方位评估，有的则只对教学管理工作，或仅对专业课的理论教学或实习进行单项或多项评估，也有的只评估教学过程的某一个环节。评估的方式上有上级和专家评估，有的则包括上级、专家评估及学生评估和教师自我评估。有的院系教学评估已形成制度，每年1次或多次定期进行，也有的是临时安排。坚持教学评估时间较久的单位，已经制定了评估指标体系，印制了评分标准、各种表格和确定了统计方法。有的院系把如何进行教学评估作为一项科研课题进行研究。教学评估逐步为大部分院校所重视。

四、高等教育质量工程

2007年1月25日，在教育部举行的例行新闻发布会上，教育部副部长吴启迪指出，"十一五"期间，高等教育将把重点放在提高质量上，中央财政将投入25亿元左右实施"质量工程"。教育部同时发布教高〔2007〕1号文件《教育部 财政部关于实施高等学校本科教学质量与教学改革工程的意见》，指出为全面贯彻落实科学发展观，切实把高等教育重点放在提高质量上，经报国务院同意，教育部、财政部决定实施"高等学校本科教学质量与教学改革工程"（以下简称质量工程），就该工程的实施提出如下意见。

（一）实施质量工程的重要意义

高等教育肩负着培养数以千万计的高素质专门人才和一大批拔尖创新人才的重要使命。提高高等教育质量，既是高等教育自身发展规律的需要，也是办好让人民满意的高等教育、提高学生就业能力和创业能力的需要，更是建设创新型国家、构建社会主义和谐社会的需要。党和政府高瞻远瞩，立足于我国高等教育实际，站在实现中华民族伟大复兴的历史高度，作出了把高等教育的重点放在提高质量上的重要决策，这对实现我国经济社会全面协调可持续发展具有重要的历史意义和现实意义。

近年来，高等教育规模快速发展，质量有了较大的提高，为我国经济社会的快速、健康和可持续发展以及高等教育自身的改革发展作出了巨大贡献。但是，高等教育质量还不能完全适应经济社会发展的需要，不少高校的专业设置和结构不尽合理，学生的实践能力和创新精神亟待加强，教师队伍整体素质亟待提高，人才培养模式、教学内容和方法需要进一步转变。因此，迫切需要采取切实有效的措施，进一步深化高等学校教学改革，提高人才培养的能力和水平，更好地满足经济社会发展对高素质创新型人才的需要。

实施质量工程，是坚持科学发展观，全面落实党中央、国务院战略决策和部署的重要举措，是落实科教兴国战略和人才强国战略的重要组成部分。质量工程以提高高等学校本科教学质量为目标，以推进改革和实现优质资源共享为手段，按照"分类指导、鼓励特色、重在改革"的原则，加强内涵建设，提升我国高等教育的质量和整体实力。质量工程充分考虑了提高教学质量的系统性和复杂性，确定了具有基础性、全局性、引导性的项目作为改革的突破口，以调动广大高校的积极性和主动性，引导高等学校教育教学改革的方向。质量工程的实施，对于扩大优质教育资源受益面，形成重视教学、重视质量的良好环境和管理机制，实现高等教育规模、结构、质量和效益协调发展，具有十分重要的意义。

实施质量工程，需要调动政府、学校和社会各方面的力量，把发展高等教育的积极性引导到提高质量上来。各地要加强对高等教育工作的领导，充分利用各方面力量支持高等学校的发展，切实解决高等学校在提高质量方面的实际问题，为高等学校办学创造良好的外部环境。各地教育行政部门和高等学校要强化教学质量的"一把手责任"，把更大精力、更多财力投入到提高教学质量上，要根据当前高等教育改革和发展的新形势、新任务，围绕影响高等学校教学质量的主要方面，明确目标要求，制定具体政策，扎实推进质量工程。

（二）指导思想与建设目标

坚持以邓小平理论和"三个代表"重要思想为指导，全面落实科学发展观，全面贯彻党的教育方针，全面推进素质教育；坚持"巩固、深化、提高、发展"的方针，遵循高等教育的基本规律，牢固树立人才培养是高校的根本任务、质量是高校的生命线、教学是高校的中心工作的理念；按照分类指导、注重特色的原则，加大教学投入，强化教学管理，深化教学改革，提高人才培养质量。通过质量工程的实施，使高等学校教学质量得到提高，高等教育规模、结构、质量、效益协调发展和可持续发展的机制基本形成；人才培养模式改革取得突破，学生的实践能力和创新精神显著增强；教师队伍整体素质进一步提高，科技创新和人才培养的结合更加紧密；高等学校管理制度更加健全；高等教育在落实科教兴国和人才强国战略，建设创新型国家、构建社会主义和谐社会中的作用得到更好的发挥，基本适应我国经济社会发展的需要。

（三）建设内容

建设内容主要从专业结构调整与专业认证、课程及教材建设与资源共享、实践教学与人才培养模式改革创新、教学团队与高水平教师队伍建设、教学评估与教学状态基本数据公布及对口支援西部地区高等学校方面进行。

1. 专业结构调整与专业认证　根据科学技术发展的特点，紧密结合我国高等教育实际，研究建立适应国家经济与社会发展需要的本科专业设置和调整制度，制订指导性专业规范，构建专业设置预测机制，定期发布各类专业人才的规模变化和供求情况，为高校优化专业布局和调整人才培养结构提供指导。大力加强本科专业建设，按照优势突出、特色鲜明、新兴交叉、社会急需的原则，择优选择和重点建设3 000个左右特色专业点，引导各级各类高等学校发挥自身优势，努力办出特色。积极探索专业评估制度改革，重点推进工程技术、医学等领域的专业认证试点工作，逐步建立适应职业制度需要的专业认证体系。

2. 课程、教材建设与资源共享　继续推进国家精品课程建设，遴选3 000门左右课程，进行重点改革和建设，力争在教学内容、教学方法和手段、教学梯队、教材建设、教学效果等方面有较大改善，全面带动我国高等学校的课程建设水平和教学质量。启动"万种新教材建设项目"，加强新教材和立体化教材建设，鼓励教师编写新教材，积极做好高质量教材推广和新教材选用工作。积极推进网络教育资源开发和共享平台建设，建设面向全国高校的精品课程和立体化教材的数字化资源中心，建成一批具有示范作用和服务功能的数字化学习中心，实现精品课程的教案、大纲、习题、实验、教学文件以及参考资料等教学资源上网开放，为广大教师和学生提供免费享用的优质教育资源，完善服务终身学习的支持服务体系。开发网上考试系统，研究制订相关标准，逐步实现大学英语和网络教育全国统考课程的网上考试，创造安全、便捷、高效的考试平台。

3. 实践教学与人才培养模式改革创新　大力加强实验、实践教学改革，重点建设500个左右实验教学示范中心，推进高校实验教学内容、方法、手段、队伍、管理及实验教学模式的改革与创新。开展基于企业的大学生实践基地建设试点，拓宽学生的校外实践渠道。实施大学生创新性实验计划，支持15 000个由优秀学生进行的创新性实验，促进学生自主创新兴趣和能力的培养。择优选择500个左右人才培养模式创新实验区，推进高等学校在教学内容、课程体系、实践环节等方面进行人才培养模式的综合改革，以倡导启发式教学和研究性学习为核心，探索教学理念、培养模式和管理机制的全方位创新。继续开展大学生竞赛活动，重点资助在全国具有较大影响和广泛参与面的大学生竞赛活动，激发大学生的兴趣和潜能，培养大学生的团队协作意识和创新精神。

4. 教学团队与高水平教师队伍建设　加强本科教学团队建设，重点遴选和建设一批教学质量高、结构合理的教学团队，建立有效的团队合作的机制，推动教学内容与方法改革和研究，促进教学研讨和教学经验交流，开发教学资源，推进教学工作的老中青相结合，发扬传、帮、带的作用，加强青年教师培养。鼓励和支持校内及聘请国内外著名专家学者和高水平专业人才承担教学任务和开设讲座，推动双语教学课程建设，探索有效的教学方法和模式，切实提高大学生的专业英语水平和直接使用英语从事科研的能力。每年评选100名高等学校教学名师奖获得者，大力表彰在教学和人才培养领域作出突出贡献的教师。

5. 教学评估与教学状态基本数据公布　加强和改进高校本科教学工作评估，以评促建，以评促改，评建结合，重在建设，促进学校强化教学管理、深化教学改革、提高教学质量。研究制定高等学校分类指导、分类评估的政策和制度，引领高等学校合理定位，发挥优势，办出水平，办出特色。建立高等学校教学基本状态数据检测体系，定期采集各类高等学校本科教学基本状态信息和数据，统计和分析高等学校教学基本状态和变化趋势，逐步将教学质量和教学改革的数据向社会公布。

6. 对口支援西部地区高等学校　推进对口支援西部高校工作，促进东部和西部高等教育的协调发展。重点资助受援高校教师到支援高校进行半年以上的进修提高。在对口支援高校中实行干部交流制度，资助一批受援高校教学管理干部到对口支援高校学习锻炼，交流管理经验，提高受援高校的教学管理水平。

以上内容也被概括为六大举措、七大系统、九大目标、十组数字。六大举措指"质量工程"六个方面的建设内容：一是专业结构调整与专业认证；二是课程、教材建设与资源共享；三是实践教学与人才培养模式改革创新；四是教学团队和高水平教师队伍建设；五是教学评估与教学状态基本数据公布；六是对口支援西部地区高等学校。七大系统指在"质量工程"里面要建设七大系统：即专业设置预测系统，教学基本状态数据库系统，大学英语与网络教育网上考试系统，网络教育资源管理和质量监管系统，精品课程共享系统，立体化教材数字资源系统，终身学习服务系统。九大目标指通过"质量工程"的实施，基本实现九大目标：信息化手段与技术在人才培养中广泛应用，改变现有人才培养模式，实现课程、图书、实验设备等优质资源的全国共享；初步实现专业设置和社会需求的互动，建立专业设置预测系统；通过开展自主学习、研究性学习和对实践教学改革，提高学生的学习和研究兴趣，培养学生动手能力和创新精神；用信息技术实施英语教学，4年后使60%以上的大学本科毕业生解决英语听说问题；推进各种科技和有益健康的体育协会、俱乐部活动，建设和谐校园，培养学生的社会主义人文精神和创新精神；建设一批教学团队，完善教授上讲台的政策机制；初步建立用于网络教育的公共服务体系，打通普通本科教育和网络教育的课程体系；不断完善高校教学质量定期评估制度，改进评估手段和方法；通过对口支援，为西部高校培养师资和教学管理干部，促进高等教育的协调发展。十组数字指"质量工程"将资助15 000名学生自主开展创新性试验；建设10 000种高质量教材、3 000门国家级精品课程和3 000个特色专业点；资助3 000名教师和管理干部开展对口支援交流；遴选1 000个国家级教学团队；建设500个实验教学示范中心、500个人才培养模式创新实验区和500门国家级双语教学示范课程，奖励500名国家级高等学校教学名师。

质量工程的启动，给中国口腔医学教育带来了更大的发展机遇。大学生创新性实验计划、精品课程和特色专业点；教学团队；实验教学示范中心、人才培养模式创新实验区和双语教学示范课程，高等学校教学名师正成为口腔医学教育领域的关键词和核心竞争力指标。到目前为止，口腔医学领域已有多项质量工程指导下的项目成果。

第二节 ▎1977—2008年间口腔医学教育的基本概况

本节主要介绍1977—2008年期间的中国口腔医学教育的招生、学制及教学情况。教学情况部分将当时的教学计划、教材建设、教学条件、教学改革及教学成果作为重点回顾。

一、招生情况

1977年恢复招生考试制度，四川医学院口腔医学系、北京医学院口腔医学系、上海第二医学院口腔医学系、第四军医大学口腔医学系、湖北医学院口腔医学系等高校重新开始招收五年制本科生。天津医学院、佳木斯医学院口腔系、中山医科大学口腔系、南京医学院口腔系等若干新建院、系也开始招收本科学生，每年招30~60人。1984年，结合口腔专业分化趋势和中国国情，口腔医学专业设置口腔内科学、口腔颌面外科学、口腔修复学、口腔正畸学等专业，此外，新设口腔技工工艺专业（大专班），有条件的、基础条件好的口腔医学系（院）实行分专业招生。同年，华西医科大学开始按口腔修复学、口腔颌面外科学、口腔内科学分专业招收本科生。

20世纪80年代，中国的口腔医学专业技术人才仍然非常缺乏，是世界上口腔科医师严重缺乏的国家之一。但是，全国医学专业技术人才培养的力度已经加大。到1984年5月，全国各高等院校中已设置口腔医学专业的从新中国成立初期的4所发展成23所，在校本科生3 637人，但是不及全国高等院校在校的医药学生总数的2%。专业建立以来历届学生毕业数为8 234人，口腔科专业医师从新中国成立初期656人发展到约10 240人，占全国人口十万分之一。在最低的省份湖南省，每27万人口中才有1名口腔科医师，一些发达国家口腔科医师与人口总数的比例约1∶（1 000~2 000），悬殊较大。此段时间，全国有27所中级卫校设置了口腔医士、口腔技士专业，在校生1 712人。已毕业近3 000人。1987年统计30所高等医学院系的调查显示，在校本科生数达到4 969人。1992年，大学本、专科每年约招收1 100人，中专由于并非年年招生，估算每年招生450~550人，研究生招生40~50人。继续教育中的成人学历教育已纳入成人高考范畴。卫生部1990年统计材料显示，全国口腔科医生共23 725人，口腔医师人口比例约为1：50 600，同期发达国家约1：2 000。

统计2007年全国180所设置口腔医学专业的本科、专科的院校，共有在校生54 978人，其中21 886名本科生，33 092名专科生，两者比值约1：1.51；共有毕业生11 350人，其中本科毕业生3 026人，专科毕业生8 324人，两者比值约1：2.75。2007年，合计招收本专科学生15 085人，其中本科招生5 121人，专科招生9 964人，两者比值约1：1.95。从三份比值来看，前期专科招生比例较大，造成专科毕业生的比值较大；2007年在校生本科与专科比值较大，说明近两年已经调整招生比例，侧重本科生招生，口腔医学专业学生人数日渐增长。

二、学制

院系调整前，华西协合大学牙学院设有8个系，学制为7年，北京大学医学院牙学系和上海震旦大学牙医系学制均为6年。从1950年以后，根据国家的统一部署，上述院系陆续将牙医系学制调整为2~5年。1972年开始招收大学普通班学生，学制3年。1977年又恢复招收本科生，学制5年。1980年经教育部批准，四川医学院、北京医学院、上海第二医学院、第四军医大学口腔医学系修业年限从5年改为6年，直至1987年。国家教委于1988年发出了（1988）教高005号文，决定改革中国高等医学（本、专科）教育3、4、5、6、8年学制长期并存的局面。

自1988年起，全国高等医学教育学制逐步规范为：暂不授予学位的医学的3年（含口腔医学，下同）专科教育、授予医学学士学位的5年本科教育、授予医学硕士学位的7年高层次医学教育。1988年，国家教委发出了《关于试办七年制高等医学教育的通知》，根据中国医学教育的总布局和有关条件，批准华西医科大学、北京医科大学、上海第二医科大学试办7年制口腔医学专业。同年6月，国家教委印发了《制定高等医药本科教育专业教学计划的原则和基本要求》。这是国家教委在扩大学校办学自主权的同时，为了加强教学宏观管理而制定的一个指导性教学文件。

1988年秋季在华西医科大学、北京医科大学、上海第二医科大学3校（第四军医大学从1991年起）以5年制为主体开始招收7年制口腔医学专业试点班学生15~20名。与此同时，在全国停止招收6年制学生，部分学校开办了3年制的口腔医学专科班。20世纪末在全国范围内已初步形成3年制专科、5年制本科、7年制本科（授硕士学位）及3年制中等专业口腔医学教育格局。

长期以来，中国高等医学教育修业年限3、5、6、8年并存，学制设置比较混乱。医学界和教育界的专家们普遍认为应该调整，经过3年（1986—1988）有组织的调查研究和反复论证，根据社会对不同层次高级医学专门人才的需要，决定将中国高等医学教育的学制逐步规范化为3、5、7年制。分别为暂不授予学位的医学专科教育3年修业、授予医学学士学位的医学本科教育的5年修业、授予医学硕士学位的医学研究生教育7年修业。国家教委决定，对全国131所高等医药院校中15所专业比较齐全、教学质量较高、治学严谨、有对外学术交流和科学研究基本条件较好的老校，先试办7年制临床医学专业，从中选择试办7年制口腔医学专业。最终确定华西医科大学口腔医学院、北京医科大学口腔医学院、上海第二医科大学口腔医学院3所学校。本着少而精的理念，首招7年制口腔医学专业人数每班不超过20人。华西医科大学口腔医学院于1988年秋招收首届7年制口腔医学专业硕士生20名，北京医科大学口腔医学院及上海第二医科大学口腔医学院各招生15名。形成了以大学本科为主，大学本科、专科、中专、研究生培养以及继续教育5个层次并举的局面。

2001年，教育部批准北京大学口腔医学院招收8年制本硕博连读生。2004年，第四军医大学口腔医学院经总后批准开始培养本硕博连读生。2008年，在成都召开教育部高等口腔医学教学指导委员会第一次委员会议，通过了申办8年制长学制教育的报告。

三、教学计划

20世纪50—60年代"全盘苏化"的形势下所形成的教学模式虽然在一定时期曾经发挥过积极作用，但已经远不能跟上70—80年代国际口腔医学发展的趋势，并在某种程度上阻碍了中国口腔医学教育的发展。全面修订高等口腔医学专业教学计划，进一步明确培养目标、调整课程设置和改革教学内容变得非常迫切。1982年，卫生部修订了高等医学院校5年制口腔医学专业和口腔医士专业教学计划，并于1982年6月反复审订后通过。教学计划明确地提出了口腔医学生的培养目标、学制、课程设置以及实践实习要求。

（一）专业培养目标

高等医学院校五年制口腔医学专业的基本任务是培养德、智、体全面发展的又红又专的口腔医师。

1. 认真学习马克思列宁主义和毛泽东思想；拥护中国共产党，热爱社会主义；救死扶伤、实行革命的人道主义，具有良好的医疗道德品质和作风。

2. 掌握口腔医学专业的基础理论、基本知识和基本技能。能够处理口腔颌面部常见病、多发病的防治工作。除掌握一般临床医学知识外，了解中医学的基本知识，能够阅读本专业的外文期刊。获得从事科学研究的初步训练，具有自学能力和一定分析问题和解决问题的能力。

3. 要有健全的体魄。

（二）学制和时间分配方面

学制5年，按259周安排。教学192周，考试16周，入学教育和毕业教育2周，劳动和军训8周，假期39周，机动2周。

（三）课程设置和授课时数

1. 政治理论课　216学时。根据教育部的规定，开设中共党史、政治经济学和哲学。思想政治教育每周半天，主要学习国内外形势和党的路线、方针、政策，进行共产主义道德品质教育。

2. 体育课　144学时。

3. 外语　306学时（包括拉丁文20学时），分五个学期开设，第六学期后要有使学生巩固和提高外语水平的措施，提高阅读能力。

4. 医用生物学　72学时。

5. 高等数学　54学时。

6. 医用物理学　126学时。

7. 医用基础化学　234学时（包括无机化学、有机化学、分析化学和部分物理胶体化学）。

8. 人体解剖学　162学时（包括局部解剖学54学时）。

9. 组织学与胚胎学　108学时。

10. 生物化学　144学时。

11. 生理学　162学时。

12. 微生物学　108学时（包括免疫学基础）。

13. 寄生虫学　36学时。

14. 病理解剖学　144学时。

15. 病理生理学　54学时。

16. 药理学　90学时。

17. 诊断学　90学时（包括检体诊断、实验诊断、X线诊断、超声波诊断等内容）。

18. 中医学　90学时（包括针灸）。

19. 内科学　180学时。

20. 外科学　198学时。

21. 儿科学　36学时。

22. 眼科学　36学时。

23. 耳鼻咽喉科学　90学时。

24. 口腔解剖生理学　90学时（包括牙体解剖、口腔解剖生理及头颈应用解剖学）。

25. 口腔组织病理学　90学时（包括胚胎部分）。

26. 口腔内科学　198学时（包括口腔预防保健内容）。

27. 口腔颌面外科学　198学时。

28. 口腔矫形　234学时（包括口腔材料学）。

29. 卫生学　108学时（包括流行病学与卫生统计学内容）。

30. 核医学与放射防护　36学时。

上述各学科的学时数和课程顺序各校可根据具体情况适当调整，但总学时数不要超过3 900学时，有关讲授与实验（实习、讨论）的时数比例由各校自行决定。

（四）选修课

各校要积极创造条件，争取开设一些选修课或专题讲座，如：语文、外语、医学伦理学、医学心理学、医学史、分子生物学、医学遗传学、生物物理学、医学电子学、免疫学、法医学、电子计算机在医学上的应用等。

（五）劳动教育和军事训练

前4年共安排6周劳动时间，可结合专业进行安排，或参加生产劳动和公益劳动；第5学年的劳动，结合毕业实习进行，不专门安排时间。

在前4年内，安排军事训练2周。

（六）科学研究能力训练

在教学过程中，通过实验、实习课加强科学实验的基本训练，使学生学会科学研究的基本方法，并接受有关调查研究、查阅文献、科研设计、数据处理和总结报告方法的初步训练，为进行科学研究工作打下初步基础。有条件的学校可组织学有余力的学生参加一些力所能及的科学研究工作。

（七）毕业实习

毕业实习48周。以口腔内科学、口腔颌面外科学和口腔矫形学为主，也可以安排部分时间在其他临床学科进行实习。毕业实习期间不安排寒暑假，其他节假日随实习单位进行安排。

（八）学习成绩考核

为检查教学效果，衡量学生的知识与智能的水平，改进教学工作，提高教学质量，要考核学生的成绩。成绩考核分考试和考查两种。有关考试、考查的安排和方法由学校自行决定。

毕业考试可以口腔内科学、口腔颌面外科学和口腔矫形学为主，可以安排多学科的综合性考试内容。毕业考试既要考核学生所学的理论知识，又要考核学生的实际操作技能和评定服务态度。毕业考试在毕业实习时间内进行。

四、教材建设

1977年，卫生部委托四川医学院在成部召开全国高等医学院口腔医学教材会议。这个会议是口腔医学教育开始复苏的标志。会上决定了口腔专业统编教材的编写大纲与要求，同时审定主要教材及主编单位。会议决定在原有的《口腔内科学》、《口腔矫形学》、《口腔颌面外科学》3本教材上，增加《口腔组织病理学》、《口腔解剖生理学》共5本。

1983年，在武汉召开全国高等口腔医学教材编写工作会议。确定了8门专业及专业基础课教材的主编及编写人员，同时又确定了有关编写大纲。这些政策指导性文件对于当时各新建的口腔医学院校具有重要的意义。

1985年，第二版全国高等医学院校口腔专业用教材出版发行。包括《口腔预防医学》、《口腔解剖生理学》、《口腔颌面外科学》、《口腔正畸学》、《口腔修复学》、《口腔颌面X线诊断学》、《口腔内科学》、《口腔组织病理学》8种教材。

1995年前后，国家教委组织了"面向21世纪教学改革"的教学研究工作及21世纪高校教材的编辑工作。同时，适用于七年制和专升本的口腔医学统编教材编辑也在酝酿之中。1997年，卫生部全国第四轮口腔医学专业统编教材会议上，进一步将原有的8种教材修改、增加为14种，增加了《口腔生物学》、《口腔材料学》《口腔医学实验教程》3种，将《口腔内科学》分解为《牙体牙髓病学》《牙周病学》《口腔黏膜病学》及《儿童口腔病学》4种，说明中国口腔医学的专业设置逐步发展，并更加科学化。

教材是教学的依据。应根据口腔医学学科发展和疾病谱的改变，及时调整主干课程，开设新的必修课与选修课，顺应市场经济及医疗卫生体制改革，适应当前的学科发展。在教学课程上，应增设许多发达国家的牙医学课程以适应模式转变，如行为牙科学、牙科实践与牙科伦理学、牙科卫生学、技工学、牙科药物学、口腔诊断学、口腔生物学等，拓宽了口腔医学生未来的执业能力。逐步实现医科教材多样化、个性化、现代化，形成具有层次、专业特点的高质量立体化口腔医学教材，使学生能得到适应社会生存、就业指导及相关专业人文底蕴、医患关系沟通方面的指导。

五、教学条件

为加强实践教学，在充分对比国内外实验教学现状的基础上，华西医科大学口腔医学院于1984年提出并实施了将实验教学作为相对独立的教学体系进行独立设计与运作的重大举措，明确了新实验教学中心是在口腔医学院和学校直接领导和管理下的二级科室，实行了人、财、物独立运行的管理模式。这一创新性教学改革在中国改革开放之初，在口腔医学领域曾引起了巨大的反响，对中国后续的口腔实验教学改革产生了深远的影响，为实践教学的发展建立了良好的模板。

六、教学改革

1995年，以北京医科大学口腔医学院牵头的国内6所口腔医学院联合承担的教育部和卫生部共同支持的"中国高等口腔医学教育课程体系和教学内容改革"项目正式启动。1999年7月19—22日，北京医科大学、华西医科大学、上海第二医科大学等6所大学在长春召开了"中国高等口腔医学教育课程体系和教学内容改革"研讨会，这在中国口腔医学教育史上具有重要意义。研讨会的指导思想是改革后的教育课程体系和教学内容既要符合中国的国情，又能适合于培养21世纪口腔医学发展需要的人才。研讨课题就中国高等口腔医学教育课程体系和教学内容改革设计了总体方案，初次提供了一份口腔医学5年制本科生教学计划、教学进程表和临床医学课、口腔专业基础课及专业课教学大纲。提出了在基础学习阶段增加人文知识课程，在医学基础阶段增加生命科学课程，在临床医学以外科总论和内科诊断学为重点，增设中医学概论课程的要求。提出了必修课和选修课的内容设置以及提出并实践了基础、临床、口腔医学三阶段相互渗透的教学模式。

（一）课程体系

目前国外牙医学院开设了很多密切结合人文社会科学和公共卫生的课程，如牙医史、牙科行为学、牙科卫生学、牙科诊所开业管理、社会牙医学、口腔流行病学等，1995年又由北京医科大学口腔医学院牵头，联合全国6所知名口腔医学院校进行了"中国高等口腔医学教育课程体系和教学内容改革"的总体方案研究，并提出了口腔医学内容约占总学时50%的总体要求。如何协调开设新课程与减轻学生负担的矛盾，关键环节还在于安排好学生知识结构所需的各种课程的比例。另外，课程体系难以完全覆盖的知识结构部分，还应将自主学习、终身学习的理念深入人心。

（二）教学模式

口腔医学是一门实践性很强的学科，需要加强实践教学环节，强化基本技能训练，提高分析问题和解决问题的能力。实践教学可以把校内教学与基地教学、社区教学相结合起来。实践中的问题是学习的焦点，由此产生一种新型的教学模式——研究性学习，曾一度盛行的以问题为中心的教学（Problem-Based Learning，PBL）只是其中的一种。研究性教学具有针对性，更容易提高教育效率。例如，部分学校已建立专业PBL课程，还有的建立了研究性学习课程，将这些课程列入教学计划中，从制度上保证了教学模式的改革。此外，校内双语教学、互动教学都可以有效提高教学效果。校际间的合作教学，大力推行客座教授制也能很快提高中国口腔医学的科研、教学和临床水平。着力培养学生综合思维能力。未来口腔医学专业人才，需要具备综合思维能力。因为未来的问题产生于口腔治疗向预防的过程。这个过程体现疾病谱的转移与学科的纵深发展。因此，在未来的世界里，需要有娴熟的技能，满足广大人民群众对口腔医疗服务的需求。包括处理口腔常见病、多发病以及具有急难重症初步处理能力的实用人才。学生必须具备综合思维能力，在患者初诊时就作全面的口腔检查，并进一步制定实际可行的口腔诊疗方案。

（三）建立合理的学生考核评价体系

应紧密围绕人才所需的知识能力素质结构，制定和设立考评体系。在医学教育领域，已经进入深入研究学生考核评价体系，并已开始落实实施。培养目标是设计全面人才评估体系的基础，因此，医学教育评价基本以全球医学教育最基本要求（GMER）包括的七个领域为基础设计。它们分别是：医学职业价值、态度、行为和伦理；医学科学基础毕业生必须具备见识的医学科学基础知识；交流与沟通技能；临床技能；群体健康和医疗卫生系统；信息管理；批判性思维。由于IIME的标准特定于医学本科毕业生，因此，对作为今后从事医生职业所要求的各基本（核心）要素，予以详尽规定。该标准有时代性、全球性，系统性强，人文社会、职业特色鲜明等特点，较充分地体现了医学模式转变、卫生保健国际化、医学教育的人文性与医学科学教育紧密结合的医学教育改革和发展的趋势。

与世界医学教育联合会和WHO西太区医学教育协会制定的医学教育国际标准比较，GMER关注的是本科医学教育的最终产出，而不是本科医学教育的过程，也不涉及质量保障体系和管理；通过对学生个体的评估，利用大规模学生的集合分数来反映该学校在医学教育方面的长处与不足。强调7个方面共同评估医学教育的结果，而不是单个或部分方面的评估。其他重要的特点还有，IIME制定了与GMER配套的评价工具，有实施GMER的具体方案。对学生的评价，既包括考试，也含有评估。考试侧重于专业知识和技能，评估侧重于职业态度和综合素质、能力，可以使用综合素质量化测评、见习、实习平时表现观察法、学生学习档案、实践报告、学习心得、反思等自我评估法、面试法等进行考核，上述方法主要是入校后、毕业前评估，而毕业后的追踪必不可少，以不断校正和调整培养目标。

七、教学成果

1989年，华西医科大学口腔医学院教学改革项目"开创中国理工医综合性口腔材料学新学科"获国家级教学成果一等奖；1997年，华西医科大学口腔医学院教学改革项目"理工医结合，创建口腔生物力学学科，培养高质量口腔医学人才"获国家级教学成果二等奖。2001年，由北京大学口腔医学院牵头，上海交通大学口腔医学院、第四军医大学口腔医学院、四川大学华西口腔医学院等联合承担的"中国高等口腔医学教育课程体系和教学内容的改革"项目获得国家级教学成果一等奖。2005年，四川大学华西口腔医学院教学改革项目"高素质口腔医学创新人才培养模式的构建与实践"项目获得国家级教学成果二等奖。2009年，武汉大学口腔医学院主持的"构建立体化培养体系，培育高质量口腔医学人才"项目获得国家级教学成果二等奖；四川大学华西口腔医学院主持的"培养口腔医学生自主学习和创新能力平台的建设"项目获得国家级教学成果二等奖。

第三节 ▌ 1977—2008年间创办的口腔医学院 或口腔医学系

　　1978年，党的十一届三中全会后，改革开放时期开始，国家经济政策带动口腔医学专业的发展与繁荣，口腔医学教育逐渐形成规模，几乎全国各省都相继建立起口腔系。到1988年，全国口腔医学院系已发展到38所（表5-1），主要分布在华东、东北地区，其余各地区也均有覆盖。华东地区分布最多有10所，而东北地区发展也很迅速，从新中国成立初期为0发展到8所，华北地区和西南地区基本持平，较上一时期院系增加的绝对数都达到了4所，但总的来说，这是中国口腔医学高等教育较为兴旺发达的一个时期，也是中国口腔医学教育发展的重要阶段。在改革开放政策的指引下，随着各行各业蓬蓬勃勃的发展，口腔医学教育也得到了前所未有的机遇。

　　1989至1998年近10年期间，中国高等口腔医学教育处于一个相对稳定的阶段，只新增了1所口腔系，到1992年，全国已有大学口腔系32个，口腔医学院7所，中专口腔班包括口腔医士班、口腔技士班、口腔护士班、口腔预防保健班等共45个左右，高层次的硕士、博士研究生培养基地共25个左右。

表5-1 1949年以前至1998年不同历史阶段不同地区口腔医学院系发展情况

	1949年以前		1949—1957		1958—1977		1978—1998	
	新建	累计	新建	累计	新建	累计	新建	累计
东北地区	1	1	0	1	3	4	5	9
华北地区	1	1	0	1	1	2	4	6
华东地区	2	2	−1	1	3	4	6	10
华南地区	0	0	0	0	1	1	2	3
华中地区	0	0	0	0	1	1	3	4
西北地区	1	1	0	1	1	2	1	3
西南地区	2	2	−1	1	0	1	4	5
合计	7	7	−2	5	10	15	25	40

　　从表5-1可见，1999年以来新增的数目达到最高峰，在尚未计算在该时期于同一大学与口腔医学院共用有关资源的12所三本类独立学院数量的情况下，新增院系数目达到41所，主要分布在经济较发达的华东、华中和华南地区。到目前

为止，根据教育部口腔医学专业教学指导委员会掌握的数据合计达到80所，另有12所三本类独立学院，共计92所本科院系。而与之相较，招收大专类口腔医学专业的高校到达88所。根据口教指委2008年10月进行专业认证前调查问卷回函的80所口腔医学院系（含部分独立学院）数据，目前中国口腔医学本科教育年招生量为5 000人左右，约占本、专科招生人数的三分之一，连续三年的招生量基本稳定。与20世纪80年代中期报告的近千名本科生招生量相比，本科生规模得到5倍的提升。根据2007年教育部信息中心提供的招生86所院系。经过多年的培育，中国口腔医学教育渐成体系，形成了多学制、多区域、多办学主体格局。就1984年10月中华医学会医学教育委员会在成都召开全国口腔医学教育学术研讨会时提出的多层次、多规格、多渠道的原则作了最好的贯彻，发展规模结构和层次及专业布点数体现出全国口腔医学院校覆盖面广的特点。

统计2007年180所开办口腔医学专业教育的院校分布情况，覆盖了全国30个省、自治区、直辖市，仅西藏地区空白。按省份来统计，30%的口腔医学专业所在院校集中在山东、湖北、浙江、河北四省；按地区来统计，则有32.8%的口腔医学专业所在院校集中在华东地区，西北、华北地区合计比例仅占15.6%。由此看来，从地域范围上分析，口腔医学专业所在院校分布广，华东地区成为开办口腔医学专业院校集中地。

考查2007年中国180所开办口腔医学专业教育院校，其中民办院校28所。就民办院校所在省份作调查，全国有14个省建起了民办院校。山东省是主要集中地，共8所民办院校，河北省、辽宁省各3所，贵州省、陕西省、浙江省各2所，其余8所分布在另外8个省份。2007年民办院校的合计毕业生数、招生数、在校生数分别是1 680人、3 460人、11 761人，分别占总数14.8%、23.0%、21.4%，其中专科生比例更高，分别是17.4%、24.9%、24.1%。以上情况说明，民办院校已经成为口腔医学专业一个组成部分，办学重点放在专科教育层次，院校地区分布不匀。

一、西南地区

（一）昆明医学院口腔医学院

昆明医学院口腔医学院建立于1978年，学院于1979年开始招收口腔专业本科生，学制为5年。昆明医学院口腔医学院（医院）前身为创建于1978年的口腔医学系。2001年10月更名为口腔医学院，2004年9月经云南省委省政府批准，整合昆明医学院第一附属医院6个口腔临床科室和第二附属医院口腔科，组建昆明医学院附属口腔医院，2006年10月18日正式挂牌。昆明医学院口腔医学院（医院）经过三十年不断的建设和发展，现已成为云南省唯一集教学、医疗、科研为一体的高级口腔医学人才培养基地。参见图5-1。

图5-1 昆明医学院口腔医学院创始人梁家椿教授

（二）遵义医学院口腔学院

遵义医学院的前身是大连医学院，创建于1947年5月4日。1950年大连医学院附属医院开设牙科。1960年创办口腔医学专业，开始招收口腔医学专业学生，修业年限为5年，首届57人，与医疗系合班上课。1969年，大连医学院南迁遵义更名为遵义医学院，成立临床医学系口腔科学教研组。遵义医学院附属医院同时开设综合性口腔门诊，初步形成口腔医学"医教相长"的格局。

1978年，贵州省教育厅针对全省仅有135名口腔科医生，口腔医师与人口比例约为1：21万。鉴于口腔医学人才严重匮乏，批准遵义医学院建立口腔医学系，下设系办公室和口腔内科学、口腔颌面外科学、口腔矫形学三个教研室，从医学系病理解剖学教研室中分离出口腔组织病理学教研组，同时遵义医学院附属医院创建口腔颌面外科病房。当年由国家高等院校统一招生，择优录取了首届16名5年制口腔医学专业学生。

1993年，随着专业学科发展，口腔矫形学教研室更名为口腔修复学教研室；新成立口腔预防及儿童口腔医学教研室和口腔正畸学教研室；口腔内科学教研室下设牙体牙髓病学组、牙周黏膜病学组、口腔放射学组，口腔修复学教研室下设活动修复学组、固定修复学组、口腔工艺学组，口腔材料学组。以后相继组建有口腔科学教研组、口腔种植学教研组、口腔生物学教研组、口腔药物学教研组。1998年，成立口腔颌面医学影像诊断学教研室，2004年成立口腔组织病理学教研室、口腔解剖生理学教研室和美容牙科学教研室，2007年成立口腔技能实验室。现已形成9个教研室和1个实验室的教学机构框架，附属口腔医院同期开设9个临床业务科室以保障实践教学需要，并开创四川省人民医院、昆明市口腔医院、贵阳市口腔医院等12个临床教学基地。

口腔医学专业的开办初期，设有28门课程。到1982年6月，口腔系单独开课，使口腔的公共课及临床基础课具有口腔医学专业特色。采用全国统编教材，并以自编教材作必要的补充，各教研室编写相应的实验实习指导书，制订实验实习规程。

1980—1982年间，部分教师北调支援复办大连医学院。口腔系聘请外校老师来讲学，1981—1982聘请了四川医学院口腔系5名口腔医学知名专家教授前来授78级口腔医学专业课。1983—1984年，由第四军医大学口腔系代培79、80级学生。1985年，由湖北医学院代培81级学生。

1983年，口腔系制定了提高教师业务水平的总体规划，以送出去、请进来及自身提高并举"为总方针。先后派出60余人到四川大学、第四军医大学、北京大学、上海交通大学、武汉大学等院校进修，参加全国高师班的学习，攻读硕士、博士学位，参加各种外语班学习，达100余人次。1981—1988年，受邀到医学院授课的著名口腔医学专家教授有23人。直到1989年，口腔系结束了请外校老师帮助授课的历史，独立自主完成全部口腔教学任务。见图5-2。

图5-2 遵义医学院口腔医学系首任系主任齐锡珠教授

（三）泸州医学院口腔医学系

1986年3月，为适应改革开放的需要，顺应中国口腔医学教育发展的大好形势，泸州医学院克服了重重困难建立起了口腔医学部，正式招收口腔医学3年制专科学生，开启了该院口腔医学教育的艰难航程。20多年来，在党和国家教育方针的指引下，在国民经济持续、快速、健康发展产生的巨大社会需求的推动下，在省、市及学院各级领导的高度重视和亲切关怀下，在省内外各兄弟院校口腔界

图5-3 泸州医学院建设初期

同仁们的支持和帮助下，泸医口腔人一路风雨兼程，奋力拼搏，克服了办学过程中一个又一个的困难，从专科、本科到研究生教育，该院口腔医学教育产生了质的变化，取得了历史性、跨越式的发展。见图5-3。

（四）重庆医科大学口腔医学院

重庆医科大学口腔医学院成立于2005年，前身是1946年6月成立的重庆市牙病防治所。1955年7月，与重庆市卫生局直属第四门诊部合并后成立"重庆市口腔病医院"，是当时北京、天津、重庆、南京四家全国最早建立的省市级口腔专科医院之一。1995年7月，更名为"重庆市口腔医院"。2001年7月，经重庆市政府批准，重庆市口腔医院的"人、财、物"成建制划归重庆医科大学，成为重庆医科大学附属口腔医院（保留其原有的"重庆市口腔医院"牌子）组建口腔医学系。2005年8月，经重庆市卫生局组织专家评审，批准重庆医科大学附属口腔医院为三级甲等医院。同时，"重庆市口腔临床医疗质量控制中心"和"重庆市口腔医学规范化培训基地"也设在本院。

（五）川北医学院口腔医学系

川北医学院口腔医学系依托川北医学院及附属医院口腔科，于2000年开始进行临床医学专业口腔方向分流的教学（98、99级）。在此基础上，2002年经教育部专业设置评审委员会批准，正式设置口腔医学5年制本科专业，面向五省招生。2008年有在校学生197人，毕业学生72人。经过几年时间的建设与发展，尤其是经过了教育部本科教学水平评估，现已逐步形成了明确的办学指导思想和办学思路，具有了集教学、科研和医疗于一体的专业体系。

口腔医学系下设系办公室、学生科、教务科及口腔颌面外科教研室、口腔内科教研室、口腔修复教研室、口腔综合实验室。组织机构健全，运转正常。

二、华北地区

（一）首都医科大学口腔医学院

1982年，首都医科大学口腔医学系建立。2001年，更名为首都医科大学口腔医学院。这是在医疗历史悠久的北京口腔医院基础上建立起来的、集医教研防为一体的综合性口腔医学临床教育基地。

首都医科大学附属北京口腔医院创建于1945年，原名北平市立牙科医院，由口腔矫形科教授钟之琦教授（1902—1977）任首任院长兼北平市牙医师公会理事长。北京大学口腔医院是三级甲等专科医院，承担着北京市各层次口腔医疗保健和北京市专科医师培训、全国口腔临床技术骨干培训任务，已经为北京乃至

图5-4 首都医科大学附属北京口腔医院

全国培养了数百名医疗技术骨干。医院设有口腔颌面外科、口腔正畸科、口腔修复科、牙体牙髓科、牙周黏膜科、儿童口腔科、口腔特诊科、口腔预防科、综合治疗科、口腔急诊科、特需医疗中心、老年口腔科等16个临床科室，以及药剂科、放射科、检验科、病理科、口腔修复技工制作中心和医疗器械科6个医技科室。为进一步突出重点，发挥专长，医院建立了口腔颌面外科会诊中心、唇腭裂

图5-5 北平市立牙科医院（北京口腔医院之前身）首任院长钟之琦教授

图5-6 首都医科大学口腔医学院首任院长朱宣智教授

治疗中心、涎腺疾病中心、正畸会诊中心、口腔种植中心等具有较高临床医疗水平的诊疗中心，为诊断和治疗口腔疑难病症创造了条件。全院有产自德国、日本、芬兰等国家先进的牙科综合治疗台288台，以及各种先进的口腔专科诊断医疗设备。病房设有80张病床，可以开展各种口腔外科手术。见图5-4~图5-6。

（二）河北医科大学口腔医学院

河北医科大学口腔医学院、口腔医院坐落于河北省省会石家庄市，前身是1978年开始招收口腔医学专业本科的河北医学院口腔医学系。1992年批准成立河北医学院附属口腔医院，同时称河北省口腔医院，1994年医院开诊。1996年成立河北医科大学口腔医学院，实行河北医科大学口腔医学院、河北医科大学口腔医院、河北省口腔医院三位一体的管理体制，是河北省唯一一所省级口腔专科医院，河北省口腔医学会、河北省牙病防治办公室、《现代口腔医学杂志》编辑部均设在该院。

该院注重学科建设，设在该院的河北省口腔医学实验室是河北省重点建设实验室。该院口腔颌面外科学是河北省医学重点学科，口腔病理学是河北省医学重点发展学科，口腔临床医学是河北医科大学重点学科，口腔组织病理学、口腔修复学、口腔颌面外科学被评为河北省省级精品课程。1981年口腔颌面外科学被批准为第一批硕士学位授权点，目前口腔医学为一级学科硕士学位授权点，覆盖了口腔临床医学、口腔基础医学所有学科，现招收口腔临床医学、口腔基础医学硕士研究生；1998年开始招收口腔病理研究方向博士研究生，2005年开始招收颌面整形外科基础与临床研究方向博士研究生。1978年口腔医学专业开始招收本科生，当年共招收本科生25名，此后每年招生数量30人左右。

（三）山西医科大学口腔医学系

1983年，山西医科大学口腔医学系筹建，1985年开始招生，1997年成立附属口腔医学研究所，同年成立附属口腔医院。山西医科大学口腔医学系与附属口腔医院实行两位一体的管理体制，已发展成为集教学、科研、医疗、保健于一体的省属重点高校口腔教育基地和专科医院。其办学办院宗旨是培养德才兼备的高级口腔医学专门人才、普及和提高牙病及口腔颌面部疾病的防治技术水平。

改革开放之初，山西省没有一所像样的口腔专科医院，口腔专科医师极其缺乏。创建口腔专科医院既是改变这一落后状况的现实需要，更是维护公众健康、促进口腔医学事业发展的长远要求。基于这种理念，在山西医科大学口腔医学系、口腔医学研究所的基础上，着手创建了山西省第一所高等医学教育的口腔专科医院。现在山西医科大学口腔医院已发展成为一所集科研、教学、临床、预防、口腔急诊为一体的具有现代化特色的三级口腔专科医院。是经山西省机构编制委员会批准的事业单位，是全省唯一一所通过初评的三级口腔专科医院，也是省直医疗保险定点服务机构，并负责山西地区的牙病防治普查工作。

（四）华北煤炭医学院口腔医学系

1995年，华北煤炭医学院设立口腔医学专业，当时学院隶属于煤炭工业部，校址在河北唐山市。口腔医学专业教学依托华北煤炭医学院附属医院口腔科，设3个教研室和1个实验室。1995年开始招收口腔医学专业本科生21人。实行隔年招生，学生管理归口学生处，教学管理归口教务处及附属医院科教科。口腔医学专业成立前5年发展较快，2000年建系时机成熟后，经河北省教育厅批准于2000年8月成立华北煤炭医学院口腔医学系。原口腔医学专业教研室、实验室、学生管理等均归口于口腔医学系。同年组建口腔内科学教研室、口腔颌面外科学教研室、口腔修复正畸学教研室、口腔基础医学教研室及口腔二级中心实验室（下设4个实验室），专业教师26人，年招生60人，选择10家三级甲等医院作为口腔临床医学教学基地。

（五）河北北方学院口腔医学系

河北北方学院由原张家口医学院发展而成，现坐落在素有北京"北大门"和"后花园"之称的塞外名城张家口市。2001年，原张家口医院为了适应医学市场对口腔临床及教学、科研方面的专门人才需求，经教育部批准开始招收5年制口腔医学专业本科生40名。2002年6月，经河北省教委批准成立口腔医学系，同年在继续招收本科生的基础上又招收了口腔医学专业专科生40名（2007年停止招收专科）。

（六）内蒙古包头医学院口腔医学系

包头医学院口腔医学系招收5年制本科专业的大学生，学生毕业成绩合格者授予口腔医学学士学位。该校于2002年开始招收口腔医学专业，2004年正式组建口腔医学系。要求学生掌握口腔医学的基础知识和临床专业理论，具有较强的临床诊断、治疗及操作技能，毕业后能够具备口腔临床执业医师的水平和能力，同时具备初步的科学研究能力。

三、西北地区

（一）兰州大学口腔医学院

兰州大学是教育部直属的全国重点综合性大学，是国家"985工程"和"211工程"重点建设的已具有百年办学历史的著名高校之一。学校坐落在黄河之滨的甘肃省省会——兰州市，校园面积3 828亩，建有8个校区，有3所附属医院。据SCI统计，兰州大学是中国在国际学术刊物上发表论文最多、引用率最高的大学之一。美国《科学》周刊曾评出了中国13所最杰出的大学，其中兰州大学位列第六。

1984年，兰州大学口腔医学专业筹建。1985年，正式成立了口腔医学系，同年开始招收口腔临床医学专业3年制大专生，1988年，投资扩建了原兰州医学院第一附属医院口腔科，成立了兰州医学院口腔门诊部，作为口腔临床医学生主要的临床教学基地。1989年，开始招收口腔临床医学专业5年制本科生。1995年，独立选址建立了新的口腔临床教学实习基地——兰州医学院口腔门诊部。2000年，通过教育贷款进行了改造扩建，提升了门诊部的临床教学职能和社会服务功能。同年，口腔专业挂靠基础医学院病理学与生理学硕士生培养点，开始招收和培养研究生。2002年，通过甘肃省卫生厅审批，在原门诊部基础上筹建口腔医院。2003年，口腔临床医学硕士点经国务院学位办审批通过。2004年，随着原兰州医学院并入兰州大学，在原兰州医学院口腔医学系和口腔门诊部的基础上，整合兰州大学第一、二院口腔学科的资源及力量，正式成立了兰州大学口腔医学院、口腔医院及口腔医学研究所。兰州大学口腔医院是目前甘肃省唯一一所国家三级乙等口腔专科医院，其建设和发展得到了当地政府和领导的重视，即将成为甘肃省口腔医院和甘肃省红十字口腔医院的挂靠单位。

（二）宁夏医科大学口腔系

2003年6月，宁夏医科大学口腔系成立。学院党政及教学机构健全，设有6个教研室（口腔内科、口腔颌面外科、口腔修复、口腔正畸、口腔基础、口腔综合教研室）和1个口腔医学实验中心。

（三）新疆医科大学口腔医学系

2001年，新疆医科大学被教育部批准招收口腔医学专业本科生。2004年4月，成立口腔医学系。口腔医学系目前下设口腔内科学、口腔颌面外科学、口腔修复学三个教研室，在摸索中不断前进，在实践中不断发展，在改革中不断壮大，使各项工作获得了长足发展，为培养新疆各民族口腔医学人才方面作出重要的贡献。

2004年，国务院学位办给予审批新疆医科大学临床口腔医学专业硕士学位授予权。该专业现已成为新疆医科大学主要专业之一。新疆医科大学口腔医学系现主要以本科教育为主，承担着口腔专业硕士研究生、本科生、进修生、成人教育和非口腔专业学生的临床教学及培养、培训工作，以及继续医学教育等各个层次人才的培养重任。

（四）西安医学院口腔医学系

西安医学院口腔医学系前身是临床医学系口腔医学专业，该专业设置于2002年，同年开始招生。经过数年建设与发展，于2005年成立口腔医学系，设有口腔医学专业（本、专科）和口腔医学技术（口腔工艺技术方向）专业（专科），目前在校本科生150人，已逐步形成明确的办学指导思想和办学思路，初步具有集教学、科研和医疗于一体的专业体系，形成多专业、多层次的应用型人才培养模式。

（五）石河子大学医学院口腔医学系

石河子大学医学院的前身是中国人民解放军第一兵团卫生学校，1949年建校于甘肃天水，1949年10月随军进疆。先后经历了新疆军区卫校、兵团医学专科学校、兵团医学院、石河子医学院、石河子大学医学院等几个发展阶段。建院近60年来，为国家培养各级各类医药卫生技术人才1.7万名，遍布天山南北、祖国各地，为地方和国家医药卫生事业的发展和社会进步作出了贡献。

石河子大学医学院设有基础医学系、护理系、预防医学系、临床医学系、口腔医学系、医学检验系、医学影像和麻醉学系8个系，开设临床医学、护理学、预防医学、口腔医学、医学影像学，医学检验6个本科专业。设有临床医学、护理学、医学影像学、临床检验学、口腔、卫生事业管理6个专科专业。

四、华东地区

（一）同济大学口腔医学院

原上海铁道学院、上海铁道医学院合并成为上海铁道大学，2000年并入同济大学。同济大学口腔医学院位于上海市北区，1984年经教育部批准创建口腔医学系。是一所集教学、医疗、科研为一体的同济大学二级学院，也是中国高级口腔医学专业人才培养主要基地之一。1985年，开始面向全国招收本科生。1990年，32名首届学生毕业。1996年，成立口腔医学院，同年成功申报口腔医学专业硕士点。2005年，被批准成为口腔医学二级学科口腔临床医学博士点。目前口腔医学院已拥有口腔临床医学、口腔基础医学、口腔医学专业学位三个硕士点和口腔临床医学一个博士点。形成覆盖学士、硕士、博士学位教育的比较完整的高等口腔医学教育体系。见图5-7。

图5-7 上海铁道医学院口腔门诊部

1996年，批准建立口腔医学研究所，并建立相关的口腔研究室与实验室，逐步完善实验室的设施与设备。目前已具备开展分子生物学、细胞生物学、神经生物学及形态学等研究的比较齐全的设备和条件，能够满足现代口腔医学的DNA、RNA和蛋白等分子水平的基础和临床研究。

（二）山东大学口腔医学院

山东大学口腔医学院，位于济南市文化西路山东大学西校区。1977年3月，山东医学院获准设立口腔系。经过31年的努力，目前已发展成为山东省口腔行业医、教、研中心，不仅有博士、硕士学位授予点，而且还有一所医疗技术和设备均达到国内先进水平的省级口腔专科附属医院，确立了在全省口腔医学领域中的龙头地位。

1977年，山东医学院口腔医学系招收第一届本科生40名。1985年，山东医学院更名为山东医科大学，获得口腔颌面外科学硕士学位授权点。1990年，新的7 300平方米的口腔门诊教学综合大楼在多方筹资和学校的大力支持下竣工。1992年，附属口腔医院正式开诊。2000年7月22日，山东大学、山东工业大学、山东医科大学合并成为新的山东大学。山东医科大学口腔医学系更名为山东大学口腔医学院，附属口腔医院更名为山东大学口腔医院。2001年，学院招收第一届7年制学生。2004年，招收第一届博士生。2006年，山东大学口腔医院正式被命名为山东省口腔医院。除了原有7 300平方米的综合大楼之外，又新增了5 600平方米的临床教学大楼。一直以来实行院院合一的管理体制，即学院医院为一体，学院的发展提升了医院的社会声誉和技术水平，医院也为学院的临床教学提供实习基地和资金保障。30余年来以稳健的步伐铸就辉煌的业绩，也为实现进一步的跨越和提升打下坚实的基础。

（三）福建医科大学口腔医学院

1984年3月，福建医科大学口腔医学系成立。2000年10月，将系改建口腔医学院。现有口腔内科学、口腔颌面外科学、口腔修复学、口腔正畸学、口腔基础医学等教研室及口腔医学实验室和实验中心，建设有福建医科大学附属口腔医院等12个口腔医学实践教学（实习）基地，形成了从学士、硕士到博士的口腔临床医学较为完整的学位教育体系。见图5-8。

图5-8 福建医科大学建系初期

（四）安徽医科大学口腔医学院

安徽医科大学口腔医学院是安徽省培养口腔专业高级人才的基地，其前身是上海东南医学院附属医院牙科，至今已有80余年历史。1978年，筹建口腔系。1984年，开始招收口腔本科专业学生。1997年，建成安徽医科大学附属口腔医院。2001年，获得口腔临床医学硕士学位授予点并开始招生。附属口腔医院是安徽省批准成立的唯一的一所省级口腔专科医院，2005年"安徽省口腔医院"批准挂牌。见图5-9、图5-10。

图5-9 安徽医科大学口腔系

图5-10 首任系主任李培智教授

（五）温州医学院口腔医学院

2000年4月，温州医学院建立口腔医学系。同年9月，首次面向全国招收5年制本科生。2002年，口腔医学系开始招收硕士研究生。同年12月，口腔医学院正式成立，口腔医学专业被确定为温州医学院重点建设专业。2005年，口腔医学院成为口腔临床医学专业硕士点。2007年开始与国际教育学院共同招收和培养本科留学生。

口腔医学院与该校附属口腔医院实行两位一体的管理体制，是浙南地区高等口腔医学教育基地。该院办学宗旨是培养德才兼备的高级口腔医学专门人才，提高牙病及口腔颌面部疾病的防治技术水平。

学院和医院共有儿童口腔医学、口腔修复学、口腔正畸学、口腔颌面外科学、口腔内科学、口腔基础医学六个教研室。口腔医学实验中心成立于2002年10月，设有口腔基础及颌面外科学实验室、口腔修复学实验室、口腔内科学实验室、口腔材料学实验室、口腔正畸学实验室、口腔综合实验室和口腔材料学研究室、口腔正畸学研究室六个实验室和两个研究室。实验室、研究室总面积达700平方米，总投资约390万元。教学设施优良，其中综合实验室选用目前世界上最先进的德国产KAVO教学用仿真头模系统，硬件设施达到国内一流水平。

（六）青岛大学医学院口腔医学系

青岛大学医学院口腔医学系始于1914年的齿科，2000年建系。1997年，成立口腔医学研究室，并建立4个二级科室，包括口腔内科、口腔颌面外科、口腔修复科、口腔正畸科及口腔种植中心、口腔修复工艺中心。同年，口腔医学专业被山东省卫生厅定为省重点学科。2002年建立口腔医学系，2006年建立六个教研室，包括口腔颌面外科教研室、口腔基础教研室、牙周黏膜病学教研室、牙体牙髓病学教研室、口腔修复学教研室、口腔正畸学教研室，每年招收本科生40余名。见图5-11。

图5-11 青岛大学医学院口腔医学系首任系主任李宁毅教授

107

（七）滨州医学院口腔学院

滨州医学院于1987年设立口腔医学专业，1988年招收专科生，1994年招收本科生。2004年，作为学校第一批硕士学位授权点开始招收研究生。2007年7月，成立口腔学院，现有滨州、烟台两所直属附属口腔医院。经过20年的建设和发展，口腔学院正逐渐成为集教学、科研和医疗于一体的高等医学人才培养和社会服务机构。见图5-12。

图5-12 滨江医学院首届口腔医学专业毕业留影（1991）

学院一向坚持内涵建设、坚持科学发展，以特色求生存、以品牌求发展。1999年12月，口腔医学专业被确定为山东省口腔医学教学改革试点专业。2004年11月，口腔科学被评为省级重点学科。2005年2月，《面向21世纪口腔医学专业课程体系和教学内容改革》获山东省人民政府颁发的高等教育教学成果一等奖。2006年年底，口腔医学专业被评为山东省高等学校特色专业。2007年10月，口腔颌面外科教学团队被评为山东省教学团队。2007年12月，口腔医学专业被评为国家级一类特色专业建设点。

（八）浙江中医药大学第二临床医学院口腔医学系

2000年，浙江中医药大学第二临床医学院成立。经浙江省教育厅批准，2003年开设口腔专业，2004年开始招收5年制本科学生。2006年经浙江中医药大学批准，第二临床医学院下设口腔医学系。口腔医学系每年招收2个班，共60~70人。口腔医学的基础教学依托于浙江中医药大学的基础医学院，后期临床医学课程依托于第二临床医学院，口腔专业教学依托于学校的口腔教学实验中心、附属杭州口腔医院和附属第二医院。

（九）湖州师范学院医学院口腔医学系

湖州师范学院医学院前身是湖州卫生学校，创建于1958年。2000年5月，经浙江省教育厅、卫生厅批准，湖州卫生学校并入湖州师范学院组建医学院。口腔医学系前身为湖州卫生学校口腔医学专业部，成立于1995年，招收口腔医学4年制中专学生。2000年经省教育厅批准招收口腔医学3年制大专、口腔工艺技术大专学生。2006年经国家教育部、卫生部批准开始招收口腔医学5年制本科专业，授予医学学士学位。2008年顺利通过省教育厅组织的口腔医学新专业建设评估，得到专家的一致好评。

（十）徐州医学院口腔医学系

徐州医学院于2005年底开始筹备口腔医学系，2006年经教育部批准设置口腔医学专业，2007年开始招收5年制本科生，毕业后授予口腔医学学士学位。现已成为江苏省培养高级口腔医学人才的重要基地之一。

口腔医学系自成立以来，在省教育厅及学校领导的正确领导下，加强学科建设、师资队伍建设，积极整合几家附属医院口腔医学教学资源，继而成立了口腔内科学、口腔颌面外科学、口腔影像诊断学、口腔修复学、口腔正畸学、口腔预防学、口腔解剖生理学、口腔组织病理学8个教研室和两个国内较为先进的教学实验室以及科研实验中心、口腔修复工艺技术加工中心。

五、华中地区

（一）中南大学湘雅口腔医学院

中南大学湘雅口腔医学院的前身为1934年组建的湘雅医院口腔科。1978年，组建口腔科学教研室。1986年，成立湖南医科大学口腔医学系。继原湖南医科大学、长沙铁道学院与中南工业大学2000年合并组建中南大学后，2002年更名为中南大学湘雅口腔医学院。见图5-13、图5-14。

图5-13 湖南医科大学口腔医学系部分教学人员

图5-14 湖南大学口腔医学系首任系主任刘蜀凡教授

（二）华中科技大学同济医学院口腔系

华中科技大学同济医学院口腔医学系成立于2003年，由附属同济医院口腔医学中心主任陈卫民教授任系主任、毛靖教授任系副主任，附属协和医院口腔医疗中心主任张汉东教授任系副主任，并聘请了北京大学副校长林久祥教授和武汉大学口腔医学院名誉院长樊明文教授为系名誉系主任、兼职教授。

口腔系设有口腔内科学、口腔颌面外科学、口腔修复学和口腔正畸学四个教研室，拥有一批高素质的教师队伍和具有丰富的临床实践和教学经验的优秀博士、硕士研究生导师，承担着口腔医学专业教学任务，主持"863"项目、国家自然科学基金、省部级科研及教改项目多项，在国际、国内知名杂志上发表学术论文百余篇。

（三）南昌大学口腔医学院

南昌大学口腔医学院的前身是江西医学院口腔医学系，成立于1980年。1984年，江西医学院口腔医学系开办江医口腔门诊部。1990年，口腔大楼竣工，成立江西医学院附属口腔医院，建筑面积12 000平方米，共有牙椅100台、病床40张。2005年9月随江西医学院并入南昌大学，现实行南昌大学附属口腔医院、口腔医学院、江西省口腔医院和口腔病研究所四位一体的管理体制，从事口腔临床医疗、教学、科研和牙病预防工作。见图5-15、图5-16。

图5-15 江西医学院口腔医学系教学人员

图5-16 江西医学院口腔医学系首任系主任华毅夫教授

（四）郑州大学口腔医学院

郑州大学口腔医学院的前身为河南医科大学口腔系，1983年经教育部批准，1985年正式招生，首任系主任姜国城教授是老一辈的口腔专家（图5-17）。早期主要由河南医科大学第一附属医院口腔科的医务人员承担口腔系的教学和临床工作，并聘请了国内著名的口腔院校的专家讲授了部分口腔课程。为推动口腔系的规模化发展，经省卫生厅同意，于1993年在郑州市南阳路北段新建了河南省口腔医院，和同时新建的河南省眼科医院合称为河南医科大学第四附属医院，口腔系由校本部搬迁至四附院内。2000年7月，原郑州大学、河南医科大学和郑州工学院合并成立了新的郑州大学。2002年7月，口腔系发展成为口腔医学院。2003

年，在郑州大学新的领导班子的支持下，对郑州大学东校区面积约5 000平方米的大楼进行改造装修。作为口腔医学院的教学、科研和临床基地，河南省口腔医院亦迁于此，郑州大学第四附属医院和口腔医学院实行两位一体的管理体制。口腔医学院的办院宗旨是培养德才兼备的高级口腔

图5-18 河南医科大学口腔系首任系主任姜国城教授

医学专门人才，普及和提高牙病及口腔颌面部疾病的防治技术水平，成为河南省口腔医学人才的主要培养基地。

（五）郧阳医学院第二临床学院口腔系

十堰市东风口腔医院，从事临床教学已有近30年的历史，口腔医院自1980年开始接收十堰城区和边远地区口腔医务工作者来进修学习，从1991年开始接收荆门卫生学校口腔专业学生前来实习，1994年开始承担二汽卫生学校的口腔教学任务。1998年，成立了口腔科学教研室，负责郧阳医学院医疗二系的全部口腔教学任务。2003年9月，组建口腔系，开始接收口腔临床医学专业5年制本科学生。2004年2月，高教部正式批准郧阳医学院第二临床学院口腔系成立。10月，取消原口腔科学教研室，成立了口腔内科教研室、口腔外科教研室、口腔修复教研室。郧阳医学院第二临床医学院口腔系是依托湖北省十堰市东风汽车公司总医院东风口腔医院为主要教学基地，以培养"基础扎实、技能过硬、医德高尚、素质全面"的适用型口腔医学人才为目标而设立的专业系部，是经教育部和湖北省教育厅批准的一所集医疗、教学、科研、预防为一体的教学院系。

六、东北地区

（一）吉林大学口腔医学院

吉林大学口腔医学院是原白求恩医科大学与吉林大学等五校合并后于2000年命名的，始建于1985年，是教育部所属、卫生部直管的一所专科医（学）院。该院地处吉林省省会长春市，是吉林省及邻近地区口腔医学教育、科研和口腔病防治的中心。学院现总建筑面积5 600平方米，设有100台牙科综合治疗机和根管治疗仪、根管显微镜、血气分析仪、纤维外科手术器械、超声刀、高频离心铸

造机、牙种植机、数字化全景X线机等先进仪器设备，病床56张，日门诊量600人次左右，年收容住院患者1 000人次左右。目前，正在建设建筑面积2.4万平方米的新医疗综合大楼，主体业已完工，医学院的环境和硬件设施整体将有明显的改观。见图5-19。

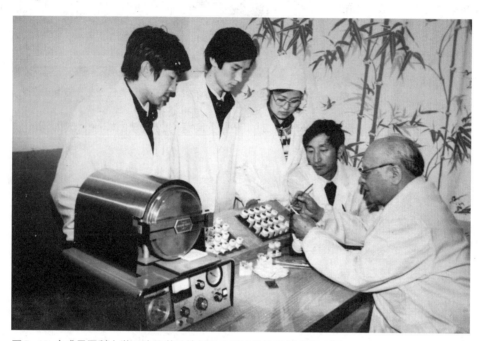

图5-19 白求恩医科大学口腔医学系首任系主任王化岐教授（右一）

（二）大连医科大学口腔医学院

1985年，大连医科大学创建口腔医学系，2000年发展为口腔医学院，2001年成立附属口腔医院。现学院与附属口腔医院实行两位一体的管理体制，是一所集教学、科研、医疗于一身的省属重点高校口腔教育基地和专科医院。其办院宗旨是培养德才兼备的高级口腔医学专门人才，普及和提高牙病及口腔颌面部疾病的防治技术水平。已获得口腔医学硕士学位一级学科授予权，口腔医学专业学位硕士学位授予权，口腔基础学科为辽宁省重点学科。见图5-20。

图5-20 大连医科大学口腔医学院

（三）辽宁医学院口腔医学院

辽宁医学院附属第二医院暨辽宁医学院口腔医学院是以诊治口腔疾病为主，集医疗、教学、科研、预防为一体的省属综合性医院，同时作为辽宁医学院的口腔医学院承担口腔医学专业本科教学及硕士研究生培养任务。

成立于1987年的锦州医学院口腔医学系，于1988年开始招收5年制本科生。为完成临床教学工作，1991年11月由省政府批准成立"锦州医学院附属第二医院"。2001年11月，增挂"锦州医学院附属口腔医院"牌匾。2006年11月，随锦州医学院更名为辽宁医学院。2008年8月，口腔系正式更名为口腔医学院。

（四）大连大学医学院口腔医学系

大连大学的口腔医学教育从1973年开始承办中专层次的口腔医学专业，1988年提升为大专层次，2001年开设口腔医学本科教育，同年取消口腔医学专科教育，2003年开始招收高职高专口腔医学技术专业。迄今为止，大连大学医学院的口腔医学教育已经历了35年的办学历史。为辽宁省培养了2 000余名口腔专科医生。辽宁省内多数市县级医院的口腔科主任和高年资医师是大连大学医学院口腔医学专业的毕业生，大连市的口腔科医生中约80%毕业于该校。大连大学医学院口腔医学系现有口腔医学和口腔医学技术两个专业。见图5-21。

图5-21 大连大学医学院

（五）齐齐哈尔医学院口腔医学系

齐齐哈尔医学院口腔医学系创建于2004年，招收口腔医学专业本、专科层次学生，口腔医学"专升本"及口腔医学专科成人教学类型。经过几年建设与发展，已逐步形成了明确的办学指导思想和办学思路，具有了集教学、科研和医疗于一体的专业体系。

（六）牡丹江医学院口腔医学系

牡丹江医学院创建于1958年，著名文学家郭沫若先生为学院题写了院名。2008年有全日制在校本、专科学生9 000余人。设有临床医学、医学影像学、麻醉学、医学检验学、护理学、制药工程、公共事业管理、预防医学、药学、口腔医学等14个本科专业。

（七）北华大学口腔医学院

北华大学口腔医学院是吉林省省属规模最大的重点综合性大学——北华大学下属的一个学院，坐落在风景迷人的雾凇之都、中国魅力城市吉林市北华大学东校区。学院前身为吉林医学院口腔医学专业（专科），始建于1989年，首届招生40人。20余年来，为国家培养了一大批口腔医学专门人才。2004年，经教育部批准，北华大学医学院开设了口腔医学本科专业。2005年，首届招收45名学生。2007年5月，随着学校医学教育管理体制改革的深入发展，成立了医学部，口腔医学专业随之组建为口腔医学院，直接隶属于医学部。

七、华南地区

（一）广西医科大学口腔医学院

广西医科大学口腔医学院、附属口腔医院是在广西医学院口腔专业和广西医学院附属医院口腔科的基础上发展壮大起来的。1978年，建立广西医学院口腔医学专业。1983年，经教育部同意、广西壮族自治区人民政府批准，成立广西医学院口腔医学系。1985年，获得口腔医学硕士学位授予权。2000年，经国务院学位办批准，获得全国首批口腔医学临床硕士学位授予点。1998年，经上级部门批准为广西医科大学口腔医学院，是广西医科大学二级学院和教学医院。口腔医学院担负着口腔医学高级人才的培养，实施口腔疾病的治疗与预防，开展口腔医学科学研究，提高全区基层口腔医务工作者防病治病水平的重任。经过几十年的艰苦奋斗，现已发展成为广西口腔医学专业人员最多、专业最齐全，集医疗、教学、科研、预防保健为一体的口腔教学、医疗中心。见图5-22、图5-23。

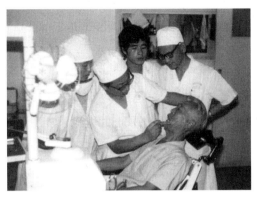

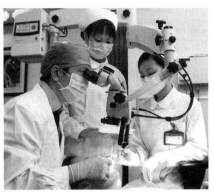

图5-22 口腔诊室（1987）　　　　图5-23 口腔诊室（2007）

（二）暨南大学医学院口腔医学系

口腔医学系于1979年由口腔颌面外科专家吕培锟教授从四川医学院调入暨南大学负责筹建，1982年正式对外招生。1984年3月，暨南大学医学院在联合国世界卫生组织注册，其毕业生可直接申请参加世界各国的"临床医生执照注册考试"，确立了外向型学校在国际上的地位。口腔医学系自建系之时即按照暨南大学"面向港澳、面向海外"的方针办学，课程设置与香港及美国牙科医学院系接轨。经过20多年的努力，本专业已培养了一大批优秀的本科生和硕士生，服务于社会，尤其服务于港澳地区。见图5-24。

图5-24 暨南大学医学院口腔医学系首任系主任吕培锟教授

（三）南方医科大学口腔医学院

南方医科大学坐落于广州市风景秀丽的白云山下，前身为中国人民解放军第一军医大学，创建于1951年。1979年，被确定为全国重点大学。2004年，被批准为全国8所试办8年制医学教育的高等院校之一。2004年8月，按照国务院、中央军委下达的命令，第一军医大学整体移交广东省，更名为南方医科大学。现有校本部、南校区、顺德校区3个校区，占地面积176.68万平方米，建筑面积85.41万平方米，面向全国31个省、自治区、直辖市及港澳地区招生。

南方医科大学口腔医学院前身为第一军医大学南方医院口腔科。1980年，学校开始招收口腔专业大专班，口腔科从单一的专科门诊转变为集医疗、教学、科研为一体的综合性科室。2004年，第一军医大学集体转制时，教育部批准更名后

115

的南方医科大学面向全国招收口腔医学专业5年制本科生。2005年，南方医科大学口腔医学系正式成立。2008年9月，快速发展的口腔医学专业成立了南方医科大学口腔医学院。

（四）海南医学院口腔医学系

海南医学院口腔医学系建系于2000年12月28日，是海南医学院二级单位，位于海口市龙华路33号。2006年，口腔医学系与韩国国立庆北大学牙学院签署全方位的姐妹合作协议，成为友好合作学院。自海南医学系建系以来，口腔医学系还与其他国内外兄弟院校建立了广泛的口腔医学学术交流与合作。2008年4月15日，口腔医学系升格为口腔医学院。

口腔医学系培养口腔专业本科生及硕士研究生，承担包括临床医学在内的5大专业本科、专科生的《口腔科学》和国际教育学院留学生全英文的《口腔科学》等教学任务。见图5-25。

图5-25 海南医学院口腔医学系与韩国国立庆北大学牙学院签署合作协议

（五）右江民族医学院口腔医学系

右江民族医学院是广西壮族自治区教育厅直属院校，位于革命老区广西百色市，是培养高级医学人才的院校。口腔医学专业是右江民族医学院重点建设专业之一，开设于2000年，招收口腔医学专业专科生。2002年3月，为了满足广西及西南周边地区高级口腔医学专业人才的需求，经教育部正式批准升格为本科教育，同年成立口腔医学系。现招生范围扩大至云南、贵州、湖南、河南等周边省份，每年招收本科生约50人。现有口腔内科学、口腔颌面外科学、口腔修复学3个教研室及口腔医学实验室。

（六）广州医学院第一临床学院口腔系

广州医学院口腔系于2003年申办，2004年7月正式成立，9月招生，第一届学生34人。口腔系由广州医学院委托第一临床学院主管。

（七）佛山科学技术学院医学院口腔医学系

佛山科学技术学院医学院口腔系的前身是创建于1951年的国家级重点中专——佛山卫生学校的口腔学科，为广东省中等医学短缺专业的主要培训基地之一。1984年，经省卫生厅批准，开设口腔医士专业。1985年后，成为佛山职工医学专科学校口腔学科。1989年，增设口腔修复专业。1994年8月，成立佛山职工医学专科学校口腔系。同年9月，开办口腔医学专业成人专科。1995年，更名为佛山职工医学院口腔系。1999年，增设口腔工艺专业（中专），开办口腔医学及口腔医学（口腔修复方向）普通专科。2005年，更名为佛山科技学院医学院口腔系，开始举办5年制口腔医学普通本科教育。

1989年，经广东省卫生厅推荐、国家卫生部批准，学院作为香港华夏基金会资助受惠单位之一，获得70万港元捐助，从国外购进一批口腔先进仪器设备。1989年9月20日，在中国首个爱牙日之际，集教学、医疗、科研、预防和保健于一身的佛山市口腔医院（学院附属医院）正式挂牌成立，使口腔医学专业有了自己的实践教学培训基地，为确保教学质量提供了有力的保障。

第六章 中国高等口腔医学教育学术管理机构

管理包括计划、组织、指导、协调、控制等，设立管理机构的目的即是要有效引导事物的发展。本章就中国高等口腔医学教育学术管理机构中的两个重要组成部分进行介绍，包括教育部高等学校口腔医学专业指导委员会和中华口腔医学会口腔医学教育专业委员会。

第一节 ┃ 教育部高等学校口腔医学专业教学指导委员会

本部分以教育部文件为依据，详述了教育部高等学校教学指导委员会章程及2007—2010年教育部高等学校口腔医学专业教学指导委员会名单。

一、指导性文件

教育部于2007年3月1日发出关于教高函[2007]2号文件，通知各有关高等学校、有关单位决定组建2007—2010年教育部高等学校医药学科（专业）教学指导委员会（以下简称教学指导委员会）。该决定的目的是为了进一步深化高等教育教学改革，提高高等教育质量，加强教育行政部门对高等学校医药学科（专业）教学工作的宏观调控，推进宏观决策的科学化和民主化，充分发挥专家学者对高等医药教育教学改革与建设的研究和指导作用。具体内容如下：

1. 教学指导委员会是教育部领导的专家组织，具有非常设学术机构的性质，接受教育部的委托，开展高等学校医药学科（专业）本科教学的研究、咨询、指导、评估、服务等工作。

2. 教学指导委员会委员是根据政治立场坚定、热心人才培养工作、学术水平比较高、教学经验比较丰富、思想活跃、组织协调能力较强、作风正派、老中青三结合等原则，经学校和有关单位申报，在广泛征求意见的基础上选聘的。委员包括高等学校从事本科教学工作、行业部门熟悉行业发展和人才需求并关心人才培养工作等方面的专家。

各教学指导委员会委员由我部颁发聘书聘任，任期从2007年3月起至2010年12月止。此次成立医药公共基础课程教学指导委员会等10个教学指导委员会，部分学科教学指导委员会下设若干个分委员会（名单见附录二）。根据工作需要，报经我部同意后，教学指导委员会可下设教学指导组。

3. 教学指导委员会（含分委员会）设主任委员1人、副主任委员若干人、秘书长1人。教学指导委员会的工作由主任委员主持，副主任委员协助，秘书长协助主任、副主任委员处理日常工作。秘书长原则上在主任委员所在高校聘请。为了加强教学指导委员会的工作力量和方便工作，各教学指导委员会可以聘请顾问，从主任、副主任委员所在单位聘请秘书。

4. 教学指导委员会的主要任务是组织开展医药学科（专业）教学领域的理论与实践研究；指导高等学校医药学科专业建设、教材建设、教学改革、实践基地建设、实验室建设等工作；研究制订专业规范或教学质量标准；接受委托，参加专业评估任务；接受委托承担本科专业设置的论证任务；组织师资培训、教学研讨和信息交流等工作；完成教育部委托的其他任务。

5. 各高等学校和有关单位要积极支持教学指导委员会的工作，委员所在的学校和单位要在工作量、活动经费等方面给予必要的支持。

二、教育部高等学校教学指导委员会章程

总则

第一条　为加强对高等学校人才培养工作的宏观指导与管理,推动高等学校的教学改革和教学建设,进一步提高人才培养质量,教育部聘请有关专家组成高等学校教学指导委员会。

高等学校教学指导委员会是在教育部领导下，对高等学校教学工作进行研究、咨询、指导、评估、服务的专家组织。

组织

第二条　高等学校教学指导委员会包括高等学校各学科、专业教学指导委员

会和有关专项工作教学指导委员会。

第三条　根据实际工作需要，部分教学指导委员会下设分委员会。

第四条　高等学校教学指导委员会委员根据思想政治素质好、学术水平高、教学工作或实际工作经验丰富、作风正派、身体健康等原则，由教育部从高等学校或有关政府机构、行业部门、企事业单位的专家、教授中选聘。教学指导委员会委员实行任期制。

第五条　高等学校教学指导委员会（分委员会）设主任委员一人，副主任委员若干人。教学指导委员会（分委员会）设秘书长一人，协助主任委员处理日常事务性工作。

第六条　高等学校教学指导委员会根据工作需要，可以聘请顾问，可以从正、副主任单位聘请秘书。

任务

第七条　把握国内外有关学科专业教育的发展趋势，研究高等教育教学改革与发展的全局性重大问题，为教育部和高等学校提供咨询意见和建议。

第八条　组织和开展各学科专业教学领域的理论与实践研究，接受教育部委托，制订专业规范、教学质量标准和基础课程的教学基本要求、实验教学的基本条件；研究专业结构和布局，承担本科专业设置评审或高职高专专业设置的核定任务；审议、推荐有关教学改革方案和成果，指导、推动教育教学改革工作不断深化。

第九条　指导高等学校的学科专业建设、课程建设、教材建设、实训基地建设、实验室建设等工作，促进高等学校教学基本建设水平不断提高。

第十条　根据国家对各学科专业本科、高职高专人才培养目标、规格的有关要求，以及社会经济发展对人才的实际需要，加强教学质量评估问题研究，接受教育部委托，对有关学科专业教学质量进行监督和评估，促进人才培养质量的提高。

第十一条　组织师资培训，沟通信息，交流教学建设和教学改革经验，宣传推广优秀教学成果，为高等学校的教学建设和教学改革做好服务工作。

工作方式

第十二条　高等学校教学指导委员会根据教育部的有关方针、政策、工作任务和相关学科专业改革发展的实际情况，在主任委员的领导下制订年度工作计划，开展有关工作，并及时将有关材料、总结报告等报教育部。

第十三条　各教学指导委员会原则上每年召开一次全体委员工作会议，必要时可召开临时会议。各分委员会可根据实际情况分别召开分委员会会议。高等学校教学指导委员会形成的有关政策性文件如需发至有关高等学校，需经教育部审核转发。高等学校教学指导委员会的其他文件可自行印发给有关高等学校。

第十四条　各教学指导委员会委员所在单位对高等学校教学指导委员会的工作应给予积极的支持，主任委员单位应对高等学校教学指导委员会的日常工作提供必要的工作条件和活动经费。教学指导委员会接受社会各界的赞助应遵守国家的有关规定。

附则

第十五条　各教学指导委员会可依据本章程制订学科、专业和有关专项工作教学指导委员会工作细则。

第十六条　本章程自2007年4月20日起实施。

第二节 ┃ 中华口腔医学会口腔医学教育专业委员会

中国口腔医学教育学会活动由1992年开始筹备，1993年由首都医学院召集，向中华医学会医学教育学会提出申请，批准成立了中华医学会医学教育学会口腔教育学组，朱宣智教授任组长。1997年批准成立全国高等医学教育学会口腔医学教育分会，2000年成立中华口腔医学会口腔医学教育专业委员会（详见附录三、四）。

三个口腔医学教育有关机构为一套人马，挂三个学会牌，分属不同的学会管辖。其间，1994—1998年召开了五次学组会议，1995—2005年分别在北京、昆明、长春、南京、济南召开了五届研讨会。每次学术研讨会均有明确的研讨主题。

2002年10月，第四届全国口腔医学教育研讨会在南京召开，主题是中国口腔医学教育的学制（尤其是长学制）及临床实习。会议经过研讨后，认为中国口腔医学学制应从3、5、7、8过渡到3、5、8年，最后为5、8年学制。2004年10月，第五届全国口腔医学教育研讨会在济南召开，主题是研究生教育及本科生前期实习两个问题。2005年11月，全国口腔医学教育专业委员会常委扩大会议在长沙召开，重点研讨口腔教学管理。专业委员会主动与教育部高教司农林医药处领导联系，多次请教育部主管中国医学教育的领导到会指导，并将会议研讨内容及结论以会议纪要的形式回馈到教育部有关管理部门，同时在学术期刊上发表。学会成立以来认真组织学术活动，集思广益，将讨论结果反馈到政府主管部门，起到了学会的学术组织、政府参谋、广泛交流及推动中国口腔医学教育发展的作用。2007年11月，第六届全国口腔医学教育学术会暨2007年国际口腔医学教育研讨会在广州召开，来自全国26个省、自治区、直辖市的口腔医学教育工作者和教学管理人员223人参加了此次会议，会议围绕"中国口腔医学本科教育标准制定"议题进行了详细的研讨。

第三节 全国高等学校口腔医学专业教材及教材评审委员会

1953年，人民卫生出版社成立，这是中华人民共和国卫生部直属的中央级医药卫生专业出版社。1956年，高等教育部、卫生部在北京召开的第二次医学教育会议确定了口腔专业各门课程的教学大纲和教材编辑委员会的名单。人民卫生出版社从20世纪60年代开始，组织国内作者编写口腔专业教材，编写了《口腔颌面外科学》、《口腔内科学》、《口腔矫形学》等一流高等医药院校试用教材。从70年代开始，该社组织全国口腔专业第二轮教材编写。80年代初期，为适应教学需要，加强对教材的规划、组织和管理，成立了卫生部教材办公室，秘书处设在人民卫生出版社。1981年10月，卫生部在武汉主持召开了全国高等医药院校医学专业教材会议，成立了口腔专业教材评审委员会。1983年，全国高等口腔医学教材编写工作会议在武汉召开，会议确定了口腔解剖生理学、口腔组织病理学、口腔内科学、口腔颌面外科学、口腔修复学、口腔正畸学、口腔颌面X线诊断学、口腔预防医学8门教材的主编、编写人员和编写大纲。

1990年2月24日至26日，全国口腔医学专业教材评审委员会会议在北京医科大学召开。国家教委、卫生部的有关领导，来自全国高校的口腔医学专家出席了会议。卫生部教育司司长黄永昌，北医大党委书记彭瑞聪、校长曲绵域，人民卫生出版社社长董绵国，国家教委医药教育处长姜常胜、教材建设处长孟祖贵等，就如何组织编写案和修订出版高等医学院校各专业第三轮教材问题发表了意见。黄永昌司长代表卫生部宣布了口腔医学专业教材评审委员会名单，成立卫生部全国口腔医学专业教材评审委员会。

口腔医学专业教材评审委员会第一次会议讨论通过"卫生部高等医学院校教材评审委员会工作条例"和"关于修订高等医学院校教材的意见"。专家们指出，目前高等医学院使用的教材多数是10年前编辑出版的，已经不适应这新形势。经过讨论，一致认为新编教材应该具有如下特点：具有思想性、科学性、启发性、先进性和适应性；必须注意整套教材的完整性和系统性；必须精选内容。1990年后，第三轮教材在会议精神下开始编写，共包括《口腔解剖生理学》、《口腔组织学及病理学》、《口腔颌面X线诊断学》等9种。

1998年，为适应中国高等口腔医学教育改革和发展的需要，经卫生部口腔医学专业教材评审委员会审议，卫生部教材办公室决定开始进行口腔医学专业规划教材第四轮修订，从第三轮的9种教材增加为第四轮的15种教材，于2001年修订完成并出版。

2002年1月，全国高等医药教材建设研究会、卫生部教材办公室发出"关于组织编写全国高等医药院校口腔医学专业第五轮规划教材的通知"，开始组织编写全国高等医药院校口腔医学专业第五轮规划教材。2002年5月24日—26日全国高等医药院校口腔医学专业教材评审委员会第三届三次会议暨第五轮规划教材主编人会议在上海召开，会议明确了第五轮规划教材的编写原则及编者名单；审议了各位主编的编写大纲。第五轮规划教材新增《𬌗学》，全套教材共16种，其中6种同时为教育部评定的普通高等教育"十五"国家级规划教材，不仅适用于5年制，也可供7、8年制使用，于2004年春季前全部出版。

为适应中国高等口腔医学教育改革和发展的需要，经全国高等学校口腔医学专业教材评审委员会审议，决定从2006年4月开始，对全国口腔医学专业教材进行第六轮修订。2006年4月17—18日，全国高等学校口腔医学专业教材评审委员会第三届五次教材评审委员会会议暨第六轮卫生部规划教材主编人会议在陕西省延安市召开。本轮教材仍以5年制本科教学为主，兼顾长学制，同步编写配套教材，注意知识更新；图文并茂，根据学科需要，部分教材采用彩色印刷。教材包括《口腔解剖生理学》第6版、《口腔组织病理学》第6版和《口腔颌面医学影像诊断学》第5版等17部卫生部"十一五"规划教材，其中14种同时被教育部评定为普通高等教育"十一五"国家级规划教材。

2006年11月—2007年7月，卫生部启动了"十一五"规划教材的评审工作。此次评审共涉及全国47家出版社和400余所本科、高职医药院校，申报材料达1 593种。组织了15个评审委员会218位专家，经过三轮公正、公平、公开的评审和网上公示，经卫生部最终审核，评出包括口腔医学专业在内的卫生部"十一五"规划教材1 067种，共涉及人民卫生出版社、高等教育出版社等20家出版社和复旦大学、北京大学等134所学校、医院。

2009年6月23—25日，全国高等学校口腔医学专业研究生卫生部规划教材主编人会议在湖北省宜昌市召开。本次卫生部规划的全国高等学校口腔医学专业研究生教材共15本，包括《口腔分子生物学与口腔动物模型》、《口腔生物化学与技术》、《颅面发育生物学与再生医学》等，全套书追求知识完整性和先进性。同年，首次全国口腔医学研究生规划教材编委会在四川召开，来自全国龋病学、正颌外科学、口腔修复学、口腔生物化学4个专业的54位专家出席了会议。

　　本章所涉全国高等学校口腔医学专业教材评审委员会详见附录五、口腔医学类教材信息详见附录六，口腔医学类期刊详见附录七，口腔医学类相关专著详见附录八。

第七章 口腔医学专业教育标准及医学相关参考标准

该标准是基本纲领性文件，是基本规范和质量要求。口腔医学专业教育标准及医学相关参考标准引导着口腔医学专业教育的良性发展。本章从以下四个方面来分析口腔医学专业教育标准所处的宏观环境：卫生部口腔医学专业设置标准、中国口腔医学本科教育办学标准、口腔医学本科毕业生应达到的基本要求、全球医学教育最基本要求。

第一节 卫生部口腔医学专业设置标准

中华人民共和国卫生部于2004年6月30日发布了口腔医学专业设置标准。标准包含设置基本依据、专业教学组织、专业师资配备、专业设施要求、毕业实习情况等。

一、专业设置基本依据

1. 专业设置和人才培养规格适应社会和卫生事业发展需求。

2. 专业设置符合规模效益和布局合理的原则。

3. 办学指导思想明确，有切实可行的专业建设规划和实施办法。

4. 有省级以上教育和卫生行政部门认可的教学计划及健全的专业组织和业务管理制度。

二、专业教学组织

1. 设置口腔医学专业学科，下设口腔内科学、口腔外科学、口腔修复学等教研组，相近课程可以合并建组。

2. 专业学科主任应具有高级职称和较高教研能力、专业实践能力及管理水平。

3. 教研组组长应具有中级以上职称和一定教研能力、专业实践能力及管理水平。

三、专业师资配备

1. 专业教师应具有中等职业学校以上教师任职资格。

2. 专业课教师中，本校专、兼职教师不少于80%。

3. 外聘专业教师应具有中级以上职称和丰富的临床实践经验，有正式聘任手续并相对稳定。

4. 专业课教师数与本专业在校学生数（含毕业实习生）之比为1:（2.5~3.5）。

5. 以每年招收两个班为基数，各门课程的师资最低数量分别为：口腔解剖生理学、口腔内科学、口腔外科学、口腔修复学各2名，口腔组织学及病理学、口腔预防保健学各1名。两个班以上按比例适当增加。

6. 专业课教师中具有中级以上职称者不低于60%，高级职称者不低于15%。

7. 专业课教师每3年应有6个月（可累计）的临床或专业实践时间。

四、专业设施

1. 设置口腔临床实验室（含口腔颌面颈部解剖、口腔预防保健学、口腔内科学、口腔外科学），其使用面积不少于90平方米；口腔修复学实验室（含牙体解剖、包埋与热处理、焊接与铸造、打磨抛光、烤瓷等），其使用面积不少于180平方米；模拟临床示教室（含口腔颌面放射，如学校有附属口腔医院或口腔门诊部者可不设此室），其使用面积不少于150平方米；各实验室有相应的准备室、标本模型陈列室等。功能相近的实验室可综合使用。

2. 专业课主要实验设备见附录九。

3. 专业课的实验开出率，应达到教学计划和大纲规定的90%以上。

4. 有含核心期刊的三种以上专业杂志及专业课教学所需的挂图、标本、模型、视听教材。

五、毕业实习

1. 有相对固定的社区实习基地及县级以上实习单位。

2. 有实习计划和实习大纲，实习大纲规定项目的完成率应达90%以上，并有出科考试。

3. 实习单位有专人负责实习工作，各实习科室均有带教老师。带教老师 应具有5年以上的实践经验和医（技）师以上技术职称。

4. 学校有实习管理组织和完善的实习管理制度。

第二节 ┃ 口腔医学本科教育办学标准

本节从时代背景出发，分析了口腔医学本科教育办学标准的形成及精髓，从而为口腔医学本科毕业生应达到的基本要求作铺垫。

一、产生背景

口腔医学本科教育办学标准的形成有其特定的背景。从国际医学教育及牙科教育来看，多项标准的出台起着重要的促进作用。1984年，世界医学教育联合会（WFME）领导制订并实施全球通用的医学教育标准；1998年，经世界卫生组织批准WFME建立"医学教育国际标准"项目；2001年6月，WFME执行委员会通过并发布了《本科医学教育全球标准》；2001年7月，出版WHO西太区的区域性医学教育标准《医学本科教育质量保证指南》；21世纪初，美、英、澳、日等国家相继出台医学教育标准，美国为牙科－牙颅颌部分，英国为早期接触临床，基础涉及临床、临床重视基础部分，俄罗斯为口腔医学部分。

从中国医学教育及口腔医学来看，医学标准的出台也起着重要的促进作用。2004年，中国医学教育质量保证体系研究课组制订了《中国医学教育认证办法》；2005年，中国医学教育质量保证体系研究课组制订了《中国医学本科教育标准》，包括毕业生应达到的基本要求（共34项）和医学本科教育办学标准（10个领域44项）。此外，从中国的国情来看，国内人口众多，口腔病患者对口腔医师的需求量大，但是国内口腔医生与患者比例仍很低［为1:（15 000~20 000）］。因此，口腔医学教育的社会需求大。强大的市场需求进一步促进了口腔院校数量的迅速扩大、学生的扩招。扩招造成口腔医学教育资源的相对缺乏，出现了口腔教育质量问题。

为确保中国口腔医学教育质量的提高,指导口腔院校办学,争取多方教育资源支持口腔医学,客观上需要制订中国口腔医学教育标准。

二、中国口腔医学本科教育办学标准

口腔医学教育是培养从事口腔医疗卫生保健的专门人才的教育,规范的培养过程是培养合格口腔医学人才的重要保证,加强质量监管是保证教育质量的关键。因此,为保证国内口腔医学人才培养质量,规范国内院校口腔医学教育标准,特制定中国口腔医学本科教育办学标准。标准的制订结合了国际医学教育标准和国内医学教育认证标准,包括教育部《中华人民共和国高等教育法》、中国医学本科教育教学标准、全球医学教育标准、英国牙科学士教育标准、美国口腔教育计划鉴定合格标准,以及众多专家学者的观点与建议。

口腔医学本科教育是整个口腔医学教育体系中的第一阶段,其根本任务是为口腔卫生保健机构培养人才,培养具有初步口腔临床能力、终身学习能力和良好职业素质的初级口腔医生;为学生毕业后继续深造和在各类口腔卫生医疗保健机构执业奠定必要的基础,使其具备将来胜任口腔临床工作的专业能力,继续口腔医学教育、继续职业发展和持续医疗实践的自觉再提高能力。本标准以5年制口腔医学本科教育为主要适用对象,针对我国本科口腔医学教育的基本方面提出最低要求。长学制教育可以参考此标准,适当提高要求。本标准既通用于全国各口腔医学院校(系、专业),也承认不同地区和各个学校(系、专业)之间的差异,尊重各口腔医学院校(系、专业)依法自主办学的权利,不提出具体教学计划、教学方法等方面的强制性规定,以利于各校的个性发展,为发展办学特色留下充分的发展空间。

本标准尽量反映我国口腔医学教育面对的国际趋势、国内环境和社会期待方面的要求,是各个院校制定教育计划和规范教学管理的必要基础,是本科口腔医学院校(系或专业)质量保证体系的重要参照标准,必将对口腔医学教育改革与发展起重要作用。本标准也将用于我国口腔医学教育的评价与认证,并希望通过广泛研讨不断修改,通过评估与认证实践不断得以检验和完善。

(一)宗旨及目标

1. 宗旨及目标

口腔医学院校(系、专业)必须明确办学宗旨和目标,包括院校定位、办学理念、发展规划、培养目标和质量标准等。口腔医学院校(系、专业)的办学宗旨和目标的确定，必须通过各利益方的认真讨论，得到上级主管部门（所属教育部门、卫生部门）的批准，使全校（系、专业）师生知晓。

2. 学术自治与学科融合

独立的或综合大学中的口腔医学院必须根据各自的规划要求，依据法律所赋予的权力，自主制定课程计划及其实施方案，自主决定人员的任用和自主分配的学术支持，同时努力加强与大学各综合学科和医学学科之间的沟通及融合。

3. 教育结果

口腔医学院校（系、专业）必须根据学生毕业时应达到的基本要求，制定合适的教育目标，培养学生成为符合要求的口腔医生。

（二）教育计划

1. 课程计划

（1）口腔医学院校（系、专业）必须依据医疗卫生服务的需要、医学和口腔医学科学进步和口腔医学教育模式的转变，制定符合本院校（系、专业）实际的课程计划。

（2）口腔医学院校（系、专业）制定的课程计划，必须明确课程设置及基本要求。

（3）口腔医学院校（系、专业）应积极开展课程体系改革，根据社会需求和口腔医学的发展变化，合理设置课程教学内容。课程计划必须体现加强基础、强化能力、注重素质和发展个性的原则，课程设置内容应包括必修课程和选修课程两部分，两者之间的比例可由学校或口腔医学院（系、专业）根据实际合理设定。

2. 教学方法

口腔医学院校（系、专业）必须积极开展以学生为学习主体，提倡自主学习、创造性思维、积极参与实践和师生互动等教学方法的改革，注重科学思维、自学能力和实践能力的培养。

【注释】教学方法包括教与学的方法，可广泛应用引导式、问题式、交互式、讨论式等模式。

3. 科学素质培养

口腔医学院校（系、专业）必须在整个教学期间，实施科学方法及循证医学原理的教育，使学生学会批判性思维，了解一定的研究方法。

4. 课程设置

（1）思想道德修养课程　口腔医学院校（系、专业）必须在课程计划中安排一定学时的思想道德课程。

（2）自然科学课程　口腔医学院校（系、专业）必须在课程计划中安排自然科学课程，为口腔医学生学习医学科学的基础理论、基本知识、基本技能打下基础。

（3）生物医学课程　口腔医学院校（系、专业）必须在课程计划中安排适量的生物医学课程，为其学习临床专业课、口腔医学专业课程打下基础，以适应医学科学的发展以及社会对口腔医疗服务的需求。

【注释】生物医学课程通常包括人体解剖学、组织学与胚胎学、生物化学、生理学、分子生物学、细胞生物学、病原生物学、医学遗传学、医学免疫学、药理学、病理学、病理生理学等，还包括体现这些生物医学内容的其他整合课程。

（4）行为科学、人文社会科学以及医学伦理学课程

1）口腔医学院校（系、专业）必须在课程计划中适当安排行为科学、社会科学和医学伦理学课程，以适应医学科学的发展和日益变化的人口、文化背景以及社会对口腔医疗卫生的服务需求。

2）口腔医学院校（系、专业）必须在课程计划中适当安排人文素质教育课程。

【注释】行为、社会科学课程通常包括心理学、社会医学、医学社会学、卫生经济学、卫生法学、卫生事业管理、医学伦理学等，人文素质教育课程通常包括艺术类、文学类、医学史、口腔医学史和医德修养、医患沟通技巧等。

（5）预防医学课程　口腔医学院校（系、专业）必须在课程计划中安排预防医学课程，培养学生的大预防战略和大公共卫生意识，使其掌握群体保健的基本知识和技能，为更好地掌握口腔预防医学知识奠定基础，以适应医学科学的发展，适应口腔预防医学开展的需要，适应社会对口腔医疗卫生服务的需求。

【注释】预防医学课程涵盖流行病学、劳动卫生与职业病学、卫生毒理学、环境卫生学、营养与食品卫生学、少儿卫生学、妇幼保健学、卫生统计学以及初级卫生保健的有关内容等。

（6）临床医学课程　口腔医学院校（系、专业）必须在课程计划中安排一定学时的临床医学课程及临床实践教学或临床实践教学见习，提倡适当早期接触临床，确保学生充分接触病人，获得一定的一般临床知识与技能，为将来口腔临床技能学习和口腔相关临床医学诊治技能的掌握奠定基础。

【注释】临床医学课程通常包括诊断学、影像诊断学、内科学、外科学、妇产科学、儿科学、传染病学、神经病学、眼科学、耳鼻咽喉科学、皮肤性病学、精神病与精神卫生学、麻醉学、急诊医学、康复医学、老年医学、中医学等。临床

能力包括病史采集、体格检查、辅助检查、诊断与鉴别诊断、制定和执行诊疗计划、临床操作、临床思维和急诊处理等。

（7）口腔医学课程　口腔医学院校（系、专业）必须在课程计划中安排基本的口腔课程理论和一定比例的口腔临床实践教学，提倡在充分完成口腔临床前期训练的基础上早期接触口腔临床，确保学生充分了解临床和接触病人，获得足够的口腔临床知识和技能训练时间，使口腔医学生尽快掌握扎实的口腔医学基本理论和口腔临床一般操作技能，具备初步的临床诊断和治疗方案确定能力。

【注释】口腔基础医学课程包括口腔组织病理学、口腔解剖生理学、口腔生物学、口腔材料学、口腔药物学、口腔设备学、口腔专业外语、医学论文写作、循证口腔医学等。口腔临床医学包括口腔颌面外科学、口腔修复学、牙体牙髓病学、牙周病学、口腔种植学、口腔黏膜病学、口腔正畸学、儿童口腔病学、预防口腔医学、口腔急诊学、口腔颌面影像诊断学、老年口腔医学等。口腔临床技能主要包括口腔颌面部疾病病史采集、全身和局部体格检查、辅助检查、病历书写，口腔各科常见疾病的诊断与鉴别诊断、诊疗方案的设计与制定（包括牙列缺损的修复设计、牙颌畸形矫治设计）、执行诊疗操作、印模采集、牙周病的洁治与刮治、牙拔除术、牙体缺损的窝洞制备技术、根管治疗术等操作，此外，还有口腔临床思维和口腔颌面部疾病的急诊处理等。

（8）教材　口腔医学院校（系、专业）必须使用最新版的全国高等医药院校本科统编教材进行授课，以保证知识的准确性和各院校之间的可比性。口腔专业外语教材，以引进原版教材为基本教材。

5. 课程计划管理

（1）口腔医学院校（系、专业）必须有专门的职能机构负责课程计划管理，该职能机构必须在口腔医学院校（系、专业）的领导下规划并实施课程计划，以保证教育目标的实现。

（2）课程计划管理必须尊重教师、学生和其他利益方代表的意见。

6. 与毕业后和继续医学教育的联系

口腔医学院校（系、专业）的教育计划必须考虑到与毕业后继续医学教育和职业发展建立起行之有效的制度性衔接。

（三）学生成绩评定

1. 成绩评定体系

口腔医学院校（系、专业）必须建立学生毕业成绩全过程评定体系，必须进行考试方法的研究，推广各种先进的考试方法如客观结构化临床考试、计算机模

131

拟考试等。对学生考核类型及成绩评定方法有明确的规定和说明，以便全面评价学生的知识、技能、行为、态度，分析与解决问题的能力、临床思维能力及人际交流能力和团队合作意识等。

【注释】评定体系包括形成性和终结性评定体系，形成性评定包括测验、实验操作和观察记录、实习手册、讨论与辩论、研究论文等；终结性评定体系包括课程结束考试及毕业综合考试。

2. 考试和学习之间的关系

口腔医学院校（系、专业）的评价活动必须确保并强化培养目标和课程的目的与要求，有利于促进学生的学习。应该进行综合考试，以鼓励学生融会贯通地学习，提倡学生自我评估，以促进学生主动学习能力的提高。

【注释】考试数量和性质的确定，应注意发挥考试对学习的导向作用，避免负面作用。

3. 考试结果分析与反馈

口腔医学院校（系、专业）在所有考试完成后必须进行考试分析，分析结果必须以适当方式反馈给有关学生、教师和教学管理人员，并将其用于改进教与学。

【注释】考试分析可以包括整体结果、考试信度和效度、试题难度和区分度，以及专业内容分析。

4. 考试管理

管理部门必须制定有关考试的具体管理规章制度，建立专门的组织机构，规定相应的人员配备等。口腔医学院校（系、专业）应对教师开展考试理论的培训，以提高命题和考试质量。

（四）学生

1. 招生政策

（1）口腔医学院校（系、专业）必须根据教育主管部门的招生政策，制定本校招生的具体规定。

（2）口腔医学院校（系或专业）的招生章程必须向社会公布，包括院校简介、招生计划、专业设置、收费标准、奖学金、申诉机制等。

【注释】我国高等学校招生工作在国家招生计划调控下，在当地教育行政主管部门的领导下进行。招生数应参照教学条件确定，原则上，招生人数应做到仿真头模人均0.5台，实习椅位人均0.5台，能满足收治常见病种，完成实习大纲要求；口腔专业课教师数与在校学生数之比≥1：6，专业课教师总数不得少于30人。

2．新生录取

（1）口腔医学院校（系、专业）必须依据自身的办学条件、社会对人才的需求，科学地确定招生计划和录取标准。

（2）口腔医学院校（系、专业）在录取过程中，必须严格贯彻执行国家的招生政策。

3．学生支持与咨询

口腔医学院校（系、专业）必须建立相应机构，配备专门人员，对学生提供必需的支持服务。口腔医学院校（系、专业）必须提供咨询服务，对学生在学习、心理、就业、生活等方面予以指导。

【注释】学生支持服务包括医疗卫生，就业指导，为残障学生提供合理的住宿，建立奖学金、贷款、助学金、困难补助、减免学费等制度。

4．学生代表

（1）口腔医学院校（系、专业）必须吸收和鼓励学生代表参与学校管理、教学改革、课程计划的制订和评估以及其他与学生有关的事务。

（2）口腔医学院校（系、专业）必须支持学生依法成立学生组织，明确主管部门，指导、鼓励学生开展社团活动，并为之提供相应的设备和场所。

【注释】学生组织包括学生自我管理、自我教育、自我服务的相关团体。

（五）教师

1．聘任政策

口腔医学院校（系、专业）必须实施教师资格认定制度和教师聘任制度。根据各校情况，必须配备足够数量的本科以上的基础和专业教师，保证合理的教师队伍结构，适应教学、科研、服务的需求；必须明确规定教师职责；明确被聘任教师必须具有良好的职业道德及与其学术等级相称的学术水平和教学能力，承担相应的课程和规定的教学任务；必须定期对教师的绩效责任进行评估检查。

【注释】足够数量的教师指医学院校配置的教师数量必须符合学校的办学规模和目标定位，符合医学教育规律，生师比应达到国家有关规定的要求。教师队伍结构包括口腔医学专业教学人员与非口腔医学专业教学人员、全职与兼职教师以及职称、学位比例。

2．师资政策及师资培养

口腔医学院校（系、专业）必须保障教师的合法权利和义务，有明确的师资政策并能有效执行，保证教学、科研、服务职能的平衡，认可和支持有价值的业务活动，确保人才培养的中心地位；必须建立教师直接参加与教育计划等有关决策的机制；必须制定教师队伍建设计划，保证教师的培养、考核和交流，为教师提供专业发展机会。

【注释】服务职能包括卫生保健系统中的口腔临床服务、行政管理及领导工作。对有价值的业务活动的认可，应通过奖励晋升或酬金等方式来实现。师资交流应包括教师在本学科领域内、学科领域间以及校际、国际交流，特别强调医学院校内口腔医学与其他医学专业教师间的交流等。

（六）教育资源

1．教育预算与资源配置

（1）口腔医学院校（系、专业）必须创造条件，提供可供学生实习用的充足的口腔常见病患者资源；必须有足够的经济支持，有可靠的经费筹措渠道。随着口腔医学教育的发展，经费投入应逐年增加，以保证教学计划的有效完成。

（2）口腔医学院校（系、专业）对于教育预算和资源配置必须有明确的责任与权利，依法建立健全财务管理制度，严格管理教育经费，提高教育投资效益。

【注释】口腔医学院校（系、专业）应有足够的自主权，并以适当的方式管理和筹资，以实现院校的整体目标。院校收取的学费，应按国家有关规定管理和使用。教育经费预算视各口腔医学院校（系、专业）或区域的预算惯例而定。其年增长速度应与经济增长相适应，以保证教育事业的稳步发展。

2．基础设施

（1）口腔医学院校（系、专业）必须有足够的基础设施供师生教学活动使用，对基础设施定期进行更新及添加，确保教学计划得以完成。

（2）口腔医学院校（系、专业）必须使用先进的现代化科学仪器装备实验室，保证医学实验教育的完成。

【注释】基础设施应包括各类教室及多媒体设备、演播室、基础实验室和实验设备、口腔临床示教室和包括仿真头模实习设备在内的口腔临床前教学设备、口腔临床技能实验室、图书馆、信息技术设施、文体活动场所以及学生公寓等。

3．口腔临床教学基地

（1）口腔医学院校（系、专业）必须建立稳定的口腔临床教学基地管理与建设体系，确保有足够的口腔临床教学基地，满足口腔临床教学所需；口腔临床教学基地必须实施认证制度，获得省级认证。

（2）口腔临床教学基地必须成立专门机构，配备专职人员，负责口腔临床教学的领导与管理工作，建立完善的口腔临床教学管理制度和教学档案，加强教学质量督导工作，特别是加强对临床能力考试的管理。口腔临床教学基地拥有的牙椅数必须满足口腔临床教学需要（达到招生人数的生均 0.5 台以上）。口腔临床医学类专业学生总数与附属医院牙椅总数的比例必须达到国家有关规定，其中，直属、非直属医院的牙椅数应超过总实习牙椅数的 50%。

（3）口腔医学院校（系、专业）必须加强对口腔临床教学基地的教学基础设施的建设，以满足口腔临床教学的需要。

（4）口腔临床教学必须保证前期实习室教学（仿真头模实习、离体牙实习等）；并且学生毕业前，口腔临床实习不少于 45 周，接诊患者应涵盖口腔临床常见病，完成教学大纲要求。

（5）口腔医学院校（系、专业）必须与城市社区卫生服务中心、农村卫生保健院、疾病预防与控制机构建立良好稳定的业务关系，为口腔预防医学教学提供稳定的基地。

【注释】口腔临床教学基地按与高等院校的关系及所承担的任务，基本上分为附属医院（含非直属附属医院）、教学医院和实习医院三类。其中，非直属附属医院必须符合下列条件：有政府认定为医学院校附属口腔医院的批件；学校和医院双方有书面协议；医院应按协议内容，承担口腔临床阶段的教学任务；教学组织机构及管理制度健全；医院承担教学的带教教师经过上级口腔医学院校（系、专业）负责进行资格认证和专门培训。

4. 图书及信息服务

口腔医学院校（系、专业）必须拥有并维护良好的图书馆和网络信息设施，必须建立相应的政策和制度，使现代信息和通讯技术能有效地用于教学，使学生能够利用信息和通讯技术进行自学、获得信息、治疗管理病人及开展口腔卫生保健工作。

【注释】学校必须高度重视图书馆的建设和投入，每年图书文献资料购置经费及其占学校当年教育事业费拨款的比例，必须达到国家有关规定的要求。

5. 教育专家

（1）口腔医学院校（系、专业）必须有相关教育专家参与口腔医学教育的决策。

（2）口腔医学院校（系、专业）必须建立与教育专家联系的有效途径，使教育专家在师资培养和口腔医学教育中发挥积极作用。

【注释】教育专家是医学院校处理医学教育问题、过程和实践的专门人才，包括具有口腔医院教育研究经历的教师、管理专家、教育学家、心理学家和社会学家等。

6. 教育交流

（1）口腔医学院校（系、专业）应与其他教育机构建立合作，建立学分互认机制。

（2）口腔医学院校（系、专业）必须提供适当资源，促进教师和学生进行地区及国家间的交流。

【注释】学分互认机制可通过口腔医学院校（系、专业）之间认可课程来实现。其他教育机构包括其他口腔医学院校（系、专业）或其他卫生和卫生相关行业的教育机构等。

（七）教学评价与督导

1. 教学评价机制

（1）口腔医学院校（系、专业）必须建立教学评价与督导体系，领导、教师和学生能够积极参与教学评价活动，形成有效的教学质量保证运行机制，以确保课程计划的实施及各个教学环节的正常运行，并能及时发现问题和解决问题。

（2）口腔医学院校（系、专业）的教学评价必须覆盖各个教学环节，其重点是对课程计划、教学过程及教育结果进行定期检查和评价。

2. 教师和学生的反馈

口腔医学院校（系、专业）必须建立相应机构，系统搜集和分析教师与学生的反馈意见，以获得有效的教学管理信息，为改进教学工作提供决策依据。

3. 利益方的参与

（1）口腔医学院校（系、专业）的领导、行政管理人员、教职人员和学生必须参与教学评价。

（2）口腔医学院校（系、专业）的教育评价必须有政府主管部门、用人单位、毕业后教育机构的积极参与，并考虑他们对教育计划提出的改进意见，让他们获知教学评价结果。

4. 毕业生质量

（1）口腔医学院校（系、专业）必须建立毕业生质量调查制度，从口腔医学毕业生工作环境中搜集教育质量反馈信息。

（2）口腔医学院校（系、专业）必须将毕业生的工作表现、业务能力、职业素质及就业情况等有关信息，作为调整教学计划和改进教学工作的主要依据。

【注释】教学督导是学校或教学主管部门委派专门人员对下属教学单位或教

学个体的教学工作进行监督与指导的一种形式，是教学管理的一种特殊手段。教学督导的任务是在学校或教学主管部门的领导下，按照国家的教育方针、高等教育规律、教学要求以及一定的标准，对基层教学系统进行检查、观察、了解、分析、评议。一方面，对被督导对象提出改进意见；另一方面，对在实际中了解的教与学情况及时向学校领导或教学主管部门反映，提供信息和决策依据，从而达到提高教学质量的目的。教学督导员的条件：具有丰富的教学工作经验、比较广博的专业和相关知识、通晓和掌握高等教育规律、年长资深的教师，或长期从事教学组织工作的有关领导、高等教育研究专家；熟悉本单位情况，具有一定的政策水平，工作作风踏实、平易近人、能联系群众、责任心强、善于归纳总结、热心教育事业等。

（八）科学研究

1. 教学与科研的关系

（1）口腔医学院校（系、专业）必须明确科学研究是学校的主要功能之一，设立相应管理体系，制定积极的科研政策、发展规划和管理办法。

（2）口腔医学院校（系、专业）必须为教师提供基本的科学研究条件，营造浓厚的学术氛围，提供创新和批判性思维、促进教学与科研相结合的学术环境。

（3）口腔医学院校（系、专业）必须提倡教师将科研活动、科研成果引入教学过程，通过科学研究，培养学生的科学思维、科学方法及科学精神。

（4）口腔医学院校（系或专业）必须加强对口腔医学教育及管理的研究，为教学改革与发展提供理论依据。

2. 教师科研

口腔医学院校（系、专业）的教师应当具备相应的科学研究能力，承担相应的科研项目，取得相应的科研成果。

【注释】科研项目、科研成果：包括国家级、省部级、地市级以及校级科研项目和教学项目。

3. 学生科研

口腔医学院校（系、专业）必须将科学研究活动作为培养学生科研素养和创新思维的重要途径，采取积极、有效的措施，为学生创造参与科学研究的机会与条件。在课程计划中，安排适当的综合性、设计性实验，为学生开设学术讲座、组织科研小组等有利于培养学生科研能力的活动。

（九）管理和行政

1. 管理

（1）口腔医学院校（系、专业）必须建立口腔医学教育管理机构，明确其职能及在学校中的地位。

（2）口腔医学院校（系、专业）必须建立科学的管理制度及其操作程序。

（3）口腔医学院校（系或专业）必须设立学术委员会、学位委员会、教学委员会等组织，审议教学、科研等重要事项。

2. 口腔医学院校（系、专业）领导

口腔医学院校（系或专业）必须明确主管教学的领导在制定和实施教育计划、合理调配教育资源方面的权利。

3. 行政管理人员

口腔医学院校（系、专业）必须建立结构合理的行政管理队伍，行政管理人员必须承担相应的岗位职责，执行相应的管理制度，确保教学计划及其他教学活动的顺利实施。

4. 与卫生及教育部门的相互作用

口腔医学院校（系、专业）必须与社会及政府的卫生及教育相关部门形成良好的建设性的关系。

【注释】卫生及教育相关部门包括卫生与教育行政管理及学术机构中保健服务体系、医学研究机构、健康促进与疾病预防和控制机构及协调机构等。

（十）改革与发展

口腔医学院校（系、专业）必须定期回顾和检查自身发展规划，不断进行教学、科研和医疗服务的改革，以适应社会不断发展变化的需要。

（1）改革与创新是发展不竭的动力。口腔医学院校（系、专业）必须随着社会的发展、科学的进步和文化的繁荣，在总结和分析的基础上，定期审查和修订学校既定的政策、制度、规划等，不断完善学校管理体制，以不断提高口腔医学院校（系、专业）的教学水平，满足社会发展及人民卫生服务的需求。

（2）口腔医学院校（系、专业）必须定期调整培养目标、教育计划、课程结构、教学内容和方法，完善考核方法，以适应不断变化的社会需求。

（3）口腔医学院校（系、专业）必须定期调整招生规模、教师数量和结构、经费投入、教学设施等教育资源。

第三节 ▌口腔医学本科毕业生应达到的基本要求

毕业生的质量是衡量任何医学院校教育质量的最终标准。口腔医学毕业生作为未来的口腔医学从业人员，能否在日新月异的医学进步环境中保持其口腔医学业务水平的持续更新，取决于口腔医学毕业生在校期间是否掌握了科学的方法、是否获得了终身学习的能力。口腔医学教育的目的是培养具有良好职业素质的未来的口腔医生，学生毕业时能够在上级医师的指导与监督下，从事安全有效的口腔医疗实践；具有终身学习和进一步深造的扎实基础；具有良好的团队合作意识。

一、思想道德与职业素质

1. 树立科学的世界观、人生观和价值观，具有爱国主义、集体主义精神，忠于人民，愿为祖国卫生事业的发展和人类身心健康奋斗终生。

2. 关爱病人，将预防疾病、驱除病痛作为自己的终身责任，将提供临终关怀作为自己的道德责任，将维护民众的健康利益作为自己的职业责任。

3. 具有与病人及其家属进行交流、沟通的意识，使他们充分参与和配合治疗计划。

4. 在职业活动中坚持原则，树立成本效益观念，使促进健康、防治疾病的工作成本低、效果好，发挥可用卫生资源的最大效益。

5. 树立终身学习观念，认识到持续自我完善的重要性，不断追求卓越。

6. 尊重每一个人，尊重个人信仰，理解其人文背景及文化价值。

7. 具有实事求是的科学态度，对于自己不能胜任和安全处理的医疗问题，应主动寻求其他医师的帮助。

8. 具有创新意识，为新知识的产生、新技能的发现作出贡献。

9. 尊重同事和其他卫生保健专业人员，有团队合作精神。

10. 树立依法行医的法律观念，学会用法律保护病人和自身的权益。

11. 在应用各种可能的技术去追求准确的诊断或改变疾病的进程时，应考虑到病人及其家属的利益。

12. 具有分析批判精神，具有科学态度。

二、知识目标

1. 掌握与口腔医学相关的数学、物理学、化学、生命科学、行为科学和社会科学等基础知识和科学方法，并能用于指导未来的学习和医学实践。

2. 能够概述生命各阶段的人体正常结构和功能，正常的心理状态；在此基础上，能够说明生命各阶段各种常见病、多发病的发病原因，认识到环境因素、社会因素及行为心理因素对疾病形成与发展的影响，认识到预防疾病的重要性；能够说明生命各阶段各种常见病、多发病的发病机制、临床表现、诊断及防治基本原则；能够说明基本的药理知识及主要的口腔常用药物的临床合理用药原则；能够了解健康教育、疾病预防和筛查的基本原则；能够说明临床流行病学的有关知识与方法，理解科学实验在医学研究中的重要作用；能够了解中国传统医学的基本特点、辨证施治原则及其在口腔医学中的应用；能够说明传染病的发生、发展及传播的基本规律，了解常见传染病的防治原则。

3. 能够概述口腔基础医学的基本理论和口腔颌面部疾病发生的基本知识。

4. 能够概述口腔临床医学的各种理论、口腔常见疾病的临床表现和发病机制，了解其诊治原则，包括牙体牙髓病、牙周病、口腔黏膜病、儿童口腔疾病、牙列缺失与缺损、牙颌面畸形、肿瘤、外伤、感染及颅颌面发育异常等。

三、医学技能目标

1. 全面、系统、正确地采集全身病史的能力。

2. 系统、规范地进行体格检查和专科检查的能力，规范书写病历的能力。

3. 较强的临床思维和表达能力，并学会运用循证医学的原理进行医学实践，完善诊治方法。

4. 内科、外科、儿科等常见病、多发病的一般诊断能力；一般急症的诊断、简单处理能力；临床常见疾病的辅助检查方法和主要结果判断能力。

5. 具有与病人及其家属进行有效交流的能力和与医生、护士及其他医疗卫生从业人员交流沟通的能力。

6. 结合临床实际，能够独立利用图书馆和现代信息技术，研究医学问题及获取新知识与相关信息，能用一门外语阅读医学文献。

7. 能够对病人和公众进行有关健康生活方式、疾病预防等方面知识的宣传教育。

8. 具有自主学习和终身学习的能力。

四、口腔医学技能目标

1. 口腔专业应具备的基本技能　① 病历书写与分析：包括问诊、病史采集、正确选择辅助检查方法和诊断、鉴别诊断与治疗原则等。② 基本操作技能：包括无菌操作、龋洞充填术或开髓术、洁治术、传导麻醉和牙列印模制取等。③ 辅助检查结果判读：牙髓活力测定结果、X 线片和检验结果阅读等。

2. 口腔专业技能和临床思辨能力 ① 常见病症的诊断、鉴别诊断及治疗原则：包括龋病、牙髓病、根尖周病、牙周炎、常见口腔黏膜病、牙外伤、智牙冠周炎、下颌骨骨髓炎及牙列缺损、缺失等。② 其他：包括拔牙适应证和禁忌证、乳牙替换的年龄和顺序、"牙痛"的鉴别诊断等。

第四节 ▎全球医学教育最基本要求

全球医学教育最基本要求（Global Minimum Essential Requirements, GMER）：

20 世纪，全球没有形成对所有医学生在完成医学院学业后和进入专业培训或毕业后培训前应当具备的核心的和最基本要求的能力的权威界定。为 60 亿世界居民提供医疗服务的约 600 万医生毕业于遍及全球的 1 800 余所学校，他们所修学的医学教育课程在内容上存在着比较大的差异，医学生的知识、技能、职业态度、伦理和价值观等方面难以在全球范围内进行同一平台上的比较。此外，缺少教育质量保证的新办医学院的不断增加、卫生保健系统资金的匮乏、医疗价格的不断上升等不利因素对相关人士的价值观发生巨大影响。生物医学科学、信息技术和生物技术的迅猛发展又不停为医学界带来新的伦理问题，带来社会和法律方面的挑战。这一系列变化要求科学与医疗技术的发展之间保持平衡。

一、"全球医学教育最基本要求"产生的背景及意义

医学教育的一项重要职责，就是要培养未来的医生具有适应迅速变化的卫生保健环境并进行医疗实践的能力。因此，医学教育界面临如何利用全球化作为一个契机，来提高医学教育和医疗服务的质量的挑战。随着世界经济和科技的发展，全球化的力量在医学教育中的作用正变得日益明显，医学正在成为一门全球性的专业。医学知识和科学研究已经超越了传统的国界，医生可在不同的国家学习医学和提供卫生保健服务。人类的创造力也需要包括知识和文化领域活动的全球化。各种多边协议和条约为全球交流打开了方便之门，促进了建立共同教育标准和相互承认专业执业资格及执照颁发过程。新世纪翻开崭新的一页，地球村的概念被广泛地接受，对全球医师应该具备的核心和起码能力进行定义、研究和实施的时机已经成熟了。

二、"全球医学教育最基本要求"的制定

1999年6月9日，受美国纽约中华医学基金会（简称CMB）资助，国际医学教育组织（Institute for International Medical Education，IIME）在纽约成立，其主要工作是在定义"全球医学教育最基本要求"方面发挥领导作用。通过"最基本要求"，使得不管在任何国家培养的医生都达到在医学知识、技能、职业态度、行为和价值观等方面的最基本要求。经过3年多的努力，GMER终稿于2002年4月正式发表在杂志 ***Medical Teacher***，在全球范围产生了很大影响。

IIME建立了全世界1 800余个医学院校基本信息资料库，对医学教育全球化有重要意义。IIME的委员和专家来自于数十个国家和地区，代表了世界上很多权威的医学教育机构，如美国医学会、非洲医学会、欧洲医学教育协会、美国医学院协会、加拿大医学院协会、美国外国医学毕业生教育委员会、日本医学教育协会、美国国家医学考试委员会、俄罗斯高级研究院、中国医学院校、世界医学教育联合会（WFME）和世界卫生组织（WHO）等。

三、"全球医学教育最基本要求"的内容

IIME将"最基本要求"归纳为7个领域和60条具体标准，主要内容包括医学职业价值、态度、行为和伦理，医学科学基础毕业生必须具备坚实的医学科学基础知识，交流与沟通技能等。

（一）医学职业价值、态度、行为和伦理

敬业精神和伦理行为是医疗实践的核心，敬业精神不仅包括医学知识和技能，而且也包括对一组共同价值的承诺、自觉地建立和加强这些价值以及维护这些价值的责任等。此列为整个标准体系之首，可见其特别重要。该部分共设11条具体标准。

认识医学职业的基本要素，包括这一职业的基本道德规范、伦理原则和法律责任；正确的职业价值包括：追求卓越、利他主义、责任感、同情心、移情、负责、诚实、正直和严谨的科学态度；懂得每一名医生都必须促进、保护和强化上述医学职业的各个基本要素，从而能保证病人、专业和全社会的利益；认识到良好的医疗实践取决于在尊重病人的福利、文化多样性、信仰和自主权的前提下，医生、病人和病人家庭之间的相互理解和关系；用合乎情理的说理以及决策等方法解决伦理、法律和职业方面问题的能力，包括由于经济遏制，卫

生保健的商业化和科学进步等原因引发的各种冲突；自我调整的能力，认识到不断进行自我完善的重要性和个人的知识与能力的局限性，包括个人医学知识的不足等；尊重同事和其他卫生专业人员，并具有和他们建立积极的合作关系的能力；认识到提供临终关怀，包括缓解症状的道德责任；认识有关病人文件、知识产权的权益、保密和剽窃的伦理和医学问题；能计划和处理自己的时间和活动，面对事物的不确定性，有适应各种变化的能力；认识对每个病人的医疗保健所负有的个人责任。

（二）具备扎实的医学科学基础知识

医学毕业生必须具备医学科学基础知识并且能够应用这些知识解决医疗实际问题。必须懂得医疗决定和行动的各种原则，能够因时、因事制宜地作必要的反应。

本项涉及的医学科学基础知识包括如下部分：人体作为一个复杂的、具有适应性的生物系统的正常结构和功能；疾病发生时机体结构和功能的异常改变；决定健康和疾病的各种重要因素及影响健康的危险因素、人类同自然和社会环境之间的相互影响；维持机体平衡的分子、细胞、生化和生理机制；人类的生命周期及生长、发育、衰老对个人、家庭和社会的影响；急、慢性疾病的病因学和发生发展过程；流行病学和卫生管理；药物作用的原理和使用原则、不同治疗方法的效果。在急、慢性疾病防治、康复和临终关怀中，恰当使用药物的、外科的、心理的和社会的各种干预措施。

（三）交流与沟通技能

医生应当通过有效的沟通创造一个便于与病人、病人亲属、同事、卫生保健队伍其他成员和公众之间进行相互学习的环境。为了提高医疗方案的准确性和病人的满意度，毕业生必须达到以下9条标准。

注意倾听、收集和综合与各种问题有关的信息，并能理解其实质内容；会运用沟通技巧，对病人及其家属有深入的了解，并使他们能以平等的合作者的身份接受医疗方案；有效地与同事、教师、社区、其他部门以及公共媒体之间进行沟通和交流；通过有效的团队协作与涉及医疗保健的其他专业人员合作共事；具有教别人学习的能力和积极的态度；对有助于改善与病人及社区之间关系的文化的和个人的因素的敏感性；有效进行口头和书面的沟通；建立和妥善保管医疗档案；能综合并向听众介绍适合他们需要的信息，与他们讨论关于解决个人和社会重要问题的可达到和可接受的行动计划。

（四）临床技能

该部分设置10条标准，强调能及时、有效地诊断和处理病人。标准包括：采集含职业卫生在内的相应病史资料；进行全面的体格和精神状态检查；运用基本的诊断和技术规程，对所获得的观察结果进行分析和解释，确定问题的性质；运用循证医学的原则，在挽救生命的过程中采用恰当的诊断和治疗手段；进行临床思维，确立诊断和制订治疗方案；识别危及生命的紧急情况和处理常见的急症病例；以有效果的、有效率的和合乎伦理的方法，对病人作出包括健康促进和疾病预防在内的处理；对病人的健康问题进行评价和分析，并指导病人重视生理、心理、社会和文化的各种影响健康的因素；懂得对人力资源和各种诊断干预，医疗设备和卫生保健设施的适宜使用；发展独立、自我引导学习的能力，以便在整个职业生涯中更好地获得新知识和技能。

（五）群体健康和医疗卫生系统

医学毕业生应当知道他们在保护和促进人类健康中应起的作用及采取相应的行动；应当了解到卫生系统组织的原则及其经济和立法的基础；也应当对卫生保健系统的有效果和有效率的管理有基本的了解。该部分共设9条标准。

掌握对一个群体的健康和疾病起重要作用的生活方式；懂得在预防疾病、伤害和意外事故中，以及在维持和促进个人、家庭和社区健康中应起的作用和应能采取的行动；了解国际卫生状况，具有社会意义的慢性病的发病和病死的全球趋势、迁移、贸易和环境等因素对健康的影响，各种国际卫生组织的作用等；认识到其他卫生人员和与卫生相关的人员在向个人、群体和社会提供卫生保健服务中的作用和责任；理解在健康促进干预中需要各方面共同负责，包括接受卫生服务的人群的合作和卫生保健各部门间的以及跨部门的合作；了解卫生系统的各种基本要素，如政策、组织、筹资、针对卫生保健费用上升的成本遏制、卫生保健服务的有效管理原则等；了解卫生保健服务的公平性，效果和质量的各种机制；在卫生决策中运用国家、地区和当地的调查以及人口学和流行病学的资料；在卫生工作中，当需要和适宜时乐于接受别人的领导。

（六）信息管理

144

医疗实践和卫生系统的管理有赖于有效的、源源不断的知识和信息，计算机和通讯技术的进步对教育和信息的分析及管理提供了有效的工具和手段，使用计算机系统有助于从文献中寻找信息，分析和联系病人的资料。因此，毕业生必须了解信息技术和知识的用途及局限性，并能够在解决医疗问题和决策中合理应用这些技术，本项设5条标准。

从不同的数据库和数据源中检索、收集、组织和分析有关卫生和生物医学信息；从临床医学数据库中检索特定病人的信息；运用信息和通讯技术帮助诊断、治疗和预防，以及对健康状况的调查和监控；懂得信息技术的运用及其局限性；保存医疗工作的记录，以便进行分析和改进。

（七）批判性思维

对现有的知识、技术和信息进行批判性的评价，是解决问题所必须具备的能力，因为医生如果要保持行医的资格，他们就必须不断地获取新的科学知识和新的技能，进行良好的医疗实践，必须具有科学思维能力和使用科学的方法，本项设6条标准。

在职业活动中表现出有分析批判的精神，有根据的怀疑，创造精神和对事物进行研究的态度；懂得根据从不同信息来源获得的信息在确定疾病的病因，治疗和预防中进行科学思维的重要性和局限性；应用个人判断来分析和评论问题，主动寻求信息而不是等待别人提供信息；根据从不同来源获得的相关信息，运用科学思维去识别、阐明和解决病人的问题；理解在作出医疗决定中应考虑到问题的复杂性、不确定性和概率；提出假设，收集并评价各种资料，从而解决问题。

总之，在完成本科医学教育学习时，毕业生能显示出各自的专业能力。这些能力将确保在所有环境中领会和关注病人的适应性，在卫生保健监控下提供最佳服务；对疾病和损伤处理的与健康促进和疾病预防相结合的能力；团队中协作共事和在进行领导的能力；对病人和公众进行有关健康、疾病、危险因素的教育、建议和咨询的能力；能认识自身不足、自我评价和同行评估的需要，能进行自导学习和在职业生涯中不断自我完善的能力；在维护职业价值和伦理的最高准则的同时，适应变化中的疾病谱、医疗实践条件和需求，医学信息技术发展，科技进步，卫生保健组织体系变化的能力。

四、"全球医学教育最基本要求"的特点

与世界医学教育联合会和WHO西太区医学教育协会制定的医学教育国际标准比较，GMER关注的是本科医学教育的最终产出，而不是本科医学教育的过程，也不涉及质量保障体系和管理。它通过对学生个体的评估，利用大规模学生的集合分数来反映该学校在医学教育方面的长处与不足。强调了7个方面共同评估医学教育的结果，制定了与GMER配套的评价工具，以及有效实施GMER的具体方

案。总体来看，IIME的标准特定于医学本科毕业生，因此，标准对作为今后从事医生职业所要求的各基本（核心）要素予以了详尽规定。该标准有时代性、全球性和强系统性，并且具有人文社会和职业特色等鲜明特点，比较充分地体现了医学模式转变、卫生保健国际化、医学教育的人文性与医学科学教育紧密结合的医学教育改革和发展的趋势。

2001年，在多方志愿的基础上，IIME首先在中国的8所医学院校试应用GMER。到现在，已有数个国家的医学院校向IIME申请试用GMER评估。在中国和其他一些国家的医学院校试应用后，GMER及其配套的评估方法和程序将在更多的学校、国家和地区不断实施和不断完善。最后将被各国际教育机构和国家（地区）认同，成为国际上评价医学教育的基础。

第八章 中国口腔医学研究生教育

　　研究生教育是否发达，学位制度是否健全，不仅仅是一个国家现代文明程度的标志之一，更重要的是一个国家科技发展程度、综合国力强弱的重要标志之一。一个国家的科技发展水平、综合国力强弱，在很大程度上依赖于高层次人才的培养。旧社会政治腐败、经济落后，教育事业落后。旧中国也曾建立学位制度，分学士、硕士和博士，但由于执行不利，导致38年中获得硕士学位的仅有232人，博士学位获得者更是微乎其微。新中国成立之后，研究生教育、高层次人才培养得到了飞速的发展，虽然由于"左"的影响，学位制度的建立经历了一个曲折的过程。1954年到1957年教育部林枫主持了第一次起草学位条例的工作。第二次是1961—1964年由聂荣臻同志主持，1964年拟订学位条例时，基本采取苏联的做法，设博士、副博士两级学位（但基本没有授位），大学本科毕业不设学位，而据1966年高教部根据周总理关于发给外国留学生学位证明书的试行办法，只给外国留学生授学士学位。由于"文革"的冲击，研究生教育又一度中断了12年，直至1981年，根据《中华人民共和国学位条例暂行实施办法》（国务院文件国发〔1981〕89号）的规定，中国才开始了真正意义的学位制度。但是，总体来说，中国的研究生教育随着国家经济建设的发展速度在同步增长，学位制度在积累了丰富的研究生教育经验、吸收国外先进经验的基础上，很快以符合国际潮流的崭新姿态出现在中国大地上。为适应社会发展需要，我国的研究生教育和学位制度都是在不断的改革中发展，不断地完善中前进。而口腔医学又以其鲜明的中国特色，令中国口腔医学学人引以为豪。

第一节 ▎1949年以前的研究生教育

18世纪，"现代牙科之父"——法国外科医生Pierre Fauchard首次将牙科从外科中独立出来成为专业的科学，奠定了近代牙医学的基础。从此，牙医从外科医师中分离出来成为一种独立的职业——牙外科医师（surgeon-dentist），法国因此成为现代牙医学的摇篮，但到了19世纪时，由于法国大革命的动乱和美国科学的迅速发展，美国逐渐成为牙医学教育的领跑者。1840年3月6日，全世界第一所牙医学院——美国巴尔的摩牙科外科大学（Baltimore College of Dental Surgery）创立，第一期就沿用了法国的体系，设置了牙医外科博士（Doctor of Dental Surgery，DDS）的学位要求标准，后来国际上基本沿用了此体系，1867年，哈佛大学牙医学院成立，成为最早的大学附属牙科机构，授予毕业学生的学位是DMD（Dentariae Medicinae Doctor），此后，国际对牙医学教育基本为专业学位的培养。

中国的现代口腔医学教育起步虽晚，但一开始就是按国际通行的牙医外科博士D.D.S培养方式为起点，由华西协合大学牙学院培养的中国第一位牙科博士毕业于1921年。此时，世界上第一所牙科学院美国巴尔的摩牙学院庆祝成立81周年。

受到西方高等牙科教育思想的影响，在中国开创高等口腔医学先河的林则博士在设计华西协合大学牙学院课程时就指出，中国的牙科教育水平不能低于西方认可的标准，恰恰相反，从现在中国口腔医学的地位和发展看，他又超越了当时西方对牙科教育课程的设计。他强调，牙医是牙齿的内科医生，是牙科学方面的专家。认识到这个基本原则，应将内科和牙科同等对待。牙科医生需要对人的机体有一个大致的了解，并且具备内科和外科的基础；他需要对内科实践中的各种阶段充分的理解，特别是与其专业密切相关的部分，如眼、耳、鼻、咽喉；还需要全面掌握诊断学和临床病理学，华西口腔因此也成为中国最早的高水平牙科专业，对以后中国口腔医学专业教育的发展产生了深远影响。在中国任何其他一所大学的一个系或者学院开设牙科之前，现代科学的牙科教育已经在华西协合大学牢固地扎下了它的根基。牙学院采取国际水准的教育方针，吸取了当时英美较为先进的专业设置、课程计划、教育管理的精华，同时又融入了林则博士对牙科教育独到的认识和理想，保持国际水准，教员不少为国外著名大学牙医学博士，并注重在国外与多伦多大学、纽约州立大学等，进行学术交流、师资进修、资料交换、学位认可等。

华西协合大学牙学院要求本科学生学习医学基础课和专业课，还要求学习理科基础课和一些社会科学，做到医理结合、文理渗透，基础广泛扎实，专业知识丰富。

华西协合大学医牙学院规定了严格的考试制度。在预科一年中，化学、物理、生物、英文4门主科有1科不及格即不得升入医、牙科。医、牙科正科第一学年，在化学、物理、生物、英文4门主科中，有两科不及格，不得升级。正科二年级，规定必须考试解剖学等6门课，解剖学不及格者不得升级，其他科中有1科不及格者亦不得升级。正科三年级学生须考试生理学等15门课。四年级医科学生须考试外科学等10门课，牙科学生须考试口腔组织学及胚胎学等7门课。五年级医科学生须考试内科学等13门课，五年级牙科学生须考试比较及实用口腔解剖学等20门课。医、牙科四、五年级的学生以上考试不及格超过两科者不得升级。牙科六年级学生用笔答或口答的方式，测验赝复学、口腔外科及拔牙学、牙病学、牙周病理学等。

1931年，医学院有10人毕业，牙学院仅有1人毕业。1932年，医学院有6人毕业，牙学院有3人（其中有苏联人鲍罗诺夫）。到了1933年，医学院仍有6人毕业，牙学院有2人。1934年，医学院有7人，牙学院有4人。1936年，医学院有11人，牙学院有5人。

1934年6月，美国纽约州大学管理委员会，给华西协合大学董事会发来一份文件，决定给华西协合大学毕业生，同时授该校文学士、理学士、药学士、医学博士、牙医学博士学位。自此，华西协合大学牙学院毕业生除当时中国教育部颁发证书外，并获得美国纽约州大学牙医学博士学位（DDS）。

1949年前除了华西协合大学牙学院，还没有其他的牙学院培养DDS，只有中央大学牙科系由当时的国民政府授权开设本科教育。

第二节 ▎ 1949—1977年间的研究生教育

1950年，国家批准使用口腔医学这个名称，在苏联专家帮助下，开始有目的地培养研究生。1950年起，教育部与中国科学院联合发布《1951年暑期招收研究实习员、研究生办法》，决定采用申请、推荐、审查批准的办法在全国招收研究实习员、研究生500名。此法尚未惠及口腔医学，但这个时期起，中国正式开始了研究生教育。不久，全国各所牙学院相继更名为口腔医学院（系）。为了更多更快地培养专业人才，除华西口腔维持了一段时间的7年长学制教育外，其他大学的口腔系都为4年制本科教育。1952年11月15日，中央人民政府委员会第19次会议通过决议，决定成立高等教育部（简称高教部），这也标志着党和政府对高等教育和研究生教育的重视。1953年11月27日，高教部发出《高等学校培养研究生暂行办法（草案）》，规定培养研究生的目的是培养高校师资和科学研究人才。研究生的学习年限为2~3年，并对研究生的入学条件、专业、考试、培养方式、待遇、毕业分配等作了规定。1954年7月，高教部、卫生部在北京联合召开全国高等医学教育会议，会议决定按照苏联医学教育模式与专业构架设立口腔内科学、口腔颌面外科学和口腔矫形学3个教研室及专业教学计划。1956年1月，高教部分别发出通知，选拔赴东欧人民民主国家留学研究生95名，选拔赴苏联留学预备研究生850名。从此，研究生培养方式由仅限于国内培养发展到了包括送到国外培养两种方式。1956年7月11日，高教部颁发《1956年高等学校招收副博士研究生暂行办法》，决定自本年起，在部分高校招收学习年限为4年的副博士研究生。1957年3月，高教部发出通知，决定不用副博士研究生名称，一律称为研究生。1959年8月，国务院批复同意教育部（1958年2月，高等教育部并入教育部。1964年7月，恢复高等教育部）所拟高等学校培养研究生工作及1959年全国高校招收研究生计划和选拔考试办法，并提出系、教研组指导和导师指导相结合，统一选留毕业生和保送在职干部相结合。1959年12月，教育部发出《关于编制1960—1962年高等学校招收和培养研究生计划的通知》，要求尽可能挖掘潜力，积极进行编制，对缺门或薄弱的尖端学科，学校只要有一定指导力量，也应尽早招收研究生。1962年12月，教育部发布《关于1963年全国招收研究生工作的通知》，要求保证招生质量，适当扩大招生范围，提早举行入学考试，并统一部分课程试题。1962年末，第二个五年计划实施结果，全国共有高校610所，在校生83万人，毕业学生60.69万人，培养研究生6 130人，派出留学生1 670人。1963年4月，教育部通知试行《高等学校培养研究生工作暂行条例（草案）》，对培养目标、要求、选拔、指导、管理等作了规定。1963年7月，教育部发出《关于制订研究生专业培养方案的通知》，并附发《关于高等学校制订理工农医各专业研究生培养方案的几项原则规定（草案）》，要求制订理工农医各专业培养方案和专业基础课及专门课程学习大纲。这表明我国培养研究生工作开始进入比较规范的轨道。1963年12月，周恩来总理在国务院第137次全体会议上宣布教育部分设高等教育部和教育部。1965年4月，高教部通知各有关中央业务部门、各省市自治区高教（教育）厅（局）、各有关高校和科研机构，做好1965年研究生新生录取工作。《通知》指出，为适应我国科学技术和高教事业发展的需要，各招生单位在保证质量前提下，积极扩大招生数量，更好地完成招生计划。并且，本年度高教部不再提出最低录取分数标准的意见，由各单位自行掌握。这种情况，说明国家急迫发展研究生教育的态势。进入60年代以来，研究生教育所以出现越来越好的形势，是和我国当时的国情紧密相关的：1960年7月苏联政府单方面撕毁中苏签订的合同、协议，撤走全部专家。到1966年4月，高教部还先后发出《关于招收外语研究生的通知》和《关于制订1967年全国理工农医各专业研究生计划的通知》，尤其鼓励全国重点高校积极招收研究生。刚过两个月，1966年6月，高教部即发出《关于暂停1966—1967年研究生招生工作的通知》，缘起于"文化大革命"的发生。这样，从旧中国废墟上建立起来的新中国，从第一个五年计划开始就着手创建、逐步完善起来的研究生教育，在"文化大革命"中遭受一次空前的浩劫，停招12年之久。

口腔医学研究生培养在新中国成立后起步相对较晚，开始是以苏联模式开始了副博士研究生的培养。沿袭西方办学的模式，四川医学院在解放初期教授定有级别，比如宋儒耀是一级教授，调到北京时聘为特级教授，肖卓然为二级教授、邹海凡为二级教授、魏治统为三级教授、刘臣恒为四级教授、夏良才为副教授。因为当时对招生导师的要求很严格，一方面导师少，一方面读后也没有授位，从开始第一届口腔医学副博士研究生的培养到文革停办，这10年左右时间里，培养的研究生可谓凤毛麟角，每届一个学校所有系招收的副博士研究生也不过几位，很多系基本只有一位，有时还并非每年招生。1955年孙冠名、刘方柏、曾祥昆成为四川医学院口腔系第一届副博士研究生，孙冠名师从刘臣恒教授学习龋病学，刘方柏、曾祥昆在口腔矫形科学习正畸学，1958年毕业，但并没有正式授位，当时称研究生制，同届在四川医学院学习的还有来自北京医学院的孙廉师从魏治统教授学习正畸学、刘树蕃师从肖卓然教授学习口腔内科学。培养内容包括口腔病理学等基础课程和口腔内科学、口腔颌面外科学等临床课程，那时还有内科学基础、外科学基础等供研究生修读，●但学习的方式基本以阅读大量的参考文献和参考书为主，哲学、外语、政治、统计学作为公共课修读，第三年时通过论文答辩。

1956年，于1952年底从华西大学牙学院七年制毕业后分配到云南省人民医院的毛祖彝通过考试成为第二届副博士研究生，师从夏良才教授学习口腔颌面外科学，刘鸿益从西安医学院考来，师从魏治统教授学习口腔矫形学，当时全国口腔医学还只有华西大学（1953年起改称四川医学院）招收副博士研究生，同届的还有公共卫生、微生物、生物化学、营养保育的副博士研究生；1957年国家取消了副博士研究生名称，改称研究生。1960年，北京医学院毛燮均教授开始培养口腔正畸学研究生；1963年第四军医大学陈华教授也开始接受研究生的培训。四川医学院自1957年中断招生几年后，1962年杨美儒考取了萧卓然教授的研究生学习牙周病学；而1963年师从邹海帆教授学习牙周病学的仝月华、1965年师从萧卓然教授学习牙周病学的张蕴惠，其学业都因为"文化大革命"而不得不中断。

自此，中国口腔医学的研究生培养，直到1978年恢复高考，几乎完全停滞。

第三节 ▎1977—2009年间的研究生教育

1977年，在恢复高考的同时，教育部和中国科学院联合发出1977年招收研究生的通知，宣告中断了12年之久的研究生教育恢复。1978年1月，教育部发出《关于高等学校1978年研究生招生工作安排意见》，决定将1977、1978年两年招收研究生工作合并进行。据27个省、自治区、直辖市不完全统计，共有63 500人报考，经初试和复试，210所高校、162个研究机构共录取研究生10 708人。1978年，我国恢复了研究生培养制度。这是继1977年恢复高考制度后，我国教育战线改革开放和高层次人才培养的重大举措。1978年7—8月间，教育部在北京召开研究生培养工作会议。研究生学制从该年起试行二、三、四年制并行的办法，有条件的学校可试行学分制。当年，270个培养单位（其中高校108所）共招收研究生10 934人。同年10月，中国社会科学院研究生院成立。从这个时候起，从招生、培养、学籍管理到毕业分配，一系列有关研究生教育的规章制度建立起来。研究生教育在全国范围内全面恢复。

从1979年2月至1980年2月，1 000多名著名科学家和学者参加拟订了《中华人民共和国学位条例（草案）》。1979年12月，经全国人大常委会法制委员会全体会议审议后，又作了修改。1980年2月1日，国务院常务会议讨论通过了《中华人民共和国学位条例》，并经1980年2月12日第五届全国人民代表大会常务委员会第13次会议通过。叶剑英委员长发布命令，从1981年1月1日起施行。1980年3月至1981年2月，组建国务院学位委员会，拟订《中华人民共和国学位条例暂行实施办法》和《国务院学位委员会关于审定学位授予单位的原则和办法》两个文件。1980年12月1日，国务院批准建立国务院学位委员会，1980年12月15至18日国务院学位委员会在北京召开第一次（扩大）会议，审议通过了《中华人民共和国学位条例暂行实施办法》和《国务院学位委员会关于审定学位授予单位的原则和办法》两个文件。1981年5月20日，国务院批准了国务院学位委员会第一次（扩大）会议的报告，批准《中华人民共和国学位条例暂行实施办法》为规范管理研究生培养，同期成立了国务院学位委员会学科评议组。评议组是国务院学位委员会领导下的学术性工作组织及专家咨询机构，由各学科领域的知名专家组成，职责是审核和评议硕士学位和博士学位授予单位，以及国务院学位委员会交给的其他工作。

首次出任学科评议组口腔医学专业专家的是上海第二医学院张锡泽教授（临

床医学一组）。1981年7月，国务院学位委员会召开了第一次学科评议组会议，同年10月召开了国务院学位委员会第三次会议，审核通过了首批博士、硕士学位授予单位名单，并经国务院批准公布。

本次审核共批准硕士单位358个，硕士点3 185个。医学类占23.1%。本次批准的博士学位授予单位151个，博士点812个，博士生指导教师1 155人。从博士点学科门类看，医学类占18.9%。1983年12月5日，国务院学位委员会第五次会议讨论通过了第二批博士、硕士学位授予单位及其学科、专业名单，1984年1月13日，国务院批准了这个名单。

1981—1990年，共有4个批次，即1981、1984、1986、1990年批准博士生导师（表8-1，表8-2）。1993年还有国务院批准的第5批次，此后即下放到直属高校进行审批。

表8-1 医学博士学位授予单位及其学科、专业和指导（指导按单位、地区排列）

学位授予单位名称	学科专业名称	博士点批号	指导教师姓名	职称	导师批号
北京医科大学					
	口腔科学	1	郑麟蕃	教授	1
			邹兆菊	教授	1
	口腔基础医学（口腔组织病理学）	3	吴奇光	教授	3
			于世凤	教授	5
	口腔临床医学（口腔内科学）	3	王满恩	教授	3
			曹采方	教授	4
	口腔临床医学（口腔修复学）	2	朱希涛	教授	2
			王毓英	教授	3
			徐恒昌	教授	4
			李国珍	教授	5
	口腔临床医学（口腔正畸学）	3	黄金芳	教授	3
			傅民魁	教授	4
			林久祥	教授	5
	口腔临床医学（口腔颌面外科学）	3	章魁华	教授	3
			张震康	教授	4
			马绪臣	教授	5
白求恩医科大学					
	口腔临床医学（口腔颌面外科学）	3	欧阳喈	教授	5

学位授予 单位名称	学科专业 名称	博士点 批号	指导教师 姓名	职称	导师批号
上海第二医科 大学					
	口腔科学	3	张锡泽	教授	1
	口腔临床医学		许国祺	教授	3
	（口腔内科学）		刘　正	教授	4
			石四箴	教授	5
	口腔临床医学	3	薛　淼	教授	4
	（口腔修复学）		张彩霞	教授	5
	口腔临床医学	3	邱蔚六	教授	3
	（口腔颌面外科学）		何荣根	教授	5
湖北医科大学					
	口腔临床医学	4	樊明文	教授	4
	（口腔内科学）		李辉莑	教授	5
	口腔临床医学	4	李金荣	教授	5
	（口腔颌面外科学）				
华西医科大学					
	口腔科学	1	魏治统	教授	1
			肖卓然	教授	1
	口腔临床医学	3	岳松龄	教授	3
	（口腔内科学）		李秉琦	教授	4
			张蕴惠	教授	5
	口腔临床医学	3	陈安玉	教授	3
	（口腔修复学）		杜传诗	教授	4
			赵云凤	教授	5
			陈治清	教授	5
	口腔临床医学	3	周秀坤	教授	3
	（口腔正畸学）		罗颂椒	教授	4
	口腔临床医学	3	王翰章	教授	2
	（口腔颌面外科学）		王大章	教授	3
			毛祖彝	教授	4
			温玉明	教授	5
			李声伟	教授	5
第四军医大学					
	口腔基础医学	7	吴军正	教授	5
	口腔基础医学	3	王惠芸	教授	3
	（口腔解剖生理学）		司徒镇强	教授	4

中国现代高等口腔医学教育发展史

学位授予 单位名称	学科专业 名称	博士点 批号	指导教师 姓名	职称	导师批号
	口腔临床医学 （口腔内科学）	3	史俊南 赵　皿	教授 教授	4 5
	口腔临床医学 （口腔修复学）	3	欧阳官 徐君伍 施长溪 郭天文	教授 教授 教授 教授	1 3 4 5
	口腔临床医学 （口腔正畸学）	3	林　珠 段银钟	教授 教授	1 4
	口腔临床医学 （口腔颌面外科学）		刘宝林 毛天球 顾晓明	教授 教授 教授	3 4 5
军医进修学院					
	口腔临床医学 （口腔修复学）	3	周继林	教授	3

从以上名称及批号来看，博士学位授予单位、专业和导师人数都有较大的增加。在博士学位培养单位中，华西医科大学增设了口腔正畸学，并且在口腔内科学、口腔修复学、口腔颌面外科学、口腔正畸学等专业都增加了博士生导师。北京医科大学增设了口腔内科学、口腔正畸学，并且在口腔内科学、口腔修复学、口腔颌面外科学、口腔正畸学、口腔组织病理学上都增加了博士生导师。上海第二医科大学增设了口腔内科学、口腔修复学，并且在口腔内科学、口腔修复学、口腔颌面外科学上都增加了博士生导师。第四军医大学增设了口腔内科学、口腔颌面外科学、口腔正畸学、口腔解剖生理学，并且在口腔内科学、口腔修复学、口腔颌面外科学、口腔正畸学、口腔解剖生理学上都增加了博士生导师。此外，军医进修学院增设了口腔修复学专业，湖北医科大学增设了口腔内科学专业。

表8-2 硕士学位授予单位及专业名单（1994、1990、1981）

授权单位	专业、时间		
	1994	1990	1981
华西医科大学	口腔解剖生理学、口腔组织病理学、口腔内科学、口腔颌面外科学、口腔修复学、口腔正畸学	口腔解剖生理学、口腔组织病理学、口腔内科学、口腔颌面外科学、口腔修复学、口腔正畸学	四川医学院：口腔内科学、口腔颌面外科学、口腔矫形学、口腔组织病理学

授权单位	专业、时间		
	1994	1990	1981
北京医科大学	口腔组织病理学、口腔内科学、口腔颌面外科学、口腔修复学、口腔正畸学	口腔组织病理学、口腔内科学、口腔颌面外科学、口腔修复学、口腔正畸学	北京医学院：口腔内科学、口腔颌面外科学、口腔矫形学、口腔组织病理学
上海第二医科大学	口腔组织病理学、口腔内科学、口腔颌面外科学、口腔修复学	口腔组织病理学、口腔内科学、口腔颌面外科学、口腔修复学	上海第二医学院：口腔内科学、口腔颌面外科学、口腔矫形学、口腔组织病理学
湖北医科大学	口腔内科学、口腔颌面外科学	口腔病理学、口腔内科学、口腔颌面外科学、口腔修复学	湖北医学院：口腔内科学、口腔矫形学
第四军医大学	口腔解剖生理学、口腔内科学、口腔颌面外科学、口腔修复学	口腔解剖生理学、口腔内科学、口腔颌面外科学、口腔修复学	口腔解剖生理学、口腔内科学、口腔颌面外科学、口腔矫形学
中国医学科学院	口腔科学	口腔科学	
中国协和医科大学	口腔科学	口腔科学	
天津医科大学	口腔修复学	天津医学院：口腔医学	
湖南医科大学	口腔内科学	湖南医学院：口腔内科学	
昆明医学院	口腔内科学、口腔颌面外科学	口腔内科学	
西安医科大学	口腔内科学、口腔颌面外科学	口腔内科学、口腔颌面外科学	西安医学院：口腔颌面外科学
白求恩医科大学	口腔内科学、口腔颌面外科学	口腔内科学、口腔颌面外科学	口腔内科学、口腔颌面外科学
首都医科大学	口腔内科学、口腔颌面外科学、口腔修复学	首都医学院：口腔内科学、口腔颌面外科学、口腔修复学	
河北医学院	口腔颌面外科学	口腔颌面外科学	口腔颌面外科学
上海医科大学	口腔颌面外科学	口腔颌面外科学	
江西医学院	口腔颌面外科学	口腔颌面外科学	
中山医科大学	口腔颌面外科学	口腔颌面外科学	
广西医学院	口腔颌面外科学	口腔颌面外科学	

授权单位	专业、时间		
	1994	1990	1981
新疆医学院	口腔颌面外科学	口腔颌面外科学	
中国医科大学	口腔颌面外科学	口腔颌面外科学、口腔内科学	口腔外科学
第二军医大学	口腔颌面外科学	口腔颌面外科学	口腔颌面外科学
哈尔滨医科大学	口腔颌面外科学、口腔修复学	口腔颌面外科学、口腔修复学	口腔颌面外科学、口腔矫形学
军医进修学院	口腔颌面外科学、口腔修复学	口腔颌面外科学、口腔修复学	
山东医科大学	口腔颌面外科学	口腔颌面外科学	
浙江医科大学	口腔颌面外科学、口腔内科学	口腔颌面外科学	
第三军医大学	口腔颌面外科学		
佳木斯医学院	口腔颌面外科学		
南京医科大学	口腔内科学		

分析硕士学位授予单位信息，口腔颌面外科学陆续成为相关单位的授予专业项目，其他口腔内科学及口腔修复学也占有一定份额。硕士学位授予单位数增加，专业数增长，在全国范围内形成了积极培养口腔医学研究生的氛围。

1985—1991年期间，上海第二医科大学邱蔚六（临床医学一组）、华西医科大学陈安玉（临床医学二组）出任第二届学科评议组专家；1992—1997年，出任第三届学科评议组医学二组口腔医学专业专家是上海第二医科大学邱蔚六（任召集人之一）、华西医科大学李秉琦、北京医科大学徐恒昌；从1983年第二批学位授权审核之后，至1998年又进行过5次大的学位授权审核工作。每一批学位授权审核，除保持坚持标准、严格要求、保证质量、适应国家建设的需要等基本指导思想和原则外，又根据不同时期的需要，突出强调了某些方面，进行了某些改革。如第三批学位授权审核（1985—1986年），在学位授予单位审核中，强调要坚持社会主义方向，理论联系实际，除了学术条件外，还要看这个单位领导班子是否健全，是否既能抓教学科研，又能把握社会主义方向；在审核指导教师时不仅考虑其学术水平，而且要求能坚持四项基本原则，为人师表，教书育人；为了在保证质量的前提下，有利于中青年专家通过为博士生指导教师，第三次审核对博士生指导教师表决通过的票数，由首批和第二批的2/3改为超过1/2，但不同意票数不得超过1/3；同时，第三批审核开始，逐步下放硕士点审批权，先在一定的学科范围内，进行下放硕士点审批权试点工作。第五批学位授权审核中（1993—1994年）（从本次审核开始，每2年进行一次学位授权点审批，每4年进行一次学位授予单位和学位授权点审批），强调贯彻分层次办学原则，强调博士点要相对集中，逐步调整硕士点的地区布局，为进一步调整导师队伍年龄结构，在增列博士生指导教师时鼓励以增列中青年学者、专家为主，在条件和水平相当的情况下，优先考虑中青年学者、专家。同时为扩大学位授予单位办学自主权，促进学科发展和梯队建设，选择了34个博士学位授予单位进行自行增列博士生指导教师的试点工作，并将自审结果报国务院学位委员会备案。继续在试办研究生院的高等学校开展自行审核增列硕士点的工作。也是从第五批开始，博士、硕士点的审核程序简化为单位申报、上级主管部门初审、国务院学位委员会学科评议组复审。第六批审核（1995—1996年），强调增列博士的学科、专业，主要是国家经济建设、科技教育和社会发展以及国防建设急需，而且目前全国尚无授权点或授权点偏少的学科、专业，实行指导性定向申报，限额评审。增列硕士点重点考虑直接为经济建设、科技教育和社会发展以及国防建设服务的学科、专业，适当兼顾地区和行业发展的特殊需要，鼓励对已有点进行调整。在审核方式上，开始授权建立省级学位委员会的6省市（上海、江苏、湖北、四川、陕西、广东）在一定的学科范围内、一定的总量控制数内进行自审硕士点的试点工作。另外，本次审核也开始了按一级学科行使博士学位授予权的试点工作的审核。本次审核只审授权学科、专业，不审学位授权单位。另外，经国务院同意，从1985年开始，学科评议组复审通过的博士和硕士学位授予单位及其学科、专业和博士生指导教师名单，不再报国务院批准，改为由国务院学位委员会批准。

1998—2002年第四届国务院学位委员会学科评议组正式成立口腔医学组，上海交通大学邱蔚六、四川大学李秉琦、北京大学傅民魁任召集人，成员有北京大学徐恒昌、武汉大学樊明文、四川大学王大章、第四军医大学马轩祥、解放军301医院刘洪臣。

2003—2008年第五届国务院学位委员会学科评议组口腔医学组，北京大学傅民魁、武汉大学樊明文任召集人，成员有四川大学周学东、上海交通大学张志愿、四川大学陈扬熙、北京大学俞光岩、第四军医大学马轩祥、解放军301医院刘洪臣。

2009年，周学东、俞光岩、李铁军、张志愿、赵铱民、边专、刘洪臣、陈谦明、孙宏臣出任第六届国务院学科评议组口腔医学组成员。

根据1984年5月的统计结果，当时已招生的21个口腔医学专业，新中国成立后的历届毕业生约7 800人，共有正、副教授及讲师561人，在校5、6年制本科学生3 637人，攻读博士及硕士学位研究生仅178人。而当年才培养出恢复研究生制度后口腔医学第一位博士学位获得者——北京医学院口腔医学系马绪臣。而到1987年，在校的研究生数字达到了460人，招收研究生的数目也成倍增加（表8-3）。

表8-3 30所高等医学院、校口腔医学院、系（口腔专业）学生人数

年份	在校学生数					招收学生人数					毕业学生人数				
	本科	专科	研究生	进修生	共计	本科	专科	研究生	进修生	共计	本科	专科	研究生	进修生	共计
1984	3 674	42	178	303	4 197	850	0	70	344	1 264	726		13	313	1 052
1985	4 119	182	288	304	4 893	1 083	165	138	433	1 819	681	42	39	346	1 156
1986	4 530	305	397	364	5 596	1 032	147	176	487	1 842	572		64	438	1 116
1987	4 969	405	460	373	6 207	1 029	202	166	487	1 884	711		57	432	1 200

中华医学会教育委员会1984年10月于成都召开了"全国口腔医学教育学术研讨会"，着重就口腔医学教育如何加快培养人才，口腔医学教育如何为10亿人民保健服务，口腔医学教育应该建成一个什么样的体系与结构等，进行了学术交流；在关于培养目标、专业设置、发展规模、人才预测等以多层次、多规格、多渠道办学问题及高等医学院校如何支持中等口腔教育发展等方面开展了讨论；提出了关于加速发展口腔医学教育，建设具有中国特色社会主义口腔医学教育体系的一些建议和设想。为了适应我国四个现代化建设和口腔医学发展的需要以及面向世界的要求，必须通过毕业后教育和研究生培养这两种主要方式培养少数能够担负学科发展与提高任务的专门化人才，现行的研究生培养方法弊端很多，有待改革，学位问题上也存在着文、理、工、医、农不同学科领域"一刀切"的现状，这对我国的人才培养、成长和对外交流极为不利。有的代表建议在口腔医学领域内实行职业学位制和专科医师制度，对于经过6年制培养的本科生，毕业后即授予DMD或DDS学位。在将来的发展中，少数优秀者可以通过3~4年的专科医师培训，再经国家相应机构所组成的一定方式的考试后，颁发具有较高学术地位的口腔医学领域内的2~3级专科医师证书。另外一小部分优秀者可以通过某些基础医学的研究，攻读并取得表明其科学研究水平的PhD学位。这样就能造就和培养肩负口腔医学发展重任的高校骨干教师、科研人员和高级专科医师。这些建

议为以后专业学位和科学学位的改革提供了一定依据。

1988年3所院校开设了口腔医学专业的七年制本硕连读，每年招生45人左右，是多渠道、多种形式培养高层次人才的一种重要形式。虽然有人认为学士－硕士连接上有不尽如人意之处，但由于学生基础好、起点高、时间短、后劲大，成才的时间不亚于学士、硕士分读，也成为我国口腔医学研究生培养的一种尝试。在进入新世纪前夕，在职硕士生、临床硕士生的培养发展比较快，在拓宽渠道、不拘一格选拔生源来说，有其优越性，但也有其局限性。优点是有利于发展、需要资金少，不足是难以严格入学考试制度，导致学生良莠不齐，教学计划容易被冲击，不易保证硕士生的毕业质量，流于形式。

从1994年、1997年国务院学位委员会办公室公布口腔科学博士学位授予单位、专业和导师名单（表8-4），相较于1981年，授予单位、导师和专业的数量都有明显增加。

表8-4 博士学位授予单位、专业以及指导教师人数（1997、1994）

学校名称	口腔组织病理学		口腔内科学		口腔修复学		口腔正畸学		口腔颌面外科学		口腔解剖生理学	
	1997	1994	1997	1994	1997	1994	1997	1994	1997	1994	1997	1994
华西医科大学			5	4	6	4	2	2	5	4		
北京医科大学	3	3	2	2	4	4	4	3	5	4		
上海第二医科大学			3	3	2	2			4	3		
第四军医大学			5	5	5	4	2	1	4	3	4	3
湖北医科大学			2	2	1				1	1		
白求恩医科大学									1	1		
军医进修学院					2	1						
浙江医科大学									2			

分析博导情况，口腔颌面外科学、口腔修复学人才较集中，其次是口腔内科学，口腔组织病理学与口腔解剖生理学人才偏弱。1997年的博导数量较1994年有较大增长，进行博士生培养的院校也有增长，新增了浙江医科大学的口腔颌面外科学授位与湖北医科大学的口腔修复学授位。统计1984—2007年间全国25所院校博士生导师人数，仅2003、2007年略有回落，其余年份呈现直线上升，有力支持博士生教育工作的开展（图8-1）。

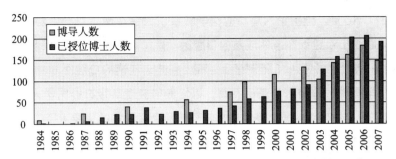

图8-1 1984—2007年全国口腔医学院校博导（25所）、博士学位授予人数（21所）汇总

（根据历年中国口腔医学年鉴统计）

　　1999年，为贯彻《面向二十一世纪教育振兴行动计划》，逐步建立有效的质量监督和激励机制，推动研究生教育工作重点切实转移到提高培养质量上来，培养和激励在学博士生的创新精神，促进高层次创造性人才脱颖而出。教育部和国务院学位委员会批准并组织首次全国优秀博士论文评选，到2009年已经经历了11年的时间，在这11届的评选中，口腔医学共有7篇博士论文被收录。

　　·2001年，北京大学方平科博士的论文《细胞因子在颞下颌关节紊乱病中的作用》，指导老师马绪臣。

　　·2002年，四川大学杨西川博士的论文《抗人血管内皮生长因子单链抗体的构建、表达及活性鉴定》，指导老师王大章。

　　·2005年，武汉大学郭继华博士的论文《靶向融合防龋DNA疫苗的研制与动物实验研究》，指导老师樊明文。

　　·2006年，首都医科大学单兆臣博士的论文《小型猪腮腺放射损伤模型建立及其结构功能变化和水通道基因治疗研究》，指导老师王松灵。

　　·2007年，武汉大学叶晓茜博士的论文《一个新的遗传性牙龈纤维瘤病基因座的定位和关键区域分析》，指导老师边专。

　　·2008年，四川大学林云峰博士的论文《脂肪基质细胞多向分化能力及其在组织工程中应用的研究》，指导老师田卫东。

　　·2009年，四川大学王智博士的论文《口腔黏膜癌变相关分子蛋白组学分析及RACK1蛋白表达验证和功能研究》，指导老师陈谦明。

　　2000年10月10日，国务院学位委员会办公室下达《国务院学位委员会关于批准开展口腔医学专业学位试点工作单位的通知》[学位办（2000）77号]，北京大学、四川大学、上海第二医科大学、第四军医大学、武汉大学、吉林大学为口腔医学博士、硕士专业学位试点单位。

2002年10月，全国第四届口腔医学教育研讨会在南京召开，对研究生教育的相关问题提出：建议在条件成熟的口腔医学院（口腔医学一级学科博士点或两个二级学科博士点）招收8年制学士－硕士－博士连读的口腔医学生，加强人文学科、医学基础和口腔医学基础教育，以培养研究型高级口腔医学人才；5年本科加4年或5年的硕士－博士连读仍是培养口腔高级人才的重要途径。

2003年12月11日，国务院学位委员会第五届口腔学科评议组会议在上海举行。该次会议达成共识：① 建议在2004年上半年召开一次基础医学、临床医学、口腔医学学科评议组联席会议，对现行医学学位制度中的学位设置、学科目录、培养目标、生源问题及其他相关事宜进行研讨，并对医学学位制度进行整体设计，形成一份正式报告上报国务院学位委员会。② 对现有博士、硕士学位授权点进行不定期检查，重点审查培养研究生的环境、条件、管理制度以及导师学术水平、学生论文质量。同时可指定评估标准，建立一套具有可操作性的评估体系。③ 学科评议组工作规范化、制度化，建议在一般情况下每年举行一次评议组会议，遇特殊情况时可临时召集评议组会议。学科评议组应对整个医科人才培养提出纲要性、指导性意见。④ 廉洁自律、遵纪守法、秉公办事是每个评议组成员应具备的基本素质。在担任本届评议组成员期间，各成员一定尽职尽责做好工作，为口腔医学事业的发展作出应有的贡献。

同年12月27—28日，全国口腔医学专业学位研究生培养工作研讨会在成都召开。会上传达了国务院学位委员会第五届口腔学科评议组会议精神，介绍了口腔医学专业学位试点单位评估指标体系。会议强调在提高研究生培养质量方面要抓好各个环节，招生规模不能太大，注意保质量、保品牌；建立导师责任制，搞好导师队伍建设；扩大教学资源，可以适当考虑利用教学医院以外的其他资源；在对研究生临床能力考核及评估的问题上，各学院可提出改进意见，尽快完善评估方案，同时可结合本学院的特点自行制定一些考核标准。

2009年，全国首批口腔医学研究生教材由人民卫生出版社组织编写，在湖北宜昌召开主编会议。15本教材分别是：口腔生物化学与技术（李伟）、口腔材料学（孙娇）、口腔分子生物学与技术（王松灵）、口腔组织工程与再生医学（金岩）；龋病学（周学东）、牙髓病学（彭彬）、牙周病学（王勤涛）、口腔黏膜病学（周曾同）、口腔修复学（巢永烈）、口腔种植学（刘宝林）、口腔正畸学（林久祥）、口腔头颈肿瘤学（邱蔚六）、正颌外科学（胡静）、颌面创伤外科学（李祖兵）、唇腭裂外科学（马莲）。

第四节 ▎部分大学口腔医学专业研究生培养方案

一、四川大学口腔医学专业学位研究生培养方案

根据2000年10月国务院学位委员会下达的《口腔医学专业学位试行办法》制定。

培 养 目 标

拥护中国共产党的领导，拥护社会主义制度，热爱祖国，具有良好的医德医风，团结协作，身体健康，愿为我国现代化建设和口腔医学事业而献身。

（一）第一阶段

1. 具有较强的临床分析和思维能力，能独自处理本学科（二级学科）领域内的常见病，能对下级医师进行业务指导，达到卫生部颁发的《住院医师规范化培训试行办法》中规定的第一阶段培训结束时要求的临床工作水平。

2. 掌握本学科坚实的基础理论和系统的专业知识。

3. 能结合临床实际，学习并掌握临床科学研究的基本方法，完成一篇学位论文并通过答辩。

4. 掌握一门外国语，具有较熟练阅读本专业外文资料的能力。

（二）第二阶段

1. 具有较严密的逻辑思维和较强的分析问题、解决问题的能力，熟练地掌握本学科的临床理论及技能，能独立处理本学科常见病及某些疑难病症，能对下级医师进行业务指导，达到卫生部颁发的《住院医师规范化培训试行办法》中规定第二阶段培训结束时要求的临床工作水平。

2. 掌握本学科坚实宽广的基础理论和系统深入的专业知识。

3. 熟悉口腔医学的国内外研究现状及发展趋势，具有独立从事科学研究和科研课题的能力。

4. 具有从事临床科学研究工作的能力，能紧密结合临床实践，选定科研课题，实施科学研究，完成一篇具有一定临床应用价值的学位论文并通过答辩。

5. 掌握一门外国语，能熟练阅读本专业外文资料，能熟练地用英语会话、阅读并具有用英文进行论文写作的能力。

培 养 对 象

1. 口腔医学本科毕业，已获学士学位。

2. 有医师资格。

3. 插班进入第二阶段学习者应具备条件：

（1）已获口腔临床医学硕士学位。

（2）有医师资格。

（3）口腔医学科学硕士学位获得者，还应有《临床住院医师规范化培训》第一阶段合格证或有主治医师以上职称。

（4）同等学力报考，必须具有口腔医学学士学位，在本专业工作6年以上，有《临床住院医师规范化培训》第一阶段合格证或有主治医师以上职称。

学习年限及培养方式

1. 经硕士研究生入学考试录取的口腔临床医学专业研究生，采取"分段连续培养、中期考核筛选、择优进入第二阶段、直接攻读博士学位"的方式进行培养。学习期限为5年，分为两个阶段，第一阶段为2年，第二阶段为3年。

研究生完成第一阶段主要培养内容，成绩优秀者可以升入第二阶段直接攻读口腔临床医学博士专业学位；考核成绩合格，但未能升入第二阶段者，完成第一阶段全部培养内容并达到要求，在经过一年临床工作实践，结合临床科研工作，完成一篇硕士学位论文，通过答辩，可申请口腔临床医学硕士专业学位；考核成绩不合格者按学籍管理有关规定执行。

2. 经博士研究生入学考试录取的口腔临床医学博士专业学位研究生学习年限为3年，补足本专业第一阶段培养方案中规定的内容后，按照本专业第二阶段培养方案进行培养。

课 程 设 置

研究生课程由学位课程及一定量的学术讲座两部分组成。研究生除完成规定量的学位课程外，还必须参加规定数量的临床学术讲座及临床病例讨论等。

（一）第一阶段

实行学分制，要求不少于26学分，其中学位课程不少于23学分，总门数不少于7门。

1. 公共必修课

（1）政治理论课（自然辩证法和科学社会主义理论与实践），4学分。

（2）公共英语，4学分。

（3）专业英语，2学分。

（4）临床科研设计与统计分析（基础课），4学分。

2. 专业课　4学分。

3. 专业基础课　3学分。

4. 选修课。

5. 教学实践　2学分。

6. 文献综述　1学分。

公共必修课、专业基础课由学校统一组织授课并考试，专业课与专业外语以自学和专题讲座相结合的方式进行，参加口腔医学院组织的统一考试。

（二）第二阶段

实行学分制，要求不少于18学分，其中学位课程不少于14学分。

1. 公共必修课

（1）政治理论课（现代科技革命与马克思主义），3学分。

（2）英语（含公共英语和专业英语），5学分。

2. 专业课　2学分。

3. 专业基础课　3学分。

4. 选修课　1学分。

5. 教学实践　2学分。

6. 发表文章　2学分。

专业外语与专业课及大部分专业基础课由各学科专业根据本学科的特点组织学习并考试，学习方式可以多种多样。政治理论课、公共英语和部分专业基础课由学校组织授课并考试。

课程设置及教学计划表（略）。

自定的专业基础课：指各专科根据自身研究方向及课题的要求，制定研究生以自学为主的方式选修的反映本专业国内外最新动态的专业基础知识，考核方式可灵活多样。

入学后第一学期集中上课，第二学期在不影响学习的情况下参加一些临床工作。个别专业如正畸，研究生一进校即在教研室的安排下开始接触临床工作。

学位课程的学习方式有系统授课、讲座、辅导、自学等方式。

专业课和部分专业基础课的学习应紧密结合临床工作由各教研室、指导教师自行安排，自学为主。课程内容应注意系统性、实用性、先进性，考试方式可灵活多样。

进入第二阶段学习的研究生除应学习马克思主义理论课、外语和专业课（三级学科）外，还应再选修一些反映国内外先进医学水平并与本学科相关的课程，进一步拓宽知识面。

专业课、专业英语课的考试第一阶段按二级学科，第二阶段按三级学科命题，分别在两个阶段的第四学期（阶段考试前）由口腔医学院统一安排时间、地点进行。考试成绩在博士生录取前（每年的5月15日以前）送交研究生院培养办公室。

未获得硕士学位插班进入第二阶段学习的研究生，除应完成第二阶段的学位课程外，还必须补学第一阶段的学位课程。

临床技能训练

（一）第一阶段

本阶段为二级学科基础训练，以二级学科的各专业轮转为主，兼顾相关科室，总时间不少于1学年。研究生通过本阶段的临床能力训练，应掌握本专业基本诊断、治疗技术，本学科常见病、多发病的病因、发病机制、临床表现、诊断和鉴别诊断、处理方法；学会门、急诊处理，重危病人抢救、接待病人、病历书写、临床教学等技能；培养严谨的科学作风和高尚的医德。

1. 参加本学科各病房和科室的临床医疗工作，掌握本学科常见病与多发病的病史收集与病历书写、诊断、鉴别诊断、治疗方法和基本操作，并结合临床工作学习有关知识。

2. 在临床实践中培养严谨的工作作风、求实的科学态度和高尚的医疗道德，进行科研能力训练。

3. 在导师指导下结合临床实践，阅读专业文献，参加教研室安排的一切学术活动，写出一篇质量较高的文献综述报告。

4. 在完成一个病房或科室的轮转后，研究生必须认真写出轮转小结，带教教师进行评分，轮转小结表交导师签署意见。导师应及时检查和了解学生临床轮转的情况，督促学生写好小结。

5. 入学前在华西口腔医院通过住院医师规范化培训和有本学科5年以上临床实践经验者，可适当减免某些科室的轮转或轮转时间。由本人提出申请，有关科室根据培养方案的要求，进行考核评分，证明确已达到要求者，导师、教研室主任同意，学院审查，经研究生院批准后，方可予以调整。

6. 研究生应根据本专业培养方案的转科规定，完成其质与量两个方面的要求，管理床位数4~8张，出科时必须进行出科考核，考核不合格者应补足后重新考核。转科不合格者不能参加第一阶段临床技能考核。

（二）第二阶段

按照各学科培养方案的内容，各学科特点进行二级或三级学科的专科训练。主要从事本专业临床工作，完成专科高年资住院医师工作，如承担专科院内会诊、带习等，担任住院总医师（或代理主治医师）半年以上。通过专科培训，培养较严密的逻辑思维和较强的分析问题。解决问题的能力，能熟练掌握本专业常见病诊疗技术，能独立处理本学科常见病及某些疑难病症。

在华西医科大学口腔医学院担任过半年以上本专业总住院医师（或代理主治医师）者，或在三甲医院担任本专业总住院医师（或代理主治医师）1年以上者，本人申请，导师、教研室、学院统一，经研究生院批准可适当减免担任总住院医师（或代理主治医师）时间。

各科室在临床医学博士专业学位研究生完成临床技能训练后，应组织科内2~3名副高级职称以上教师，对照培养方案的有关规定，以检查有关资料或询问的方式进行初评，初评不合格者应限期补足。通过初评的学生方能参加第二阶段临床技能考核。

考 核 办 法

（一）轮转业绩记录和出科考核

1. 每个科室或病房轮转期间，研究生应如实做好平时工作业绩记录，包括本人的主要业务工作。如门、急诊接诊病人数，病房所管床位数，所进行的诊疗操作，手术类型，术后并发症、病例讨论及学术活动次数等。轮转结束时认真填写轮转小结表，对照培养方案的要求进行自我小结。业绩记录和轮转小结应客观、全面地反映出研究生的临床工作水平。

2. 病室负责带教的主治医师审核研究生的自我小结，根据研究生在该科室的学习、工作情况，从5个方面进行评分，并召集科室有关人员会议，听取意见，写出综合评语。

（二）中期考核

考核时间：

考核于第四学期进行。具备以下条件者可申请进入第二阶段学习。

1. 已修完第一阶段全部学位课程且成绩优良（必修课平均成绩80分以上，单科成绩不低于70分，其中公共英语不低于75分或不低于本年级该课程平均成绩）。

2. 按培养方案的要求，完成了规定的临床实践和临床教学训练，出科考核完善、合格，具有良好的医疗道德和严谨的工作作风。

3. 完成一篇水平较高的文献综述。

考核的组织领导：

以二级学科教研室为单位，在每年4—5月份组织专门的考核小组，对该学科专业二年级的临床专业学位研究生进行综合考核，并写出考核评语和评分。对申请升入第二阶段（博士阶段）学习的研究生能否进入第二阶段培养提出明确意见，经口腔医学院审查后，送交研究生院审批。

临床能力考核按二级学科组织考试小组，一般由3~5人组成。考试小组名单由教研室提出，主管院长批准。导师可以参加考试并提问，但回避参加评分和评议。考核小组成员可以由下列成员组成：

1. 本学科专业招收博士生的导师和导师委托制定的副教授以上教师。

2. 本学科参加院学位评定分委员会成员或分委会指定成员。

3. 原硕士生导师或指导小组成员（副教授以上）。

4. 本学科教授或副教授或本专业副教授以上的同行专家。

另设秘书1人，主要负责考核过程中的各项记录工作和其他事务性工作。

考核小组应承担对研究生阶段考核中命题、评卷、评分等全部考核任务，并推荐组长1人，负责考核记录的完整性和签署考核意见。如该硕士生导师和本次报考专业的博士生招生导师为同一人时，该导师本人不参加研究生阶段考核的命题工作。

考核内容：

1. 理论知识水平

学位课程：包括门数、种类、成绩。

学术活动：病例讨论报告、学术报告、综述、文摘等。

教学查房：研究生带实习医生或下级住院医师进行教学查房，了解其教学能力。

2. 临床能力

平时工作能力：包括在本专科及其他专科方向或其他相关学科轮转的临床能力。

现场工作能力：

病例考核：病史采集、体格检查、病历书写等。

口试：以病例分析为中心，考核其理论知识的运用和思维能力。

操作技能：手术或诊疗技术操作。

3. 思想品德和表现　包括学习、工作、劳动态度、组织纪律、医德医风、人际关系、文明礼貌等多方面评定。

考核程序：

1. 导师负责介绍研究生情况。

2. 研究生报告第一阶段学习和工作。

3. 检查研究生临床轮转考核表、学位课程成绩、主管病人病历、论文等资料，指导小组按考核小组的要求，作好充分准备。

4. 病历抽查和现场病例考核　应选择研究生事先不了解的病人作为考核对象，由研究生询问病史，行体格检查（若是病史资料则省去），分析资料，作出诊断、鉴别诊断，提出处理意见。在此过程中，考核小组可保留某些诊断依据的资料，允许研究生提出需要补充资料的要求。考核小组提问，研究生答辩。主要检查研究生操作是否正规、准确、熟练。

考核小组提问应注意了解学生对本学科常见病、多发病的有关基础知识和临床诊疗知识的掌握程度，注意考察临床分析及思维能力。

诊断治疗技术操作考试：主要考查操作技术（手术）以及医疗器械的正确使用、维护等。

5. 研究生应宣读一篇书面报告或文献综述，并回答考核小组的提问，检查研究生对基础理论和知识上的深度和广度，能否用所学知识解释一些临床现象以及对本专业发展趋势的了解情况等。

6. 专业课和专业英语考试由全院统一组织，应在本次考核前完成。

上述考核项目必须全部完成，如有漏缺则本次考核成绩无效。

考试评分办法：

从临床实践能力、临床思维能力和理论知识水平、临床教学能力三方面按指标内容及研究生实际水平进行评分。

根据以上三方面的评定成绩、学位课程考试成绩、文献综述评定、思想素质评分等综合考虑，择优升入第二阶段学习，纳入当年的博士生招生计划。

（三）临床能力毕业考试考核与论文答辩

进入第二阶段的临床医学博士生，毕业临床能力考试和论文答辩同时进行。经教研室、学校审核，具备以下条件者方可申请临床能力考核与论文答辩。

1. 通讨仝部学位课程考试。
2. 临床实践工作能力达到初年资主治医师水平。
3. 根据临床医学博士专业学位论文水平的要求，完成了学位论文的工作。
4. 医疗道德、思想和工作作风较好。

（四）临床技能考核及论文答辩

第二阶段的临床技能考核与论文答辩统一安排。

发 表 文 章

（一）第一阶段

已发表或出版与申请学位的学术论文（以第一作者身份在公开发行的学术刊物上发表的文章，可以是文献综述或病案分析报告）、专著或其他成果。

（二）第二阶段

已发表或出版与申请学位论文有关的学术论文（在读期间以第一作者身份在中文核心期刊或国家科委统计源期刊上发表学术论文一篇以上，不含综述及病案分析报告）、专著或一项作为主研人员的标志性成果（部、省级以上的科研成果奖、发明专利等）。

教学能力的培养

（一）第一阶段

主要是通过协助上级医师带好实习医师的实习、示教，进行临床教学能力的初步培养。

（二）第二阶段

要求在此基础上进行小讲课，带见习，进行临床示教，参加个案讨论。

参加一学期的实验室指导及一定量的实验室小讲课，或参加一学期的临床实习指导。给本科生讲授一次大课（1~2学时）。

通过参加这些教学实践，让研究生了解学校教育与教学工作的实际情况。指导教师、教研室主任、原任课教师要深入课堂，了解研究生的教学情况。每阶段教学工作完成后，应由教研室评定其教学质量。

科研训练及学位论文

（一）第一阶段

申请口腔临床医学硕士专业学位者在本阶段进行临床能力训练的同时，利用业余时间进行临床科研能力训练，学会查阅文献、收集资料、数据处理等科学研究的基本方法。培养临床思维能力与分析能力，密切结合临床实际，以总结临床实践经验为主，完成一篇高质量的病例分析报告和文献综述，并通过答辩。科研工作不能占用临床训练时间。

1. 阅读一定量的与病理报告相关的文献（含英文文献），写出文献综述。

2. 所著论文对疾病的诊断治疗有一定的指导意义。

3. 病理报告要有科学性、真实性，在某一方面有一定的先进性。

（二）第二阶段

1. 选择口腔临床医疗实践中出现的理论或技术问题为研究课题，利用已有的研究手段进行临床应用或临床应用基础的研究，从中学会临床科学研究方法，使其具有从事临床科学研究的能力。为处理好科研工作时间和论文质量的关系，一般不选择需建立实验方法的研究课题，应将研究重点放在解决临床实际问题和创新，而不在于研究方法的建立和改进。

科研能力的培养要求贯穿于培养的全过程。重点放在科研基本功的训练，从文献阅读、综述撰写、课题设计、实验方法、资料积累整理、统计处理一直到论文撰写，能掌握一整套科研工作的方法，不要求研究生花大量的时间脱产摸索实验方法。科研工作不能占用临床训练时间。

导师为研究生选择课题时，应注意发挥学生的主观能动性，所选课题一般应与第一阶段的文献综述相一致，结合导师的研究课题，完成导师课题的某一部分；亦可结合口腔临床工作由研究生独立完成临床经验总结，提出本人对疾病的诊断、治疗、发病机制的新见解，或提出改进临床医疗技术方法等前瞻性研究建议。

2. 口腔临床医学博士专业学位论文的要求：

论文课题紧密结合临床实际。

研究结果具有一定的临床应用价值。

论文标明研究生具有运用所学知识解决临床实际问题和从事临床科学研究的能力。

3. 为了保证学位论文的质量，要加强对论文工作的过程管理，严格执行开题报告、论文工作中期报告和学位论文预答辩制度。

详见《四川大学口腔临床医学专业学位实施细则》。

其 他

口腔临床医学专业研究生的整个培养过程同临床住院医师规范化培训相似，研究生应同住院医师一样积极参加所在科室的各项业务工作和集体活动，并同住院医师一道参与有关科室建设和管理工作（如科室秘书、教学秘书）等。

研究生的请假和休假制度与住院医师相同。

二、北京大学口腔医学专业学位研究生培养方案

总则

根据《北京大学医学部口腔医学专业学位实施细则》制定研究生培养方案。

培 养 目 标

（一）口腔医学硕士专业学位研究生

1. 拥护中国共产党的领导，拥护社会主义制度，热爱祖国，遵纪守法，品行端正，具有良好的医德医风和严谨求实的科学态度，身心健康，愿为我国现代化建设和口腔医学事业而献身。

2. 具有较强的临床分析和思维能力，能独立处理本学科领域内（指口腔内科学、口腔颌面外科学、口腔修复学、口腔正畸学，以下同）的常见病，达到口腔医学高年资住院医师的临床工作水平。

3. 掌握本学科坚实的基础理论和系统的专业知识。

4. 能结合临床实际，学习并掌握临床科学研究的基本方法，完成学位论文并通过论文答辩。

5. 掌握一门外国语，具有较熟练阅读本专业外文资料的能力。

（二）口腔医学博士专业学位研究生

1. 拥护中国共产党的领导，拥护社会主义制度，热爱祖国，具有良好的医

德医风和严谨求实的科学态度，团结协作，身心健康，愿为我国现代化建设和口腔医学事业而献身。

2. 具有较严密的逻辑思维和分析问题、解决问题的能力，熟练地掌握本学科的临床技能，能独立处理本学科领域的常见病，达到口腔医学初年资主治医师的临床工作水平。

3. 掌握本学科坚实宽广的基础理论和系统深入的专业知识，能对下级医师进行业务指导，具有一定的教学能力。

4. 具有从事口腔临床科学研究的能力，能紧密结合临床实践选定科研课题，实施科学研究，完成一篇具有一定临床应用价值的学位论文并通过论文答辩。

5. 掌握一门外国语，具有较熟练阅读本专业外文资料，一定的听、说和写作的能力。

学习年限及培养方式

1. 经硕士研究生入学考试录取的口腔医学专业学位研究生（以下简称研究生），学习年限为5年。分为两个阶段：第一阶段为3年，第二阶段为2年。

研究生的培养采取"分阶段连续培养、阶段考核筛选、择优进入第二阶段、直接攻读博士专业学位"的培养方式进行。研究生完成第一阶段主要培养内容，进行阶段考核，考核成绩优秀者可以升入第二阶段直接攻读口腔医学博士专业学位；考试成绩合格但未升入第二阶段者，完成第一阶段全部培养内容并达到要求者，可申请口腔医学硕士专业学位；考核成绩不合格者中止学习。

2. 已获得硕士学位，经博士研究生入学考试录取的口腔临床医学博士研究生，学习年限为3年。第一年根据本人基础，补足本专业第一阶段培养方案中临床能力训练的部分；第二、三年按照本专业第二阶段培养方案进行培养。

3. 优秀住院医师，经博士研究生入学考试录取后直接进入第二阶段，但需补足第一阶段培养方案中的学位课程，学制一般为2.5~3年。

培养办法与要求

（一）第一阶段（时间3年）

1. 临床能力　本阶段为二级学科基础训练，以二级学科的各专业轮转为主，兼顾相关科室。研究生通过本阶段的临床能力训练，掌握本专业基本诊断、治疗技术，学科常见病、多发病的病因、发病机制、临床表现、诊断和鉴别诊断、治疗设计和处理方法；学会门诊处理、重危病人抢救、接待病人、病历书写、临床教学等技能，培养严谨的科学作风和高尚的医德医风。

研究生应根据本二级学科专业培养方案的转科制度完成规定的工作量和质量要求，并填写《临床能力训练手册》。出科时必须进行转科的临床考核，考核不合格者应适当延长转科时间并进行补考。转科总平均成绩 ≥ 70 分为合格，转科成绩不合格者不能参加阶段考核。

2. 学位课程　硕士专业学位研究生的课程学习实行学分制，总学分不少于 15~18.5 学分，总门数不少于 6 门。

公共必修课：

政治理论课（自然辩证法和科学社会主义理论与实践），3 学分。

英语（含公共英语和专业英语），4 学分。

医学统计学，2 学分；临床流行病学，2 学分（任选一门）。

专业课，3 学分。

专业基础课（至少两门），3~5 学分。

公共必修课、专业必修课由研究生院统一组织课程并考试，上课采取分散与集中的方式进行。其中公共英语在学位答辩前通过学位课程考试即可获得学分。专业课与专业外语以教师授课或自学与专题讲座相结合的方式进行，参加研究生院组织的统一考试。

3. 科研训练及学位论文　申请硕士学位者在本阶段进行临床能力训练的同时，进行临床科研能力训练。包括文献检索、课题设计、资料收集、数据处理等科学研究的基本方法，培养临床思维能力与分析能力。科研工作要求在学科内开题，结合临床实际，以总结临床实践经验为主，完成一篇病例分析报告（含文献分析综述）。研究生应利用业余时间从事临床科研的资料整理和数据处理等工作，不能占用临床训练时间。

学位论文的具体要求按照《北京大学医学部关于〈攻读临床医学专业学位研究生培养方案〉的补充规定——临床医学硕士专业学位论文工作的几点意见》执行，书写格式按照《北京大学医学部研究生学位论文书写格式及有关要求》的规定进行。

（二）第二阶段（时间 2 年）

1. 临床能力　根据各学科特点进行二级或三级学科的专科训练，主要从事本专业临床工作，完成专科病房高年资住院医师工作。如承担专科院内会诊和带教实习医师工作，承担一定的门、急诊工作，担任总住院医师或相当的医疗和行政管理工作半年以上，并在导师或高年资医师的带领下担任院内会诊工作等。通过专科培训，应具备较严密的逻辑思维能力和较强的分析问题、解决问题的能力，能熟练掌握本专业常见病的诊疗技术，能独立处理本学科常见病及某些疑难病症。

2. 学位课程　博士学位研究生（以下简称博士生）的课程学习实行学分制，总学分要求7~10学分，总门数不少于4门。

公共必修课　专业英语，4学分。

专业课（含专题讲座），3学分。

专业基础课（至少两门），3~6学分（BCE）。

专业外语与专业课由各学科专业根据本学科特点组织课程并考试，课程及考试方式可以灵活多样，其中专业外语必须严格按照《北京大学医学部研究生外国语学习和考试的暂行规定》组织进行。专业基础课由研究生院组织授课并考试（D类只能选修）。

住院医师插班者必须补足硕士阶段学位课程。

3. 科研训练与学位论文　研究生在导师指导下进行严格的科研训练，结合临床工作完成一篇学位论文。应选择临床医疗实践中出现的理论或技术问题为研究课题，利用已有的研究手段进行临床应用或临床应用基础的研究，从中学会临床科研方法，使其具有从事临床科学研究的能力，科研工作的脱产时间（含论文撰写）总计不得超过半年。

口腔医学博士专业学位论文的要求：论文课题紧密结合临床实际；研究结果对临床工作具有一定的应用价值；论文表明研究生具有运用所学知识解决临床实际问题和从事临床科学研究的能力。

为了保证学位论文的质量，应加强对论文工作的过程管理：严格执行开题报告、论文工作中期报告、论文工作结束报告和学位论文预答辩制度。

开题报告：研究生在确定选题后应写出文献综述，并在教研室内做学位论文开题报告。与会者应对选题的选择、科研设计的严密性、方法和指标选择的科学性等进行评论。开题报告必须有详细记录，记录填写在《北京大学医学部研究生论文工作情况表》中。研究生在听取意见后做进一步的修改和补充，最后填写《北京大学医学部研究生课题计划书》，一式三份，分别报教研室（研究室）、学院（所）及研究生院医学部分院培养办公室。

论文工作中期报告：研究生在论文撰写工作期间，应在系或教研室或课题组内汇报本阶段的论文工作情况、所遇到的问题以及下一步的计划等。与会者对其汇报提出意见或建议，以使其研究工作能够沿着正确的方向深入进行。中期报告必须有详细记录，记录填在《北京大学医学部研究生论文工作情况表》中。

论文工作结束报告：研究生在科研工作完成并准备撰写论文前，应将研究结果在系或教研室或课题组内作汇报。与会者对研究结果的可靠性、完整性、科学性、先进性等进行评议，提出是否需要进一步补充和完善等意见，并对论文撰写提出建议，以保证学位论文的质量。结束报告必须有详细记录，记录填写在《北京大学医学部研究生论文工作情况表》中。

研究生在申请答辩时应将《北京大学医学部研究生论文工作情况表》准备两份：一份送交本院主管研究生办公室存档，一份送交研究生院医学部分院培养办公室备案，未交者不能申请答辩。

学位论文撰写：研究生在论文中应对自己的研究成果作出详细的阐述，提出自己的观点。学位论文撰写格式按照《北京大学医学部研究生论文书写格式及有关要求》的规定执行。

发表论文要求：临床医学博士学位研究生在学习期间必须至少有一篇以第一作者在国内核心期刊上发表的论文，且必须是博士研究成果的论文（文献综述及论文摘要不计在其内）。研究生在申请临床能力毕业考核和学位论文答辩时，应填写《研究生论文发表登记表》并提供有关资料。具体要求详见北京大学医学部博士研究生在学习期间发表论文的有关规定。

考　核

（一）轮转考核

研究生每轮转结束一个科室，由科室指导小组对其进行考核。研究生应对诊治病人的病种及数量作详细记录，填写临床能力训练手册。

（二）阶段考核

口腔医学硕士专业学位研究生的毕业考核和阶段考核合二为一，考核内容包括专业课、专业外语、临床技能和临床思维能力考核，目的是考察研究生的专业理论知识、外语水平以及是否具有规范的临床技能操作和独立处理本学科常见病的能力。只有阶段考核合格者方可申请硕士论文答辩，阶段考核优秀者方可申请转博。

考核由医学部按学科专业组成考核委员会进行，考核时间在研究生入学后第三年第一学期末（当年11—12月）。口腔医学研究生按照专业培养方案的要求完成第一阶段主要内容后，提交临床能力训练手册，经审核成绩合格者者可进行阶段考核（拟转博者需在入学后第二学年第二学期参加全国医学博士公共外语考试，当年寒假后第一周到本院主管研究生工作办公室报名）。

考核办法按照《北京大学医学部临床医学专业学位研究生临床能力考核及学位论文答辩暂行规定》执行，考核内容及要求以《口腔医学专业学位临床能力考核内容及要求》为标准。

（三）毕业综合评定

口腔医学硕士和博士专业学位研究生在完成规定的全部培养要求后，可向本学科教研室申请毕业综合评定。毕业综合评定的具体要求按照《北京大学医学部临床医学专业学位研究生临床能力考核办法及学位论文答辩暂行规定》第十二条执行。

学位授予工作

（一）口腔医学硕士专业学位

1. 口腔医学硕士专业学位研究生在通过毕业综合评定后，方可向所在学院研究生主管部门提出答辩申请，填写《北京大学医学部医学硕士专业学位论文答辩情况表》，经二级学科科主任和导师小组负责人审核同意，报本院所在学位分会批准，可进行硕士学位论文答辩。

2. 研究生的硕士学位论文答辩由学校按学科专业组成答辩委员会（以下简称委员会），在每年5月份组织学位论文答辩。

3. 研究生课程考试及临床能力毕业考核（即阶段考核）合格，学位论文答辩通过者，经委员会无记名投票，全体委员三分之二以上同意，方可作出建议授予口腔医学硕士专业学位的决议，并将决议提交各学院学位分会审核批准，报医学部学位评定委员会确认备案，授予口腔医学硕士专业学位。

关于学位论文答辩的具体要求见《北京大学医学部临床医学专业学位研究生临床能力考核办法及学位论文答辩暂行规定》第十五条。

（二）口腔医学专业博士学位

1. 研究生在完成临床医学博士专业学位的全部培养要求，通过本学科（二级学科）对研究生的毕业综合评定后，向所在学院研究生主管部门提出申请，填写《北京大学医学部医学专业博士学位临床能力考核和学位论文答辩情况表》，经本学科科主任及导师同意，确定符合规定，方可为其自主毕业考核和论文答辩。

考核答辩委员会（以下简称委员会）人选名单由本学科提出，所在单位学位分会审核，经医学部学位评定委员会主席批准，可进行临床能力毕业考核及学位论文答辩。委员会的组成按照《北京大学医学部临床医学专业学位研究生临床能力考核办法及学位论文答辩暂行规定》执行。

2. 在组织临床能力毕业考核和学位论文答辩前一个月，应将研究生临床工作总结和学位论文送交论文评阅人和委员会其他成员，待论文评阅人对其临床工作总结和学位论文写出详细的评语并同意后方可进行毕业考核和学位论文答辩。论文评阅人认为研究生的临床能力或学位论文未达到博士学位标准，则不能组织临床能力毕业考核和学位论文答辩。首次未获毕业考核和学位论文答辩批准者经半年补充工作或论文修改后，可再次申请临床能力毕业考核和学位论文答辩。经再次申请，仍有论文评阅人认为未达到标准者，则终止学业。

3. 临床能力毕业考核，只要考核研究生是否具有较高的临床操作技能和独立处理本学科常见疾病和疑难病症的能力。

临床能力考核与论文答辩分开进行，临床能力毕业考核合格后方可申请论文答辩。临床能力毕业考核和学位论文答辩具体办法见《北京大学医学部临床医学专业学位研究生临床能力考核办法及学位论文答辩暂行规定》第十六、十七条，毕业考核内容及要求以《口腔医学专业学位临床能力考核及要求》为标准。

4. 研究生课程考试及临床能力考核合格，学位论文答辩通过者，经委员会无记名投票，全体委员三分之二以上同意，方可作出建议授予口腔医学专业学位的决议。经学位分会审核，校学位评定委员会批准，授予研究生口腔医学专业博士学位。

临床能力考核和学位论文答辩中有一项未通过者，委员会应作出是否同意在半年内重新考核或答辩一次的决议。经再次考核或论文答辩，通过者可授予口腔医学专业学位。临床能力考核和学位论文答辩均未通过者，委员会应作出不授予口腔医学专业博士学位的决议。

指　导

研究生第一阶段实行科主任与导师共同负责制，以集体指导的方式成立导师指导小组。其职责是：负责临床能力训练的指导和考核；由导师指导研究生完成一篇病例分析报告（含文献综述）。第二阶段实行导师指导为主并与科室集体培养相结合的方式。

管理与待遇

各学科专业和主管研究生工作办公室应对研究生加强管理，建立和健全各项研究生培养管理制度，并要注重教书育人。

研究生应积极参加本专业的业务学习和各项集体活动，遵守校纪校规。

研究生求学期间的待遇与同级住院医师相同，第一阶段享受硕士学位研究生的普通奖学金及物价补贴。除奖学金和补贴外，不足部分由所在学院补齐差额。

研究生的休假制度与同级住院医师相同，具体休假时间由科室安排。

执 行 时 间

本方案从2000年口腔医学专业学位研究生开始执行。

三、武汉大学口腔医学博士专业学位研究生培养方案

（一）培养目标

1. 遵守国家宪法和法律，拥护中国共产党的领导，拥护社会主义制度，热爱祖国，具有良好的医德医风，团结协作，身心健康，愿献身于我国现代化建设和口腔医学事业。

2. 具有较严密的逻辑思维和较强的分析问题、解决问题的能力，熟练地掌握本学科的临床技能，能独立处理本学科常见病及某些疑难病症，达到卫生部颁发的《住院医师规范化培训试行办法》中规定第二阶段培训合格的临床工作水平。

3. 掌握口腔临床医学坚实宽广的基础理论和系统深入的专业知识。

4. 具有从事临床科研工作的能力，能紧密结合临床实践，选定科研课题，实施科学研究。完成一篇具有一定临床应用价值的学位论文并通过论文答辩。

5. 熟练掌握英语，阅读本专业外文资料，具有良好的听、说和写作能力。

（二）学习年限及培养方式

攻读口腔医学博士专业学位研究生（简称临床型研究生）学制为三年。

1. 临床型研究生培养采取"分阶段连续培养，阶段考核筛选，择优者进入第二阶段，直接攻读博士学位"的培养方式进行。研究生完成第一阶段主要培养内容（学位课程学习、二级学科轮转）后，在第二学年下学期中期进行阶段考核，考核成绩优秀者且参加当年全国医学博士生公共外语考试合格者，可以升入第二阶段直接攻读口腔医学博士专业学位。

2. 获得口腔医学硕士专业学位，经由博士研究生入学考试录取的口腔医学博士专业学位研究生，直接按第二阶段培养方案进行。

3. 获口腔医学硕士学位（科研型）者，应根据个人临床工作情况，补足第

一阶段二级学科轮转的主要内容和要求，时间6个月，其余时间按第二阶段培养方案进行培养。

（三）培养办法与要求

1. 学位课程　博士学位研究生的课程学习实行学分制，总学要求13~15学分，总门数不少于4门。课程设置见表8-5。

表8-5 武汉大学口腔医学博士专业学位研究生课程表

课程名称	学时数	学分数	开设学期	教学方式
现代科技革命与马克思主义	54	2	1、3、5	讲授、讨论
英语	108	4	1、3	讲授
临床流行病学	72	3	1、3、5	讲授
基因工程实验技术	54	3	1	讲授
口腔医学新进展	36	3	3	讲授

公共必修课、专业基础课、专业外语统一组织授课并考试，其中专业外语和部分专业基础课在第二学期利用业余时间进行。专业课以导师辅导学生自学与专题讲座相结合的方式进行，在第三学期参加学院组织的统一考试。

2. 临床能力　博士研究生应根据本总则的规定，在导师指导下按照卫生部、国务院学位办下发的《口腔医学专业学位临床能力考核内容和要求》制定出个人培养计划。

3. 科研训练与学位论文　博士生在导师指导下，进行严格的科研训练，结合临床工作完成一篇学位论文。应选择临床医疗实践中出现的理论或技术问题作为研究课题，利用已有的科研手段，进行临床应用或临床应用基础的研究，从中学会临床科学研究方法，使其具有从事临床科学研究的能力。为保证博士学位论文质量，博士生学位论文工作应严格执行开题报告、论文工作进展报告和学位论文预答辩制度。

开题报告：研究生在确定选题后，应写出文献综述，提出论文选题报告，并在教研室内做开题报告。开题报告的内容应包括论文选题的理由，国内外关于本课题的研究现状及趋势，本人的详细研究方案等，开题时，应回答开题评议小组对本题的各种质疑，开题通过后应将开题评议小组意见加以修改与补充。开题未通过者，应重新设计开题。

论文工作进展报告：研究生应根据本人论文工作进展情况，按阶段在教研室的学术会议上，报告课题工作进展情况，参加会议者应对其论文工作中所遇到的问题，下一步的计划以及研究结果的可行性、完整性、科学性、先进性等进行评议，提出意见或建议，以保证能够完成一篇高质量的学位论文。

博士学位论文的书写格式按《武汉大学学位授予细则》的规定执行。

口腔医学博士专业学位研究生在校期间必须以第一作者在统计源刊物上发表至少一篇学术论著，才能获得申请学位的资格。

（四）临床能力考核

临床能力考核主要考核口腔医学博士专业学位研究生是否具有较高的口腔临床操作技能和独立处理本学科常见病和某些疑难病症的能力。

1. 考核要求　主要考查学位申请人是否具有较严密的逻辑思维和较强的分析问题、解决问题的能力，是否熟练地掌握本学科的技能，能否独立处理本学科常见病及某些疑难病症，能否对下级医师进行业务指导，是否掌握本学科宽广和深入的专业知识，达到主治医师水平。

2. 考核内容　包括思想品德素质（医德医风）、理论知识水平和临床实际能力。

3. 考核方法　具体考核办法见《武汉大学口腔医学博士专业学位临床能力考核与学位论文答辩的办法》。

（五）学位授予工作

研究生在完成口腔医学博士专业学位的全部培养要求后，经本学科科主任及导师同意，报学院学位分会批准，可进行临床能力毕业考核及学位论文答辩，并为其聘请答辩考核委员，组织毕业考核和论文答辩。

考核答辩委员会人选名单由本学科提出，委员中至少应有两位口腔医学博士生导师，经学院学位分会审核，报校学位评定委员会批准。在毕业考核和学位论文答辩前一个月，应将研究生临床工作总结和学位论文送交论文评阅人和委员会其他成员，论文评阅人应对研究生的临床工作总结和学位论文写出详细评语。论文评阅人认为研究生临床能力和学位论文达到博士学位标准者，方可组织临床能力毕业考核和学位论文答辩。

研究生课程考试和临床能力考核合格，学位论文答辩通过，委员会经无记名投票，全体委员三分之二以上同意，方可作出建议授予口腔医学博士专业学位的决议，经学位分会审核，报校学位评定委员会批准，授予口腔医学专业博士学位。

临床能力毕业考核和学位论文答辩具体办法见《武汉大学口腔医学专业学位研究生临床能力考核办与学位论文答辩的暂行规定》。

（六）研究生的指导和管理

研究生的培养采取导师指导与集体培养相结合的原则，由本学科主任、导师和本学科主任、副主任医师共同组成指导小组。主治医师可参加指导小组并协助指导临床技能训练工作。实行科主任负责全面管理，导师负责指导，小组成员分工指导，具体负责研究生的临床能力训练和考核，指导研究生完成一篇学位论文。

本培养方案从2001级口腔医学专业学位研究生开始执行。

四、武汉大学口腔医学硕士专业学位研究生培养方案

（一）培养目标

1. 遵守国家宪法和法律，拥护中国共产党的领导，拥护社会主义制度，热爱祖国，具有良好的医德医风，团结协作，身体健康，愿献身于我国现代化建设和口腔医学事业。

2. 具有较强的临床分析和思维能力，能独立处理本学科（指口腔内科学、口腔颌面外科学、口腔修复学、口腔正畸学等，以下同）领域内的常见病，达到卫生部颁发的《住院医师规范化培训试行办法》中规定第一阶段培训合格的临床工作水平。

3. 掌握口腔临床医学较宽广的基础理论和较系统的专业知识。

4. 能结合临床实际，学习并掌握临床科学研究的基本方法，完成一篇学位论文并通过论文答辩。

5. 练掌握英语，具有阅读本专业外文资料的能力。

（二）学习年限及培养方式

经由硕士生入学考试录取的攻读口腔医学硕士专业学位研究生（简称临床型研究生），学制为三年。临床型研究生培养采取"分阶段连续培养，阶段考核筛选，择优进入第二阶段，直接攻读博士学位"的培养方式进行。研究生完成第一阶段主要培养内容（学位课程学习、二级学科轮转）后，在第二学年下学期中期

进行阶段考核，考核成绩优秀者且参加当年全国医学博士生公共外语考试合格者，可以升入第二阶段直接攻读口腔医学博士专业学位；考核成绩合格，但未能升入第二阶段者，完成第一阶段的全部培养内容并达到要求，可申请口腔医学硕士专业学位，考核成绩不合格者中止学习。

（三）培养办法与要求

1. 学位课程 硕士专业学位研究生的课程学习实行学分制，总学分不少于15学分，总门数不少于6门。具体课程要求见表8-6。

表8-6 武汉大学口腔医学硕士专业学位研究生课程表

类别	课程编码	课程名称	学分	学时	开课学期	教学方式	考核方式
公共必修课	0000A0001	科学社会主义理论与实践	2	54	1	讲授、讨论	考试
		自然辩证法	2	5	2	讲授	考试
		英语	6	216	1~2	讲授	考试
专业必修课	0000A0003	医学统计学	4	72	1	讲授	考试
		口腔生物学	2	36	3	讲授	考试
		口腔临床医学	3	54	3	讲授自学	考试
研究方向必修课	0000A0004	口腔临床解剖学	2.5	45	1	讲授	考试
		组织培养技术	3	54	2	讲授	考试
		生物化学技术	3	54	2	讲授	考试
		免疫学实验技术	3	54	2	讲授	考试
		细胞遗传学实验技术	2.5	45	2	讲授	考试
		医学免疫学	3	54	1	讲授	考试
		生物医学电镜技术	2	36	2	讲授	考试
		生物医学技术	2.5	45	2	讲授	考试

公共必修课、专业基础课、专业外语统一组织授课并考试，专业外语和口腔医学新进展在第二学期业余时间进行。专业课以导师辅导学生自学与专题讲座相结合的方式进行，在第三学期参加学院组织的统一考试。

2. 临床能力 本阶段为二级学科基础训练，以二级学科的各专业轮转为主，兼顾相关科室。通过本阶段的临床能力训练，掌握本专业基本诊断、治疗技术，本学科常见病、多发病的病因、发病机制、临床表现、诊断和鉴别诊断、处理方法；学会急诊处理、接待病人、病历书写、临床教学等技能；培养严谨的科学作风和高尚的医德。

研究生应在导师指导下，按照卫生部、国务院学位办下发的《口腔医学专业学位临床能力考核内容和要求》制定出个人培养计划，完成其学习的内容和质量要求。出科时必须进行转科考核，考核不合格者应适当延长转科时间，并进行补考。转科考试不合格者，不能参加阶段考试。

3. 科研训练与学位论文　硕士专业学位研究生在本阶段进行临床能力训练同时，进行临床科研能力训练。具体要求是：在临床科研训练中学会文献检索、收集资料、数据处理等科学研究的基本方法，培养临床科研能力训练与分析能力，结合临床实际，以总结临床实践经验为主，完成一篇学位论文。研究生应利用业余时间从事科研工作，不能占用临床训练时间。

（四）临床能力考核

转科考核：

1. 考核要求　考查口腔医学硕士专业学学位申请人是否按培养方案完成各轮转科室的培养要求，是否掌握了本专业的基本知识和基本技能，是否具有良好的医德医风。

2. 考核方法　具体考核办法见《武汉大学口腔医学硕士专业学位临床能力考核与学位论文答辩的办法》。

阶段考核：

指硕士专业学位研究生完成第一阶段（硕士）的主要培养内容，择优转入博士阶段的临床能力考核或申请口腔医学硕士专业学位的临床能力毕业考核。口腔医学硕士专业学位研究生的毕业考核和阶段考核合二为一。

1. 考核要求　主要考核学位申请人是否具有良好的思想品质与医德医风，是否掌握本学科基础理论和专业知识，是否具有较强的临床分析和思维能力，能否独立处理本学科的常见病，并对下级医师进行业务指导，达到高年资住院医师水平。

2. 考核内容　思想品德素质、理论知识水平（含学位课程成绩、专业课及专业外语考试）和临床实际能力。

3. 考核方法　具体考核办法见《武汉大学口腔医学硕士专业学位临床能力考核与学位论文答辩的办法》。

（五）学位授予工作

口腔医学硕士专业学位研究生未能升入第二阶段，阶段考核成绩合格并完成了口腔医学硕士专业学位的全部培养要求后，可向学院科研办提出申请，经科主任或导师审核同意，报学位分委员会批准，可进行学位论文答辩。

论文答辩委员会由五名具有高级专业技术职务的专家组成，委员中至少有两位是口腔医学硕士生导师。答辩的其他要求按《武汉大学学位授予工作实施细则》执行。

口腔医学硕士专业学位研究生课程考试和临床能力毕业考试（即阶段考核）合格，学位论文答辩通过，委员会经无记名投票，全体委员三分之二以上同意，方可作出建议授予口腔医学硕士专业学位的决议，经学院学位分会审核批准，报校学位评定委员会确认备案，授予口腔医学硕士专业学位。

（六）研究生的指导和管理

研究生的培养采取导师指导与集体培养相结合的原则，由本学科主任、导师和本学科主任、副主任医师共同组成指导小组。主治医师可参加指导小组并协助指导临床技能训练工作。实行科主任负责全面管理，导师负责指导，小组成员分工指导，具体负责研究生的临床能力训练和考核，指导研究生完成一篇学位论文。

本培养方案从2000级口腔医学硕士专业学位研究生开始执行。

本章图表数据来自历年《中国口腔医学年鉴统计》

第九章 中国高等口腔医学教育战略规划

中国高等口腔医学教育战略规划的重大意义在于目标的设定、方向的指引，探讨中国高等口腔医学教育的未来并作相应的准备。本章从制定战略规划的背景出发，分析口腔医学专业发展战略的理论基础。通过国际发展态势及现状分析来探讨口腔医学专业人才需求状况。针对口腔医学专业发展存在的问题，提出口腔医学专业改革与发展思路，从而对中国高等口腔医学教育进行战略规划。

第一节 制定战略规划的背景

口腔医学的战略发展在运行过程中，遇到不同的时代背景需要作相应的战略调整。口腔医学的发展背景包括政治环境（P）、经济环境（E）、社会环境（S）、技术环境（T），简称PEST。正是各种环境的进化促进了口腔医学的战略发展。

一、口腔医学的发展与所处环境发展密切相关

1954年7月，高等教育部、卫生部在北京联合召开全国高等医学教育会议，会议决定按照苏联医学教育模式与专业构架设立口腔内科学、口腔颌面外科学和口腔矫形学3个教研室及专业教学计划，这3个教研室正是口腔临床医学中4个三级学科中3个学科的雏形。

经过30年的发展，到20世纪80年代后期，口腔医学的原型逐渐不能适应客观实际。口腔医学系学生与医学系学生大体一致的课程设置已经不能满足口腔医学事业发展的需要。1983—1984年，在武汉与在成都分别召开的"全国高等口腔医学教材编写工作会议"和"全国口腔医学教育学术研讨会"上提出口腔医学教育改革的问题。会议确定了口腔预防医学与口腔解剖生理学等8门教材的主编

与编写人员，讨论了口腔医学教育模式与培养目标等问题，最终提出适应为中国口腔医学事业的发展，必须实行多层次、多规格、多形式办学的发展战略。中国共产党第十四次全国代表大会上明确提出，"必须把教育摆在优先发展的战略地位，努力提高全民族的思想道德和科学文化水平，这是实现中国现代化的根本大计"；还提出了"教育必须为社会主义现代化建设服务，必须与生产劳动相结合，培养德、智、体全面发展的建设者和接班人"的方针。

1994年，按照党中央、国务院《中国教育改革和发展纲要》及其实施意见的要求，高校招生不再有计划外指标，不再分公费和自费，随着高等教育各项改革的不断深化，中国高校已逐步转入由政府、社会、学生家长或个人对教育成本合理分担的机制。进入21世纪，随着高校扩招与合并，教学评估、质量工程、专业认证工作的全面铺开，高等口腔医学教育正逐步步入良性循环的轨道。

二、口腔医学的发展与经济发展和社会进步密切相关

近年来，中国在经济建设中取得了巨大成就。GDP不断增长，部分地区人均GDP已经达到中等发达国家水平，全社会对生命和健康更加关注。在口腔健康方面，不仅关注单纯的功能恢复，甚至关注审美艺术。这些关注促进了对口腔医学人才的需求，也促进了口腔医学专业教育，促进专业人员提高知识、技能、态度等综合素质，运用现代科学技术新成就进行诊断和治疗。口腔卫生健康不再只是个体生活品质的体现，也是社会进步程度与经济发展的重要反映。

三、口腔医学的发展与技术环境发展水平密切相关

现代科学技术的成就对口腔医学不断渗透，基础医学、临床医学以及有关理工学科的发展与进步都不断带动口腔医学的发展，督促口腔医学专业产生质的飞跃。到了生命科学、信息化、网络化时代交叉的21世纪，口腔医学科技呈现出交叉、融合与综合化趋势。环境的进化促进着口腔医学的发展，口腔医学的发展也促进着环境的改善。随着社会经济、技术等水平的进一步提高，中国居民的口腔卫生健康水平必将逐步提高。相信在21世纪，中国的口腔医学事业必将更上一个台阶。

第二节 ┃ 口腔医学专业发展战略的理论基础

发展是指事物的螺旋形上升与曲折性前进。发展机制来自于事物内涵，是多种因素互动的结果。各种因素连接在一起，形成社会系统，形成发展的战略结构。不同因素在发展中所处的地位不同，对发展的作用也不同。发展的这种情形"既保留了各因素在发展中存在的价值，也提供了发展研究的多维视角。"这种多维视角正是战略研究的指向。

战略是对事物的宏观把握，是关于一个组织的长远的、全局的目标，以及组织为实现目标在不同阶段上实施的不同方针和对策。迈克尔·波特在"What is strategy?"一文中指出，战略的核心在于差异性。因此，口腔医学专业在不同的历史阶段有着不同的战略发展历程。通常认为，美国耶鲁大学赫希曼教授最早将"战略"一词从军事概念移植到发展经济学中，并与"发展"联系起来成为"发展战略"。发展是战略的方法解，旨在从系统性与长远性的决策准则和谋划当中"体现人类把握未来的一种决策理性"。口腔医学专业发展战略正是建立在这样一种相互联系、相互影响、相互作用的世界观之上的力图对未来的理性把握。这种发展战略观点促进口腔医学从历史回顾与现实角度去思考，尊重客观实在；也促进口腔医学专业发展的多角度与多层次进行，肩负起了推进人类口腔卫生事业的导向重任。

第三节 ┃ 国际发展态势及现状分析

本节以世界口腔卫生人力资源及世界口腔卫生状况为研究对象，从供需两个角度单独分析世界口腔医学事业的发展态势。

一、世界口腔卫生人力资源

口腔卫生人力资源在同一地点不同时间有所不同，世界口腔卫生资源在不同地点同一时间也各不相同。根据2008年世界卫生年鉴统计，世界卫生人力资源大致情况如表9-1所示。

表9-1 2002—2006年世界部分国家及地区卫生人力资源统计　　　单位:(人)

国家或地区	人数			每万人口		
	医师	口腔医师	护士和助产士	医师	口腔医师	护士
中国	1 862 630	136 520	1 301 240	14	1	10
非洲	150 714	23 964	792 853	2	<1	11
美洲	1 620 329	900 702	4 095 757	19	11	49
东南亚	849 324	86 393	1 955 190	5	<1	12
欧洲	2 825 271	467 829	6 941 698	32	5	78
东地中海	532 486	84 033	777 077	10	2	15
西太平洋	2 435 023	318 278	3 466 342	14	2	20
全球	8 413 147	1 881 199	18 028 917	13	3	28

数据来源: World Health Organization.World health statistics，2008.

从绝对数据来看，口腔医师分布较多的地区是西太平洋、欧洲、美洲，然后是东南亚、东地中海地区，分布最少的地区是非洲；从相对数据来看，每万人口腔医师数最多的是在美洲、欧洲，其次才是西太平洋与东地中海。中国处在西太平洋地区，尽管中国口腔医师绝对数较大，但是中国人口基数也大，直接导致每万人口口腔医师数的降低。东南亚地区与非洲的每万人口腔医师都小于1，并且低于全球平均水平。从每万人口医师与护士人数来讲，欧洲与美洲都占据了绝对优势。综合以上分析得出，世界口腔卫生事业发展地区主要在美洲、欧洲，然后是西太平洋、东地中海地区，薄弱环节在非洲和东南亚地区。

二、世界口腔卫生状况

世界口腔卫生水平在30年来有了很大的提高，以12岁儿童患龋角度为例，1980年，对107个国家的调查结果显示，世界口腔卫生数据库中51%的国家龋均小于或者等于3。2000年，全球龋均1.74，其中128个国家（占据世界85%人口）12岁儿童龋均小于3。2004年，全球188个国家的龋均为1.61，其中139个国家（占据世界86%人口）12岁儿童龋均小于3。如图9-1所示。从20世纪80年代以来，全世界患龋率与龋均逐年降低。由于公共卫生质量、自我保健意识等的提高，发达国家龋均下降尤其明显。

口腔卫生状况与很多复杂因素相关。从应对角度来讲，可以分为治疗与预防两大环节。从治疗环节来论，口腔医师水平与数量起最重要的作用；从预防环节

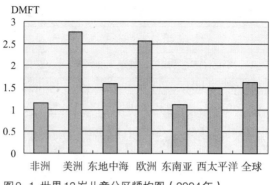

DMFT

图9-1 世界12岁儿童分区龋均图（2004年）

来论，口腔卫生人员的积极宣传，引导居民口腔卫生健康意识的提高对世界口腔卫生状况改善起了重要作用。无论是从治疗环节还是从预防环节，口腔卫生健康水平的提高源于口腔医学教育及配套工程的发展。从口腔基础医学到口腔临床医学的发展都推动了人类口腔卫生健康水平的提高。

第四节 ▌口腔医学专业人才需求状况分析

本节分别从口腔卫生资源状况、口腔卫生医疗服务情况、居民口腔健康水平以及口腔医学教育发展状况、口腔医学教育情况、国内情况分析人才需求、对比国际情况分析人才需求进行现状分析，同时探讨口腔卫生事业人才的知识结构、能力、素质的要求。

一、口腔卫生资源状况

口腔卫生资源包括口腔卫生人力资源、卫生设施资源、卫生财力资源等。由于短板效应，单独某一项资源的增加不可能提高口腔卫生效力。只有口腔卫生资源的三大要素共同发展，并与医疗服务合作才可能促进口腔卫生状况的改善与提高。

（一）口腔卫生人力资源

中国卫生统计年鉴载明，截止到2005年按照分科医师统计，中国有口腔执业（助理）医师51 012人，占全国医师总数的3.2%，若按照口腔类别统计则有58 803人，占全国医师总数的3.6%，两者统计方法都显示口腔执业（助理）医师高于历史记录。

1. 分年考查全国口腔科医师增长情况

中国卫生统计公布的分年口腔医师数不仅反映了各年口腔卫生人力资源状况，更重要的是反映了口腔医学教育的发展。新中国成立以来，全国医师与口腔医师数都呈现单边上升态势。但是，从口腔医师相对全国医师的构成则有所反复。1949年到1958年，口腔医师数从600人增长到2 320人，构成从1.3%比较平衡地上升到3.1%。1959年到1982年开始转向在较低构成水平上徘徊，虽绝对数达到9 236人，但构成只有总医师数的1.4%。1982年后，随着老校复苏到全面铺开，口腔医师数与占全国医师数构成数才双双上扬。现在全国口腔医师总数和新中国成立初相比几乎增长了近100倍。分年全国口腔医师数实际上折射出了国家和个人对于口腔医学事业发展的不同历史时期的不同反映。

2. 分类考查全国口腔医师总体结构

分析2005年全国口腔执业（助理）医师年龄、工作年限、学历构成。从年龄结构来看，口腔执业（助理）医师主要分布在25~54岁间，其中25~44岁间占了70.7%~68.8%以上的绝对数据。这种分布说明口腔医师队伍主要由中青年人员组成，中老年人员次之。这样的年龄结构有利于今后医师队伍的增长。从工作年限来看，峰值处在10~19年间，为33.8%~36.1%。口腔医师就业平均年龄按照25岁计算，则10~19年工作年限后处在35~44岁期间，基本符合35~44岁医师33.1%~36.6%的年龄分布。这种分布大体说明口腔医师队伍比较稳定，无较大医师转行行为，利于今后口腔医师队伍的增长。从学历结构来分析，口腔执业医师中专学历持有者为34.0%、助理医师为28.5%，分别比一般医师平均水平高4.6%、4.2%，说明中专比例过高。本科学历持有者分别为22.8%、27.7%，分别低于一般医师平均水平6.3%、6.6%，说明本科学历持有不足。硕士和博士学历的持有比例均高于平均水平，说明口腔高端医师人才相对于一般医师平均水平高。

3. 分地区考查口腔医师具体分布结构

2009年卫生统计年鉴仅反映了2005年全国各地区口腔类别执业（助理）医师构成数据，用SPSS13.0进行数据分析，全国31个省、自治区、直辖市中，口腔执业（助理）医师占本地执业（助理）医师比例的最大值和最小值分别为6.0和1.10，均值为3.587 1，标准差为1.037 86，表明各省、自治区、直辖市口腔执业（助理）医师占各地医师的百分比大部分集中在2.55%~4.62%之间。比例最高的地方在北京、吉林、上海、黑龙江、辽宁、云南。比例较高地区以华北为主，属于人均收入相对较高、经济发展较快的区域；比例最低的地方在西藏、湖南、重庆、江西、河北等地，以西南地区为主，属于人均收入相对较低、经济发展较慢的区域。采用SPSS的Explore分析功能，判断口腔执业（助理）医师占本地医师比例的全国状况，如图9-2所示。

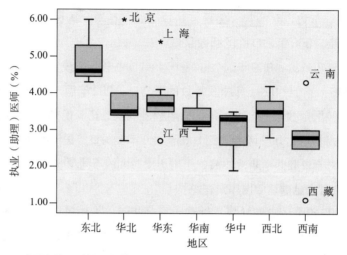

图9-2 我国各地口腔执业（助理）医师占本地执业（助理）医师的百分比箱图

相对来讲，西北地区呈现比较明显的正态分布，华北、西南、华东地区等地区均有不同程度的离群数据。除西北地区外，口腔执业（助理）医师占本地医师比例分布不均。进一步采用SPSS的Explore分析功能，判断各地口腔执业（助理）医师占全国口腔执业（助理）医师比例的分布状况，如图9-3所示。

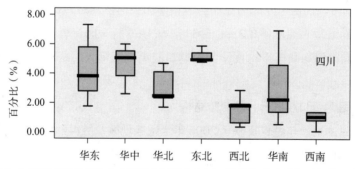

图9-3 我国各地口腔执业（助理）医师占全国口腔执业（助理）医师的百分比箱图

从全国范围内看，除西北地区以外，各地区均有比例较高的省、市、自治区或者直辖市存在。比例极大值在广东，极小值在西藏。比例较高的地区在华东、华中与东北；比例较低的地区在西南与西北，其中以西南为主。从同一地区范围来看，分布比较理想的地区是华东、华中与华南，而分布欠佳的地区有华北、东北、西北及西南。分布较好地区的共性在于有政治中心或者经济中心的存在，西部地区则由于相对落后的经济限制了人群的消费意识与消费水平。

由此看来，口腔类别在本地医师中存在较高比例的地区主要集中在经济相对比较好的省份，在全国口腔医师中占有较高比例的地区也主要集中在经济相对比较好的省份。随着经济的发展与人民生活质量的提高，在未来的几年内，随着富民政策的推进与经济的不断发展，较弱地方的口腔医疗行业发展将极有可能获得突破。

此外，由于目前还缺乏口腔卫生人力资源类型结构体系的全面数据，特别是数以万计的民营诊所口腔从业人员的准确统计限制，该讨论难以深入。另外，目前世界上大部分国家有口腔医师、口腔医师助手、口腔实验技工或口腔技师、口腔洁治师、口腔卫生士等人力资源类型。中国目前在结构、层次上确实还存在某些不合理现象，导致口腔卫生人力资源的浪费与不足并存。因此，应加强口腔辅助人员和助手的训练，使之能够承担简单的日常治疗工作，以减少口腔医生不必要的时间浪费，提高工作效率。

（二）口腔卫生设施资源

口腔卫生设施资源主要由电动牙科椅与口腔科床位两项指标构成。

电动牙科椅是口腔医疗的专用设备，也是基本设备。电动牙科椅的配置可以反映口腔医疗行业的发展。表9-2反映出配置台数及配置率逐年升高，在2001年达到57.9%，共27 168台，说明医院对于口腔卫生的重视与设施的跟进。口腔科床位也是口腔医疗的重要装备，从1985年到2006年，总计床位从1 487 148张增长到2 779 219张，增长了1.9倍，而口腔科床位从6 093张增长到15 994张，增长了2.6倍。数据显示口腔科床位资源不但增长，而且基本没有滞后于总计床位资源增长，反映出社会对于口腔卫生的持续需要与重视。

表9-2 医院电动牙科椅拥有率（%）

年份	1996	1998	2000	2001
电动牙科椅数（台）	16 901	20 958	25 205	27 168
电动牙科椅配置率（%）	46.7	51.1	55.6	57.9

数据来源：2005年中国卫生统计提要。

（三）口腔卫生财力资源

口腔卫生财力资源主要指各年的口腔卫生费用，借助于卫生总费用、个人卫生总费用、卫生总费用占GDP比例等体现。如表9-3所示。

表9-3 卫生费用

年份	1980	1990	1995	2000	2001	2002	2003
卫生总费用（亿元）	143.2	747.4	2 155.1	4 586.6	5 025.9	5 684.6	6 623.3
卫生总费用占GDP百分比(%)	3.17	4.03	3.69	5.13	5.16	5.42	5.65
人均卫生总费用（元）	14.51	65.4	177.9	361.9	393.8	442.6	512.5
城市	–	158.8	401.3	828.6	839.1	932.9	–
农村	–	38.8	112.9	209.4	245.6	268.6	–

数据来源：2008年中国卫生统计年鉴。

表中反映卫生总费用、人均卫生总费用、城市与农村卫生费用在20年来不断增长，卫生总费用占GDP的百分比在1995年略有反复，总体走势也是增长。其中，卫生总费用增长至46倍余，卫生总费用占GDP%增长至1.78倍，说明整个社会对于卫生状况的关注与日俱增。城市与农村的卫生费用两者比值从1980年的4.1：1到2002年的3.47：1，说明22年间在卫生总费用方面，城乡差距略有缩小。但是，由于历年城市人口一直少于农村人口，因此城乡差距仍然较大。

二、口腔卫生治疗状况

口腔病多发、易发，需要反复治疗。2007年医院口腔科门诊人次显示为4 775.4万人次，占总计158 191.7万人次的3.02%，出院人数显示为28万人次，占总计6 451万人次的0.44%。表9-4为2007年各地区口腔科门急诊、出院人次表，借以分析口腔卫生治疗地区差异状况。

表9-4 各地区医院口腔科门急诊、出院人次（2007年）

地区	门急诊人次数				出院人次			
	合计 （万人次）	构成比 （%）	口腔科 （万人次）	构成比 （%）	合计 （人次）	构成比 （%）	口腔科 （人次）	构成比 （%）
总计	158 191.7	100.0	4 775.4	100.0	64 512 444	100.0	283 930	100.0
东部	88 801.7	56.1	2 850.2	59.7	29 284 855	45.4	137 335	48.4
中部	35 457.1	22.4	1 012.1	21.2	18 758 984	29.1	92 450	32.6
西部	33 932.8	21.5	913.1	19.1	16 468 605	25.5	54 145	19.1

数据来源：2008年中国卫生统计年鉴。

　　按地区分析。横向比较东部地区医院情况，门急诊人次栏中口腔科构成比为59.7%，高于合计栏的56.1%；出院人次栏中口腔科构成比为48.4%，也高于合计栏的45.4%。说明在东部地区居民对于口腔卫生需求较高于东部平均水平。横向比较比较西部地区，口腔科门急诊人次构成比（19.1%）与出院人次构成比（19.1%）都低于相应合计栏构成比（21.5%、25.5%），说明西部地区对于口腔卫生的需求较低于西部平均水平，对口腔卫生的关注有待提高。

　　按门急诊与出院人次分别分析。从东到西，门急诊人次数合计构成比、门急诊人次口腔科构成比、出院人次合计构成比、口腔科人次构成比都分别呈现从东部到西部递减态势。反映出东部地区（口腔）卫生需求高于中部，中部则高于西部。中部地区特点表现在门急诊与出院人次比例的不同。门急诊人次口腔科构成比为21.2%，低于门急诊合计构成比（22.4%）。但是，出院人次中情况相反。出院人次口腔科构成比为32.6%，高于出院合计构成比（29.1%）。反映出中部地区口腔卫生的重症病人需求较高。

三、居民口腔健康水平

　　龋病是口腔常见病之一，口腔卫生状况的主要指标是总人口的患龋数，以12岁儿童的恒牙龋失补指数为依据。此外，对于中老年人来讲，牙周健康也是重要的一项。以北京为例，20世纪末对1 517人9种口腔疾病（龋病、牙周炎、牙龈炎、缺牙、牙结石、楔状缺损、牙外伤、智齿阻生和错畸形）的调查结果显示患病率高达97.6%，约有80%成人为牙周炎患者。55~64岁年龄组牙周炎患病率达90%，65岁以上老人平均牙列缺失11颗。

（一）分省居民口腔卫生健康水平

对比第一次与第二次全国流行病学调查情况，各受调查省份的口腔状况发展不一。从表9-5中分离出龋均变化不大的省份是浙江、山东、四川；而龋均上升的省份是浙江、广东、辽宁、云南、甘肃；龋均下降的省份是北京、天津、上海、湖北。龋均下降的省份集中分布在口腔医师比较集中，口腔卫生治疗状况防治较好的华北与华东地区。

表9-5 部分省份12岁儿童龋均调查对比表

省份	龋均（DMFT）1982—1984年	龋均（DMFT）1995—1996年
总计	—	1.03～0.88
浙江	1.22	1.29～1.46
广东	0.91	1.63～1.65
辽宁	0.76	1.45～1.29
云南	0.46	1.03～0.88
甘肃	0.36	1.17～0.87
北京	1.41	0.97～0.98*
天津	1.41	1.02～1.02
上海	1.17	0.96～0.96
湖北	0.9	0.61～0.51
山东	0.69	0.69～0.59
四川	0.57	0.53～0.37

数据来源：世界卫生组织网站http://www.whocollab.od.mah.se/wpro/china/data/chinnat84.html

（二）城乡居民口腔卫生健康水平

根据1998年公布的全国第二次口腔健康流行病学调查结果（如表9-6所示），中国12岁儿童患龋率为45.8%，龋均为1。其中城市患龋率为48.3%，龋均1.1，农村患龋率为40.8%，龋均0.9。农村龋病情况好于城市。35~44年龄组以下的其他各年龄组状况相同。65~74年龄组城市与农村相差不太大，但是健康状况都弱于其他年龄组。总的来说，城乡居民口腔卫生健康水平差异比较明显。

---

* 第一个值（例如0.97~0.98）表示样本龋均，第二个值表示加权龋均。

（三）中老年人口腔卫生健康水平

根据2005年7月全国第三次口腔健康流行病学调查结果，中国12岁儿童恒牙龋病患病率为28.9%，相对于第二次调查结果情况大有好转，但是有89.0%的龋齿未经治疗；中老年人的牙齿问题较为突出，特别是65~74岁年龄组龋病患病率为98.4%，相对于第二次调查结果患病率增加33.6%，并且患龋的牙齿中有78.9%~91.7%的龋齿未治疗；中老年人牙周健康率分别为14.5%、14.1%。中老年人口腔卫生状况不容乐观，卫生部因此将2008年"爱牙日"的主题确定为"关注中老年人口腔健康"。

表9-6 分年龄组龋病调查（1995年）

年龄组（岁）	城市		农村		总计	
	患龋率（%）	龋均（DMFT）	患龋率（%）	龋均（DMFT）	患龋率（%）	龋均（DMFT）
12	48.3	1.1	40.8	0.9	45.8	1
15	55.7	1.5	45.9	1.2	52.4	1.4
18	58.2	1.7	49.5	1.3	55.3	1.6
35~44	64.6	2.2	59.9	2	63	2.1
65~74	65	11.6	64.2	13.9	64.8	12.4

数据来源：Wang Hong-Ying et al. The Second national survey of oral health status of children and adults in China. Int Dent J, 2002; 52：283-290.

四、从国内情况分析人才需求

随着人民生活、文化、教育水平的提高，将会有更多的口腔卫生需要产生。尽管口腔医师的估测涉及政策因素、技术因素、医疗保险等多种复杂因素，但还是可以采取健康需要分析估算的办法，分析中国人才需求状况，从而寻找人才需求差距。

健康需要分析法（health need method）是将总人口目标的就诊需要量与口腔医师可提供的工作量对比。具体公式为：$M=P \times I \times N \times T/S$。$P$代表目标年人口总数（以2006年数据131 448万为例），I代表平均每人每年患病次数（设为1次/人·年），N代表每年需要就诊次数（设为1次/人·年），T为平均一次服务时间（以0.5 h计），S为口腔医师工作总量为1 750 h（以每周5天，每天工作7 h计算）。则需要口腔医师$M=P \times I \times N \times T/S=131\,448 \times 1 \times 1 \times 0.5/1\,750 \approx 37.6$（万人），中国口腔医师以正式公布的13.652万人计算，尚有约23.948万人的缺口。

五、对比国际情况分析人才需求

根据2008年世界卫生统计年鉴部分国家医师、口腔医师等数据（如表9-7所示），进行口腔医师人力人口比值分析及参照国对比分析。

表9-7 世界卫生人力资源统计（2002—2006年）　　　　单位：（人）

国家、地区	人数			每万人口		
	医师	口腔医师	护士和助产士	医师	口腔医师	护士
全球	8 413 147	1 881 199	18 028 917	13	3	28
中国	1 862 630	136 520	1 301 240	14	1	10
丹麦	19 287	4 530	54 073	36	8	101
澳大利亚	47 875	21 296	187 837	25	11	97
法国	207 277	41 374	486 006	34	7	80
德国	284 427	65 683	662 000	34	8	80
印度	645 825	55 058	1 372 059	6	<1	13
日本	270 371	95 197	1 210 633	21	7	95
荷兰	60 519	7 994	239 172	37	5	146
瑞典	29 190	7 270	97 005	33	8	109
英国	133 641	58 729	740 731	23	10	128
美国	730 801	463 663	2 669 603	26	16	94

数据来源：World health statistics 2008。

（一）人力人口比值分析法

从绝对数量来讲，中国口腔医师数量大于其他任何一个国家，但是由于人口基数达13亿，因此每万人口口腔医师比例又非常小，为1∶10 000，仅略高于印度，不及全球平均水平，远远低于荷兰、法国、瑞典、英国、美国等。下面拟采取人力/人口比值计算法，推算中国距离世界平均水平究竟还差多少口腔医师。采用WHO成员国推荐的卫生人力/人口比值法（manpower/population ration method）估测2006年所需要口腔卫生人员数。公式为：$W = P \times$ 人力/人口比。其中 W 代表2006年所需要的口腔医师数，P 代表人口数（取2006年全国人口数

131 448万），口腔医师人力/人口比取2006年全球平均数（3人口腔医师/万人口），则2006年中国需近40万口腔医师。

同理，可以分析护士需求量，根据人力/人口比值取全球平均数（28人/万人口），则中国约需要护士131 448×28/10 000 ≈ 368（万人）。按照表9-7中护士与助产士人数（1 301 240人）计算差额，中国约缺护士238万人。护士是医师的助手，没有足够数量的护士就会影响医师的操作时间与效率，口腔治疗就不可能形成四手操作环境。

（二）参照国对比分析法

参照国对比分析法可用于寻找护士配额。原理是借用参照国口腔医师与护士的比值作比较后，再按中国现有医师数寻求护士配额。中国口腔医师与护士的比值约为1∶10，接近于世界平均比值（3∶28），比值接近说明中国在口腔医师与护士的人力匹配处于世界平均水平。但是由于中国口腔医师绝对量的大缺口，导致护士绝对量也有大缺口。现用国家对比分析法分析中国护士需求。

以瑞典7 270∶97 005为比较对象，则：

$$中国护士需要量 = \frac{中国口腔医师人口数 \times 瑞典每万人口护士数}{瑞典每万人口口腔医师数}$$

$$= \frac{136\ 520 \times 97\ 005}{7\ 270}$$

$$\approx 1\ 821\ 612（人）$$

结论是：相对于参照国瑞典，中国现阶段约缺护士52万（1 821 612-1 301 240=520 372）。同理，相对于日本约缺160万；相对于荷兰约缺395万。综合人力人口比分析出的护士缺口（238万）与用国家对比分析法得出的护士缺口数，中国护士缺口应在1百万以上，因此应该加强护士的培养与供给。

第五节 ▎口腔医学专业发展存在的问题

中国口腔医学专业发展到今天，已经取得了丰硕的成果。到2005年，口腔科注册医师占全国总医师数年3.2%，比新中国成立初期的1.2%提高了两个百分点，达到历史最高水平。统计2007年口腔科门急诊与出院人次，解决了4 800万次人口的就诊需求。但是中国口腔医学学科（专业）仍然存在问题，从理念到实践都有些需要调整的地方。

一、中国口腔卫生人力资源和口腔卫生服务发展与现状的调查

制定学科专业战略发展规划，最重要的是在大量真实全面的数据基础上，根据中国口腔卫生人力资源和口腔卫生服务发展与现状，并与世界相关国家和地区进行比较而制定发展规模、发展层次、人员结构等相关规划，但从目前查阅文献的情况来看，一是相关文献很少，基本依据中国卫生统计年鉴、卫生统计提要，但未包括诊所、卫生保健所、医务室的口腔医师数。二是查到的权威文献及专家论文，都发现有很多不一致的地方。

根据2004年发表的相关文献，1996年到2000年，人均GDP达到中等收入国家的每位口腔医师服务人口平均数为48 621人。国家统计局发布的统计数据显示，2007年全年中国GDP为246 619亿元，折合美元约3.5万亿，比上年增长11.4%。人均约2 600美元，基本进入中等收入国家水平。

2008世界卫生统计年鉴中可见，中国目前每位口腔医师服务人口数已达到10 000，大大超过了1996年到2000年间中等收入国家每位口腔医师服务人口平均数水平。而2008世界卫生统计年鉴中公布的2000年到2006年全球平均数（3人口腔医师/万人口相当于每位口腔医师服务人口平均数为3 333人）又和1996年到2000年期间中等收入国家的每位口腔医师服务人口平均数48 621人存在近10倍差异，说明中等收入国家牙医人口比平均数与世界牙医人口比平均数二者之间的关系还有待进一步分析。

国内研究口腔卫生人力资源为数不多的专家曾使用卫生人力/人口样本总体比值法预测中国2002年个体牙科诊所数为54 877个，共有口腔医学从业人员为249 906人，并利用时间序列模型，采用Box-Jenkins建模方法，建立年度（X_1）、人均GDP（X_2）与全国口腔医师总数（Y）的时间序列模型。估测中国口腔医师人数（不包括诊所、卫生保健所、医务室的口腔医师数）2010年为50 711人，2025年为72 284人。

根据中国卫生统计年鉴、卫生统计提要，2002年当年公布的注册执业医师数为48 705人，2005年就达到了51 012人。此数据来源于2008年中国卫生统计年鉴，还没有2006年到2008年的数据，数据公布较为滞后。2008世界卫生统计年鉴中口腔医师数又达到了136 520，后者数据估纳了民营机构的人数。相关人士在2009年初指出，中国民营口腔医疗机构虽已有37 000多个，但从业牙医数和牙椅量不到全国总量的25%。以一个民营机构至少一名口腔医师计算，民营机构口腔医师数至少为37 000。以占全国总量的20%估计，全国应有口腔医师数185 000；以占全国总量的25%估计，全国应有口腔医师数148 000，与世界卫

生统计年鉴中口腔医师数接近。正如一些专家所言，中国的口腔卫生人力资源和口腔卫生服务研究工作起步较晚，估计和获得中国口腔卫生人力资源准确的整体数据工作还有待于进一步加强。

二、培养目标

中国口腔医学现行培养目标于1982年制订，具体指培养德、智、体全面发展的又红又专的口腔医师，针对医德、医术与能力都作了相关描述。进入21世纪以来，宽口径强适应力的人才目标陆续被一些国家提出。日本提出的世界通用、美国提出的学习化进军、法国的无学科界限限制等都是为了适应21世纪的需要。中国口腔医学的宽口径问题还没有作为一份正式的目标制订下来，存在着培养目标有待扩展修订的问题。2004年普通高等教育在校生规模已超过2 000万人，高等教育毛入学率达到19%，已经进入高等教育大众化阶段。部分医学教育专家们认为医学教育应定位于精英教育，也有部分专家认为中国是发展中国家，城乡及地区间发展均存在差异，必须在基本国情的基础上考虑人才培养目标，既培养口腔医学精英人才，又培养能实现欠发达或贫困地区"人人享有口腔卫生保健"的人才。

三、专业教学模式和课程体系

中国口腔医学院专业教育体系主要借鉴前苏联的医学教育体系建立和发展起来。对本科生的培养采用"三段式"教学模式，即公共基础课、临床课和专业课分段教学。"三段式"人为割裂了学习的完整性，使知识链无法对接，不能适应当前的社会需要，也不利于复合型高层次口腔医学人才的培养。国际口腔医学教育则相反，采取的是全程式综合教育，即基础与临床、理论与实践、大医学与口腔医学的交叉递进式的教学模式。欧美等发达国家牙科学院学生在低年级或者预科阶段开始接触专业，具备了一定的综合素质，进入牙学院则是侧重专业素质，包括临床技能和科研能力的培养。

在课程体系上，美国加州大学洛杉矶分校牙科学院的课程主要由基础科学、牙科学和牙科临床实践三部分组成；哥伦比亚瓦也大学牙科课程则是由生物口腔学、临床口腔学和社会口腔学三个大学科组成，重视社会口腔学，占总学时的22%，向学生介绍一些基本的社会-人类学概念、各国医疗保健制度以及卫生计划、基本的流行病学与管理技术；法国巴黎第七大学牙医学院教学内容则侧重口腔医学基础教学，设有口腔微生物学、口腔生物化学、口腔免疫学、口腔生物物理学等课程，使学生掌握较全面的口腔医学专业基础理论。

在教学内容上，美国堪萨斯大学牙科学院近十年来口腔组织生物学、微生物学、免疫学和病理学课程有所增加，使学生有较巩固的口腔基础医学基础。在教学方法上，俄罗斯莫斯科口腔医学院注重医学教育实践，大学生从入学直至毕业，每学期都安排一定数量的实践课，内容由口腔健康教育开始，学时数逐年增加，使医学生在第一学期就开始接触口腔医学专业内容，提高了对学生的口腔医学专业职业意识培养。丹麦哥本哈根皇家牙科学院注重灵活多样的教学方式，授课方式有大课、小组讲座、小组讨论，形式多样、生动活泼，最后一年是学生在教师的指导下，对病人作全面检查，作出诊断，撰写治疗计划并实施分阶段治疗。瑞士伯尔尼大学口腔医学院的理论教学多结合实际病例进行讲授，学生消化吸收主要靠课后阅读，学生可自由选择听课，临床实习从第4学期开始，根据大课进展穿插进行。

世界知名大学都大胆打破传统医学教育板块，对课程结构和体系进行改革。哈佛大学将传统的解剖学改成了细胞生物学；斯坦福大学成立了分子生物学、分子药理学教研组；耶鲁大学也重新组建了生物物理和生物化学。当然，国外的做法不一定照抄搬，但其中显示了国际口腔医学人才培养的趋势。中国口腔医学也有自己的优势和特色，但要努力达到或者接近国外的培养水平，涵盖国外培养内容，构建适合中国国情的知识体系，缩小中国与世界口腔医学教育的差距存在一个模式与课程改革与创新的问题。

随着老龄人口的急速增加，医学模式的转变，分子医学、遗传医学、生物材料学、组织工程学、计算机技术等先进医学科学技术的发展，口腔医学将面临着建立发展交叉学科课程的任务。但是，现有的口腔医学课程及配套教材对口腔各学科以及相关学科的交叉、联系和结合不够重视，过分强调各自的特点和独立性。与心理、社会、环境有关的课程受重视程度有待提高，需要对教材内容、结构等进行优化。

四、专业准入制度问题

随着国家扩大高校招生规模，新办的口腔医学专业在短期内迅速出现。既有老校新专业，也有新校新专业。尽管大部分新办的口腔医学专业所在院（系）拥有良好的师资队伍和硬件条件，但其中不乏仓促上阵招生，招生结构与招生规模与其具备的教学资源配置不相符合。由于缺乏软硬件教学条件，在很大程度上影响了口腔医学教育质量。2008年教育部高等口腔医学教学指导委员会专业认证前调查表核心数据结果如表9-8所示。提供有效数据的院系中，仿头模与使用学生数之比最高2.53，最低0.05，意味着20名学生才能使用1台仿头模。最近经过教学指导委员会讨论通过的口腔医学本科标准（以下简称标准）规定该值不低于0.5，符合此条件的院系占70.69%，不符合者占29.31%，约1/3。生师比最高32.56，最低0.44，相差竟74倍。按生师比标准规定应为6：1，符合此条件的院系占55.93%，不合格者占44.07%，不合格数不少。

按照本科教学评估对师资的定义，教师中研究生学位所占的比例，合格标准为30%。全国口腔院校调查结果显示，师资比例最高为100%，最低为14.29%，相差约6倍。符合30%标准的院系占55.93%，不符合者占44.07%，近半数不合格。口腔医学教育专家们不断呼吁，应尽快建立口腔医学专业的准入制度，严格和规范口腔医学专业，分阶段、分步骤选取不同层次院校的口腔医学专业进行专业认证迫在眉睫。

表9-8 2008年教育部高等口腔医学教学指导委员会专业认证前调查表核心数据结果

本科院校	调查院系数	回收调查表	回收相关数据	有效回收数据	最高数	最低数	合格数	百分比（%，占有效回收数据）	不合格数	百分比（%，占有效回收数据）
生均头模数	94	80	76	58	2.53	0.05	41	70.69	17	29.31
生师比	94	80	80	59	32.56	0.44	33	55.93	26	44.07
师资	94	80	79	59	100	14.29	50	84.75	9	15.25
生均牙椅数	94	80	79	79	12.8	0.20	76	96.20	3	3.80

备注：1. 生均头模数和生均牙椅数均为仿头模及牙椅数量与当年使用学生数之比；2. 回收相关数据表示填写了相关内容表格的院系数；3. 有效回收数据表示除去数据不全或明显不合逻辑的数据而剩余的院系数。

五、学生考核评价体系

一直以来，受到现行的考试制度和选拔人才方法的限制，高校招收学生大部分以分数决定，缺乏面试等环节，学生的全面素质和动手能力得不到考察，而口腔医学的实践性又非常强，很多学生在后期全面接触专业后才发现不适应口腔医学的临床工作。虽然要经过很多实践环节的培训，但培养的周期都比较长。学习过程中，学生向高分看齐，死背教材，不考的未讲过的内容就不去看等现象还普遍存在。建立一整套引导专业创新人才形成的评价体系关系到中国从教育大国发展为教育强国的目标的实现。

六、教学计划的制定

中国口腔医学首先是"医学，然后才是口腔医学"的定位必然要求口腔医学生具有扎实的医学基础和相关学科知识。所以中国口腔医学人才的培养必须建立在医学人才培养模式的基础上，这是中国口腔医学人才培养的特色。但在本科教育阶段，口腔医学生面临原有的公共课、医学基础课、临床医学课、专业基础课、专业课等诸多课程，学习任务多、负担重已是不争的事实，同时，口腔医学具有很强的实践性，对学生的操作能力要求很高，实践环节占总学时50%左右。两者共同作用的结果以高学分体现出来。但在有限时间内获取高学分的必然结果是"计划经济"压倒"市场经济"，学生缺乏发挥主动性和创造性的时间，疲于应付"计划经济"规定的各种课程，最终不利于培养学生的兴趣爱好和个人特长，不利于发展学生的动手能力和创造才能。

七、实验与实践环节

口腔医学是实践性很强的应用科学，学生接触临床实际和工作实际面临的病人又不可能仅有一种口腔疾病，重视并强化实践技能的培养有利于提高学生分析问题、解决问题的能力。但是基于以下原因部分院系实验与实践环节薄弱：① 课程大多注重理论的学习，而忽视实践环节，没有意识到从理论到实践再回到理论的重要性。单纯从理论到理论的学习，只会使课程枯燥无味、空洞乏力，最终导致理论联系实际能力较差，临床综合思维能力较差，动手实践能力较差。② 两年的通识课程结束后选择专业会导致口腔系的学生接触专业很迟，进而造成临床实践训练时间不足。③ 口腔医学专业是一个投入大、产出少的专业，一些实验教学设备因昂贵而投入不足，一些实验教学设备因老化、陈旧而无法满足口腔新技术的教学需求。如口腔仿真人头模型承担着口腔医学人才培养的重要任务，但一套头模系统少则几万元，多则十几万元，按照不久前公布的由教育部口腔医学教学指导委员会（简称口教指委）通过的《中国口腔医学本科教育标准》的规定，生均仿头模数目至少为0.5台。而一套头模系统随着设备、管道的老化和教学改革的最新需要，使用年限一般不应超过10年；而口腔实验和实践教学是靠大量的专用设备和材料作为支撑的，这一点与临床医学生的培养还有所不同，而目前国家对临床医学和口腔医学的培养费用并没有区别对待。④ 随着医疗体制改革的不断深入，过去有着大量临床病例支撑的临床技能培养方式面临前所未有的严峻考验。

如何开展和设计综合性和创新性口腔实验综合改革是应该是下一步口腔医学实验教学改革的中心。

八、毕业生就业

口腔医学毕业生就业特点一是过于集中在东部与中部地区，并以城市为主。西部与乡村医疗相应缺乏人才，不能适应广大人民群众日益增长的对口腔卫生服务的需求；二是主观倾向在社会医疗机构就业，再教育和整体水平提升有相当难度。与之相反的是，在美国、英国、荷兰、法国、日本等国，口腔医师服务场所都以私营为主，比例非常高（76.0%~92.7%），服务于政府或者大学范围内仅占极低比例。灵活就业可以有效促进人才流动，毕业生就业问题转变涉及就业思维转变与市场接纳方式的转变。

九、教学与人员管理

管理是指通过计划、组织、控制、激励和领导等环节协调人力、物力、财力资源，以期更好地达成组织目标的过程。口腔医学专业中的管理同样涉及人、财、物三方面。其中较普遍的是人的管理问题：① 教学尤其是临床教学人员必须与临床工作和科研工作紧密结合，教师（医师）工作强度偏大。② 口腔医学专业特点要求比较高的师生比，以1：6为宜，但是教师缺乏。③ 在口腔医学教学过程中卫编教师发挥着重要作用，而在师资培养、教师工资福利、职称评审等方面相关配套政策仍未完善。

此外，管理问题还存在于口腔医学教育的每一个环节，只有建立起相关的制度，做到事前预防、事后纠正，建立起评估体系客观评价，才能促进口腔医学教育的发展。

第六节 ▎口腔医学专业改革与发展思路

目前中国已进入大众化教育的新起点，充分发挥综合性大学的学科优势建设口腔医学学科（专业）正在成为主流。大类医学的宏观研究已经从个体上升到群体，出现整个社会系统化趋势。口腔医学也随着大类医学的发展而发展。微观研究已经从原来的器官组织深入到细胞和分子水平。口腔医学也发生相应变化，分子生物学将成为医学的带头科学。口腔疾病将从治疗效果为主转向预防保健为重点，口腔医学专业教育的培养目标、培养模式等都需要作相应调整。

一、继续加强政府宏观管理和指导

本科教育作为整个高等教育的重中之重，是高校人才培养的基础和关键所在。只有实实在在提高本科教育的质量，高等教育才有可能为国家建设培养出数以千万计的高素质专门人才和一大批拔尖创新人才。2007年1月，教育部副部长吴启迪在教育部举行的新闻发布会上指出，"十一五"期间，高等教育将把重点放在提高质量上，中央财政将投入25亿元左右实施"质量工程"。该项工程包括六大举措、七大系统、九大目标等丰富内容，是高等教育发展的良好机遇，也是口腔医学学科（专业）发展的良好机遇。国家级精品课程、国家级双语示范课程、国家级实验教学示范中心，国家教学团队、国家教学名师、特色专业建设点等都相继成为口腔医学教育的增长点和关注点。

2007年3月，为加强对高等学校人才培养工作的宏观指导与管理，推动高等学校的教学改革和教学建设，进一步提高人才培养质量，教育部聘请有关专家组成高等学校教学指导委员会（简称教指委）。高等学校教学指导委员会是在教育部领导下，对高等学校教学工作进行研究、咨询、指导、评估、服务的专家组织。此后，高等学校口腔医学专业教学指导委员会也相应成立。中国口腔医学本科教育标准的制定作为教指委的一项重要工作已讨论通过，即将带动专业认证工作的开启。

2008年2月28日，教育部、卫生部共同召开全国医学教育工作会议，这次会议是继1990年卫生部召开全国医学教育工作会议之后，中国医学教育和卫生事业改革发展处于新的历史起点召开的一次重要会议。会议主要任务是深入贯彻党的十七大精神，加强医学教育与卫生需求的结合，以提高教育质量为核心，深化改革，规范管理，办好人民满意的医学教育，促进"人人享有基本医疗卫生服务"重大战略目标的实现，为提高全民健康水平服务。政府宏观管理的成效正在逐步显现。政府投入制度化、教学评价与管理专业化、以条件控制规模，以改革保障条件，科学发展，合理调控，制度化、连续化，保证可持续发展正在成为一种趋势的前提下，特强调以下几方面：

（一）加强对发展趋势的掌控

为加强对中国及世界口腔卫生人力资源和口腔卫生服务历史、现状与未来发展趋势的掌控，需培养相应口腔医学专业背景和公共卫生专业背景密切结合的人才。

（二）建立和完善专业准入机制

近年随着高校招生规模的扩大，口腔医学专业也得到了发展。一方面满足了社会发展对人才的需求，另一方面也使师资、教学硬件设施出现紧张局面。医学教育具有很强的特殊性，各种办学条件限定性极强，是关乎民众身心健康和生命安全的民生大事，因此，医学教育要始终把握特殊性，精选生源、精心培养。各级各类院校的口腔医学专业都必须根据政府有关的法规和医学教育的特点规范办学。全国不仅要设定学科专业评估制度以严格控制质量，还要完善专业准入机制并执行严格的审批制度，包括教师队伍的素质要求（学位、职称）、教师与学生的比例，也包括实验室的设置、临床实习基地的规模、教育经费的投入等，更要进行专业认证，以便更有针对性地建立专业准入机制的有效途径。最后需要建立专业退出机制，对不符合办学条件的机构实施相应的退转措施。设立监督机制，并予以奖罚，保证制度的有效性。这一系列的措施正是实现教育大国向教育强国转变的支撑。

（三）应分层次培养，发展主力院校

各级各类院校要量力而行，根据自己的条件设定相应的专业。实力较弱的院校培养3年制初级专门人才；实力稍强的院校培养5年制本科专业人才；实力最强的院校则承担长学制教育任务，培养7、8年制口腔医学高级人才。教育部已经从机构和机制上建立了口腔医学专业教学指导委员会，通过专家的力量，在教育部的领导下，不断完善自查自纠制度，不为经济利益所诱，避免盲目新建专业。要保证口腔医学教育质量，就要有办学条件、教育水平、学科状况、师资力量等教学资源支撑，从根本上促进中国口腔医学的发展。

（四）充分发挥教指委作用，严格执行专业认证制度

自1910年Flexner提出医学教育的基本原则以来，美国逐渐规范其医学教育，到20世纪60年代，其医学院数量基本稳定在120所左右。目前，美国126所、加拿大16所举办医学专业培养医生的医学院校必须经过医学教育认可委员会（LCME）定期评估。考察其是否符合LCME所制定的统一的标准，保证其医学生

207

的质量和高水准。LCME 对满足条件的新申办院校实行暂时认可，每年再行评估，直到一届学生毕业；而对已经举办过医学专业的学校，一般8年为一周期。在认可前，设计评估表格和条目发给学校，由学校先自评，在自评的基础上，组织专家到学校现场评估。

在世界卫生组织支持下，世界医学教育联合会执行委员会于2001年6月通过并发布了《本科医学教育全球标准》。为了推动中国医学教育事业与国际同步发展，在教育部、卫生部领导下成立了中国医学教育质量保证体系研究课题组，制定了《中国本科医学教育标准》。2008年，经口教指委全体委员讨论通过，《中国本科口腔医学教育标准》已经出台，经教育部批准将用于指导专业认证。目前的专业认证原则基本遵循了国际做法，如何结合中国的具体国情落实和执行，还需要在实践中不断总结。

二、改革培养目标

中国口腔人才缺口非常大，要在尽可能短的时间内满足越来越多的口腔卫生需要，就必须根据中国的情况具体问题具体分析，满足居民对口腔疾病的预防与治疗的需要。首先应该考虑培养数量尽可能多、层次尽可能高的口腔医学生，其次是培养层次稍低但数量足够多并且能胜任广大农村初级口腔防治的口腔医学生。从培养主体来讲，既要从政府主导的院校出发，也要从民办院校出发，群策群力充分利用教育资源。根据应用目标的不同，培养目标有所侧重，使不同级别的院校培养出来的毕业生在人才层次上形成梯队，从各个需求层次上补充口腔医学人才，促进中国的口腔医学事业的平衡与持续发展。

（一）高等卫生专科学校培养的初级口腔专业人才

口腔医学教育3年制的大学专科班，其主要任务是为县以下的综合医院培养口腔科医师。这类人才应该定位在基层和农村医疗机构从事口腔医疗卫生工作，或用于某些仅需短学制的专业，如口腔修复工艺学学生，通过培养使其掌握基本口腔临床医疗和保健技能，毕业后便能够在更广泛的人群与地域中发挥作用。

（二）5年制高级口腔专业人才

其主要任务是为县以上综合医院培养口腔医师，定位在综合性医疗机构从事口腔临床医疗和保健工作的口腔医疗卫生工作。

（三）定位在本科教育的基础上的7、8年制精英教育

其主要任务是力求培养出知识面宽，科研、教学能力强的专门人才，即掌握扎实基础知识，拥有新技术、新思维的专门人才。8年制长学制教育应该说是以后的发展趋势，但当前我们认为7、8年制并存，也有一定的优越性，主要是从学生的出路进行考虑。不是每一位8年制学生都能顺利完成学业，但一旦达不到要求，学生就无从选择，从8年本硕博连读陡降到5年本科，在"以人为本，构建和谐社会"的主旋律下，必定会产生某些不和谐因素，因此，在少数几所口腔医学院校举办8年制的同时，也可保留7年制，为分流创造条件。

总的来讲，从整个国家来看，口腔医学专业要培养适应中国社会主义现代化建设和社会经济发展需要的，具有深厚人文底蕴、扎实专业基础、强烈创新意识、宽广国际视野的宽口径口腔医学人才。具体而言，学生最主要的应在具有"两创"、"两会"（即具有创业、创新的意识和能力；会自主学习，会基本技能）的基础上，再有所侧重地发展。

三、专业教学改革

教学计划是体现培养目标、培养方式、课程体系、教学模式等多方面的建设情况的重要元素，是与培养学生的质量紧密相关的，是对学生在校教育的总体设计。各个学校可以根据具体情况，适当修订计划，扬长避短，起到更好的效果。教学计划的具体内容应该作为专业改革的重要方面。

（一）改革培养目标

在西方发达国家，牙医是一个相对独立的医疗服务领域，牙科学院对其培养目标十分明确，学生毕业后主要从事开业牙医，少部分继续深造，或到大医院、学校和研究所从事临床、教学和科研工作，或选择当地、州或国家公共卫生机构、联邦政府机构、保险公司或卫生健康咨询公司任职。牙科学院根据其培养目标制订教学计划，课程设置中，医学专业课程只占20%~25%，而口腔专业课程高达65%，其他课程则与行医有关的法律、心理学、临床环境、社区学等有关。有关院校还设有健康促进及诊所行政管理等课程，要求新牙科医生必须是个人、家庭、社区成员中口腔健康促进的领导者。在诊所行政管理方面，要求学生一能建立诊所：必须具备能自行建立和管理一个全科牙科诊所的能力；二熟悉办公系统：必须在诊所运行过程中能良好地运用商业规则；三有管理能力：必须是一位有能力的雇主或领导者。针对中国不同学制、不同层次的口腔医学专业人才，应

制定不同的培养目标。比如口腔医学5年制强调是应用型人才，口腔医学7年制强调是临床型人才，口腔医学8年制则强调是临床科研型复合人才。但无论哪种学制，目前和未来的发展趋势是根据国际医学教育专门委员会（IIME）制定的"全球医学教育最低基本要求"（GMER）的相关内容制定目标。

（二）改变培养模式，实现教育全程化

由于现代医学已从单纯的"生物学模式"转变为"生物－心理－社会－环境"模式，医学教育也渐渐从传统的"治疗型模式"转变为"预防、保健、群体和主动参与模式"。口腔医学专业也不例外，需要改革传统的"三段式"教学模式。打破基础、临床、专业的界限，也要打破基础与临床内部界限，互相渗透、互相补充。科学、合理地拟定切实可行的口腔医学各学历层次课程体系改革方案，将"早期接触口腔专业和临床"从口号变为实际行动，使学生从进校学习开始就全程接触专业知识的学习，既稳定学生的专业思想，又强化学生综合思维能力、实践能力和创新能力的培养，与国际口腔医学教育模式接轨，实现口腔医学专业教育全程化。

（三）课程体系建设

目前，国外牙医学院开设了很多密切结合人文社会科学和公共卫生的课程，如牙医史、牙科行为学、牙科卫生学、牙科诊所开业管理、社会牙医学、口腔流行病学等，1995年又由原北京医科大学口腔医学院牵头，联合全国6所知名口腔医学院校进行了"中国高等口腔医学教育课程体系和教学内容改革"的总体方案研究，并提出了口腔医学内容约占总学时的50%的总体要求。如何协调开设新课程与减轻学生负担的矛盾，关键环节还在于安排好学生知识结构所需的各种课程的比例。另外，课程体系难以完全覆盖的知识结构部分，还应将自主学习、终身学习的理念深入人心。

（四）教学模式革新

口腔医学是一门实践性很强的学科，需要加强实践教学环节，强化基本技能训练，提高分析问题和解决问题的能力。实践教学可以把校内教学与基地教学、社区教学相结合起来。实践中的问题是学习的焦点，由此产生一种新型的教学模式——研究性学习，曾一度风靡以问题为中心的教学（problem-based learning，简称PBL）只是其中的一种。研究性教学具有针对性，更容易提高教育效率。例如，部分学校已经建立专业PBL课程，还有的建立了研究性学习课程，将这些课

程列入教学计划中，从制度上保证了教学模式的改革。此外，校内双语教学、互动教学都可以有效提高教学效果。校际间的合作教学，大力推行客座教授制也能很快提高中国口腔医学的科研、教学和临床水平。要着力培养学生的综合思维能力。未来口腔医学专业的人才，需要具备综合思维能力，因为未来的问题产生于口腔治疗为主向预防为主发展的过程。这个过程出现疾病谱的转移，学科向纵深发展。因此，在未来的世界里，需要有娴熟的技能，能满足广大人民群众对口腔医疗服务的需求，包括处理口腔常见病、多发病以及具有急难重症初步处理能力的实用人才。学生必须具备综合思维能力，在患者初诊时就作全面的口腔检查，并进一步制定实际可行口腔诊疗方案。

（五）教材建设

教材是教学的依据。应根据口腔医学学科发展和疾病谱的改变，及时调整主干课程，开设新的必修课与选修课，顺应市场经济及医疗卫生体制改革，适应当前的学科发展。在教学课程上，应增设许多发达国家的牙医学课程以适应模式转变，如行为牙科学、牙科实践与牙科伦理学、牙科卫生学、牙科技工学、牙科药物学、口腔诊断学、口腔生物学等，拓宽了口腔医学生未来的执业能力。逐步实现医科教材多样化、个性化、现代化，形成层次分明、有专业特点的高质量立体化口腔医学教材，使学生能得到适应社会生存、就业指导及相关专业人文底蕴、医患关系沟通方面知识的指导。

（六）建立合理的学生考核评价体系

应紧密围绕人才所需的知识能力素质结构，制定和设立考评体系。在医学教育领域，已经形成深入研究学生考核评价体系，并已开始实施。培养目标是设计全面人才评估体系的基础，因此，医学教育评价基本以全球医学教育最基本要求（GMER）包括的七个领域为基础设计。由于IIME制定的GMER标准特定于医学本科毕业生，因此对作为今后从事医生职业所要求的各基本（核心）要素，予以详尽规定。该标准有时代性、全球性，系统性，较充分地体现了医学模式转变、卫生保健国际化、医学教育的人文性与医学科学教育紧密结合的医学教育改革和发展的趋势。

四、适度调整本科招生规模，完善终身教育体系

根据国内人才需求情况分析，中国需要口腔医师37.6万人。按照WHO公

布的口腔医师数136 520人作为参考，中国口腔医师现在缺口约24万人。扣除2007年口腔医学专业21 886名在校本科生后，按照当年本科毕业生3 026人计算，需要72年 [（240 000–21 886）/3 026 ≈ 72（年）] 才能满足中国口腔医师的市场需要。

根据对比国际人才需求情况分析，中国需要口腔医师40万人。按照WHO公布的口腔医师数136 520人作为参考，那么中国口腔医师现在约缺26万人。扣除2007年口腔医学专业21 886名在校本科生后，按照当年本科毕业生3 026人计算，需要79年 [（26 000–21 886）/3 026 ≈ 79（年）] 才能达到2006年世界平均口腔医师人力人口比。

以上从口腔医师供给情况分析，按照2007的培养速度，中国口腔医师缺口需要70年以上的时间才能将需求缺口回补至2006年的世界平均水平，护士缺口回补时间则更长。从需求角度来讲，中国卫生工作离开农民就谈不上提高人民的健康水平，也实现不了"人人享有口腔卫生保健"的目标，中国国情是在广大地区，特别是基础较差、经济较弱的内地与农村，需要大批量的口腔医师执业。但数量和质量的关系问题也同时要解决好。

因此，中国近年非常有必要做两方面的思考。一是协力培养本科阶段的口腔医学生。通过培养本科口腔医学生，去充实广大市场，并获取实践经验以备后续培养与发展之用。二是完善终身教育体系。

目前中国已初步构建了结合中国国情的"医学院校教育、毕业后教育、继续教育的连续统一体"，更好地适合了医学教育规律和医学人才成长的特点。而作为终身教育的三个不同阶段，目标和任务有所区别：院校教育以医学通识教育为出发点，构建学生合理的知识结构，开发学生终身学习和继续职业发展的潜能，为从事医疗卫生工作打下坚实的基础；毕业后医学教育主要是通过系统而规范的培训，使医学毕业生能运用专业知识，掌握临床基本实践技能，成为能够独立工作的临床医师；继续医学教育以学习现代医学科学技术发展的新理论、新知识、新技术、新方法为重点，注重先进性、针对性和实用性的一种终身性医学教育，目的是使卫生技术人员在整个职业生涯中保持高尚的职业道德和较高的业务水平。要不断完善终生教育体系，统筹协调院校医学教育、毕业后医学教育和继续医学教育，使其相互紧密衔接，合理分工，真正建立起中国卫生人才培养的完整体系，有效培养出合格的医疗卫生人才，不断满足人民群众日益增长的健康需求。目前国内"医学教育一次完成论"还大有市场，要改变这种认识还不是一朝一夕的事。根据中国现在口腔医师的学历情况分析结果，口腔执业（助理）医师的学历水平结构重心不合理，低层次较多，本科学历水平不足。最直接有限的办法也是增加低学历者的继续教育，以优化结构。一方面可以缓解校内教学压力，增加节假日期间设备利用率，另一方面可以理论与实践互补，提高执业水平。

五、鼓励建设社区口腔诊所，改变口腔医师分布格局

从全国口腔医师分布不匀现象考虑，应重新调整医师分布格局。一是重点促进现有医师全国流动，使人才从相对密集区流出，重点补充空白点；二是新增口腔医师，政策直接导向薄弱区，建立起口腔医疗服务点；三是双管齐下，既促进旧有人才流动，又能引导新人才走向。

在市场经济当中薪酬具有刚性，人受经济利益导向表现为经济人，原有不呈正态分布的口腔医师一般不会自动流向基层与经济较落后的地方，因而无法解决基层单位及广大农村口腔医学专业人才匮乏问题。只能靠加强社会人的教育与大力兴建社区口腔诊所来改善口腔医师的分布格局。

1992年，中国高等教育学会医学教育委员会成立大会上明确提出，高等医药卫生人才通向农村的道路要真正通畅，不是单靠招收农村学生就能解决的问题，其中涉及很多政策问题和具体措施。解决这个问题的突破口，除了部分引导性和强制性的办法，还必须考虑人才来源。如果还是立足于农村生源，确实可以考虑为基层定向培养口腔医学专业人才，有关费用可以由国家承担。同时根据医疗体制改革精神，鼓励在农村地区建设大量的社区口腔诊所，在社区居民家门口由定向生源开展口腔基本医疗服务，解决口腔医师缺乏与分布不匀的问题，有利于服务患者，建立起良好的医患群体的共同生活场所。使一般问题在基层解决，疑难问题在大医院解决。

六、增加卫生和口腔医学教育投入，保护基础教研人员工作积极性

中国卫生费用占GDP比例近年一直在5.5%左右，相对于英国、日本、法国、荷兰等国都要低很多，特别是相对于美国的15.2%低更多。卫生费用的高低直接关系到口腔卫生事业的发展。因此，建议要增加卫生投入，从财力上支持口腔卫生事业。口腔医学教育的成本远远高于其他医学学科，在目前国家已经充分重视医学教育并提高了医学生之生均拨款的情况下，口腔医学教育者仍要继续呼吁进一步提高口腔医学生的生均拨款。

关系口腔卫生事业发展的另一个关键是口腔医学基础教研人员，他们维持与推动着口腔医学作为医学的一个分支存在。口腔医学基础研究人员并未与患者直

接接触，从而导致了基础研究人员在口腔卫生事业中的被忽视。这种忽视的结果将会动摇口腔科学的地位，甚至口腔医学院、口腔医学系有沦为高等职业学校（院）或高等技术学校（院）的危险。因此，建议要特别保护与爱惜默默无闻的基础研究人员，加大财力投入，调动他们的工作积极性，给予其条件以创新与发展。

第十章 中国高等学校口腔医学院、系

中国高等学校现代口腔医学教育从华西协合大学牙学院溯源以来，经历了一个世纪的风雨。最初全国仅有极其有限的几所口腔医学院、系。到21世纪，全国进行本科及本科以上教育的口腔医学院、系近百所，可谓风雨之后已见彩虹。本章从建于1949年前、仍然勃勃生机的4所老牌口腔医学院出发，横贯百年长河，按照创建阶段、新中国成立后、"文革"期、改革开放时期、21世纪等时间顺序，遍历全国进行本科及本科以上的口腔医学院校、系。

第一节 ▎1949年以前建立的口腔医学院、系

1949年以前建立并发展至今的口腔医学院、系有4所。分别是四川大学华西口腔医学院、上海交通大学口腔医学院、中国人民解放军第四军医大学口腔医学院及北京大学口腔医学院。本节介绍这4所学院的相关数据。

一、四川大学华西口腔医学院

四川大学华西口腔医学院始建于1907年，是中国第一个高等口腔医学院。1917年建立华西协合大学牙学院，1928年建立华西协合大学口腔病院，1951年更名为华西大学牙学院，1953年更名为四川医学院附属口腔医学院，1985年更名为华西医科大学口腔医学院，2000年更名为四川大学华西口腔医学院，被誉为中国现代口腔医学的发源地和摇篮。见图10-1、图10-2。

华西口腔医学院、华西口腔医院、口腔医学研究室实行教学、医疗、科研三位一体的管理模式。设有口腔基础医学系、口腔内科学系、口腔颌面外科学系、口腔修复学系、口腔正畸学系5个系，以及口腔生物学、口腔解剖生理学、口腔

图10-1 四川大学华西口腔医学院　　　　　　　　　　图10-2 院长周学东教授

组织病理学等23个教研室和1个国家级实验教学示范中心。口腔医学为国家一级重点学科，口腔临床医学和口腔基础医学为国家级重点学科，是国家第一批特色专业建设点。口腔医学、口腔临床医学和口腔基础医学为硕士和博士学位授予点，是"九五"、"十五"、"十一五"、"211工程"和"985工程"重点建设学科。口腔颌面外科学、口腔修复学是国家长江计划特聘教授岗位学科。拥有口腔修复学、口腔内科学、口腔颌面外科学、口腔正畸学等5门国家级精品课程。2004年、2008全国一级学科排名第一。2006年、2007、2008年根据《中国大学评价课题组》公布的中国大学医学专业排名，华西口腔均名列第一。

到2008年，学院有教职工441人，高级职称者124人（教授、主任医师、副教授、副主任医师占107人）。其中博士生导师34人，硕士生导师53人，国家"千人计划"引进人才2人，国家杰出青年基金获得者2人，长江学者特聘教授2人，"973"首席科学家1人，国家教学名师1人。教育部创新团队1个，国家级教学团队1个，新世纪百千万人才工程国家级人选2人，教育部跨（新）世纪人才12人。华西口腔先后为国家培养本专科生4 000余名，博士研究生、硕士研究生达2 000人，我国台湾及国外研究生数百名。

华西口腔医院是中国第一个口腔专科医院，前身是成都仁济牙科门诊，建于1907年，1912年扩建为牙症医院，1928年更名为口腔病院。医院现有建筑面积53 600平方米，设有牙科综合治疗台350台，5个治疗病区，260张病床和标准化的洁净手术室，年接待病人50余万人次，住院约3 000人次，手术约2 500台次。科室设置主要包括牙体牙髓病治疗中心、牙周病治疗中心、口腔修复治疗中心、口腔正畸治疗中心、口腔种植中心、口腔颌面外科门诊、激光医疗整形美容中心、口腔保健中心、儿童口腔疾病治疗中心、口腔修复工艺制作中心以及口腔黏膜病科、综合科、关节科、急诊科、检验科、病案管理科等。同时配备了现代化的口腔病理检测中心、影像诊断中心、消毒供应中心和大楼监控中心等。就诊患者来自全国各地及海外，享有很高的社会声誉，是我国著名的口腔疑难病诊治中心，西南地区首家三级甲等口腔专科医院，四川省十佳城市医院、成都市诚信示范医院，西南地区干部保健定点医院，2008年获全国卫生系统先进集体称号。

2008年5月12日四川汶川特大地震的严峻时刻，四川大学华西口腔医院作为国内外著名的口腔专科医院充分发挥医院的医疗和学术优势，上下一心，众志成城，积极投入抗震救灾，救死扶伤，为打赢抗震救灾的全面胜利贡献力量。荣获中华全国总工会授予的"抗震救灾、重建家园"工人先锋号荣誉称号。

口腔疾病研究国家重点实验室的前身是华西协合大学医牙研究室，建于1936年，1949年扩建为口腔病研究室，1958年成立口腔医学研究所，1983年成立口腔医学中心实验室，1989年建立卫生部口腔生物医学工程重点实验室，2002年建立教育部和四川省重点实验室，2006年成立牙病防治研究实验室。实验室面积5 600平方米，拥有高水平的研究团队及一批国内外先进的仪器设备。先后承担了国家"863"课题，"973"课题，"十五"、"十一五"国家科技攻关项目，国家自然科学基金重点项目，国家自然科学基金以及省部级科研项目等大批课题。2005年进入国家"985"工程二期建设，成为全国唯一进入"985"工程建设的口腔医学学科。先后与加拿大、日本、德国、美国、英国、法国等国家和港澳台地区的大学及有关机构建立了合作关系，进行联合培养研究生，并广泛开展国际科研合作项目。口腔重点实验室2005年被评为教育部优秀实验室，2006年被评为科技部良好实验室，并推荐申报建设口腔医学国家重点实验室，2007年被科技部批准建设口腔疾病研究国家重点实验室，是国内外知名的高水平口腔医学科学研究和高层次创新人才培养的重要平台。

1946年，华西协合大学牙学院创办《华大牙医学杂志》（季刊），该刊主要以英文出版，主要对国外发行。1948年，《华大牙医学杂志》更名为《华西牙医》全部用英文出版。1951年创办《中华口腔医学杂志》（季刊，中文出版）。1953年10月5日，国家主管部门决定《中华口腔医学杂志》变更出版地及主办单位，同年12月15日，中华医学会在北京正式出版《中华口腔科杂志》，华大牙学院出版的《中华口腔医学杂志》在成都停刊。1974年开始出版《国际口腔医学杂志》（原《国外医学口腔医学分册》）、1983年开始出版《华西口腔医学杂志》（中文核心期刊）、1986年开始出版《中国口腔医学年鉴》和1992年开始出版《中国口腔医学信息》。2008年，经新闻出版总署批准，创办International Journal of Oral Science英文杂志，2010年该杂志被SCI和Medline数据库收录，成为我国口腔医学第一种SCI收录期刊。这是我国口腔医学专业具有国内统一连续出版物号和国际标准连续出版物号的英文期刊，由教育部主管，四川大学主办。

经过一百多年的建设和发展，华西口腔已经成为海内外高素质口腔医学人才培养的重要基地。

二、上海交通大学口腔医学院

上海交通大学口腔医学院始于1932年的震旦学院医学院牙医系。1952年9月1日，华东区高等学校院系调整，圣约翰大学医学院、震旦医学院和同德医学院合并成上海第二医学院。

牙医系则改为上海第二医学院口腔医学系，学制4年，当时设在广慈医院。1956年，苏联口腔专家柯什赫教授2次来牙医系进行学术讲座，全系按苏联模式进行医学教学改革，学制改为5年，原12门学科归纳成3门即口腔内科学、口腔颌面外科学、口腔矫治学。1960年5月，口腔系荣获上海市文教战线先进集体称号。1956年以后，由于口腔外科的颌面外科和整形外科2个专业都发展较快，于1961年正式分为口腔颌面外科和整形外科2个科室。口腔颌面外科在张锡泽教授领导下开展各种口腔颌面部肿瘤手术，1964年在国内率先施行双侧根治性颈淋巴同期清扫术治疗晚期口腔颌面部恶性肿瘤获得成功。1965年12月，口腔医学系教学实习基地从广慈医院迁至上海第九人民医院，第九人民医院正式列为上海第二医学院口腔系教学医院。增补吴少鹏、黄宗仁为系副主任。当时口腔专业病床84张，口腔椅位110台。1966年，"文化大革命"开始，整个院系与其他院校一样遭受极大损失，口腔所有分科合并为一个科，停止一切教学与科研活动。"文化大革命"期间，口腔科医务人员坚守岗位，坚持工作，业务继续有所发展。如口腔颌面外科开展针刺拔牙、颌面部针麻临床及实验研究，建立唇腭裂简易专科病房，进行单侧唇裂修复术，又开展多种动脉化疗及肿瘤切除术。

1982年，口腔颌面外科何荣根教授等建立国内第一株人舌鳞状细胞癌Tca8113细胞系，荣获1982年卫生部科技成果乙级奖。1983年，上海市口腔医学研究所成立。1985年6月15日，上海市政府批准上海第二医学院改名为上海第二医科大学。邱蔚六教授为口腔医学院首任院长，张锡泽教授为名誉院长。1988年，根据国家教委关于整顿医科学制的通知，学校按7、5、3学制规定，编订各专业新的教学计划。2001年12月邱蔚六教授当选为中国工程院院士。2002年10月，口腔颌面外科被批准为国家"211工程"二期建设重点学科。2004年，口腔临床前实训中心建立。在武汉举行的第五届"国际牙科研究协会"（IADR）中国分会上，98级7年制学生王宇华参加"临床医学生桌面演讲比赛"，荣获第一名。

图 10-3 上海交通大学口腔医学院　　　　　　　　图 10-4 院长张志愿教授

2005年7月，上海第二医科大学与上海交通大学合并，10月，上海第二医科大学口腔医学院正式改名为上海交通大学口腔医学院。见图10-3、图10-4。

　　经过几十年的建设和发展，上海交通大学口腔医学院拥有博士学位授予点和博士后科研流动站、教育部重点学科、教育部重点培育学科，拥有上海市口腔医学研究所、上海市口腔医学重点实验室。作为口腔医学教学基地，现拥有中国工程院院士1名，长江计划讲座教授1名，新世纪百千万人才工程国家级人选1名，卫生部突出贡献中青年专家2名，上海市教学名师1名及各类人才项目。医院青年教师培养基金投入强度每年在100万元以上，拥有硕士生导师41名，博士生导师25名。2006年口腔医学荣获上海市高水平特色建设项目。2007年，口腔医学被评为教育部特色专业。近年来，参加口腔医学全国规划教材任主编3部、副主编2部，参编教材12部，21世纪课程教材主编2部。目前，口腔医学院已经建设国家级精品课程2门，校级精品课程3门，医学院级精品课程4门；国家卫生部医学CAI课件及视听教材4项，上海市教委重点课程建设项目6项，上海市教委教材建设项目1项，医学院课程和教材建设项目16项，教育发展与研究基金4项。国家级大学生创新性实验项目4项，上海交通大学大学生创新性实验项目6项。获得国家级教材奖2项，上海市教材奖1项，上海市教学成果奖1项，上海交通大学教学成果奖1项。

219

三、中国人民解放军第四军医大学口腔医学院

　　第四军医大学口腔医学院始于1935年建立的国立牙医专科学校，是中国人自

己创办的第一所牙科学校。1954年，成立第四军医大学口腔学系。1987年，成立中国人民解放军口腔医学研究所。1998年，设立口腔医学博士后流动站。第四军医大学现已发展成为国际知名、国内著名的口腔医学院和全军唯一集口腔医学教育、医疗、科研为一体的高等院校。是全国首批国家重点学科、211工程重点建设学科所在单位，全军"重中之重"建设单位，也是党和国家及军队领导人口腔医疗保健定点单位。见图10-5、图10-6。

图10-5 第四军医大学口腔医学院

图10-6 院长赵依民教授

承担博士、硕士、本科等6个层次700余名学员的教学任务。学院拥有教授38人、副教授50人，其中博士生导师27人、硕士生导师32人。18人担任中华口腔医学会二级学会副主任委员以上职务，3人为总后科技"银星"和"新星"，有44名专家教授享受国务院特殊津贴。具有博士学历的人员占63%、硕士占26%。全院拥有牙科椅位270台、病床146张，年门诊量36万人次，住院患者3 900人次，医疗收入1.7亿元。

1999年，学院成为国家口腔技师考试基地。1995年，医院被总后卫生部评为"三甲"医院。1999年，被国家卫生部批准为临床药理基地。2000年，被总后卫生部批准为全军优生优育儿童口腔医学中心。2002年，全军牙病防治指导中心成立。2001年，在国内率先提出并推行无痛治疗、无交叉感染、无近远期碍害的"三无"理念。

20世纪50年代编写了中国人自己的口腔医学教材。教材包括《实用拔牙学》、《牙体解剖学》、《口腔组织病理学》、《牙髓学》、《牙病预防学》、《全口义齿学》、《临床口腔学》、《牙体解剖生理学》8部著作。60年代首创的"成品总义齿"技术，早于国外同类研究十余年。1981年以来，获得国科金重点项目、杰出青年基金、国家科技支撑计划、国家"863"重大专项等各类基金课题200余项，科研经费5 355万元。教医研成果奖192项，其中国家科技进步二等奖3项、三等奖7项，国家技术发明三等奖1项，军队及省部级一等奖7项；年发表被SCI收录的国际论文70余篇，最高影响因子12.247；主办了2006年世界军事齿科大会，2008年国际黏接大会，第四届中日口腔医学大会等规模大、影响面广、参会代表人数多的国际学术会议。2007年组织工程皮肤获得国内首个组织工程产品注册证书。创办《实用口腔医学杂志》、《牙体牙髓牙周病学杂志》两本统计源期刊。

建院70多年来，拥有和培养了一大批以陈华、欧阳官、丁鸿才、徐君伍、史俊南、王惠芸、毛天球、刘宝林、张涤生等为代表的中国著名口腔医学专家，为中国口腔医学事业的发展作出了重要贡献。1978年以来，相继有6个学科被批准为硕士学位授权点，5个学科被批准为博士学位授权点。1989年，口腔内科学被评为国家级重点学科。1994年，口腔内科学实验室被总后批准为首批医学重点实验室。1996年口腔科学成为国家"211工程"院校重点建设项目。2000年，口腔临床医学学科被评为国家重点学科。2002年，口腔基础医学和口腔临床医学分别被教育部评为"长江学者奖励计划"特聘教授设岗学科。2007年，口腔基础医学学科被评为国家重点（培育）学科，口腔修复学成为国家级精品课程，同年还获得瑞典NOBLE BIOCARE公司208.3万欧元教育合作基金。

四、北京大学口腔医学院

北京大学口腔医学院始建于1941年，当时为国立北京大学医学院附属医院的齿科诊疗室。历经北京大学医学院齿学系（1943年）、牙医学系（1945年）、口腔医学系（1950年）、北京医学院附属口腔医院（1962年）、北京医科大学口腔医学院（1985年）、北京大学口腔医学院（2000年）的演变。见图10-7、图10-8。

2008年6月，学院建成并启用现代化的口腔医疗大楼，总建筑面积为35 400平方米，地上15层，地下2层。新医疗大楼建筑设计新颖、功能完善。它的建成使用对于医疗环境的改善、服务水平的提高和医院整体的建设与发展发挥着重要作用。

图 10-7 北京大学口腔医学院　　　　　　　图 10-8 院长徐韬教授

　　经过几代人的孜孜以求和艰苦奋斗，如今，北京大学口腔医学院医疗、教学、科研、预防全面发展，实行口腔医学院、口腔医院和口腔医学研究所三位一体的管理体制。北京大学口腔医学院是我国首批一级学科博士点授权单位，拥有部级重点工程技术中心一个，是中华口腔医学会、中国牙病防治基金会、中国医师协会口腔医师分会等全国性口腔医学机构的挂靠单位；中华口腔医学会会长及其下属21个专业委员会中的7个专业委员会主任委员由本院教授担任，是《中华口腔医学杂志》《中华口腔正畸学杂志》《中国牙科研究杂志（英文版）》等5本专业杂志的主编单位。世界卫生组织批准学院口腔医学研究所为WHO预防牙医学科科研与培训中心。国家药品监督管理局在学院成立口腔材料质量监控监测中心，是国内十大国家级医疗器械质量监督检验中心之一，负责全国口腔材料的质量监控。

　　北京大学口腔医院是卫生部批准的三级甲等口腔专科医院，各临床分支学科齐全、发展均衡，共设有16个临床科室，9个医技科室，下属4个分支机构。现有椅位440台，开放病床120张。年完成门急诊量近80万人次，日均门急诊2 500~3 000人次，年收治住院病人3 000余人次，是目前国际上口腔专科医疗服务规模最大的口腔医院。在长期学科建设和临床实践的基础上，已逐步凝练、形成了由口腔颌面组织缺损和畸形的外科矫治和重建、龋病和牙周病的防治、错合畸形的正畸矫治、口腔颌面部疾病的影像学诊断与病理学基础以及牙齿缺失的集成化修复技术五个重点研究方向所组成的口腔医学临床学科群。

　　学院承担着来自北京及全国各地口腔及颌面部疾病患者的诊治工作，还承担着党和国家领导人、离退休老干部、各国驻华使节、外国专家及海内外侨胞的口腔医疗保健工作。严格的医疗质量管理使学院医疗工作稳步向前发展，门急诊量逐年攀升，手术例数也不断增加。学院口腔颌面外科特色手术病种，如眼角结膜干燥症下颌下腺移植术、放射粒子近距离放射治疗口腔颌面部恶性肿瘤、肿瘤切除同期颌骨功能性重建术、牙颌面畸形正颌外科手术、口腔颌面外伤整复手术、唇腭裂整复手术等病种；门诊特色诊疗项目如牙种植10年留存率、复杂根管治疗技术、口腔颌面部唇腭裂和牙颌面畸形术前术后矫正技术等复杂病错颌畸形矫正、多牙缺失固定及活动义齿修复技术、前牙美容修复技术、复杂全口牙缺失活动义齿修复技术、牙周病手术治疗、儿童牙外伤治疗技术、儿童牙病全身麻醉及镇静治疗技术、三叉神经痛温控射频热凝术、心电监护拔牙术等在国内外均达到领先水平。

北京大学口腔医学院是我国高层次口腔医学专业人才的培养基地。在2007年教育部全国高校重点学科的评估中，北京大学口腔医学院的口腔临床医学和口腔基础医学均被评为重点学科，因此被授予口腔医学一级学科的国家重点学科。到2008年，口腔医学院拥有正、副高级职称者197人，专职教师及研究人员达314人，其中具有博士学位者181人；现有博士生导师21人，硕士生导师42人，从国外知名大学特聘长江学者讲座教授2名，已形成一支结构合理、临床经验丰富、科研素质高的教师人才队伍。口腔医学院设有21个教研室或教研组，其中口腔医学基础教研室9个，口腔医学临床教研室12个；共设立9个博士学位点、11个硕士学位点和1个博士后流动站。学院每年招收8年制学硕博连读生50人，硕士研究生20人、博士研究生30人，同时举办大专班，培训国内外进修生、留学生等，还承担着北京市及国外口腔专科医师的培训及考试任务。教学相长、尊师重教，经过几代人的奋发努力，北京大学口腔医学院正在逐步构建起融传授知识、培养能力和提高素质为一体的人才培养体系。

北京大学口腔医学研究所成立于1978年，目前设有临床和基础研究实验室13个、实验动物室1个、以口腔常见疾病防治为主导的跨学科研究中心9个和1所口腔医学专业图书馆。近年来，通过国家"211工程"重点学科建设、北京大学"985"学科建设和承担国家"863"、"973"、"十五、十一五"攻关计划、国家自然科学基金等科研项目，在口腔医学临床与基础的科学研究方面取得显著成果。1998年以来的十年间，学院共承担国家级、省部级各类科研项目556项，获经费总额近1.7余亿元；获国家级和省部级科研成果奖24项，其中中华医学科技奖一等奖1项、中国高校科学技术奖一等奖1项、其他省部级二等或三等奖共22项，获发明专利8项。发表学术论文共计2 970篇，其中被SCI收录215篇，出版著作95部。

学院重视口腔预防工作，多年来广泛开展社区健康促进、农村教学基地建设等工作，先后主持完成了三次全国口腔健康流行病学调查，组织领导了10多年

"全国爱牙日"活动和为期一年的"牙防新长征"活动。目前，学院与中华口腔医学会、卫生部口腔卫生处和中国牙病防治基金会紧密合作，积极组织全国的牙病防治工作。为全国培训了一大批口腔预防保健的骨干力量，协助政府制定了我国口腔卫生保健的目标规划，进行长期、艰苦的口腔健康教育和观念启蒙，为规范和发展我国口腔预防医学和牙病防治事业发挥了重要作用。

北京大学口腔医学院是我国口腔医学对外交流的重要窗口。先后与30多个国家和地区的口腔医学院和相关学术机构建立了学术交流合作关系，每年接待来自世界各地的访问外宾约1 000名。与30多所国际知名大学牙学院签订学术合作备忘录；与香港大学联合主办牙周专业硕士研究生班；聘请多位世界著名教授、学者为学院名誉教授或客座教授。学院还多次举办大型国际和地区性学术会议，每年邀请世界知名教授学者来我院讲学60余人次。

第二节 ▌1949—1965年间建立的口腔医学院、系

我国于1949—1965年间建立并发展至今的口腔医学院仅有中国医科大学口腔医学院和武汉大学口腔医学院。

一、中国医科大学口腔医学院

中国医科大学口腔医学教育始于1950年的中国医科大学口腔学院。由于历史原因，曾有停办间隙。1985年，中国医科大学口腔医学系建立。1987年，附属口腔医院创建。1998年，成立口腔医学院。2004年9月，集医疗、教学、科研于一体的10层综合楼建成并投入使用，建筑面积12 000平方米，位于沈阳市中心地区的中山广场北侧。医院设有门诊、急诊及病房、现代化的内部设施，如中央空调、HIS医院管理网络、层流手术室等配套齐全。医院目前有12个教研室，拥有中心实验室、图书室、教室、实习操作室等教学场所。全院现有教师112人，其中，硕士、博士占师资总数的84%。门诊综合治疗椅108张，病床70张。见图10-9、图10-10。

中国医科大学口腔医学院是口腔临床医学博士学位及口腔医学硕士学位授予权学科单位，口腔临床医学于2008年被批准为辽宁省重点学科。现有博士生导师10人，硕士生导师45人。建系至2008年共培养（包括在读）本科生997人，硕士356人，博士51人，为中国口腔医学事业输送了大批高级专业人才。

图10-9 中国医科大学口腔医学院 　　　　　　　　图10-10 院长路振富教授

二、武汉大学口腔医学院

　　武汉大学口腔医学院的前身是湖北医科大学口腔医学院，始建于1960年。自1977年起招收五年制本科生每年40~60名不等，截止到1990年，共招收本科生466名。该院现拥有口腔医学一级学科博士学位授予权，是口腔医学博士后流动站设站单位，设有教育部口腔生物医学工程重点实验室，口腔基础医学为国家重点学科。现每年可招收五年制本科生、七年制本硕生、硕士研究生、博士研究生、留学生、进修生等层次的学生。拥有一批国内外著名的教授，把握国际领先技术，具有先进的诊疗设备和先进的教学科研设施。每年来自世界各地的著名学者定期或不定期举办学术讲座和交流，培养出来的一批又一批学生已经遍布海内外。见图10-11、图10-12。

　　口腔医学院近年来主持和完成"十五"国家科技攻关项目、国家自然科学基金重点项目、面上项目及教育部、卫生部和湖北省等下达的科研课题。主要研究方向为：口腔菌斑性疾病的发病机制和生物学防治；口腔颌面部发育和遗传性疾病的分子机制研究；口腔颌面部肿瘤的研究；口腔颌面功能障碍性疾病的病因与临床治疗；口腔生物材料的研究和应用。口腔医学院还与十所兄弟院校合办、编辑出版了《口腔医学研究》杂志。口腔医学院教师还主编或参编全部卫生部规划口腔本科教材。

　　武汉大学口腔医院是中南地区最大的三级甲等专科医院，也是口腔医学专业教学、科研和临床实习基地。它拥有17个临床及医技科室，为武汉乃至中南地区

225

图 10-11 武汉大学口腔医学院　　　　　　　　　图 10-12 院长边专教授

的患者提供全面而周到的口腔卫生服务。特别是近年来陆续设立10家分门诊，开拓了公立口腔医疗服务连锁化的先河，以一流的专业技术、完美的服务质量和严格的管理制度实现了良好的社会效益和经济效益。

作为国际最大的牙科研究组织IADR的中国分会的诞生地，口腔医学院与国际口腔医学界有着广泛的合作，先后向美、英、法等十几个国家和地区派出访问学者和研修人员，并与美国阿拉巴马大学、佐治亚医科大学，荷兰奈梅京大学，丹麦哥本哈根大学，日本大学，泰国Thammasat大学，中国香港大学和中国台湾中山医学大学等学校签订有科研合作协议，同时接受国外研究生、留学生、进修生进修学习。定期参加国际间牙科领域的会议或论坛，在把握国际牙科研究最新进展的同时，介绍中国口腔医学的发展。

全院师生员工正奋发图强，锐意进取，并将继续为把口腔医学院、医院建成中国一流具有国际竞争力的口腔医学院校和现代化医院而努力奋斗。

第三节 ▍ 1966—1976年间建立的口腔医学院、系

1966—1976年期间中国建立并发展至今的口腔医学院、系有8所。分别是佳木斯大学口腔医学院、南京医科大学口腔医学院、天津医科大学口腔医学院、中山大学光华口腔医学院、南京大学口腔医学院、西安交通大学口腔医学院、哈尔滨医科大学口腔医学院、浙江大学口腔医学院。

一、佳木斯大学口腔医学院

佳木斯大学口腔医学院的前身是创建于1974年的佳木斯医学院口腔医学系。建院初期，医院只有16名职工，4把牙椅，固定资产仅几万元。在此基础上建立起来的口腔医院也不足百人，年门诊量仅1 000余人，年收入为10余万元。至2008年，全院已有教职工410余名，其中博士后2名，博士4名，硕士31名，教授、主任医师22名，副教授、副主任医师66名；牙科椅位88台，病床320张。拥有先进的美国GE公司生产的全身螺旋CT、美国惠普公司生产的大型彩色B超、800毫安X光机、牙科综合治疗机、烤瓷机、先进的多功能心脏监护仪、牙科曲面断层X光机等大批国内外先进仪器设备。见图10-13、图10-14。

图10-13 佳木斯大学口腔医学院

图10-14 书记王健平教授

医院牙体病科在牙体牙髓病领域医疗技术达国内先进水平，2000年与日本九州大学签订了友好科室协议。颌面外科是全省口腔外科中唯一的一个重点学科，技术力量雄厚，硕士研究生占医生总数的80%。目前整形美容外科门诊又引进两台先进的美容治疗仪，将为美容患者提供更加优质的服务。黑龙江省佳木斯耳鸣耳聋治疗中心、市120急救中心第三分站和由美国资助的唇腭裂患者免费治疗中心均坐落在口腔医院。

30多年来，已培养出2 000余名本专科学生，毕业生中有20余人获得博士学位，70余人获得硕士学位。口腔医学专业被省教委评为重点专业，成为佳木斯大学唯一被教育部招生委员会确定的本科一批录取招生专业和黑龙江省唯一的口腔医学类国家级特色专业。

1991年成立了黑龙江省唯一的口腔医学研究所，以后相继又成立了佳木斯大学医学材料研究所和佳木斯大学神经科学研究所。2004—2008年总计发表学术论文242篇，学术刊物发表168篇，学术会议发表74篇，SCI收录5篇。出版专著4部，其中《口腔科学》为人民卫生出版社全国统编教材。获科技进步奖等21项，省部级奖4项，其他获奖17项。目前承担课题36项，其中，教育部课题1项，省自然科学基金项目1项，省教育厅课题6项，省卫生厅课题4项，国际合作项目2项，佳木斯大学科研课题26项，获科研经费98.5万元。

近年来，口腔医学院扩大了同国内外同类著名大学的交流与合作，先后与国内外的十几所院校缔结了友好关系，积极开展双向人才交流，并引进了一些新技术、新设备，为医院医疗、科研等工作与国际接轨奠定了基础。医院先后主办、承办了第三届中日口腔生物学学术会议、全省神经科学学会神经病学专业委员会第一届学术会议、中华口腔医学会第三届口腔黏膜病专业委员会第二次全委会等学术会议。并多次邀请日本高知医科大学、大阪大学知名教授来院讲学，并与颌面外科联合成立口腔癌治疗中心，与口腔内科学签订了友好教研室协议。通过学术交流活动，提高了医院在国内外的影响和知名度，为继续进行高层次的合作奠定了良好的基础，使医院的对外交流与合作进入了一个新的阶段。

二、南京医科大学口腔医学院

南京医学院口腔系成立于1979年9月，1984年开始培养硕士研究生。1993年被国务院批准为口腔临床医学硕士学位授予点。1997年成立南京医科大学口腔医学院。2000年，开始培养7年制本硕连读研究生。2003年被国务院学位委员会批准为口腔基础医学硕士学位和口腔临床医学专业学位授权点。2005年，被国务院学位委员会批准为口腔临床医学一级学科硕士学位授权点及口腔临床医学二级学科博士学位授权点单位。2006年，成为江苏省唯一的口腔医学类"十一五"重点学科。目前能够培养博士生、硕士生、南亚硕士生、港澳台硕士生、七年制本科生、港澳台本科生。见图10-15、图10-16。

2001年建立了50张椅位高标准、现代化的多媒体教室，并投入使用。同年建立了20张椅位高标准、现代化的仿真头模口腔修复教学实验室，并投入使用，大大提高了口腔修复学的教学质量。2001年完成了口腔颌面外科、口腔病理教学实验室和口腔教学模型室的改造，成立了口腔标本陈列室。2004年建成40张口腔临床医学多媒体、师生互动仿真头模实验室。2006年，获得省级特色专业称号，经过两年建设，于2008年成功申报了省级品牌专业建设点称号。目前，口腔医

图 10-15 南京医科大学口腔医学院　　　　　图 10-16 院长王林教授

学院口腔医学实验教学示范中心已被评为"省级实验教学示范中心"，口腔临床医学为省级重点学科，口腔正畸学、口腔颌面外科学为省级精品课程。在国务院学位办公室2004年全国一级学科评估中，口腔医学院在口腔院校中排名第7位。

　　医院位于风景秀丽的五台山南麓，目前总建筑面积近19 000平方米，诊疗大楼主体15层，现有工作人员约400人，其中具有高级专业技术职称近70人。有20余名专家兼任着中华医学会、中华口腔医学会、中华口腔医学会各专业委员会、中华医师协会和中国医院协会常务理事、委员。有省委"333工程"培养人才6名，卫生厅"135"医学重点人才4名，江苏省优秀医学重点人才1名，江苏省医学领军人才1名，江苏省六大高峰人才1名。

　　2001年至2007年，共计发表论文490余篇，其中被SCI收录14篇。2008年上半年发表论文56篇，其中SCI收录13篇。主办杂志有中国科技核心期刊——《口腔医学》、《中国医学文摘——口腔医学》。

　　医院设病床88张，口腔综合治疗台200张，年门诊量33万余人次。医院是江苏省医院协会口腔医院管理分会主任委员单位和江苏省牙病防治指导组组长单位，为全省各级口腔医疗机构相互学习、交流、培训、指导、调研，促进科学管理水平的提高搭建平台，并指导全省医疗机构开展牙病防治工作。

　　医院通过"走出去、请进来"的方法提出教学、科研、医疗水平。重视发展国际交流与合作，先后与美国、德国、荷兰、俄罗斯、加拿大、韩国等国家和地区建立了学术交流关系，向德国、美国、中国香港等国家和地区派出访问学者和研修人员，同时接受东南亚和我国台湾等地研究生、留学生、进修生来院进修学习。举办国际口腔医学学术会议，签订多项国际合作项目。

三、天津医科大学口腔医学院

天津医科大学口腔医学院前身为天津医学院口腔系，始建于1974年。天津医科大学口腔医学院、口腔医院的办学宗旨是培养高等口腔医学人才，普及和提高口腔疾病的预防和治疗水平。口腔医学院以医疗服务为前提，发展医疗、支持教育、推动科研；以培养人才为根本，提高教学质量和水平，促进医疗和科研发展；以科研进步为动力，办出两院优势和特色，推进精品工程的建设。医疗、教育、科研三者相互依托，优势互补。

天津医科大学口腔医学院、口腔医院建筑面积8 000平方米，具有现代化的先进设备，为完成医疗、教学、科研、预防四项基本任务提供了优良的条件。口腔医学院1986年获得口腔修复学硕士学位授予权，2000年获口腔临床医学硕士学位授予权，2003年获口腔基础医学硕士授予权并获口腔医学一级学科硕士授予权，2002年经教育部批准开始招收口腔专业7年制学生。

全院职工228人，师资队伍梯队合理，在职教师94人（主讲教师32人），其中具有高级职称的医师49人，博士生导师、硕士生导师22人。设有7个教研室（口腔解剖生理教研室、口腔组织病理教研室、口腔内科学教研室、口腔颌面外科学教研室、口腔修复学教研室、口腔正畸学教研室、口腔预防医学教研室）和1个中心实验室（下设7个实验室和3个教学诊室），承担全院的教学工作。学院每年面向全国招收博硕士研究生30余名、7年制、5年制本科生各30名，同时每年招收部分留学生。

目前学院承担天津医科大学口腔专业5年制、7年制本科生及博硕士研究生、留学生、进修生的教学任务，年均授课任务3 500余学时。至2008年，学院有全日制在校生277人，其中博士硕士研究生51人、本科及7年制226人。自建院以来已经培养了1 000余名本科生及125名硕士生。

学院的口腔解剖生理学课程和口腔修复学课程为天津市级精品课程，口腔组织病理学课程、牙体牙髓病学课程、口腔颌面外科学课程、口腔正畸学课程及口腔预防医学课程为天津医科大学级精品课程。近年来主编《口腔急症医学》等教材4部，参编教材及专著十余部。学院教学特色是高度重视学生实践操作能力和外语水平，注重学生综合素质和创新能力的培养。学院实验室拥有国际一流的

KAVO仿真临床教学模拟系统及数字评估分析系统。

学院学术梯队合理，科学研究氛围浓厚。1999年，牙体牙髓科赵军医生和中国医学科学院基础医学研究所沈岩教授合作，利用定位候选克隆致病基因的策略，成功地于2001年在国际自然科学著名杂志《自然遗传》（Nature Genetics，影响因子30.910）上首次报道了遗传性乳光牙本质的致病基因。自"十五"以来，学院共承担国家自然科学基金项目2项、省部级科研项目8项、获得各级别科技奖近20项（包括国家级科技奖1项，省部级科技奖12项）、发表论文400余篇（其中包括被SCI、EI收录的论文10余篇）、主编和参编专著近20部、填补天津市医药卫生空白44项。

学院重视对外交流与合作，与美国密歇根大学、日本大学松户齿学部、澳大利亚昆士兰大学及日本昭和大学齿学部等10几个院校建立了有实质性合作项目的姊妹院校关系，定期选派师生互访，联合培养博士生，共同进行科学研究，定期聘请国际著名专家来学院讲学。见图10-17、图10-18。

图10-17 天津医科大学口腔医学院

图10-18 院长高平教授

四、中山大学光华口腔医学院

中山大学光华口腔医学院建系于1974年，起源于1907年。1910年至1949年间，共培养34届临床医学毕业生658人。1951年，开始培养口腔医学生，为当时"华南地区医学院校栽育医疗卫生人才之冠"。经过几代人的努力，中山大学光华口腔医学院已发展成为集教学、医疗和科研为一体的现代化高等口腔医学

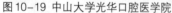

图10-19 中山大学光华口腔医学院

图10-20 院长凌均棨教授

院校。学院遵循口腔医学院、口腔医院、口腔医学研究所三位一体的先进办院模式，在教学、医疗、科研等方面取得了长足进步。见图10-19、图10-20。

中山大学光华口腔医学院是教育部直属重点高等院校、口腔临床医学博士授权点、广东省重点学科、广东省高等学校名牌专业和卫生部专科医师培训基地。学院师资力量雄厚、学术梯队结构合理，拥有一支高学历、富有教学和临床经验的人才队伍，80%以上教师具有博士、硕士学位，其中90%以上拥有教授、副教授及讲师职称。学科设置齐全，共有15个教研室，其中口腔颌面外科为亚洲口腔颌面外科专科医师培养试点基地、中华口腔医学会口腔颌面外科专科医师培训基地。学院已形成包括博士、硕士、7年制本硕、全日制5年制本科和非全日制专科、专升本等完整的学位教育体系，同时承担国家级、省级医学继续教育项目，被授予博士后科研流动站。每年招收博士生、硕士生和本科生200余人，在校学生规模达1 100余人。学院拥有国际一流的教学平台，率先引进国外先进教学设备建设了多媒体仿头模实验室，并在省内建成13个口腔医学临床实习基地，为培养学生的临床实践和科研能力提供优越条件，每年以良好的教风、学风和教学质量向国内外输送大批优秀毕业生、留学生、进修生等各类口腔医学专业人才。

中山大学附属口腔医院是卫生部部属专科医院。医院设施齐全、技术力量雄厚，拥有口腔综合治疗台305张，住院病床60张，开设15个临床科室和7个医技科室，日门诊量高达1 900余人次。目前，牙体牙髓病科、口腔颌面外科、口腔修复科等专科门诊已达到国内外先进水平。

中山大学口腔医学研究所是口腔医学基础研究和临床应用研究的重要基地。研究所学术队伍强大，拥有博士生导师12人、硕士生导师69人，有30余名专家在中华口腔医学会等各级学术研究机构任职。2004—2008年，承担国家级科研项目15项、省部级科研项目71项、厅局级科研项目34项，5项科研成果通过省部级鉴定并获奖，在国内外口腔专业杂志发表学术论文600余篇。研究所注重学术交流合作，促进本地区乃至海内外口腔医学合作与交流，为中国口腔医学事业的发展作出了积极的贡献。

一百年来，光华始终肩负着"兴神农之坠绪，光我华夏"的重任，为国育才弦歌不辍，培养了数以万计医学俊才。

五、南京大学口腔医学院

1994年，经国家教委批准成立南京大学医学院附属口腔医院。现为集医疗、教学、科研、预防为一体的华东地区规模最大的三级甲等口腔医院。总建筑面积25 000平方米，医院拥有装备现代化设施的口腔医疗大楼。设病床100余张，口腔综合治疗台300张，年门诊量突破50万人次，医院在职职工700余人，90名拥有高级技术职称专家中有20名分别担任"全国中华口腔医学会"各专业委员会常委或委员。医院医疗设备先进，拥有西门子公司的全身螺旋CT，各类手术显微镜，KAVO、SIRONA0等高级牙科综合治疗台等先进医疗设备。见图10-21、图10-22。

1997年，口腔医学院开始招收第一届口腔临床医学专业本硕连读7年制硕士生。1998年，经江苏省卫生厅和江苏省教委联合评审为合格高等医学院校附属医院。2000年通过硕士点的评审，开始招收口腔临床医学专业3年制硕士生。2008年经教育部评审通过建立南京大学一级学科，同年建立口腔医学院。开设口腔基础课程和临床专业课程22门，总学时1 144课时。

学院配备了一支精良的高素质师资队伍，现有高级职称近93人，教授、副教授20人，硕士生导师13人，硕士、博士60余人，建立了有效的激励机制和教学质量评估体系，规范教学各项规章制度，更新教学设备，完善教学设施。建

233

图10-21 南京大学口腔医学院　　图10-22 院长胡勤刚教授

立有口腔内科教研室、口腔颌面外科教研室、口腔修复教研室、口腔正畸教研室、口腔基础教研室等，图书馆藏书30 000余册。2006—2008年获国家、省、市科技进步奖20余项，年平均发表论文100余篇，其中SCI收录论文10余篇。2008年获得江苏省科技进步二等奖一项。《口腔医学导论（双语）》被教育部评定为国家级双语课程建设项目。学院注重开展学术交流，积极引进新知识、新技术、新设备和优秀专业技术人才。先后与美国、日本、澳大利亚、德国、英国、韩国等国家及我国香港、台湾地区口腔医学界开展学术交流并建立了友好合作关系。

234

六、西安交通大学口腔医学院

西安交通大学口腔医学院始于1985年建立的西安医学院第二附属医院口腔

图10-23 西安交通大学口腔医学院　　　　　　　　图10-24 院长周洪教授

科，1975年经卫生部批准建立口腔医学系，1991年成立西安医科大学口腔医学院。2000年西安医科大学与西安交通大学合并，更名为西安交通大学口腔医学院。见图10-23、图10-24。

西安交通大学口腔医院具备三级甲等专科医院的资质，现设有牙科椅140把，病床76张，建筑面积13 300余平方米，全院固定资产6 200余万元。设有牙体牙髓病科、牙周黏膜病科、儿童牙病科等9个临床科室，其中口腔颌面外科为陕西省重点学科，口腔内科（牙体牙髓病科、牙周黏膜病科、儿童牙病科）、口腔修复科为陕西省优势学科。

西安交通大学口腔医学院是西北地区口腔医学专业师资培训中心，是卫生部继续医学教育基地之一。全院教职工271人，其中教授、副教授46人，讲师、主治医师34人。获得博士学位16人，在职攻读博士学位7人。博士生导师2人，硕士生导师19人。设有口腔内科、口腔颌面外科、口腔修复、5个教研室和1个教学实验中心。承担口腔医学专业本科18门课程教学，临床医学专业的《口腔科学》课程。现有口腔医学二级学科硕士单位授权点，口腔临床医学硕士专业学位试点单位资格。

建院以来，口腔医（学）院已为社会培养口腔医学本科毕业生1 096人、硕士学位毕业生（含同等学力）180人。2008年在校研究生62人，本科生200人。就业率达95%以上，还有多名毕业生在美国、加拿大、澳大利亚、新西兰具有口腔医师执照并行医。2007、2008年口腔医（学）院每年都有50%以上应届毕业生考入或以推免生进入本校或北京大学、武汉大学、第四军医大学等知名高校口腔医学院攻读研究生，普遍受到导师的赞誉。学院历来重视教育研究与教学改革，不断调整专业课程体系与教学内容，改革教学方法，保证教学质量。建院以来，先后获得校级教学研究项目（含多媒体技术）多项，省级优秀教学成果2项，校级优秀教学成果奖10项。有3门课程被评为校精品课程，2门课程已列入省级精品课程。2002年以来全院共发表医学教育研究论文41篇。省部级教学技术成果奖4项、校级"研究生教育核心教材建设"5项。1996年以来共发表科研论文500余篇，其中SCI/MI收录论文50余篇。

国际合作与交流方面，派往日本、美国、加拿大、挪威、中国台湾等国家和地区留学、研修及学术交流30余人次，并与美国哥伦比亚大学、美国密歇根大学及挪威卑尔根大学等学校建立了协作项目。

七、哈尔滨医科大学口腔医学院

哈尔滨医科大学口腔医学院的前身哈医大口腔医学系始建于1958年，1980年正式成立，是新中国最早创建的口腔医学系之一。哈医大口腔医学院是黑龙江省重点学科，卫生部口腔专科医师培训基地，拥有口腔临床医学博士学位授予权，且口腔医学专业为黑龙江省重点专业。目前，学院设有9个临床学科，3个基础学科。通过加大人才队伍建设力度，坚持实施"人才工程"，建立健全教师考核档案，选送骨干教师到国内外先进院校进修学习，开展多项医疗新技术等举措，推动了学科发展，形成了骨干教师梯队，并涌现出一批国内外享有盛名的专家学者与中青年学术带头人和骨干。有博士研究生导师2名，硕士研究生导师18名。包括中华口腔医学会常务理事1人、理事3人，中华口腔医学会各专业委员会委员14人，国际牙医学院院士2人等。见图10-25、图10-26。

图10-25 哈尔滨医科大学口腔医学院

图10-26 院长牛玉梅教授

学院教学管理严格有序，形成了完整的教学管理、质量评估体系和高层次人才培养体系，实现了教学过程规范化管理。至2008年，本专业教师74人，其中教授19人、副教授16人、讲师21人、助教18人。中青年教师中具有博士学位者8人，博士在读23人，具有硕士学位者64人。至2008年，已为社会培养口腔医学专业本科生846人、硕士研究生170人，在培博士研究生12名、硕士研究生96人。硕士研究生在口腔医学专业国家核心期刊发表论文68篇，博士研究生发表SCI收录论文4篇。教学科研方向稳定、成果显著，近年承担教学研究项目14项，其中省部级项目9项、厅局级5项。学院2004—2008年承担科研课题67项，其中国家级2项。共发表第一作者论文296篇，出版论著9部。

2004年成立了哈尔滨医科大学口腔医学院研究所，并投资100万元建立病理形态学实验室、制片室，购置了莱卡系统显微镜、莱卡双支光源解剖显微镜、高清晰度病理图文分析系统等仪器设备。2005年投资15万元建设了微机阅览室，拥有口腔医学专业中外文图书2.5万册、中文期刊23种、外文期刊17种。

哈医大附属口腔医院是黑龙江省最大的口腔医疗中心，现有牙科综合治疗椅100台、病床80张，年门诊量15万人次、手术5 000人次，其中住院病人年均1 600人次。医院设有牙体牙髓病科、儿童口腔病科、口腔预防保健科等临床科室。购置了超低温冰箱、数字化轴面断层全景机等，更新了部分科研和临床设备。医院以"一切以病人为中心"为服务宗旨，开展了多项医疗新技术服务项目，其中皮瓣整复术及肿瘤介入治疗等居国内领先水平。医院以一流的技术，完善的服务和严格的管理实现了良好的社会效益和经济效益。

学院大力开展国际国内的交流与合作，先后与日本新潟大学、日本岗山大学、日本朝日大学、日本北海道大学、美国A＆M大学牙学院、澳大利亚悉尼大学牙学院、上海第二医科大学、武汉大学口腔医学院等著名院校建立友好院校协作关系，并互派访问学者和研修人员。积极筹办和参加国际间牙科领域的会议和论坛，2005年12月主办全国第六次口腔颌面－头颈肿瘤外科学术研讨会，2006年1月主办全国第六届口腔儿童医学学术研讨会，在把握国内国际牙科新进展的同时也宣传了哈尔滨医科大学口腔医学院口腔医学的发展。

八、浙江大学口腔医学院

浙江大学口腔医学院成立于1976年，招收5年制本科生，后改为7年制招生。本着浙江大学"求是、创新"精神为根本，全面提高教学质量为中心，以培养"研究型"人才办学定位为先导，对口腔医学教学进行全面改革。改革的最终

图 10-27 浙江大学口腔医学院

图 10-28 院长王慧明
教授

目的是为了培养适应未来口腔医疗保健服务的发展要求，符合新世纪需求的综合素质高、实践能力强、具有创新精神的口腔医学人才。见图 10-27、图 10-28。

学校在紫金港校区投资 900 多万元兴建了占地 6 个 1 000 多平方米、设备先进的教学实验室，实验室配备国内一流的 Kavo 仿真头模系统、Morita 考核评估系统、42 台计算机，可以满足临床前技能训练。口腔医学系设有口腔颌面外科学、口腔内科学、口腔修复学、口腔正畸学等 8 个教研室，拥有附属口腔医院和附属一院、附属二院、附属邵逸夫医院、附属儿童医院口腔科多个教学基地。各附属医院共有综合治疗椅 200 余台，病床 100 余张。

1999 年，建成浙江省唯一一家省级口腔专科医院。医院坐落于西湖边，面积达 6 042 平方米，拥有 50 张病床和百余台进口牙科综合治疗椅，以及其他先进的口腔专科诊疗设备。医院设有牙体牙髓科、牙周科、口腔颌面外科、口腔修复科等科室。2006 年 3 月，成立国家生物医学材料浙江口腔种植研究中心，9 月开设华家池口腔诊疗中心，2007 年 11 月成立了省正畸中心。

1983 年开始招收硕士研究生。2000 年获博士授予权，2001 年获口腔医学专业授予权，2003 年建立口腔临床医学博士后流动站，2005 年获得一级学科博士点。至 2008 年，本学科已培养硕士毕业生 156 名、博士毕业生 27 人；博士后流动站在站人员 1 名、在读博士生 9 名、在读硕士生 26 名。其中口腔临床医学是浙江省的重点扶持学科，口腔颌面外科是浙江省医学重点学科。2004—2008 年，已有 40 余项科研成果获得省、部、厅、委科技进步奖，发表 SCI 论文 120 余篇，获得国家自然科学基金 10 项。

本专业有 25 名教授（或相当专业技术职务者）、30 名副教授（或相当专业技术职务者），28名讲师（或相当专业技术职务者），其中具有博士学位的有26名，具有硕士学位的有49名。根据口腔医学学科发展的需要，为提高办学层次，扩展对外交流，口腔医学系聘请密歇根大学 Peter Ma 及国外多所知名大学的教授为口腔医学系兼职教授。兼职教师的引进对口腔医学系开展全英语教学课程并为打造省级精品课程创造良好的条件，将联合培养出高水平的研究生以及为进行相关科研课题的合作提供条件。

第四节 ▎1977—1999年间建立的口腔医学院、系

1977—1999年全国建立的口腔医学院、系有二十余所。本节收录了21所，包括山东大学口腔医学院、昆明医学院口腔医学院、河北医科大学口腔医学院、遵义医学院口腔学院、南昌大学口腔医学院、暨南大学医学院口腔医学系、首都医科大学口腔医学院、广西医科大学口腔医学院、安徽医科大学口腔医学院、福建医科大学口腔医学院、同济大学口腔医学院、吉林大学口腔医学院、大连医科大学口腔医学院、兰州大学口腔医学院、郑州大学口腔医学院、中南大学湘雅口腔医学院、辽宁医学院口腔医学院、泸州医学院口腔医学院、山西医科大学口腔医学系、滨州医学院口腔学院、华北煤炭医学院口腔医学系。

一、山东大学口腔医学院

1977年3月，山东大学口腔医学院设立。2000年7月22日，山东大学、山东工业大学、山东医科大学合并成为新的山东大学。学院现有教职员工105人，其中正高级职称16人、副高职称37人、中级职称41人。博士生导师5人、硕士生导师34人。2001—2008年，学院拥有博士学位的教师28人，博士后5人。

学院设有口腔内科学、口腔外科学、口腔修复学、口腔正畸学4个研究所和口腔组织病理与口腔基础两个研究室。拥有1个博士学位点和2个一级学科硕士学位点。招收口腔医学5年制本科生、7年制本硕连读生，培养口腔基础医学、口腔临床医学硕士研究生及口腔临床医学博士研究生。2001年，学院招收第一届7年制学生。2004年，招收第一届博士生。2008年，在校7年制本科生168人，5年制本科生264人，研究生88人，博士生16人。学院重视国际交流与合作，先后与美国康州哈特福德医、韩国高丽大学、美国TUFFS大学、瑞典卡洛林斯卡大学等机构建立科研合作关系，互派青年骨干教师交流学习。每年有3~4名青年教师被派出深造。

239

2006年，山东大学口腔医院被正式命名为山东省口腔医院。除了原有7 300平方米的综合大楼之外，又新增了5 600平方米的临床教学大楼。为学院的临床教学提供了实习基地和资金保障。学院重视教学投入，探索精品教育模式。1993年利用学校985项目及自筹资金，投资近200万元建起了国内同行业中一流水平的科研试验室，拥有各种目前国内一流的实验仪器设备。2002年，又投资200万余元建设2个现代化的综合性教学实验室，1个科研中心实验室，实验设备达到国内先进水平。口腔医学基础实验室是山东省教育厅评定的"山东省高等学校Ⅰ类教学实验室"，有实验操作室4个，面积400平方米，拥有450余万元的先进的口腔教学设备及仪器，学生实验器材每人一套。学院设有电子阅览室和图书馆，设有书库1个，阅览室2个（图书阅览、电子阅览），藏书4 400余册，并收录世界范围内具有权威性的专业外文期刊21种，专业外文图书260余册。目前，图书馆成功地完成了办公自动化建设，充分满足教学科研的需要。见图10-29、图10-30。

图10-29 山东大学口腔医学院

图10-30 院长杨丕山教授

二、昆明医学院口腔医学院

昆明医学院口腔医学院/附属口腔医院实行教学、医疗、科研一体化管理。2008年有在编职工120人，其中，正高4名，副高38名，中职41名；具有博士学位者11名，具有硕士学位者40名。博士生导师1名，硕士生导师21名。外聘职工88名。

口腔医学院目前设有口腔内科学、口腔颌面外科学、口腔修复学等6个教研室，一个综合实验室和一个口腔医学研究所。共开设12门口腔专业基础及临床课程。2001年获云南省省级重点建设学科，2005年被遴选为云南省省级重点专业，2006年口腔临床医学获云南省"十五"重点学科，同时被遴选为云南省"十一五"二类重点建设学科，《口腔修复学》于2006年被评为云南省精品课程。2008年被教育部批准成为"第三批高等学校特色建设专业"，拥有口腔医学一级学科硕士学位授权点。

学院于1979年开始招收口腔专业本科生，学制为5年。至今已为社会培养口腔医学专业人才近800名。2008年有在校本科学生254名（包括6名越南留学生，20名中国台湾留学生）。学院本科学生培养目标是：立足云南，服务各族人民，为云南边疆培养高素质实用型口腔医学人才，最大限度地满足各族群众口腔健康服务需求。办学色体是：一是突出实践教学，着重培养学生的实践能力；二是实行开放式办学模式，着重培养学生创新的能力。1986年首次招收硕士研究生，20年来，随着学科建设的发展，每年研究生招生人数已经由10余年前的2~3名增加至22名。2006—2008年来共授予硕士学位64名。

学院一贯重视科研工作，科研成果喜人。2004—2008年，共支配科研经费386.5万元；科研项目获省部级奖共18项，获发明专利2项，出版学术专著7部；在国内外学术刊物发表论文185篇，其中被SCI收录12篇；目前承担各类科研项目31项，其中国家自然科学基金项目4项。

学院积极倡导国际交流与合作，多次邀请美国、加拿大、日本、泰国、韩国的专家教授来院讲学交流。与日本新潟大学，泰国玛海多大学牙学院、清迈大学牙学院建立了友好合作关系。先后有20余名教师赴美国、加拿大、英国、日本、泰国进修学习。2004年作为中国唯一一代表加入湄公河区域国际牙科协作组织（IDCMR），并于2006年10月18日口腔医院建成揭牌之时承办了"第三届湄公河流域口腔医学协作组织学术交流会"。2006—2008年，共20余名研究生和本科生被选派赴泰国和北京等地参加国际学术交流活动。

附属口腔医院位于投入建设资金约两千万元，建筑面积8 825平方米，拥有120多张牙椅和32张病床。目前设有口腔内科、口腔颌面外科、口腔修复科等10个临床科室及一个口腔颌面外科研究中心。医院于2007年6月被批准成为国家执业医师资格考试基地。2008年9月被云南省政府批准加挂"云南省口腔医院"牌子。见图10-31、图10-32。

图 10-31 昆明医学院口腔医学院　　　　　　　图 10-32 院长丁仲鹃教授

三、河北医科大学口腔医学院

河北医科大学口腔医学院、口腔医院坐落在河北省省会石家庄市，是河北医科大学的二级学院。前身是1978年原河北医学院重建的口腔医学系，当时挂靠在河北医学院第二医院（河北医学院曾于1958年建立口腔医学系，后停办）。1992年批准建立"河北医学院附属口腔医院"，同时称"河北省口腔医院"。1994年口腔医学系迁往"河北医学院附属口腔医院"。1995年合校建立河北医科大学后，1996年在口腔医学系的基础上成立河北医科大学口腔医学院，实行河北医科大学口腔医学院、河北医科大学口腔医院、河北省口腔医院三位一体的管理体制。河北医科大学口腔医院是河北省唯一一所省级口腔专科医院，是河北省口腔医学中心，集口腔医疗、教学、科研、口腔预防及口腔公共卫生为一体。河北省口腔医学会、河北省牙病防治办公室均挂靠在本院，主办《现代口腔医学杂志》，编辑部设在该院。

1978年重建口腔医学系时，招收五年制口腔医学专业本科学生。1981年口腔颌面外科被国务院学位办公室批准为第一批硕士学位授权学科，招收硕士研究生。1997年口腔病理学参加河北医科大学病理学与病理生理学博士点申报，1998年招收口腔病理学研究方向博士生，2000年口腔医学成为硕士学位一级学科授予点，2005年开始招收颌面整形外科基础与临床研究方向博士生。

河北医科大学口腔医（学）院的口腔医学实验室是河北省重点实验室，口腔医学专业为国家级高等学校品牌特色专业，口腔临床医学为河北省高等学校重点学科，口腔颌面外科学为河北省医学重点学科，口腔病理学为河北省医学重点发展学科。口腔颌面外科学、口腔组织病理学、口腔修复学为河北省省级精品课程，口腔内科学、口腔正畸学为河北医科大学精品课程。

河北医科大学口腔医学院拥有一支结构合理、团结协作、朝气蓬勃、勇于开拓创新的学术团队，其中高级职称人员38名，硕士生导师16人，博士生导师2人，硕士学位以上人员占专业技术人员的93.5%。24人次在国家一级学会及专业委员会中担任常务理事、理事等学术职务，10余人次在省一级学会担任会长、副会长、常务理事等学术职务，6人兼任《现代口腔医学杂志》常务副主编、常编委、编委，10余人担任《中华口腔医学杂志》、《中国口腔颌面外科杂志》等10余种口腔专业杂志编委。

医（学）院设有口腔内科、口腔颌面外科门诊、口腔颌面外科病房、口腔颅颌面种植中心等，设有口腔基础医学教研室、口腔内科学教研室、口腔颌面外科学教研室等，设有口腔医学教学实验中心，教学实验中心等。拥有现代化的教学设施，设置仿头模口腔综合实验台60台（套），口腔组织病理学教学实验室为全进口 Olympus 双目显微镜组成的国内外先进的"数字网络显微互动实验室"，同时还设有手术现场摄像手术观摩多媒体教室。医院拥有100台椅位、50张床位，拥有一批口腔专用CT、西门子数字化口腔全景X光机、西门子数字化胸片机等高精尖大型口腔医疗设备，为高新医疗技术的开展奠定了良好的基础。依托于该院的河北省口腔医学重点实验室是河北省唯一从事口腔医学及相关学科研究的省级重点实验室，总面积1 600余平方米，设有分子生物学室、细胞培养室、免疫组织化学室等。实验室仪器设备总值约2 000余万元，其中万元以上仪器设备达到98台（套）。拥有EXAKT硬组织切磨片系统、Affymetrix基因芯片系统、Olympus激光共聚焦显微镜等多种进口大型科研设备。目前，实验室已形成了口腔颌面部肿瘤基础与临床研究，口腔颌面部畸形、缺损及颅颌面种植基础与临床研究，口腔疾病与全身疾病相互影响及诊治的研究三个稳定的研究方向。在这三个研究方向及促进科研成果转化等方面取得了多项成绩。已获省部级科技进步奖10项，专利4项，多项研究成果转化应用于临床，其中该院1998年成功研制开发的具有自主知识产权的HBIC人工牙种植体系统，获国家食品药品监督管理局准字注册及三项专利。

河北医科大学口腔医（学）院经过近30余年的不懈努力，已发展成为河北省口腔医学医疗、教学、科研、口腔公共卫生与预防保健中心。见图10-33、图10-34。

图 10-33 河北医科大学口腔医学院

图 10-34 院长
董福生教授

四、遵义医学院口腔医学院

遵义医学院口腔医学院的前身是遵义医学院口腔医学系。1978年，遵义医学院口腔医学系建立。1998年，成立遵义医学院附属口腔医院。2007年，遵义医学院口腔医学系更名为遵义医学院口腔学院。口腔学院与附属口腔医院实行"两院合一"管理体制，形成"一套人马两块牌子"管理模式，接受贵州省教育厅和卫生厅的双重领导，是目前贵州省唯一一所集医疗、教学、科研和牙防为一体的省级口腔专科医院。见图10-35、图10-36。

从1978年开办至2008年，已培养了26届1 000余名本科生（其中台湾班学员18名）、320名专科生、82名硕士研究生。2008年有在校本科生500余名、研究生86人。毕业生中有60余人先后考取重点大学博士研究生、20余人出国留学深造，6人成为各高校口腔医学院（系）负责人，多人成为所在地学科带头人。毕业生遍及全国各地，尤以广东等沿海地区为多，并得到用人单位的好评，2006—2008年毕业生就业率达90%以上。目前，口腔医学专业每年招收80~100名本科生、25~30名硕士研究生。本科生录取分数线高于二本线30~50分，且全部为第一志愿录取。录取的研究生80%为第一志愿考生。

从为第一批口腔医学专业本科学生开课以来，口腔系教师们自己绘制了数百幅挂图，制作标本、切片、教学课件，收集模型，严把教学关，确保教学质量稳定。30余年来，医学院累计投入教学经费2 000余万元，用于教室、实验室改造装修、购买教学用椅位设备培训师资等，医院的多媒体教室、中心实验室、图书资料室都为本科生教学需要开放，专业教学文件、标本模型、专业图书等教学资

图10-35 遵义医学院口腔医学院

图10-36 院长
程华刚教授

源准备齐全。2007年，投入400余万元，购买了牙科临床模拟系统、咬合力测定仪等教学设备，建成了口腔医学临床技能实验室，大大提高了实验教学质量。1998年，学院获得口腔临床医学硕士学位授予权，2002年口腔临床医学被评为贵州省省级重点学科，2003年获得口腔医学专业硕士学位授予权，2005年获得口腔基础医学硕士学位授予权，2007年获得贵州省示范本科专业及口腔医学教育部特色专业建设点。现正积极申报口腔临床医学博士学位授予点。

至2008年，口腔学院有教师49人，其中教授8人、副教授24人；博士9人、硕士22人；出国留学经历的教师4人；硕士生导师32人。近年来多名青年教职工获得奖励，3人被评为遵义市青年优秀科技人才、1人获贵州省"五一劳动奖章"、1人获贵州省"五四青年奖章"、1人入选省管专家，2人享受政府特殊津贴、2人被评为遵义市"十大杰出青年"、1人获"全国优秀辅导员"、10余人获"优秀教师"称号。近年来承担省级以上科研课题83项（国家自然科学基金项目2项）、获科研成果奖21项、核心期刊发表论文80余篇（SCI收录5篇）。与四川大学华西口腔医学院、武汉大学口腔医学院等知名高校有着密切的合作，与美国哈佛大学牙学院、澳大利亚阿德莱德大学、德国杜塞尔多夫大学等国外名牌大学有着广泛的学术交流。

1998年，经省政府批准建立了遵义医学院附属口腔医院。附属口腔医院的成立给口腔系学生的生产实习提供了强有力的保证，对其他教学实习基地也有很好的示范作用。

245

五、南昌大学口腔医学院

1980年，成立江西医学院口腔医学系，系南昌大学口腔医学院的前身。1984年江西医学院口腔医学系开办江医口腔门诊部，1990年口腔大楼竣工，成立江西医学院附属口腔医院，建筑面积12 000平方米，共有牙椅100台、病床40张。2005年9月随江西医学院并入南昌大学，现实行南昌大学附属口腔医院、口腔医学院、江西省口腔医院和口腔病研究所四位一体的管理体制，从事口腔临床医疗、教学、科研和牙病预防工作。见图10-37、图10-38。

作为"211"工程南昌大学的一部分，口腔医学院现承担研究生、本科生、进修生、成人教育及继续医学教育等多个教学层次的人才培养工作。学院现有1个本科专业（口腔医学），2个硕士学位授予点，设有口腔内科学、口腔颌面外科学、口腔修复学等6个教研室，开设了12门专业课程。同时，口腔病研究所下设口腔颌面外科、口腔正畸、口腔基础、牙病防治等多个基础研究室。学院临床医疗部分由11个科室组成。口腔正畸学科已经成为江西省卫生系统医学领先学科和南昌大学重点学科，口腔内科为江西省卫生系统医学领先学科建设项目。

口腔医学院拥有一支以中青年教师为主、学历层次较高、梯队结构合理、德才兼备、治学严谨的教师队伍，具有硕士以上学位的教师超过教师总数的50%，有享受国务院津贴教师1人、江西省高校骨干教师5人、南昌大学医学院学科带头人3人、南昌大学医学院骨干教师2人，江西省卫生厅学科带头人培养对象7人。

口腔医学院现有多媒体教室4间，分别容纳200人、130人、80人和60人。现有面向口腔医学专业本科生的实验室5间，总面积达633.44平方米。每年进入

图10-37 南昌大学口腔医学院

图10-38 院长朱洪水教授

中心完成实验课程的学生120人，实验人时数为608学时。

　　学院建有实习基地6所，大多数为三级甲等医院，拥有众多的高年资教师，具有丰富的临床教学经验和高水平的教学管理手段，为临床实习奠定了坚实的基础。医院图书资料室拥有专业图书和期刊，包括所有的中文口腔医学杂志和重点专业的外文杂志。

　　口腔医学院已经形成了由高校学科带头人和青年科研骨干领导的科研队伍。近5年来主持科省部级研课题100多项。发表论文150多篇，专著3部，获国家发明专利1项。

　　学院与美国、法国、日本、韩国、泰国以及中国台湾、中国香港等国家和地区建立了学术交流关系，每年都有不同形式的国际学术交流，同时也与国内各大院校的口腔医学院保持良好的合作与交流。

六、暨南大学医学院口腔医学系

　　暨南大学口腔医学系于1979年由口腔颌面外科专家吕培锟教授从四川医学院调入暨南大学负责筹建，1982年正式对外招生。1984年3月，暨南大学医学院在世界卫生组织注册，其毕业生可直接申请参加世界各国的"临床医生执照注册考试"，确立了外向型学校在国际上的地位。口腔医学系自建系之时即按照暨南大学"面向港澳、面向海外"的方针办学，课程设置与香港及美国牙科医学院系接轨。见图10-39、图10-40。

图10-39 暨南大学医学院口腔医学系

图10-40 系主任
黄世光教授

1998年，获批口腔临床医学硕士学位授予权。2000年，获国家首批口腔医学专业硕士学位授予权。口腔医学系近年的招生规模不断扩大，本科层次由过去的每年不足20人，发展到现在的近40人。目前口腔医学系有在校本科生140人，在校生人数是过去的1.5倍。截至2007年7月，共培养了86名硕士研究生，陆续成为所在单位的临床业务骨干和学术带头人。2008年时，有在读研究生47名，其中海外留学生22名。

口腔医学系拥有一支实力雄厚的师资队伍，在编教工中有教授4人、副教授或副主任医师10人、硕士导师4人。其中博士3人、硕士11人、留学归国人员3人。口腔医学系有5个教研室和一个口腔医学实验中心。由院系批准的口腔医学实验中心成立于2000年，统管口腔医学专业的所有实验教学工作。从2001年起，先后引进了35套进口牙科教学模拟系统，采用数字视频互动教学网络系统进行教学是本中心的特色。目前实验中心已形成了三大功能分区，分别为基础实验室、临床模拟实验室、临床前技能培训实验室。实验室面积400平方米，总固定资产300余万元。

口腔医学系有5个本科生临床实习基地，包括暨南大学第一附属医院（广州华侨医院）、暨南大学医学院第二附属医院（深圳市人民医院）、暨南大学医学院第四附属医院（广州市红十字会医院）等五间三级甲等医院。口腔医学系临床医疗主要基地之一为暨南大学第一附属医院口腔科，有病床10张，牙科综合治疗椅30张。口腔临床医疗基地在承担医疗任务的同时，还培养了大批海内外的硕士研究生、本科生及进修医生。口腔医学系本科生毕业后遍布包括香港、澳门等全国各地，以及印尼、中国台湾、菲律宾、美国等世界各地，成为当地的口腔医疗骨干，为口腔医疗卫生事业的发展作出了贡献。

学院拥有一个以面向多层次教学为主的专业实验室，近3年主持国家级和省级科研课题19项，涉及口腔临床及口腔基础理论研究领域，部分研究领域为跨学科研究。已完成的科研课题中有多项获得各级成果奖。近3年来在国内外学术刊物上发表论文177篇，其中5篇被SCI收录。在学术会议发表73篇。本学科近3年内拥有科研经费合计237.2万元，平均每年约79万元。目前承担科研项目共39项，其中国家级3项、省部级项目16项、厅局级项目14项。

七、首都医科大学口腔医学院

首都医科大学口腔医学系建于1982年，2001年更名为首都医科大学口腔医学院。坐落在北京市古老的历史文化遗产——天坛公园南侧，环境优雅，设备齐全，技术力量雄厚。占地面积23 000平方米，建筑面积28 659平方米。至2008年，学院有员工656人，博士生导师7人、硕士生导师35人、正副高级职称教师110人。现任口腔医学院、口腔医院院长是孙正教授，口腔黏膜病学专家，兼任中华口腔医学会副会长，中华口腔医学会第四届口腔黏膜病专业委员会主任委员。

首都医科大学附属北京口腔医院创建于1945年，是三级甲等专科医院，全院有产自德国、日本、芬兰等国家先进的牙科综合治疗台288台，以及各种先进的口腔专科诊断医疗设备。病房设有80张病床，可以开展各种口腔外科手术。

口腔医学院经过26年的发展，拥有教育部生命与科学高级人才培养基地、硕士、博士科学与专业双学位培养点和国家教育部一级学科、博士后流动站和北京市重点学科、教育部第一批特色专业。是口腔正畸学、口腔修复学、口腔预防医学、口腔生物学、口腔颌面影像学、口腔黏膜病学等国家统编教材编委成员单位，也是中华口腔医学会口腔医学教育专业委员会主任委员单位。由口腔医学院创办的《北京口腔医学》杂志入选中华科技论文统计源期刊和中国科技核心期刊。口腔医学院承担着从中等口腔医学教育到博士生教育多个层次口腔医学人才的培养任务。每年招收口腔医学五年制本科生25~30人，七年制本硕连读学生25~30人，成人大专和专升本100人，修复工艺专业高职班学生20人，硕士、博士及博士后20~30人。

首都医科大学口腔医学院于2003年成立了以口腔医学院为中心的、包括首医大所有附属医院口腔科临床教学资源的口腔科学系。在临床、教学工作迅速发展的同时，科研工作也取得了丰硕的成果。其中，基因治疗分子生物实验室、口腔微生物实验室、龋齿和实验病理等实验室承担了多项国家级课题，包括863国家重大专项课题、973重大课题子项目、国家自然科学基金项目、北京市科委重大项目、市自然科学基金项目、首都医学科学发展基金联合项目和多项其他部、局级课题等。并与国内外多所大学和科研机构进行了多项合作课题的研究，包括美国国立卫生研究院（NIH）国立牙颅颌研究所、法国斯特拉斯堡大学牙科学院、美国密西根大学牙科学院等。近五年获得国家科技进步二等奖1项、全国百篇优秀博士论文1篇，北京市优秀博士学位论文1篇，国际威廉姆斯和JDR优秀论文封面大奖各1项，市、部局级各种科研奖励多项。全院有突出贡献专家3人，国家杰出青年科学基金获得者1人、卫生部突出贡献青年专家1人、享受政府津贴专家8人、入选跨世纪人才工程2名、北京市优秀青年知识分子3名、北京市十百千卫生人才工程6人、北京市科技新星13人。见图10-41、图10-42。

图 10-41 首都医科大学口腔医学院（附属北京口腔医院）　　图 10-42 院长孙正教授

八、广西医科大学口腔医学院

广西医科大学口腔医学院、附属口腔医院是在广西医学院口腔专业和广西医学院附属医院口腔科的基础上发展壮大起来的，1978年建立广西医学院口腔医学专业，1983年经教育部同意、广西壮族自治区人民政府批准，成立广西医学院口腔医学系。

学院拥有硕士学位授予权，现有3个教学教研室、6个教研组、1个口腔医学教学综合实验室和1个口腔科学研究所，具有先进的教学科研设施。1978年开始面向全国招收五年制本科生，1985年开始招收硕士研究生，每年同时接受东南亚、非洲等国家的外国留学生、区内外进修生、短期培训生。口腔医学院拥有一批高级口腔医学专任教师，聘请2名国内外著名口腔医学专家为名誉院长、5名为客座教授、4名为高级技术顾问，每年接待来自国内外著名学者来院讲学和交流，成为广西壮族自治区培养口腔医学高级人才的摇篮。

口腔医学院近年来共承担国家级科研项目9项，教育部、卫生部、广西科学基金等科研项目42项，广西教育厅、卫生厅等科研项目55项。主要研究方向为：牵张成骨生物学、正颌外科、口腔念珠菌病、口腔肿瘤、牙髓生物学、口腔修复、口腔正畸、口腔牙病防治等。其中口腔颌面外科完成的国家自然科学基金项目《TGF-β1等多细胞生长因子在下颌骨牵张成骨中的表达研究》2005年通过广西区科技厅鉴定，其科研成果获2005年广西科技进步二等奖、2006年广西医药卫生适宜技术推广奖一等奖，是广西口腔医学界目前唯一获得的最高奖，代表广西口腔医学最高水平。口腔颌面外科于大海博士主持完成的科研成果《VEGF基因转染恢复放疗后组织血管生成的实验研究》获2007年广西科技进步三等奖，

图10-43 广西医科大学口腔医学院　　　　图10-44 院长周诺教授

实现了口腔医学院在科学研究上的又一个飞跃。见图10-43、图10-44。

　　口腔医院是广西唯一的三级甲等口腔专科医院、首批全国百姓放心示范医院、全国医院感染管理先进集体，也是口腔医学专业教学、科研和临床实习基地。医院设有门诊部、住院部和两个综合门诊，开设口腔颌面外科、口腔内科、口腔修复科、口腔正畸科、口腔预防及儿童牙病科等15个临床医技科室，拥有先进的口腔综合治疗椅121台，开放病床72张，现代化的诊室、病房、先进的诊疗设备、舒适的医疗环境为教学、医疗、科研创造了良好的条件。

　　雄关漫道真如铁，而今迈步从头越。广西医科大学口腔医学院迎来了她三十周年的华诞，在成绩面前并没有停下脚步，口腔医学院全体教职工将同心同德，再接再厉，开拓进取，力争为广西口腔医学事业作出更大贡献。

251

九、安徽医科大学口腔医学院

安徽医科大学口腔医学院始于1978年筹建的口腔系，正式建系于1984年。经过20年发展和完善，口腔医学院已形成了较完整的教学、科研和医疗体系，并与美国、日本、澳大利亚的大学及中国科学技术大学、中科院合肥分院开展科研合作项目。同时，口腔医学院是卫生部临床药理一期实验基地、中华医学会医学美学与美容学会口腔学组组长单位。口腔医学院现设有6个教研室和口腔医学及口腔医学美学两个研究所。现有1个口腔基础实验室、3个口腔临床实验室、1个口腔中心实验室，2008年获中央与地方共建高校实验室专项资金资助。

作为全省培养口腔专业人才基地，每年招收口腔医学本科生60人，培训和招收口腔成人教育本、专科学生120人，口腔临床专业硕士研究生10~15人。口腔医学院为口腔医学本科生开设18门专业课程，为口腔专业硕士研究生开设10门专业课程。2006年开始对我国台湾招收口腔临床医学专业的硕士研究生，与中科院合肥分院联合培养博士生。

附属口腔医院占地面积1 800平方米，建筑面积4 500平方米。现有职工109人，医务人员83人，其中高级专业技术职务人员20人。医院设施先进，拥有德、意、美等国的口腔综合治疗机60台，床位30张。附属口腔医院每年接收全省基层医院选派进修医生10人左右，根据省卫生厅和省医学会的安排，承担安徽省口腔医学继续教育项目1~2项，培训对象为全省各医疗机构口腔专业的骨干人员。2008年被民政部和李嘉诚基金会选定为安徽省"重生行动"项目唯一承办医院。

承担国家自然科学基金项目3项、省科技承担国家自然科学基金项目3项、省科技攻关项目3项、其他省部及厅委科研项目40多项。获省部级科技成果奖15项，发表学术论文300余篇，其中SCI收录论文18篇，出版专著20余部。主编《口腔疾病防治》杂志一份，承担了多项国家自然科学基金和省、厅级科研课题，主编或参编了口腔本科教材，《中国口腔医学年鉴》等。

口腔临床医学专业是安徽省省级重点学科，有教授8人、副教授12人。为安徽省培养优秀卫生技术人员。各学科积极申报国家级和省级继续医学教育学习班，每年均有省内外口腔卫生技术人员来口腔医学院进修和参观学习。卓有成效地推动医疗、科研、教学快速发展。医院不断加强对外交流，先后有18人次赴美、日、加拿大、澳大利亚、新加坡等国家进行学术交流和医学考察。见图10–45、图10–46。

图10-45 安徽医科大学口腔医学院

图10-46 院长周健教授

十、福建医科大学口腔医学院

福建医科大学口腔医学系成立于1984年3月。2000年10月改系建院。现福建医科大学口腔医学院与附属口腔医院合一，集口腔医学教学、医疗、科研、预防于一体。至2008年，福建医科大学有口腔医学专业教师81人，硕士研究生以上学历的占教师总数的70.3%，高级职称人员占教师总数的48%。

1984年9月，招收首届口腔医学专业本科生20名。此后逐年递增，2008年招生达90人。口腔医学专业自办学以来共招收本科生768人、硕士研究生79人、博士研究生7人，成为福建省高层次口腔医学专业人才的培养摇篮，为推动福建省口腔医学教育事业的发展作出了越来越重要的贡献。

自国家实行执业医师资格考试制度以来，学院历届本科毕业生一次性考试通过率都在95%以上。据学院一项关于"口腔医学专业毕业生跟踪调查"的课题研究表明，各基层医院对口腔医学专业毕业生综合能力均表示满意。学院的教学质量和教学水平获得社会的广泛认可。

1997年12月，由福建省政府投资建设的福建医科大学附属口腔医院7层门诊病房综合楼开诊，结束了福建没有省级口腔专科医院的历史，口腔医学教育有了依托的基地和崭新的平台。学院制定激励措施，鼓励在职继续教育，建立起一支年轻化、高学历化、综合素质较高、结构较合理的师资队伍。学院共有博士、硕士生导师21人，享受国务院政府特殊津贴2人，福建省百千万人才工程人选5

人，福建医科大学学科带头人6人，中青年骨干教师6人。多名专家在中华口腔医学会各学科专业委员会任常委、委员等职。

2000年初，全面改造装修了学院各教室和实验室，设立了多媒体教室。福建省财政厅投入100多万元，建设口腔医学中心实验室，福建医科大学投入200多万元，医院也投入近百万元先后配置了"齿科仿真头颅模拟实习系统"，口腔图像传输影音系统，电脑、投影播放系统，配备有显微镜、拉伸仪等实验设备。建设的口腔专业图书馆，是目前福建省国内外口腔医学专业相关书籍、杂志最齐全的图书馆。

学院以5年制本科教育为重点，发展研究生教育，完善继续教育，逐步构建终身教育体系，为中国特色社会主义建设事业培养更多口腔医学的合格人才。

1998年至2007年，学院（医院）共获得各类科研项目64项，其中国家级科研课题3项。出版学术专著、译著共25部，SCI源论文5篇。见图10-47、图10-48。

图10-47 福建医科大学口腔医学院

图10-48 院长闫福华教授

十一、同济大学口腔医学院

1984年经教育部批准，创建同济大学口腔医学系，1996年成立口腔医学院。学院设立12个教研室，教师队伍中正高比例占17%，副高比例占20%，博士学历者占43%，博士生导师10%，硕士生导师23%，30%的人员拥有海外留学研修经历。为加强和规范大学5年级本科生的临床操作与诊治能力，学院通过医院整体改建，于2007年开始设立口腔综合科，专门承担临床毕业实习带教任务，为口腔医学生开辟独立空间，搭建实习的良好平台。

学院目前拥有市级重点课程3门，校级精品课程6门，校级双语课程6门，主持校级质量工程建设项目2项。2000年以来，主持教改课题共23项，其中部级2项、校级21项（含校重点教改课题1项）。

口腔医学院主要临床教学基地——同济大学附属口腔医院是上海市目前唯一的三级口腔专科医院，也是中国口腔医学专业医疗、教学和科研基地之一，由于具有良好的医疗条件和一定水平的师资条件，被评为上海市医师资格实践技能考试（口腔类）基地。医院还承担上海市口腔医疗质量控制的工作，检查督测上海市北区六区一县近五百家医疗机构的口腔医疗质量。近年来，医院还成为上海市"微笑列车"唇腭裂修复慈善基金项目合作医院之一。目前医院拥有从德国、瑞典、美国、意大利、日本、丹麦等国进口的消毒设备及牙科综合治疗椅115台，以及牙科CT机、全景X线机、超精密牙科铸造机等多项新技术。

1996年批准建立口腔医学研究所，建立相关的口腔研究室与实验室，逐步完善实验室的设施与设备，目前已具备开展分子生物学、细胞生物学、神经生物学及形态学等研究的比较齐全的设备和条件。能够满足现代口腔医学的DNA、RNA和蛋白等分子水平的基础和临床研究。

自2000年以来，学院共主持国家级、省部级等科研课题47项，其中国家自然科学基金项目12项、上海市科委重大项目（含部级重大课题）8项、上海市浦江人才计划项目3项、上海市市科委启明星科技培养人才计划1项、上海市自然科学基金4项。已获实用专利7项，正在申报专利共计21项。近五年来已被SCI收录的论文48篇，其中以第一作者发表32篇。2004年获中华医学科技奖二等奖1项、2005年获上海市科学技术进步奖二等奖1项。

学院先后与近10个国家与地区的口腔医学院校建立了姊妹院校。继2000年11月主办第二届亚洲小儿齿科学术会议后，于2004年7月再次成功主办国际口腔颌面外科研讨会暨口腔颌面外科杂志编委会。此外，学院与日本东京医科齿科大学、日本长崎大学、日本德岛大学、日本北海道医疗大学和美国纽约种植中心签订了友好合作协议。每年邀请来自日本、德国、美国等国家与地区的著名口腔医学专家来院进行讲学和学术交流，并互派留学生、进修人员，开展合作研究。同时，学院还是全国公开出版发行的专业口腔杂志《口腔颌面外科杂志》、《牙齿保健之友》等口腔专业杂志的主编和主办单位。见图10-49、图10-50。

图10-49 同济大学口腔医学院

图10-50 院长王佐林教授

十二、吉林大学口腔医学院

吉林大学口腔医学院始建于1985年，是教育部所属、卫生部直管的一所专科医（学）院。地处吉林省省会长春市的市区中心，是吉林省及邻近地区口腔医学教育、科研和口腔疾病防治的中心。

学院现总建筑面积5 600平方米，设有100台牙科综合治疗机和根管治疗仪、牙种植机、数字化全景X线机等先进仪器设备，病床56张，日门诊量600人次左右，年收容住院患者1 000人次左右。目前，在建新医疗综合大楼面积达2.4万平方米。口腔医院一直承担吉林省干部口腔保健工作，作为吉林省口腔专科等级评审标准制定的牵头单位。在2001年和2008年分别被确立为省医保和市医保定点医院，2006年被确立为首批新农合定点医院。学院积极参与"万名医师支援农村卫生工程"活动。

学院现有教职员工329人，其中教授18人、副教授53人、讲师112人；有博士指导教师4人，硕士生指导教师34人。拥有口腔医学博士后科研流动站、2个博士点、5个硕士点。为教育部首批试办口腔医学专业硕士与博士学位六个授权点之一，并经教育部批准于2002年招收7年制口腔医学专业。现有7年制、专升本、硕士研究生、博士研究生、韩国留学生等400余人。设有口腔基础医学、口腔内科学、口腔颌面外科学、口腔修复学、口腔正畸学、口腔颌面影像诊断学和口腔技工工艺学等7个教研室，1个口腔医学研究所。学院现为"中华口腔医学会"、"全国口腔医学专业教材评审委员会"、"中华医院管理学会"、"中国口腔信息网络"等机构的成员单位。在各类专业期刊发表论文逐年递增，年发表论文达100篇以上。

　　学院与日本、加拿大、澳大利亚、美国、韩国、瑞典等国家的院校建立友好关系。1993年同日本东京医科齿科大学齿学部建立了姊妹校关系。1994年与美国哥伦比亚大学合作建立了"口腔种植研究中心"。1999年与日本新潟大学齿学部签订交流协议。2004年与韩国延世大学签订专家互访交流协议。2004年始与日本昭和大学持续进行科学研究合作项目。见图10-51、图10-52。

图10-51 吉林大学口腔医学院　　　　　　　　　　　图10-52 院长周延民教授

十三、大连医科大学口腔医学院

　　大连医科大学1985年创建口腔医学系，2000年发展为口腔医学院，2001年成立附属口腔医院。学院与附属口腔医院实行两位一体的管理体制，是一所集教学、科研、医疗于一身的省属重点高校口腔教育基地和专科医院。其办院宗旨是培养德才兼备的高级口腔医学专门人才、普及和提高牙病及口腔颌面部疾病的防治技术水平。已获得口腔医学硕士学位一级学科授予权，口腔医学专业学位硕士学位授予权，口腔基础学科为辽宁省重点学科。

　　学院以"因材施教，突出个性化培养"为特色，采用"三强一高"的培养模式，提高教学质量。即在强化基础理论知识传授的同时，注重培养学生的创新能力和临床实践技能，使学生的动手能力强、创业能力强、发展能力强、基本理论水平高。学院不断调整专业课程体系与教学内容，改革教学方法，建院以来，先后获得省教育厅及大连医科大学教育研究课题多项；有2门课程被评为校优秀课程，连续在校教学大奖赛中获奖，有1门课程被评为校精品课程，有2人获霍英东教育基金奖励。

　　学院重视科学研究，建立了中心实验室，购置大量实验仪器设备，不断改善

257

科研实验条件。全院共获得国家自然科学基金和卫生部、教育部、省、市级科研基金课题及国外联合研究数十项，总资助金额300余万元。SCI收录论文30余篇，科研成果获得省、市政府科学进步奖15项。学院现有国际牙医师学院院士1人，有多人在中华口腔医学会及其他专业学会担任理事（委员）以上职务。

学院现有口腔医学和口腔修复工艺2个专业、1个附属口腔医院、6个教研室、1个研究室、2个实验室、1所非直属附属口腔医院（附属沈阳市口腔医院）；开辟了辽宁省人民医院、大连市口腔医院等10余个教学医院。不仅可以满足患者的诊疗需求，也可满足各层次的教学需要。学院重视人才培养和教师队伍的梯队建设，先后选送中青年骨干教师20余人出国深造，现大多数已获得了博士学位，返校工作，并担任各学科带头人。形成一支"高素质、高学历、高职称、低年龄"的梯队合理、力量雄厚的师资队伍。至2008年，全院有教职工60人，其中教授（主任医师）13人、副教授（副主任医师）22人，具有高级职称的教师比例为57.5%，其中博士学位15人，硕士以上学历教师比例为67%；硕士生导师16人，博士生导师1人。至2008年，口腔医学院已为社会培养口腔医学本科毕业生500余人，硕士学位毕业生（含同等学力）80余人。

现学院每年计划招收本科生64~96人，硕士研究生30~40人，在校学生达600余人，还有来自我国港、澳、台及国外的本科生和硕士研究生。学院的本科生考研率稳定在50%左右，每年都有几名应届毕业生考入北京大学、四川大学等知名高校口腔医学院攻读研究生，普遍受到导师的赞誉。各层次学生的就业率均为100%，毕业生遍及国内外，目前有多人在美国具有口腔医师执照并行医，有相当比例毕业生成为本专业、学科的学术带头人或走上领导岗位，辽宁省较具规模的多个个体齿科诊所都是我院毕业生独自创业。毕业生以扎实的基础理论知识与临床技能，工作后适应期短、业务能力较强，受到用人单位的广泛好评。

学院的对外交流活跃，与美国、英国、日本、韩国、乌克兰等多所大学建立

图10-53 大连大学口腔医学院

图10-54 院长马国武教授

了合作关系，每年都有来自不同国家和地区的专家来校讲学，举办学习班，传授先进技术，与国外合作开展科学研究和人才培养。特别是与英国郎塞学院和乌克兰第聂伯国立医科大学合作办学进展顺利。先后接待来访外宾近130余人（次）；派往日本、美国等地留学、研修及学术交流40余人（次）。见图10-53、图10-54。

十四、兰州大学口腔医学院

兰州大学口腔医学专业筹建于1984年，1985年正式成立了口腔医学系。2004年，原兰州医学院并入兰州大学，在原兰州医学院口腔医学系和口腔门诊部的基础上，整合兰州大学第一、二院口腔学科的资源及力量，正式成立了兰州大学口腔医学院、口腔医院及口腔医学研究所。兰州大学口腔医院是目前甘肃省唯一一所国家三级乙等口腔专科医院，其建设和发展得到了当地政府和领导的重视，即将成为甘肃省口腔医院和甘肃省红十字口腔医院的挂靠单位。

至2008年，兰州大学口腔医学院、口腔医院有教职工及医护人员112人，其中教授、主任医师11名，副教授、副主任医师12人，讲师、主治医师19人，助教、住院医师12人。有硕士生导师13人，具有博士学位者7人，具有硕士学位者14人，并有7名专家分别从美国、日本、德国、法国、芬兰等国家留学归来。共有9人次分别担任教育部教学指导委员会、中华口腔医学会、中华医学会、中国医师协会各专业委员会委员、常委，8人次担任国内外专业学术刊物的编委、副主编。另外，在国内著名口腔医学专家中聘有讲席教授1名，兼职教授12人。至2008年，兰州大学口腔医学院已为社会输送了3年制口腔临床医学大专毕业生380名、3年制口腔技工工艺大专毕业生123名、5年制口腔临床医学本科学生506人、3年制口腔临床医学硕士研究生31名。

兰州大学口腔医学研究所，下设口腔基础医学、口腔内科学、口腔颌面外科学、口腔修复学、口腔正畸学、殆学、口腔分子病理学等研究室。开设9门口腔专业基础课以及10门口腔专业课。此外，还面向全校各专业学生开设了《口腔审美学》及《口腔卫生保健》2门通识选修课。

兰州大学口腔医学实验中心，位于兰州大学医学校区口腔教学楼内，实验用房总面积达900平方米，生均实验面积约4.8平方米；共有仪器设备210台（件），价值约180万元；"中心"共有实验任课教师23人，实验技术人员9人。至2008年，已为30个年级、1 500余名学生和30余名3年制研究生开设口腔基础专业医学实验课，年均承担100名左右本科生和研究生实验教学。口腔医学实验中心具有7个综合性实验室。2003年，兰州大学口腔医学实验中心顺利地通过了甘肃省教委进行的"医学教学实验室合格评估"，教学实验内容和改革也伴随着实验条件的改善得到了很大的提高。

兰州大学口腔医院是集医疗、教学、科研、预防保健为一体的省级专科医院，是省内口腔医学专业人员最多、专业最齐全的口腔医学教学、科研、医疗中心，与兰州大学口腔医学院实行"院院合一"管理体制，承担5年制口腔本科学生的临床见习和实习教学任务。甘肃省牙病防治指导组设在院内，承担着指导全省医疗卫生机构开展牙病防治、口腔学术交流和口腔医学专业人员继续教育的任务。

兰州大学口腔医院设口腔内科、口腔颌面外科、口腔修复科、口腔正畸科、口腔预防保健科、口腔放射中心、口腔消毒中心、义齿制作中心等10多个口腔临床医技科室，拥有牙科治疗椅90张。已开展了口腔心电监护拔牙和微创拔牙、牙颌面畸形综合矫治、牙周病黏膜病的系统治疗、颞颌关节综合征的系统治疗、牙列缺损及牙列缺失等复杂义齿修复、老年性牙病的综合治疗及口腔颌面部的整形美容、人工种植牙等技术，均处于甘肃省领先水平，为目前甘肃省唯一已开展这些综合性治疗技术的医院。

医院拥有美、日、德、芬、法等国家的先进设备，美国人工牙种植机、日本全景曲面断层机、X线成像仪、德国口腔内镜系统、烤瓷炉、贵金属铸造机、芬兰综合治疗台等医疗设备。消毒中心还配备KAVO注油机、高温高压消毒机，实行"一人一机"，防止交叉感染，确保患者医疗安全和医疗质量。医院实行网络化管理，奉行全新的服务理念，坚持"以病人为中心，以医疗质量为核心"的宗旨，力求使患者得到优质、方便、满意、一流的医疗和保健服务。

图10-55 兰州大学口腔医学院

图10-56 院长
余占海教授

目前，兰州大学口腔医学院共承担有17项国家、省部及厅局级科研课题，其中国家自然科学基金1项、中国牙防基金1项、中科院西部之光项目2项、其他省部级项目8项、厅局级项目5项。见图10-55、图10-56。

十五、郑州大学口腔医学院

郑州大学口腔医学院的前身为河南医科大学口腔系，由姜国城教授等老一辈口腔专家创建于1985年。2000年7月，原郑州大学、河南医科大学和郑州工学院合并成立了新的郑州大学，2002年7月，口腔系发展成为口腔医学院，现在面积约1 000平方米。见图10-57、图10-58。

至2008年，口腔医学院有职工93人，其中教师53人、辅助科室及护理人员30人、行管人员10人。在教师队伍中，有高级职称的人员21人，其中教授（主任医师）4人。教师队伍的平均年龄为35.2岁，已获得博士学位者8人，获得硕士学位者25人。

口腔医学院担负着郑州大学口腔医学专业本科生，成人教育本科、专科生和

图10-57 郑州大学口腔医学院

图10-58 院长王天才教授

硕士学位研究生及部分非口腔专业学生的临床教学及培养工作，设置有牙体牙髓病学教研室、牙周黏膜病学教研室、口腔修复学教研室等6个教研室，承担了口腔基础医学和口腔临床学科的教学任务。口腔医学院拥有学生专用教室1个、多媒体教室2个、多功能实验室8间、临床学科实习室18间、技工实习室3间，另有口腔外科病房、手术室等实习场所供教学使用。配备电子阅览室供学生查阅资料及进行网上教评使用，多功能实验室安装的40套牙科仿头模系统，可同时供40名学生进行实验操作。此外，自制或购置了大量教学模型、标本、切片、X线片等教具，能够满足实验教学及临床教学的需求。实验室的设备由专人负责维护和保养，完好率达95%以上。

学院于2000年获得口腔临床医学硕士学位授予权，2003年获得口腔医学硕士专业学位授予权。每年招生口腔医学5年制本科生40~80人，研究生15人左右，成人教育学生约100人，另有30名攻读口腔医学专业学位的研究生同时在读。

口腔黏膜病专科专家门诊是省内首创也是唯一的省级专科门诊，临床研究采用临床检查和实验室检查相结合、中医疗法和西医疗法相结合、全身疗法和局部疗法相结合，承担科研项目5项，其中1项获省级科技进步奖三等奖。全院共承担省部级科研项目34项，其中参与国家自然科学基金5项，科研经费计499万元。获省部级奖励9项，发明专利一项。发表论文357篇，其中SCI收录5篇，中文核心期刊110余篇。

十六、中南大学湘雅口腔医学院

中南大学湘雅口腔医学院由原湖南医科大学口腔医学系发展而来，建系于1986年。现下设口腔基础医学系、口腔临床医学系和口腔医学研究所，设有口腔解剖生理教研室、口腔组织病理教研室、口腔材料学教研室等教研室，以及一个口腔医学实验中心、三个研究室（口腔生物学、口腔癌变原理、口腔组织工程）。

口腔颌面外科学为中南大学重点建设学科。2004年全国高等学校与科研院所学位与研究生教育评估，中南大学湘雅口腔医学排名全国一级学科第九位。

学院在功能上包括中南大学附属湘雅医院口腔科、湘雅二医院口腔科和湘雅三医院口腔科。拥有一支治学严谨、勇于创新的教师队伍。至2008年，有教职员工102人，其中教授、副教授41人，讲师36人，博士生导师4名，硕士生导师18名，9名专家、教授被聘为《中华口腔医学杂志》等专业期刊编委，10人担任口腔医学各专业委员会委员。有12个稳定的研究方向，配备有高水平的学术带头人及结构合理的学术梯队。近年来，学院承担了国家自然科学基金会、教育部、卫生部、湖南省科技厅等国家级及省部级科研项目94项。在国际、国内专业期刊上发表学术论文500余篇，出版学术著作近40部，获全国医药卫生科技大会奖一项，中华医学科技三等奖两项，省部级三等奖三项、省厅一等奖一项、二等奖三项。积极发展国际间的合作与交流，先后与美国、日本、英国、中国香港等10多个国家和地区建立了学术交流关系。

学院现有口腔医学一级学科硕士授权点（含口腔基础医学和口腔临床医学），1983年开始招收口腔专业硕士研究生，2002年开始招收博士研究生，2004年开始招收外国留学生。1985年起招收口腔医学专业学生，2001年招收七年制口腔医学专业学生。

全体教职员工励精图治，决心将中南大学湘雅口腔医学院建成国际知名、国内一流的现代化口腔医学院。见图10-59、图10-60。

图10-59 中南大学湘雅口腔医学院

图10-60 院长黄俊辉教授

十七、辽宁医学院口腔医学院

成立于1987年的锦州医学院口腔医学系，于1988年开始招收5年制本科生。2006年11月，随锦州医学院更名为辽宁医学院。2008年8月，口腔系正式更名为口腔医学院。口腔医学院下设口腔基础医学教研室、预防口腔医学教研室、口腔内科学教研室等7个教研室；本科教学开设口腔解剖生理学、口腔组织病理学、口腔颌面外科学等专业课程，每年保证1 000余教学时数。迄今已为社会培养口腔医学本科毕业生500余人，累计招收口腔临床医学专业科学学位硕士研究生133人，已毕业并授予硕士学位77人，整体就业率近100%。见图10-61、图10-62。

图10-61 辽宁医学院口腔医学院

图10-62 院长王稚英教授

　　辽宁医学院附属第二医院承担口腔医学专业本科教学及硕士研究生培养任务。医院建院以来，得到了长足的发展。1993年被省卫生厅确定为"辽西地区口腔疾病诊治中心"；口腔颌面外科于1995年被省卫生厅确定为"重点医疗专科"、1997年被省教委和省计划委评为"辽宁省普通高等学校省级重点扶植学科"、1997年被国务院学位办批准为口腔临床医学硕士授予权单位。2006年经国际微笑列车、中华慈善总会批准，确定为"微笑列车唇腭裂矫治项目定点医院"，2007年又被确定为"微笑列车唇腭裂Ⅱ期矫治项目定点医院"。

　　至2008年，医院有教职员工235人，其中正高职12人、副高职19人，具有博士学位者5人、具有硕士学位者18人，口腔专任教师49人、硕士研究生导师5名。医院现有建筑面积10 257平方米，床位数100张，口腔综合治疗机64台；拥有西门子螺旋CT、芬兰实数字螺旋曲面断层机和数字牙片机、进口CR机、彩色多普勒超声诊断仪等大型设备；有专设口腔医学科学实验室及相应科研设备。2004至2008年平均年门诊量约6.5万人次。"看牙病还是附属二院好"已响彻辽西，附属二院已经成为名副其实的辽西地区口腔疾病诊治中心。

　　医（学）院积极开展科研学术工作，5年来有各级科研项目27项，在国家级杂志发表论文84篇。医院是中华口腔医学会的团体会员单位，现有中华口腔医学会理事1人，辽宁省口腔医学会副会长1人、常务理事2人、理事2人、各专业委员会副主任委员10人，在省内口腔学术界处于较重要地位。

十八、泸州医学院口腔医学院

1986年3月，泸州医学院正式成立了口腔医学部，招收口腔医学3年制专科学生。1995年，开始招收口腔医学本科学生。2002年，更名为泸州医学院口腔医学院，开始招收口腔医学硕士研究生，同年底附属口腔医院正式成立。现每年招收重点本科生60余人和硕士研究生10余人，拥有近3 000平方米的附属口腔医院大楼和4 000余平方米的口腔教学用房。2006年，口腔医学院成为学校首批重点批次招生的两个专业之一。2008年，被四川省教育厅批准为特色建设专业。口腔内科学为四川省省级重点建设课程，口腔修复学为泸州医学院院级精品课程。附属口腔医院是四川省医学继续教育基地、专科医师培训基地。见图10-63、图10-64。

口腔医学院现有教职员工95人，其中正副教授19人，硕士32人，博士6人，出国留学归国人员3人。拥有先进的口腔医疗教学科研仪器和设备。学院注重对外交往，与美国、德国、日本以及中国香港等多个国家和地区建立了学术交流和友好合作关系，与国内40多所口腔医学院校保持了良好的合作与学术交流。20年多来面向全国21个省市招生，为各地培养了763名口腔大专及本科专业技术人才，受到社会的普遍欢迎。

图10-63 泸州医学院口腔医学院

图10-64 院长郑立珂教授

十九、山西医科大学口腔医学系

山西医科大学口腔医学系1983年筹建，1985年开始招生，1997年成立附属口腔医学研究所，同年成附属口腔医院。山西医科大学口腔医学系与附属口腔医院实行两位一体的管理体制，已发展成为集教学、科研、医疗、保健于一体的省属重点高校口腔教育基地和专科医院。见图10-65、图10-66。

口腔医学系（医院）是山西省口腔医学学士、口腔临床医学硕士的培养基地和学位授权点，担负着山西医科大学口腔医学专业本科生、研究生、专科生和夜大生的临床教学及培养工作。至2008年，口腔医学系（口腔医院）有职工155人，口腔医学系教编职工36人，其中教授（主任医师）5人、副教授（副主任医师）4人、讲师（主治医师）12人、助教4人、其他高中初级技术人员4人；行政及工勤人员7人。教师队伍的平均年龄为36.5岁。2006年符合岗位资格的教师有25人，其中博士3人、硕士13人，占教师比例64%；正在攻读博士学位的1人、读硕士学位的2人；另有今年分配硕士研究生3人。2006年师资来源于外校者达到48%。目前，口腔医学系（医院）已形成一支整体结构较为合理、发展趋

中国现代高等口腔医学教育发展史

图10-65 山西医科大学口腔医院

图10-66 山西医科大学口腔医学系主任张并生教授

势良好、相对稳定的师资队伍，构成高学历（位）、高层次、年轻化的人才优势。口腔医学系（医院）迄今已为社会培养口腔医学本科毕业生600余人，硕士学位毕业生（含同等学力）52人。目前，尚有150名本科生和数十名硕士研究生在读。

口腔医学系（医院）一贯坚持运用科研和教学相结合的方法，把科研中的最新研究成果反映在口腔医学系本科课堂教学中，有利于学生了解该学科的前沿问题，掌握多种学术观点，追踪学科最新进展，提高自主学习和独立研究的能力，培养学生对口腔医学理论和现实问题的思考。

二十、滨州医学院口腔医学院

滨州医学院口腔医学院口腔医学专业是集教学、科研和医疗于一体的高等医学人才培养和社会服务机构。至2008年，有专业人员43人，其中教授5人，副教授14人，博士生导师1人，硕士生导师7人，教师中获博士学位者2人、硕士18人。2005年至今先后聘任中国著名口腔医学专家北京大学马绪臣博士、美国波士顿大学周来生博士、韩国延世大学金泰元博士等9名海内外知名专家、学者为该院名誉教授。2008年6月，口腔医学实验教学中心被确定为山东省普通高等学校实验教学示范中心。同年，口腔临床医学被确定为滨州医学院重点学科强化工程建设学科。学院近几年发表论文200余篇，有10余篇论著被SCI收录。出版专著14部，有9项科研成果获省级科技进步奖，现承担厅局级以上课题11项。见图10-67、图10-68。

学院现行学制为5年制本科、3年制硕士。设有口腔解剖生理学、口腔组织病理学、口腔影像诊断学等8个教研室。学院注重学风建设和教学理念、方法及手段的更新，积极开展人才培养模式改革，探索出了一套切合实际的口腔医

图10-67 滨州医学院口腔医学实验教学中心

图10-68 书记张连凯教授

学专业课程体系，新的课程体系体现了必修课"宽"、专业基础课"厚"、选修课"新"、实践教学"实"的特点。坚持新的课程体系，创新教学手段，提高教学质量，培养基础知识扎实、动手操作能力和社会适应力强的口腔医学生是我们不懈的追求。学院历年研究生考试入围率都在53%以上，口腔本科毕业生就业率90%以上。

学院重视和不断加强实践教学，实践教学资源丰富。有滨州、烟台两所直属附属口腔医院和济南市口腔医院、烟台市口腔医院两家非直属附属口腔医院，有济南军区总医院、青岛海军401医院等18所实践教学医院，以三级甲等医院和市级口腔医院为主。学院教学仪器设备齐全，实验条件优越，配有国内高水平的口腔医学实验教学中心。包括学生实验室6个、科研实验室1个、研究生实验室1个等，固定资产达500余万元。2007年，通过省财政与学校共同筹资，又投资600余万元加强对中心的建设。

二十一、华北煤炭医学院口腔医学系

图10-69 系主任李金源教授

华北煤炭医学院口腔医学系具备较强的师资队伍，各学科大部分师资具备口腔医学本科及以上学历并完成重点大学进修。医学院于1995年成立口腔医学专业并设3个教研室，包括口腔颌面外科学教研室、口腔内科学教研室、口腔修复正畸学教研室。2000年成立口腔医学系并设4个教研室、1个二级中心实验室。包括口腔颌面外科教研室、口腔内科学教研室、口腔修复正畸教研室、口腔基础教研室、口腔二级中心实验室。口腔医学系设行政及党务两部分，实行系主任负责制。制订了10余项规章制度，培养具有口腔基础医学、临床医学的基本理论和医疗、预防的基本技能，能在医疗卫生单位、医学科研等部门从事医疗及预防、医学科研等方面的医学高级专门人才，基本具备自学能力、思维能力和临床诊疗的实际工作能力。见图10-69。

学院以口腔基础医学、口腔临床医学为主干学科。以5年制组织教学（实行弹性学制，学制4~8年），5年共组织教学139周，毕业实习52周，修读总学分279分。主要课程包括口腔解剖生理学、口腔组织病理学、口腔生物学、口腔颌面外科学等。截止到2008年年底，共毕业学生325人，就业率达90.06%。58人考取全国重点大学硕士研究生，1人考取韩国延世大学硕士研究生，考研率平均19.08%。

2005年获得口腔临床医学硕士点授予权，教学、临床、科研、预防及其他工作有了较大发展，拥有了一批以教授、副教授、博士、硕士为学术带头人的学科队伍。2007年1月，招收口腔临床医学第一届研究生11人，同年9月，在学院统一安排部署下，顺利通过了本科教育水平评估，为学院评估获得优秀奠定良好基础，到2008年年底，已有两届研究生共30人。

口腔医学系十分重视口腔实践教学，2003年经学院批准投资近百万元成立"华北煤炭医学院口腔综合门诊部"，为成立"华北煤炭医学院口腔医院"作准备。并对外开展医疗服务及学生实习、见习。2004年投资近百万元改造完成2个高标准实验室。随着办学规模不断扩大，办学档次明显提高。

参编全国高等职业技术教育卫生部规划教材《口腔颌面外科学》，参编全国高等职业技术教育卫生部规划教材《口腔组织病理学》。科研立项20项，包括国家自然科学基金项目、河北省自然科学基金项目、河北省科技攻关项目、唐山市科技局项目等。

第五节 ▍2000—2008年间建立的口腔医学院、系

全国于2000—2008年期间成立的口腔医学院、系数量处于历史高峰期，前后成立数近30所。本节收录了27所口腔医学院、系。分别为贵阳医学院口腔医学系、温州医学院口腔医学院、青岛大学医学院口腔医学系等。

一、贵阳医学院口腔医学系

贵阳医学院口腔医学系的前身系贵阳医学院口腔医学教研室，建于2000年。至2008年，有教师34人，其中教授7人、副教授11人、讲师10人、助教6人。教师中博士学位4人、硕士学位12人，硕士研究生导师8人。从1986年至今，面向全国累计培养了1 000余名口腔专业专科和本科学生，2005年获口腔临床医学硕士学位授予权，目前在读硕士研究生48名，已毕业研究生60名。见图10-70、图10-71。

口腔系的临床教学基地——贵阳医学院口腔诊疗中心拥有进口齿科综合治疗椅31台，数字式口腔影像系统（RVG），全颌曲面断层机，牙科用电脑比色仪Shade eye NCC，口腔内镜，精密研磨仪，电脑烤瓷炉，高频、中频铸造机，根

图 10-70 贵阳医学院口腔医学系

图 10-71 系主任
宋宇峰教授

管长度测量仪，一流的牙科清洗消毒设备等价值近550余万元的口腔门诊临床及教学实习配备。拥有60张病床的颌面外科一、二病区给口腔本科及研究生颌面外科临床实习提供了全方位的保证。颌面外科是贵州省最大最完善的口腔、颌面及颈部肿瘤、畸形、外伤、感染等疾病的医疗机构，现年平均手术1 100台次。其中颌面外科二病区为与美国"微笑列车"、中华慈善总会合作的免费慈善医疗病区，同时也是香港企业家李嘉诚先生和国家民政部在贵州省唯一指定的"重生行动"慈善医疗机构，面向全省贫困的唇腭裂儿童家庭提供完全免费的手术、康复和语音训练治疗，是贵州省唯一同时拥有两个慈善基金资助的定点医疗机构，2005年颌面外科二病区被国家民政部和中华慈善总会授予"中华慈善奖"。截至2008年，已经为350余名贫困的唇腭裂儿童免费实施了整形手术。

教研室拥有强大的科研优势和能力，目前主要研究方向有头颈部肿瘤的预防与治疗、口腔黏膜病的病因机制及防治、颌面部畸形与缺损整复的基础与临床研究、牙列缺损冠桥修复及种植义齿修复、牙颌畸形的固定矫治。

截止到2008年，全教研室获得国家自然科学基金3项，已完成1项，在研2项，经费共计80余万元；获贵州省省长基金及省政府专项基金5项，经费36万元。2001年起科研项目共获贵州省科技进步二等奖1项、三等奖2项。

2007年自筹资金80万元建立口腔医学研究室。研究室拥有超净工作台、高速台式离心机、PCR仪，低温高速离心机、自动高压灭菌器、电热恒温三用水箱、脱色摇床、磁力恒温搅拌器、电热恒温培养干燥箱、振荡器、酸度计、便携式液氮罐、纯水器、冰箱、电子天平、等设备，能满足口腔临床医学硕士研究生的研究需要。

二、温州医学院口腔医学院

温州医学院于2000年4月建立口腔医学系，同年9月首次面向全国招收5年制本科生。2002年口腔医学系开始招收硕士研究生，同年12月口腔医学院正式成立，口腔医学专业被确定为温州医学院重点建设专业。2005年，口腔医学院成为口腔临床医学专业硕士点。2007年开始与国际教育学院共同招收和培养本科留学生。口腔医学院与校附属口腔医院实行两位一体的管理体制，是浙南地区高等口腔医学教育基地。办院宗旨是培养德才兼备的高级口腔医学专门人才，提高牙病及口腔颌面部疾病的防治技术水平。口腔医学院有儿童口腔医学、口腔修复学、口腔正畸学等6个教研室。口腔医学实验中心成立于2002年10月，设有口腔基础及颌面外科学实验室、口腔修复学实验室、口腔内科学实验室等6个实验室和两个研究室。实验室、研究室总面积达700平方米，总投资约390万元。教学设施优良，其中综合实验室选用目前世界上最先进的德国产KAVO教学用仿真头模系统，硬件设施达到国内一流水平。口腔医学院成立以来十分重视师资建设，选拔了一批师资骨干作为重点培养对象，同时也遴选了一批学科带头人，采用在职攻读硕士、博士和选送到国外培养的方式，努力提高师资队伍素质。2000—2008年，口腔医学院先后派遣了17人次到美国罗玛琳达大学、日本东京齿科大学、奥地利格拉茨大学、英国爱丁堡大学等国际著名齿科院校进修学习。至2008年，全院教师副高以上职称21人、具有博士学位者4人，在读博士5人，硕士学位者60人。见图10-72、图10-73。

口腔医学院承担学校口腔医学专业研究生、本科生、留学生、专科生的专业课及非口腔专业医学生的口腔医学课程的教学工作。开设口腔医学5年制本科生的公共基础课、医学基础课和临床医学主要课程和口腔专业课程，涵盖口腔医学

271

图10-72 温州医学院口腔医学院

图10-73 院长麻健丰教授

基础和临床两个二级学科。2000年，口腔医学院开始招收5年制口腔医学专业本科学生，2008年，在校本科学生人数共211名。2002年，口腔医学院挂靠外科学专业开始招收3年制硕士研究生，2005年学院取得口腔临床医学硕士点。2007年开始招收国外留学生，2008年开始口腔专业课的英语教学。

学院的临床教学基地包括温州医学院附属口腔医院、温州医学院附属第一医院、温州医学院附属第四医院——台州医院、温州医学院附属第五医院——丽水市中心医院、温州市第三人民医院等。其中温州医学院附属口腔医院牙科综合治疗台98张，设有口腔内科、口腔外科、口腔修复科等科室。该医院能进行口腔医学各个临床学科的教学活动，是最主要的临床实习基地。附属第一医院口腔科是另一重要实习基地，共有牙科综合治疗台15张，病房床位数19张。实习基地的硬件设施符合教学要求。

口腔医学院在优化课程结构、缩减总教学时数的基础上，适当调整口腔医学专业基础、口腔专业、口腔临床各阶段教学的课程内容与学时比例。加强口腔基础学科（专业）设置，开设《口腔材料学》等新兴学科课程。在口腔临床专业课教学中，精简课程内容，突出重点，压缩理论授课时数，增加课间实习时数，加强了学生的技能训练。学生临床实习50周，增加了口腔正畸学、口腔颌面影像诊断学的临床实（见）习内容，让学生更全面地掌握临床知识与技能。积极鼓励学生考研，2006届毕业生考研率达到24%，在学校考研率中名列前茅。组织学生开展科研、学术创新活动，学院的学生科研活动有了较大的发展。学生近两年专业社会实践参与率达100%，科研参与率达30%。科研立项从2006年的1项到2007年的5项、到2008年的13项申报，其中2007年一项荣获省级星苗人才计划。

学院成立5年来，各学科均已形成比较稳定的研究方向，并形成了以口腔正畸学与口腔材料学为龙头，逐步带动其他学科全面发展的格局。共获得国家级自然科学基金1项及省自然科学基金2项。14项课题获省教育厅、卫生厅立项资助。12项课题获温州市科技发展基金立项资助。70余篇论文在国家级口腔专科杂志上发表。并有多人次在全国口腔专业委员会中担任学术职务。

口腔医学院与国内各大口腔医疗机构和口腔医学院系开展了广泛的交流与合作。学院先后与美国3M公司合作成立口腔正畸中心，与日本齿科东洋医学会合作成立中日口腔中西医结合研究所，与美国Loma Linda大学牙学院建立长期合作研究关系。2007年5月，经学校批准，聘请Loma Linda大学牙学院的李一鸣教授担任我院的院长顾问、客座教授。

三、青岛大学医学院口腔医学系

青岛大学医学院口腔医学系始建于2000年，到2006年，成立6个教研室。

口腔医学系目前拥有山东省医药卫生重点学科、山东省教育厅重点实验室、国务院口腔医学硕士学位授权点，是卫生部属国家级口腔继续医学教育基地。口腔医学系核定病床29张，口腔综合椅位35张。1979年开始先后派医师去北京、上海、西安、武汉、成都等地著名医学院校及美国、德国、瑞典等国家进修，科内医师均毕业于国内著名口腔医学院校或在国内外著名医学院校接受培训。现有教职工、医护人员60余人，其中教授9人、副教授10人、博士11人，留学归国人员5人，硕士以上学历者占80%以上。现有设备包括29台日本、德国进口综合治疗椅、髁突运动轨迹描记仪、Beyond冷光牙齿美白仪等一批国内外先进的仪器设备。见图10-74、图10-75。

2000年以青岛大学医学院附属医院口腔科为基础建立青岛大学口腔医学系每年招收本科生40余名，已有3届学生毕业，50%的毕业生考取全国各大院校的硕士研究生。1996年被批准为国务院口腔医学硕士学位授权点，现已培养硕士研究生200余名，毕业研究生中考取博士6人，出国深造3人。

口腔医学实验室创建于2004年8月，面积约118平方米。主要的实验教学设备有口腔临床模拟教学系统36台（仿头模、高低速手机、NSK低速马达、三用喷枪、吸唾器、冷光源等）、口腔技工实验操作系统36台，以及口腔教学标本等共计95件，设备价值总额130万元。口腔临床模拟教学系统已达国内先进水平。

1959—1988年，口腔医学系完成科研课题2项，参与编写专著1部，发表学

图10-74 青岛大学医学院口腔医学系

图10-75 系主任
贾暮云教授

术论文5篇，获奖2项。共承担科研课题48项，其中国家自然科学基金3项，省部级课题6项，30余项课题通过鉴定，85%以上达国际先进水平。主编及参与编写专著11部，发表学术论文260余篇，其中10余篇被SCI收录。获科研奖励21项，其中卫生部科技进步三等奖1项、获国家专利3项。举办国家级继续教育学习班4项、省级继续教育学习班6项。与国外多家医疗教学机构保持交流合作关系，与台湾长庚医院建立了长期良好的交流关系，每年定期进行互访。

四、海南医学院口腔医学系

海南医学院口腔医学系建系于2000年12月28日。口腔医学系培养口腔专业本科生及硕士研究生，承担包括临床医学在内的5大专业本科、专科生的《口腔科学》和国际教育学院留学生全英文的《口腔科学》等教学任务。

1990年、1993年分别招收了口腔专业3年制专科学生，后因故中断。现任系主任邓芳成教授，1999年4月从中南大学湘雅医学院（原湖南医科大学）调入，是口腔医学系的主要创办者，自2001年7月起担任系主任，当年即恢复招收口腔医学3年制专科学生。2003年11月建立口腔医学系党总支委员会。2002年开始面向全国各个省市区招收5年制本科学生，至2008年已连续招收了7届本科学生。2007年海南医学院口腔医学专业的首届本科学生毕业生共36人，有9人分别考取了韩国国立庆北大学、上海交通大学、武汉大学等院校的硕士研究生。2008年又有3名毕业生考取了南京医科大学、南方医科大学和福建医科大学的硕士研究生。

口腔医学系设有1个系办公室、5个教研室和1个教学实验室。自2001年建系以来，不断引进高职称和高学历的教师，并派教师到国内知名大学和医院进修、学习。口腔医学系队伍较为雄厚，至2008年，有教职员工50余名，其中正副教授、讲师、高学历结构占主导地位。40岁以下青年骨干力量是主体，硕士（博士）学位以上占60%，其中有5位曾出国留学、考察，形成了一支年龄、学历、职称结构、学缘结构较为合理的师资队伍。

近3年发表科研论文50余篇，年人均1.02篇。目前，口腔医学系承担省自然科学基金1项，教育厅科研项目1项，省卫生厅科研基金项目1项，学院教学科研项目4项；已申报国家自然科学基金1项。口腔医学系参与专业期刊编辑，是教育部主管，武汉大学主编的《口腔医学研究杂志》协作副主编单位。7位教师分别担任副主编、常务编委、编委；另有教师担任四种专业期刊的特约编委、常务编委与编委。

海南医学院附属医院在1973年建院时就设立了口腔科。附属医院口腔临床科是该院的特色专科之一，是海南省唯一集口腔医疗、教学、科研于一体的专科中心，是海南医学院口腔医学院教学的重要组成部分。有开放病床16张，口腔放射辅助检查室，特诊室，急诊室。目前拥有28台牙科综合治疗台、口腔全景X线机、激光治疗机等先进的进口医疗设备。价值120万的30套口腔临床教学模拟系统安装在新的教学实验室，已用于数届口腔医学专业本科生的实验教学。现有临床工作者50余名人，其中教授（主任医师）2人、副主任医师（副教授）8人、主治医生（讲师）10名，高学历结构人才约占50%，处于主导地位。

口腔医学系自建系和创办口腔医学专业以来，其指导思想和特色就强调"高、严、新"。几年来高度重视学科学术建设，与韩国国立庆北大学口腔医学院签订了姐妹友好合作协议，合作培养硕士学位研究生，交换访问学者。见图10-76、图10-77。

图10-76 海南医学院口腔医学系

图10-77 系主任
邓芳成教授

五、重庆医科大学口腔医学院

重庆医科大学于2000年开始招收第一届口腔医学本科专业学生，2001年成立了重庆医科大学口腔医学系，2006年成立口腔医学院，作为重庆医科大学的重点本科，面向全国招生。建系以来已经招收口腔本科学生8届320余人，毕业117人；已招收博士研究生3名，硕士研究生131名（其中外籍硕士研究生7名），毕业硕士研究生55名（包括外籍硕士研究生2名），是西部地区口腔医学高级专门人才培养的基地之一。

学院拥有一支业务技术精湛、教学严谨、年龄职称结构优良的人才梯队。教师77人，其中教授、副教授28人；博士生导师1人，硕士生导师21人，研究生以上学历占58%。全院有5个教研室，2个教学组，一个口腔医学基础实验教学中心。开设了14门口腔专业课程，承担口腔本科生、研究生的生产实习任务。2003年，顺利通过教育部本科教学质量水平评估。学院以培养德、智、体、美、劳全面发展的口腔临床医师为目标，现已具有"医学学士－硕士－博士"的人才培养体系，为口腔医学一级学科硕士学位授权点。医学院的口腔医学基础实验教学中心建筑面积440平方米，包括口腔医学专业基础、口腔医学专业技能以及口腔医学专业综合三个模块，配备国内一流水平的实验教学设备，包括23套德国Frasaco的带操作台的仿真人头模和23套德国Frasaco简易头模，46套操作系统，实验教学摄像系统，交互式多媒体教学系统，数字化学生操作结果评价系统，以及口腔临床专业课实验操作相关设备等，满足了口腔医学专业基础和专业课教学以及留学生口腔科学教学的实验教学要求。

重庆医科大学口腔医院现有颌面外科病床50张、牙椅160台，有10个临床科

图10-78 重庆医科大学口腔医学院

图10-79 院长邓锋教授

室、10个医技科室及其他业务科室，年诊治病人26万余人次，建成了重庆牙病研究室、唇腭裂序列治疗中心，与中国医学科学院北京整形外科医院联合建立了整形与颅颌面外科中心。2008年开工建设的北部分院，建筑总面积达4万余平方米，建成后将新增临床、教学牙椅240余台。医学教学的高质量奠定了良好的基础。医院设备先进，拥有意大利、美国等国外进口的牙科综合治疗椅、微动力手术系统、口腔内镜系统、根管显微镜系统、X线数字成像系统、多功能生命体征监护仪、牙科纯钛铸造机、激光焊接机等系列口腔专科先进设备100余台及计算机信息管理系统。

学院科研工作成绩显著，至2008年，在国际国内各级各类期刊共发表论文300余篇；承担国家级、省部级和厅局级科研课题共56项；获得厅局级以上科研成果奖5项。2005年口腔临床医学被重庆市卫生局评为重庆市医学重点学科，2006年口腔临床医学被重庆市教委列为重庆市重点学科。见图10-78、图10-79。

六、大连大学医学院口腔医学系

大连大学医学院的口腔医学教育已经历了35年的办学历史。为辽宁省培养了2 000余名口腔专科医生。辽宁省内多数市县级医院的口腔科主任和高年资医师是大连大学医学院口腔医学专业的毕业生，大连市的口腔科医生中约80%毕业于该校。

2000年，申办口腔医学本科专业。同年10月与大连市口腔医院签订共同办学协议。学校在2003年投资60余万元用于购买教学设备，与附属口腔医院共同建设了两个专业实验室。培养的5年制口腔医学本科学生在校学习两年半后，进入口腔医院进行专业课学习一年半，并实习一年后毕业。至2008年，2001级口腔医学专业34名、2002级42名、2003级45名学生已按此模式完成了学业，顺利毕业并获得医学学士学位。口腔医学院已初步实施了专业办在医院，理论与实践结合、基础与临床结合、人才共用、资源共享、培养高层次口腔医疗人才的办学目标。

大连大学口腔医学专业和口腔医学技术专业的医学基础课由医学院基础医学部承担。口腔医学和口腔医学技术专业的专业建设和专业基础课、专业课教学任务由口腔医学系与附属口腔医院共同承担。口腔医学专业教学人员35人，包括专业教师31人，实验技术人员4人。专业教师包括教授8人，副教授16人，讲师9人，助教2人等，师资队伍结构合理。目前口腔医学系教师科研成果5项分别获省、市科技进步奖或优秀成果奖；至2008年，在国内外各级各类学术期刊上发表的科研论文近百篇，其中核心期刊发表50余篇，被SCI检索19

篇；获国家专利2项。

大连大学医学院口腔医学系在2000年与附属口腔医院共同开展口腔医学本科教育，是学科建设的第一步；以后的几年内引进和培养博士和硕士研究生以及积极申报各类科研项目是第二步，目前口腔医学系博士硕士教师占教师编制的73%。科研项目中有一个教育部归国留学基金项目在研；4个省级课题完成1项，3项在研；另外还有2个博士启动基金项目和1个校科研项目进行中。附属口腔医院现有大连市科委项目2个、大连市卫生局项目4个；附属新华医院口腔科有辽宁省教育厅项目1个、市卫生局项目1个。各类课题共16个项目在研究中，已经具备了一定的科研基础。见图10-80、图10-81。

图10-80 大连大学医学院口腔医学系

图10-81 系主任
曲晓娟教授

七、河北北方学院口腔医学系

图10-82 系主任
安峰教授

河北北方学院（原张家口医学院）坐落在素有北京"北大门"和"后花园"之称的塞外名城张家口市，于2002年6月经河北省教委批准成立口腔医学系。至2008年，培养口腔医学专业毕业生400余名，其中本科学生176名，专科学生224名，有在校生300余名。见图10-82。

口腔医学系创建伊始以河北北方学院附属第一医院口腔科为依托，形成了有团结协作、锐意创新的领导集体和一支结构合理、教学严谨的教师队伍。师资力量逐渐充实，以专家教授为中坚，中青年教师为骨干，2008年有专任教师30人，其中副教授以上职称者9人、中级职称者12人，承担主要专业基础课和专业临床课程14门。口腔医学系下设口腔颌面外科学教研室、口腔内科学教研室、口腔修复正畸学教研室、口腔基础教研室以及口腔综合实验室，随着师资力量的逐渐加大和教学水平的不断提高，各教研室已经形成成熟独特的教学特色。近年来教师共在各种专业期刊上发表学术论文60余篇，承担省及市级科研课题12项，"口腔颌面外科学"课程被评为校级优秀课程。

口腔医学系现已逐步形成了明确的办学指导思想和办学思路，具有了集教学、科研和医疗于一体的专业体系。重视学生专业理论知识与实践动手能力的培养。在教学观念上处理好知识、能力和素质三者的关系，强调三者综合训练。在教学方式上，建立以实践为基础，以解决问题为中心的教学模式，如组织临床典型病例分析和讨论，强化实验课动手技能培养。充分发挥学生的主观能动性，培养学生理论联系实际的能力。

目前口腔医学系毕业生就业情况良好，本科生就业率达到95%，专科生就业率达到92%；本科毕业生考研录取率达到25%，许多学生被北京大学口腔医学院、中国医科大学口腔医学院、吉林大学口腔医学院等国内知名大学录取。

注重实习环节，以增强学生的实践动手能力。学校现有学生实习医院10余所，将进一步在省内外增加实习点，为学生提供了良好的实习条件。

八、川北医学院口腔医学系

2002年，川北医学院口腔医学系经教育部专业设置评审委员会批准，正式招收口腔医学5年制本科专业。2006年系系徽发布。目前有在校学生197人，毕业学生72人。口腔医学系下设系办公室、学生科、教务科及口腔颌面外科教研室、口腔内科教研室、口腔修复教研室、口腔综合实验室。组织机构健全，运转正常。

口腔医学系聘请原中华口腔正畸学会副主席、四川大学华西口腔医学院博士生导师罗颂椒教授和四川大学华西口腔医学院硕士生导师刘福祥教授为该系的客座教授，定期开展讲学、实验教学等，负责指导口腔医学的学科专业建设。口腔医学系现有教师30人，其中副教授以上职称11人、讲师3人；具有硕士学位的14人、在读硕士3人，硕士导师1人。近年来，多数专业教师都参与到科研课题工作中，已申请到10多项科研课题，其中1项省教改课题已结题。

口腔医学系现有实习基地5个，均为三甲医院。现有26台牙科综合治疗椅及15张病床，另外拥有烤瓷炉、种植机、内镜、根管测量仪、根管马达、全景机、数字化牙片机、B级消毒炉、光固化机、喷沙洁牙机等400多万元的先进设备与仪器。口腔综合实验室现有价值100万元以上设备，按功能设置了5个专业实验室，拥有21套仿头模教学系统，开设了实验项目58项。学生通过多种形式模拟临床实际工作，强化基本技能训练，搭建了理论与临床实际工作之间的桥梁，为毕业实习和临床工作打下坚实的基础。见图10-83、图10-84。

图10-83 川北医学院口腔医学系

图10-84 系主任
米方林教授

九、右江民族医学院口腔医学系

右江民族医学院是广西壮族自治区教育厅直属院校，位于革命老区广西百色市，是培养高级医学人才的院校。口腔医学专业是右江民族医学院重点建设专业之一，开设于2000年，招收口腔医学专业专科生。2002年3月，为了满足广西及西南周边地区高级口腔医学专业人才的需求，经教育部正式批准升格为本科教育，同年成立口腔医学系。现招生范围扩大至云南、贵州、湖南、河南等周边省份，每年招收本科生约50人。现有口腔内科学、口腔颌面外科学、口腔修复学3个教研室及口腔医学实验室。见图10-85、图10-86。

全系教职工共28人，有1位正高级职称的教师，7位副高级职称的教师，讲师9人，助教9人，以高层次、高学历的区内知名专家为专业学科带头人，中青年教师为骨干的师资队伍。其中博士1人，硕士5人，3名教师以委培方式攻读硕士研究生。具有丰富的临床和教学工作经验，承担着口腔专业的教学和科研任务，承担多项各级课题，其中国家自然科学基金项目1项，省部级项目4项。获广西医药卫生适宜技术推广奖1项，具有极强的进取精神。

口腔医学系自创办以来，教学条件得到不断改善，现有两间口腔实验室，面

图10-85 右江民族医学院口腔医学系建系时的实验室

图10-86 系主任
廖明华教授

积120平方米，已投入80万元用于专业实验室的建设，配有仿头颅架35台、台式牙科治疗机25台、微型打磨机25台等实验教学设备。并通过欧元贷款投入165万元配备德国Frasaco仿头模及牙模系统建成临床模拟实验室，对现有的实验室设备更新改造进行了规范设计，使口腔实践技能操作训练场地达到一个较高的层次。设置有设备先进、环境优雅、共28张综合治疗台的两个口腔科门诊及口腔颌面外科病房。配有先进口腔器械消毒设施和数字化照片系统，开展在区内颇具特色和影响的医疗项目。

2005年根据医学院口腔医学专业人才培养目标，重新修订口腔医学专业的教学计划。注重实验实践教学，加强实习教学管理，提高实习教学质量。根据口腔医学专业教学的自身特点，制定详细及可行的实习计划，强化实习前培训工作。学院重视实习教学质量，每年组织2次专门的教学人员对各实习点的实习教学进行巡回检查，并对学生进行理论和基本操作技能考核。

十、华中科技大学同济医学院口腔医学系

华中科技大学同济医学院口腔医学系成立于2003年，由附属同济医院口腔医学中心主任陈卫民教授任系主任，聘请了北京大学副校长林久祥教授和武汉大学口腔医学院名誉院长樊明文教授为名誉系主任、兼职教授。现有附属协和医院、同济医院两个三级甲等医院作为教学实践基地、一个模拟教学中心。设有口腔内科学、口腔颌面外科学、口腔修复学和口腔正畸学4个教研室，拥有

图 10-87 华中科技大学同济医学院口腔医学系系主任陈卫民教授

一批高素质的教师队伍和具有丰富的临床实践和教学经验的优秀博士、硕士研究生导师，承担着口腔医学专业教学任务，主持"863"项目、国家自然科学基金、省部级科研及教改项目多项，在国际、国内知名杂志上发表学术论文百余篇。口腔系师资力量雄厚，教学设施齐全，办学模式先进，为专业教学和学术研究提供了有力的支持。见图10-87。

至2008年，口腔医学系有博士生导师5人、硕士生导师12人、专职教师36人。2004—2008年承担了口腔医学专业本科生《口腔颌面外科学》、《口腔修复学》、《口腔正畸学》、《口腔材料学》、《口腔黏膜病学》、《儿童口腔医学》、《牙周病学》、《牙体牙髓病学》、《口腔颌面医学影像诊断学》、《预防口腔医学》、《口腔医学美学》、《口腔医学导论》、《口腔材料学》13门课程的教学；还承担了临床医学专业本科生、七年制《口腔科学》教学任务以及成教学院口腔医学专业专科生、本科生口腔专业课程的教学任务；同时全年承担口腔医学专业本科生和专科生的口腔临床实习教学任务。口腔医学系在口腔专业本科生中开展双语教学，实行精品教育。2002年开始招收硕士研究生，2005年开始招收博士研究生，2008年有在读博士研究生10人、硕士研究生42人、本科生120人、成教生60人。

十一、宁夏医科大学口腔医学系

宁夏医科大学口腔医学系（口腔系）成立于2003年6月，党政及教学机构健全，设有6个教研室（口腔内科、口腔颌面外科、口腔修复、口腔正畸、口腔基础、口腔综合教研室）和1个口腔医学实验中心。见图10-88、图10-89。

口腔系设口腔医学专业，分口腔医学本科和口腔临床医学硕士研究生两个办学层次。口腔医学本科专业于2004年开始招生，现有在校本科生146人。2004年开始从临床医学学位点招收硕士研究生，2006年获得口腔临床医学硕士学位点，并于2007年招收口腔专业硕士研究生，至2008年，有在校硕士研究生22人，毕业2人。口腔系有一支年富力强的导师队伍。5名导师均是具有20多年临床经验的学科带头人，其中博士2人、硕士2人。

至2008年，口腔系有教师30人，其中博士学位3人、硕士学位4人；正高职称（教授、主任医师）6人、副教授5人。先后有5名教师到英国、澳大利亚、瑞典及日本作为访问学者进修学习，多名教师及实验技术人员到国内医学院校进

图 10-88 宁夏医科大学口腔系

图 10-89 系主任
杨银学教授

修学习。口腔系有硕士生导师5人，宁夏"313"跨世纪学术带头人2名，在中华口腔医学会各个专业学会担任理事（委员）等职务者有8人。教师队伍的平均年龄为36.1岁，来自于国内6所知名口腔院校。

建系以来，口腔系教师主持的科研课题有30余项，其中国家自然基金项目1项、宁夏自然科学基金8项、宁夏人事厅出国留学人员资助3项、宁夏卫生厅5项、宁夏高等教育科研基金3项、宁夏科技厅科技攻关项目1项、宁夏卫生厅重点科研课题2项等。近年来获自治区科技进步二等奖2项、自治区科技进步三等奖3项、自治区自然科学优秀学术论文三等奖3项；在全国公开刊物发表学术论文达100余篇，其中在核心期刊上发表40余篇，SCI检索4篇。

口腔系设有口腔临床模拟训练室、口腔技工训练室、口腔临床操作训练室、口腔基础实验室，实验室面积为1 600平方米。现有仪器设备362台件，总价值235万元。实验教学仪器设备主要有JCS30口腔临床模拟训练系统30台、口腔基础实验台40张、吸尘式技工台40张、牙科综合治疗椅10台、数字化牙片X线机、牙科手机注油机、高温高压消毒机及口腔医学教学模型模具等共281台（套）等。

学校十分重视口腔医学专业实训基地建设工作，将多年建成的临床实习基地网作为口腔医学专业后期临床实习的保障。目前正在积极规划和筹备附属口腔医院的建设，争取早日建成国内一流的口腔专科医院，实现宁夏医科大学口腔医学院、附属口腔医院、口腔医学研究所三位一体的医、教、研中心。

十二、新疆医科大学口腔医学系

新疆医科大学于2001年被教育部批准招收口腔医学专业本科生。2004年4月成立口腔医学系，新疆医科大学口腔医学专业现已成为新疆医科大学主要专业之一。新疆医科大学口腔医学系现主要以本科教育为主，承担着口腔专业硕士研究生、本科生、进修生、成人教育和非口腔专业学生的临床教学及培养、培训工作，以及继续医学教育等各个层次人才的培养重任。口腔医学系成立以来，已经招收硕士研究生94名，博士研究生8名，口腔本科5年制毕业人数288人，目前遍布全疆各地，很多已成为当地口腔专业的骨干及学科带头人，正在为新疆的口腔医学事业发展积极努力地工作，受到新疆各族人民的好评。见图10-90、图10-91。

国务院学位办于1986年审批新疆医科大学临床医学口腔专业硕士学位授予权，2004年审批临床口腔医学专业硕士学位授予权。目前下设口腔内科学、口腔颌面外科学、口腔修复学3个教研室。口腔医学系在编教职员工49人。其中具有教师专业职称暨师资33人，外聘教师6人，外聘教师均为副主任医师以上职称人员。在编教师中具有博士学历教师6人占18.2%，硕士学历教师17人占51.5%。本科学历教师10人占30.3%。现有实验室11间，面积达1 114平方米，固定资产达558万元。现有12所实习基地医院，分布在全疆各地市。实验室（教室）面积合计7 522.43平方米，共有口腔综合治疗椅（床）位总数为355张，基本保障了口腔医学专业教学及毕业实习的需要。

图10-90 新疆医科大学口腔医学系实验室

图10-91 系主任
温浩教授

新疆医科大学口腔医学系也是自治区口腔疾病诊疗质量控制中心、中小学生口腔健康教育防治中心、新疆医学会口腔分会等机构的所在地。口腔医学系成立至2008年，共荣获国家自然科学基金资助项目4项；国家留学生基金资助项目2项；获得省级科研项目5项；获自治区级科技进步奖3项，自治区级科技成果奖1项；获市级科研项目6项；获得校级科研项目8项；新疆医科大学科博士后科研基金2项；新疆医科大学168科研基金四项，新疆医科大学青年启动基金2项；获院级科研项目4项，在国家级期刊上共发表论文100余篇，在省级期刊上发表论文53篇，其中获省级科研论文奖6项；获院级科研论文奖6篇，获自治区优秀博士后1名，获四川大学华西口腔医学院优秀博士生称号1名。

口腔医学系继续医学教育学术交流氛围浓厚。成立以来，举办和承办全国及全疆学术会议继续教育学习班多期，邀请来自瑞士、日本等国及北京、上海、广东、华西、第四军医大学等全国知名教授、专家来我校进行讲学指导和交流新知识新进展，参加人数达2 000余人次左右，为新疆口腔事业的发展起到极大的推动作用，同时更为扩大新疆医科大学口腔医学系的知名度，让国内了解新疆口腔事业发展的现状及成绩作出了贡献。

十三、长治医学院口腔医学系

长治医学院位于上党古城长治市内，隶属山西省教育厅，是一所全日制普通高等学校。学校创建于1946年，其前身是晋冀鲁豫白求恩国际和平医院总院开办的"护士学校"，是在刘伯承、邓小平、薄一波等老一辈革命家的亲切关怀下建立发展起来的，后几经易名，随着历史变迁不断发展壮大。见图10-92、图10-93。

长治医学院口腔医学专业是2001年经教育部批准设置的5年制本科专业，毕业后授予医学学士学位。目标是贯彻以"预防为主，依靠科技进步，动员全社会参与，中西医协调发展，为人民健康服务"的卫生工作方针，培养一批能熟练掌握口腔内科学、口腔颌面外科学、口腔修复学及口腔预防等学科的基本知识和操作技能，能够胜任各级各类医院相关岗位的需要，从事口腔临床常见病和多发病的诊治、修复和预防工作以及教研方面的专门人才。

本专业于2002年开始正式招生，至今已招收7届，学生来自全国10多个省市自治区，至2008年共招收学生481人。2008年口腔医学专业在校本科学生431人（包括专升本），并且已有2届学生毕业走向社会，分布于全国20多个省市自治区的各级综合医院和专科医院。专业课程设置完善，除公共基础和专业基础课程外，主

图 10-92 长治医学院口腔医学系

图 10-93 系主任
姚向阳教授

要开设口腔解剖生理学、口腔组织病理学、口腔修复学等口腔专业课程。

专业师资力量较强，从事教学医疗工作的人员大多是毕业于西安医科大学、中国医科大学、中南大学、山西医科大学、白求恩医科大学及长治医学院等医学院校的口腔及临床医学专业本科以上学历的中青年教师。口腔医学专业现有专职教师15人，具有硕士学位（学历）的有3人，教授1人，副教授3人，具有丰富的教学、临床工作经验，承担着口腔医学、临床医学、护理学等专业的教学和科研任务。口腔医学专业自成立以来，教学与科研两手抓，教师在任教同时积极从事科学研究。

至2008年，本专业有2名教师参编了全国卫生职业教育第二轮卫生部"十一五"规划教材，共发表省级以上论文10多篇，完成科研项目2项，在研项目1项，获长治市政府科技进步二等奖2项。实践教学和毕业实习是医学生教学环节的重要组成部分，也是其步入临床的关键所在。为了适应现代医学发展的需求，确保学生的实习质量，学院选择了包括院附属医院在内的省内外十几家综合或专科医院作为实习基地，形成了以附属医院为重点，省内外数家大型三甲医院为补充的临床实习格局。

十四、广州医学院第一临床医学院口腔医学系

广州医学院第一临床医学院口腔医学系（简称口腔系）于2003年申办，2004年7月正式成立，9月招生，第一届学生34人，2008年有在校生200余人。

口腔系以本科教育为主，根据社会的需求和医学院的实际条件，兼顾口腔专业成人、夜大、专升本等多层次教育。在专业人才培养的目标定位上，与学校的办学指导思想相一致，加强学生素质教育，采取"厚基础、宽口径、强能力、高素质、善创新"的现代人才培养模式。见图10-94、图10-95。

学科定位于按省名牌专业要求，不断加强师资队伍建设，完善教学条件，提高办学质量。在办好本科教育的基础上，加强学科建设，争创口腔医学硕士点。力争使广州医学院口腔系成为华南地区有一定影响力的专业。目前，口腔系有一支具备较高专业素质的教学管理队伍，专业教师30余人，口腔医学基础及临床学科教师队伍齐备，结构合理。

口腔系拥有两间口腔医学专业实验室，模拟口腔临床功能室和技工实验室。现承担口腔医学本科专业的十多门专业基础和专业临床课程的实验教学任务。实验室使用面积300余平方米，拥有多媒体网络教学系统、口腔临床模拟教学系统、口腔内镜系统、齿科技工打磨机、模型观测仪、石膏修整机、超声波洁牙机、电解抛光机、口腔教学标本等设备。口腔临床模拟教学系统及已达国内先进水平，装备台数可同时容纳40名学生进行实践操作，学生在校内即可完成口腔临床操作技能的基础训练，保证了口腔医学专业对学生实践操作技能的高标准要求。

口腔系及附属医院共有牙科综合治疗台150余张，病床60多张。实习基地均开设了综合门诊部及住院部，专科结构齐全，师资力量强，各附属医院均有专业实验室供学生进行专业技能训练。在实习期间能确保每名实习生配备一台综合牙科治疗台，颌面外科实习生人均管理病床数5张以上，病人来源及病种均能满足

图10-94 广州医学院口腔医院

图10-95 广州医学院第一临床医学院口腔医学系系主任高平教授

实习教学的需要。

十五、齐齐哈尔医学院口腔医学系

图10-96 齐齐哈尔医学院口腔医学系系主任徐文华教授

齐齐哈尔医学院口腔医学系创建于2004年，招收口腔医学专业本、专科层次学生，口腔医学"专升本"及口腔医学专科成人教学类型，2008年，有在校生合计558人。经过几年建设与发展，已逐步形成了明确的办学指导思想和办学思路，具有了集教学、科研和医疗于一体的专业体系。见图10-96。

口腔医学系设有口腔基础医学教研室、口腔内科学教研室、口腔颌面外科学教研室、口腔修复学教研室及口腔医学实验中心。口腔医学实验中心设有口腔基础实验室、口腔临床技能实验室、口腔临床示教室等，拥有口腔各专业必备的、先进的实验实训设备、设施和较完善的现代化教育技术手段，使学生在校内即可完成口腔临床操作技能的基础训练，保证了口腔医学专业对学生实践操作技能的高标准要求，提高了实践教学的内在质量。

口腔医学系师资力量逐渐充实，2008年，有教师32人，其中副教授以上职称12人，讲师10人。具有硕士学位10人，在读博士学位1人。共开设6门口腔医学基础课，9门口腔专业课。

口腔医学系坚持院校联合办学，走医、教、研共同发展的道路。经过努力，口腔医学系现有教学实训基地20余所，保障了专业教学及毕业实习的需要。口腔临床教学基地成立专门机构，负责口腔临床教学的领导与管理工作，建立完善的口腔临床教学管理制度和教学档案，加强教学质量保证工作，特别是加强对临床能力考试的管理，教学基地拥有的牙椅数能完全满足口腔临床教学需要，达到国家的有关规定。

口腔医学系建立有完善的学生毕业成绩全过程评定体系，以便全面评价学生的知识、技能、行为、态度和分析与解决问题的能力、临床思维能力及人际交流能力和团队合作意识等。而且所有的评价活动，都确保并强化培养目标和课程的目的与要求，有利于促进学生的学习。进行综合考试，鼓励学生融会贯通地学习，提倡学生自我评估以促进学生主动学习能力。

十六、郧阳医学院第二临床医学院口腔医学系

郧阳医学院第二临床医学院口腔医学系是依托湖北省十堰市东风汽车公司总医院东风口腔医院为主要教学基地。东风口腔医院自1980年开始接收十堰城区和边远地区口腔医务工作者来进修学习，1991年开始接收荆门卫生学校口腔专业学生前来实习，1994年开始承担二汽卫生学校的口腔教学任务。1998年，成立了口腔科学教研室，负责郧阳医学院医疗二系的全部口腔教学任务。2003年9月，组建口腔系，开始接收口腔临床医学专业5年制本科学生。2004年2月，教育部正式批准郧阳医学院第二临床学院口腔系成立，新建的口腔系占地面积2 500平方米，教学设施完善，实验设备先进。系部拥有80座多媒体教室4间，口腔解剖实验室，口内、口外、口修实验室，头模训练室等先进的诊疗设备和教学用具，总价值近320万元。见图10-97、图10-98。

口腔医院设有口腔内科、口腔外科、口腔修复等8个专业科室，诊疗范围十分广泛。口腔系拥有5所大中型实习医院，均有很强的师资力量和较高的医疗水平，保证了学生在临床实习中拥有更多的动手和学习机会。

系部师资队伍实力雄厚，教学科研能力一流。2008年有专兼职师资54人。其中，高级职称者26人，占48%；中级职称者12人，占22%；研究生学历者30人，占56%，博士8名。强大的师资队伍为口腔专业教学质量提供了保障。2007年，系部口腔修复学被学校确立为校级精品课程建设项目，口腔专业也被确立为省级品专业和特色专业建设项目。

图10-97 东风口腔医院

图10-98 郧阳医学院第二临床学院口腔医学系系主任庞光明教授

至2008年，口腔系有在校学生240人，已培养口腔专业毕业生147人，大都在中西部大中型医院就业，以扎实的基础理论知识、较强的实际操作能力和过硬的综合素质得到用人单位和社会各界的一致好评。毕业生党员占毕业生总数的34%，英语四级通过率92.6%，计算机二级通过率达88.9%，学生科研课题立项9项，发表论文2篇，其中一篇获得2007年湖北省大学生科研成果三等奖，有26人获得国家奖学金、国家励志奖学金，有4名学生分别获得三好学生、优秀学生干部等省级表彰，3名学生获得"郧医十佳青年"称号。

口腔系十分重视教学工作，坚持按照省级品牌专业建设要求，积极开展教学活动，大胆进行教学改革，着力加强专业教学，充实专业内涵，使口腔各专业的授课取得了满意的效果。口腔系不仅注重在临床教学中夯实学生的理论知识和实际操作能力，而且还积极开展丰富多彩的社会实践活动，全面发展学生的综合素质。每年"六一"儿童节，系部都要组织师生到幼儿园开展口腔保健义诊；每年爱牙日都要组织爱牙宣传队上街开展大型"9.20"爱牙宣传和义诊活动。增强学生的凝聚力，磨炼自信自强的意志，提高了学生的综合素质，为他们顺利走上工作岗位"未雨绸缪"。

系部科研工作有了长足的进步。先后发表论文40余篇，开展了负压引流术在腮腺术中的应用、隐形义齿的开展、寒天印模材在临床的应用、电子根管测量仪的使用、碧兰麻的引进和利用等新业务、新技术。

十七、包头医学院口腔医学系

包头医学院口腔医学系于2002年招生，2004年正式组建口腔医学系。招收5年制本科专业的大学生，学生毕业成绩合格者授予口腔医学学士学位。

口腔医学系教学系统设有口腔基础医学教研室、口腔内科学教研室、口腔颌面外科学教研室、口腔修复学与正畸学教研室等。其中，《口腔颌面外科》、《口腔内科》为包头市技术力量最强最有影响力的学科。口腔医学系承担口腔专业基础课和口腔临床专业课的教学工作，总计12门（14门）课程。口腔专业基础课包括口腔解剖生理学、口腔组织病理学、口腔生物学等9门课程。专业基础课和专业课总计为946学时，其中理论课538学时，实验课408学时。946学时中716学时为口腔专业课，理论为380学时，实验336学时。口腔专业课理论与实验比例接近1∶1。在7门专业课中，有5门课程开设实验，实验项目总计25项。按照教学大纲的要求，实验开出率基本达到了100%。见图10-99。

至2008年，口腔医学系现有2004—2008级共5届学生，学生总数为162名。

学生中设有团总支及学生会。有
32名学生党员，有90多名入党积
极分子。2007届毕业生一次性就
业率为88.6%，专业名列学院前
茅，年底就业率达到91%，6名同
学考取了中山医科大学、大连医科
大学等院校的硕士研究生，升研率
为14%，占本班报考人数的60%。

图10-99 包头医学院口腔医学系实验室

口腔医学系现有教师35名，
其中教授（主任医师）8人、副教
授（副主任医师）11人，副高以上职称合计19人，占教师总数的54%；讲师（主
治医师）8人，占教师总数的23%；助教（住院医师）8人，占教师总数的23%；
35人中具有硕士学位4人；在读硕士生4人；35岁以下青年教师15人，占教师
总数的43%。

为开设口腔专业并保证专业教学质量和水平，学院着力提升教师知识储备和
专业技能，在2003—2006年期间投入经费先后选派11名教师赴北京大学口腔医
学院和首都医科大学口腔医学院学习进修，在职教师也经常举行短期培训。这些
教师特别是学习进修的教师学成归来后，在专业教学工作中发挥了重要作用，从
而保证了口腔专业教学的质量和水平。

2005—2008年四年中，学院投入200多万元经费，用于口腔专业建设，先
后购置了口腔教学模拟系统、牙科综合治疗椅、高档技工操作台、口腔实验用器
械及仪器、设备、标本模型等，从而保证了口腔专业实践教学工作的正常运转。
2008年9月迁入新校区后，口腔医学系拥有600多平方米的教学实验用房。教学
环境、条件、设施得到了彻底改善。口腔医学系有口腔专业教学医院12所，分
布在全区各盟市，绝大部分为三级医院，不少是三级甲等，其中3所为附属医院。
从带教的师资、科室椅位等设备情况看，基本都符合培养口腔本科生实习教学要
求。系领导每年都深入到这些医院检查学生生产实习情况，以保证临床生产实习
的质量。

十八、佛山科学技术学院医学院口腔医学系

佛山科学技术学院医学院口腔医学系的前身是创建于1951年的国家级重点
中专——佛山卫生学校的口腔学科，2005年更名为佛山科技学院医学院口腔系，

开始举办五年制口腔医学普通本科教育。口腔医学专业自开办起至目前，已培养毕业生1 000多名，每年毕业生就业率均达100%。毕业生分布在全省各地的医疗卫生单位，深受用人单位的欢迎。据医疗卫生单位反映，医学院口腔医学专业毕业生理论基础扎实，动手操作能力强，专业思想牢固，综合素质较强。

佛山市口腔医院与口腔系推行"院系合一"机制，将口腔医院高学历、高职称医生纳入口腔系师资队伍。目前，口腔系师资有40多人，其中高级职称比例占42%、中级职称比例占30%，拥有博士和硕士研究生达20人，专任教师100%为双师型教师。还通过轮换制，保证教师能在口腔医院直接参与临床实践。与此同时，成立了口腔专业指导委员会，聘请省、市医院口腔医学的专家、学者作为专业指导委员会成员或顾问，提高口腔医学专业师资队伍质量。

学院分期分批投入，加强口腔实验室的建设，把口腔实验室建设成为符合现代教学需要的集教学、科研、治疗于一体的实验室，为培养学生良好的临床操作技能打下坚实的基础。目前，学院拥有口腔临床综合实验室、口腔修复实验室、牙解正畸实验室、多媒体仿真实验室等口腔专业专用实验室7间，面积达1 500平方米，专业仪器设备总值达500多万元，实验开出率达100%。

自1984年开设口腔医士专业起，针对口腔专业的特点和社会需求状况，学院在课程设置、教学方法、实践教学环节等多方面做了许多有益的改革尝试，在长期的办学过程中积淀形成了其专业特色。口腔医学专业理论授课一直控制在小班50人以下，实验、见习教学以8~16人为一个实验分组，使教学质量得到充分保障。这与许多医学院校普遍扩招后的上百人的大班式授课、大组式实验等现象形成了鲜明的对比，学院一直坚持"小班上课，小组实验"的精英教育原则，受到学生的欢迎和社会各界的肯定。

学院结合本专业特点，坚持以病例教学、实践教学为主，充分发挥实验室和教学医院的作用，利用"学、做、用"相结合以及"手与脑"相结合的教学模式，对抽象的理论知识进行直观教学，努力实现从理论到实践、再理论、再实践的教学链条连接，最大限度地让学生把所学的理论知识在实验中得到提高，在见习及实践中得到升华。组织学生进行雕牙大赛、在仿头模上进行口腔内科学、口腔颌面外科学、口腔修复学的实验教学等以及制作义齿、烤瓷牙加工等具有口腔医学专业特色的训练。此外，利用课余时间及"9.20世界爱牙日"等节假日，开展雕牙、街头设点健康咨询等社会实践活动，为提高学生临床实践能力，开展口腔医疗技术服务起到积极的促进作用。

20多年办学中，学院始终把口腔医学专业作为特色专业建设，在师资、设备、场地上重点投入。2000年，经广东省和教育部专家组评审，口腔医学（口腔修复方向）专业获广东省高职高专教育改革示范专业。2001年6月，口腔医学（口腔修复方向）专业被教育部列为全国高职高专教育改革示范试点专业，成为广东省唯一的医学类高职高专示范专业。

口腔医学系成立至今，曾多次主办全国、省、市口腔专业学术会议。近年来，口腔系在研或已完成的科研课题有省卫生厅项目、佛山市科研项目以及佛山市卫生局课题，有100多篇论文在各级学术刊物上发表，主编或参编卫生部、教育部的高职高专规划教材10多部，口腔学术专著5部。

黄强任佛山市口腔医院院长；杨文军任佛山科学技术学院医学院口腔系主任。

十九、西安医学院口腔医学系

西安医学院口腔医学系于2005年成立。2008年有专业教师28人，其中教授、副教授7人，研究生以上学历占40%，聘请了国内外知名口腔专家6人为客座教授。经过扎实的教学实践和锻炼，培养出一批具有较高素质的教学科研骨干，是一支学历层次、职称结构较为合理的教学队伍。见图10-100、图10-101。

口腔医学系设有口腔基础医学教研室、口腔内科学教研室、口腔颌面外科学教研室、口腔修复学教研室及口腔医学实验中心，共开设9门口腔专业基础课，18门口腔专业课。口腔医学实验中心设有口腔基础实验室、口腔综合技能训练室、口腔修复工艺实验室和口腔临床示教室等，其总面积达1 200平方米，共有设备250余台（件），其中口腔临床教学模拟系统已达国内先进水平，装备台数可同时容纳42名学生进行实践操作，保证了口腔医学专业对学生实践操作技能的高标准要求。学校近年来一直坚持院校、校企联合办学，探索和发展的办学思路。

图10-100 西安医学院口腔医学实验中心

图10-101 西安医学院口腔医学系主任朱勇教授

学校拥有直属附属医院2所、非直属附属医院13所、教学医院及实习基地41所。经过努力，口腔医学系与20余家口腔专科医院及口腔技工加工中心（厂）合作建立了教学实训基地，保障了各专业教学及毕业实习的需要。同时，口腔医疗中心及技工中心正在积极筹建之中，将为培养高素质的口腔医学专业人才提供良好的教学实训平台。

口腔医学系不断加强科研工作，积极开展教改活动。近年来，已申请科研课题多项，大多数专业教师都参与到科研课题工作和教改活动中。特别是凭借附属医院的依托和学校的优势，临床科研工作也在迅速发展。此外，口腔医学系重视学生思想政治和素质教育工作，在抓好课堂教学的同时，积极组织学生开展丰富多彩的社会实践和文体活动，活跃业余生活，给学生提供了良好的学习、生活环境，为培养高素质的口腔医学专业人才奠定了基础。

口腔医学系在学校党政的正确领导下，遵循学校办学定位和办学特色，以科学发展观为指导，以学科建设为龙头，不断深化改革，强化管理，加快建设步伐，争取医、教、研总体工作水平实现跨越式发展。

二十、浙江中医药大学第二临床医学院口腔医学系

浙江中医药大学第二临床医学院成立于2000年，第二临床医学院下设口腔医学系。口腔医学系每年招收2个班，2008年，有在校学生350人。口腔医学系现有专职教师10人，兼职教师13人。其中，教授3人，副教授11人。下设口腔内科、口腔外科、口腔修复、口腔基础和口腔正畸5个教研室。见图10-102、图10-103。

口腔教学实验中心现有面积约400平方米，下设口腔基础实验室、口腔临床综合实验室、口腔修复和技工实验室、口腔铸造实验室和口腔准备室。口腔教学实验中心现有固定设备279台件，资产总额约400万元。现已配置德国进口的SINOL高级型牙科模拟教学实习系统37套、KaVo数字化口腔教学评估系统1套、口腔修复技工台37套，日本进口腔教学模型1套，初步形成以教学为主体的新型口腔临床教学培训实验中心。根据专业特点，口腔教学实验中心即将建设口腔实习训练中心。

附属杭州口腔医院拥有牙椅250张，教职员工500余人，具备了一支可承担教学任务的师资队伍，目前主要承担口腔专业教学任务，也是本专业的主要实习基地。此外，浙江中医药大学附属第二医院口腔科拥有牙椅15张，承担本专业的临床医学教学任务和一部分口腔专业教学任务，也是本专业的主要实习基地。

图10-102 浙江中医药大学第二临床医学院

图10-103 口腔医学系系
主任王仁飞教授

二十一、湖州师范学院医学院口腔医学系

湖州师范学院医学院前身是创建于1958年的湖州卫生学校，口腔医学系前身为湖州卫生学校口腔医学专业部，成立于1995年。口腔医学系下设口腔基础医学教研室、口腔修复学教研室、口腔内科学教研室、口腔颌面外科学教研室、口腔正畸学教研室5个教研室和1个口腔医学专业实验中心。作为临床教学见习基地，建有一个附属口腔医院、两个附属医院口腔科及一个医学院门诊部口腔科。每年面向全省及周边3个省份招收口腔医学5年制本科专业。目前已经招收3届学生，在校学生146人。见图10-104、图10-105。

口腔医学专业依托湖州师范学院综合性大学的优势，深化教学改革，突破传统办学模式，努力培养能适应基层医疗卫生单位、社区等开展口腔医疗、保健、预防等服务的口腔医疗实用人才。口腔医学系拥有一支富有朝气、勇于开拓创新、乐于奉献的年轻教师队伍。2008年，有口腔医学专业教师18人，其中高级职称10人，具有博士、硕士以上学历人员90%以上，35周岁以下年轻教师均具有硕士以上学历。

2006年，口腔医学实验中心初步建成，口腔医学实验中心面积1 800平方米。下设口腔基础医学实验室、口腔颌面外科学实验室、口腔内科学实验室等。2007年、2008年学校连续两年增加口腔医学专业实验室建设资金投入，先后增添了牙科头模、牙周病实习模型、正畸TPYEDONT模型等设备，目前口腔医学专业实验中心拥有800元以上仪器设备860余台（套），固定资产总值450余万元。

图10-104 湖州师范学院医学院口腔医学系

图10-105 系主任
卢东民教授

经过几年的建设，目前口腔医学专业实验中心很好地满足了口腔医学、口腔工艺技术专业学生的口腔基本技能训练要求，同时实验中心成为全国口腔执业医师考试——口腔技能考核湖州考试基地。

口腔医学系进行了以学分制管理为中心的课程体系改革，围绕口腔医学本科专业的培养目标，制订口腔医学本科专业课程设置、理论教学大纲和实验教学大纲及实验指导书。目前已有校级重点建设课程5门，校级精品课程2门。近3年承担校级以上立项科研21项，其中国家自然基金1项、省部级课题2项、市厅级课题6项；在国内杂志公开发表论文50余篇，其中核心期刊以上30余篇。口腔修复学科成为湖州地区唯一的市级临床重点建设学科。

二十二、徐州医学院口腔医学系

徐州医学院于2006年经教育部批准设置口腔医学专业，2007年开始招收5年制本科。现任院长为韩建国教授。

自成立以来，口腔医学系努力为教师营造全面良好的工作环境，多方引进人才，加强学术梯队建设，致力于造就高层次学术人才群体。现有专兼职教师75人，其中高级职称23人、中级职称27人，具有博士学位3人、硕士学位18人。口腔医学系十分重视青年教师的培养，认真制定培养规划和计划，以进修再深造等多种方式着力把青年教师培养成教学临床科研型"三优"人才。形成了富有开拓精神、精干高效、动态平衡、凝聚力强的老中青结合的师资队伍，为提高教学质量提供了有力保障。

口腔医学系承担着口腔专业本科学生的理论及实践教学任务和其他本科专业学生的口腔科学教学任务。现有徐医附院口腔科、第二附属医院口腔科、第三附属医院口腔科、附属徐州市口腔医院、附属市立医院口腔医学中心、附属淮海医院口腔科、徐州市中心医院口腔医学中心以及南京、山东、上海等教学基地，为口腔医学后期临床教学提供了有力保障。学院加大实验室的投入力度，建立口腔医学教学实验中心，包括口腔医学教学实验室（供口内、口外教学使用）、口腔修复工艺技术实验室（供修复、正畸教学使用）、口腔模拟诊断教学实验室、口腔基础教学实验室、口腔临床示教室、口腔医学科学实验室及口腔修复工艺加工中心，以保障本科生、研究生教学科研的顺利实施。

进一步完善教学管理制度，规范教学工作流程，使一切教学活动均在正确的管理制度指导下科学有序地运行。鼓励广大教师参与教学科研活动，积极为教学科研创造条件，营造良好的教学研究氛围。以临床医疗保障教学，以科学研究促进教学。现有在研课题10项，正在积极申报国家自然基金科研课题及江苏省自然科学基金课题。

二十三、牡丹江医学院口腔医学系

牡丹江医学院口腔医学系成立于2007年，下设口腔基础教研室、口腔内科教研室、口腔颌面外科教研室等5个教研室以及口腔修复实验室、口腔技能实验室2个实验室。见图10-106。

口腔医学系实验室拥有省内一流的教学设备，实验用房4间，面积175.36平方米，仪器设备总价值达200多万元。实验室设有专职技术人员1人，实验室承担着口腔专业学生所有专业课实验教学任务。以围绕提高学生动手能力为核心，各实验室均配备了多媒体教学设备，各实验环节学生均可清晰了解和掌握，教师与学生同步进行操作，实现了实验课堂的良好互动。

口腔医学系以口腔医学专业5年制本科教育为

图10-106 牡丹江医学院口腔医学系口腔修复实验室

主。同时还承担本、专科医疗、麻醉、检验、影像、成人教育口腔科学的教学任务。牡丹江医学院口腔医学专业于2006年招收第一届本科生，现有全日制在校本、专科学生9 000余人。口腔医学系有一支政治素质好，学识水平高，教学能力强的教师队伍，现有教师17人，其中专任教师6人。从教师结构来看，有教授11人、副教授2人、讲师2人、助教2。教师队伍中硕士研究生学位教师7人，在读硕士研究生1人，本科学位教师9人。口腔医学系教师在专业改革中积极更新观念，广泛参与，取得较好的效果，近几年教师在国家级及省级刊物上发表论文80多篇，承担科研立项10多项。

口腔医学系设立了实习基地，基地现有一批医疗水平高，教学能力强高素质专业技术人才，为学生实践能力训练提供了良好的保障。目前，基地正加速发展，不断探索、开拓创新，本着以"病人为中心"的办院宗旨和"精医厚德、崇善为民"的理念，为本地区口腔患者竭诚服务，同时也为学院培养出医德高尚，基础宽厚、医技扎实的合格学生。

学院现已发展成集医疗、教学、研究三位一体的临床科室，设有特诊室、口外诊室、拔牙室、技工室、修复室、消毒室，主要开展龋病、牙体牙髓病治疗、牙体牙列缺损、牙齿美容、儿童牙畸形的矫正、颌面外科、口腔健康咨询、口腔预防保健等工作。2008年，科室有医务人员10人，其中副高职以上专家5人，硕士研究生学历4人。

2008年，口腔医学系有在校生90多人，口腔医学专业招生生源充足，规模将逐年扩大，口腔医学系坚持科学发展观，求真务实，勇于创新，以团结协作的团队精神，逐步跻身口腔医学专业的先进行列，为口腔医学事业作出应有的贡献，为牡丹江地区医疗卫生事业的发展将起到积极推动作用。

二十四、北华大学口腔医学院

北华大学口腔医学院前身为吉林医学院口腔医学专业（专科），始建于1989年。2005年，学院开始招收首届本科学生。现有全日制在校本专科学生343人、本科留学生14人。专兼职教师29人，具有硕士以上学历者12人，其中教授4人、副教授11人。学院以"打造基础，加强建设，创新特色，科学发展"为工作思路，不断加强内涵建设。目前设有口腔基础教研室、口腔内科学、口腔颌面外科学等5个教研室，承担14门口腔专业课程。设有口腔专业基础实训室、口腔内科实训室、口腔外科实训室等5个实验室，承担口腔医学专业课程的实验教学任务。现有口腔综合治疗机、仿真头模、光固化治疗机等实验教学仪器设备57台（件），价值300余万元，临床实习基地5所。学院还以"提高高等教育质量，办人民满意的高等教育"为指导，以社会需求为方向，制定了《口腔医学院发展规划》《口腔医学院实验室建设发展规划》《口腔医学院本科教学管理条例》《口腔医学院本科实验教学工作规范》《口腔医学院课程建设规划》等一系列教学基本文件和岗位职责。实行"学教并举、重能强质、专基融

图10-107 北华大学口腔医学院党委书记
胡增祥教授

合"的口腔医学专业人才培养方案，构建了新的"平台＋模块"课程体系，坚持了厚专业基础、宽专业方向。通过减少理论课程学分，增加实践课程学分、减少必修课学分比重，增加选修课学分比重，给学生的个性发展提供了更大空间。见图10-107。

依托第一临床医学院口腔科，学院集纳地方社会办学资源，建立临床教学基地，聘请省内外专家学者为兼职教师，有效实施教学计划，进行学术交流，开展教师培训。不断加强课程建设与基础教学，预防口腔医学课程被评为校级优秀课程。在大学生创新性实验计划项目中，2006级学生申报的"舌保护器"的研制项目获得国家立项。每年组织学生开展口腔工艺技能大赛，提高动手能力。组织师生开展"9.20"爱牙日口腔保健知识宣传教育活动。利用暑期、寒期组织学生深入社区、村屯开展社会实践活动，2008年获学校"社会实践活动先进集体"称号。系列活动的开展，强化了综合素质教育，培养了学生创新精神和实践能力，保证了人才培养方案的顺利实施。

二十五、石河子大学医学院口腔医学系

石河子大学医学院口腔医学系于2007年10月经批准成立。口腔医学系于2005年开始申请新增口腔医学本科专业，2006年经教育部批准，面向全国各省开始招收口腔医学5年制本科专业，授予医学学士学位。徐江主任医师任石河子大学医学院口腔医学系主任，口腔颌面外科学教研室主任，一附院口腔科主任。

口腔医学系下设口腔基础医学、口腔颌面外科学、口腔内科学、口腔修复正畸学4个教研室，1个口腔医学专业技能实验室，4个附属教学医院口腔科，拥有20

余个口腔实习基地。至2008年，已培养、毕业三届临床医学口腔方向本科生、四届口腔高职大专生、两届口腔成人大专生。目前在校口腔医学5年制本科生累计139人，3年制高职专业生累计160人。此外，口腔医学系还承担4届留学生《口腔科学》课程。

口腔医学系现有兵团省级高职高专精品课程1门，大学级一类课程1门，大学高职特色专业建设1项。专业专职教师及临床兼职教师24人，其中高级职称7名、中级职称8名，具有硕士学历教师占30%以上，大学"863"骨干教师1人。承担兵团省级科研课题2项，大学级科研课题2项、教改课题2项，院级科研课题5项。指导大学级大学生研究训练计划项目（SRP）8项，国家大学生创新性实验计划1项。累积发表科研论文60余篇、教学论文10余篇，出版教材与著作4部，自编教材2部。获大学教学成果二等奖一项。青年教师讲课大赛大学级三等奖1人次，学院级一等奖1人次、二等奖3人次、三等奖4人次、优秀奖6人次。已重点投资（130万）建立了口腔专业标准实验室（总计180平方米），配备了较先进的专业教学设备，如齿科临床模拟实习系统（配进口标准仿真头模）21台，国产仿真头模20套，口腔数字化内窥镜1套，牙片X线机1套，牙科综合治疗机4台，预真空口腔专业消毒锅1台、全套修复技工设备和全套进口专业教学模具等。

石河子大学医学院第一附属医院口腔科组建于20世纪50年代建院初期，现为集口腔医疗预防、教学、科研、基层口腔医师培训等多功能于一体的科室。口腔科同时也是医学院口腔医学教研室，承担着石河子大学医学院临床医学本科专业口腔科学教学任务，从2002年开始承担口腔医学专业课程、临床见习和实习教学工作。目前，口腔科分为口腔内科、口腔齿槽外科、口腔颌面外科、口腔修复科、口腔正畸科，有工作人员32人，其中高级职称5人、中级职称17人。门诊工作区面积800平方米，设置牙椅23个，年均接诊病人达3万余人次。颌面外科病房床位16张，年均收治病人350人次。年培训基层口腔医师15人，指导实习生20人。科室设备还配有先进口腔数字成像系统、X线牙片机、口腔上下颌全景片、头颅定位片、口腔微波治疗机、进口口腔高频电刀、超声波洁牙机、光固化机、隐形义齿设备、进口种牙机、根管治疗动力系统、微动力拔牙系统、正颌器械、系列消毒设施等。

二十六、南方医科大学口腔医学院

南方医科大学口腔医学院前身为第一军医大学南方医院口腔科。2008年9月，南方医科大学口腔医学院正式成立。吴补领教授出任南方医科大学口腔医学院首任院长。

口腔医学院积极利用自身资源优势，整合南方医科大学多所直属医院口腔科的资源，组成了南方医科大学口腔医疗中心。中心建设之初，共计800平方米，仅有23名医师、18张综合治疗台、20张病床，没有专门的口腔专业教学场地和实习场地，严重制约了口腔学科建设的发展，也直接影响到口腔专业本科生的教学质量。为此，学校及南方医院领导反复论证，确定了"高起点、高标准、国际化、建设一流口腔医学专业"的奋斗目标和发展理念。学院确定了"艰苦奋斗十年，实现三步飞跃"的学科建设十年规划。见图10-108、图10-109。

经过不懈努力，口腔医疗中心得到了快速、稳步的发展。2008年，中心具有口腔医学专业本科学位以上的师资共计38名，包括教授2名、副教授5名、讲师8名、住院医师23名，其中博士生导师1名、硕士生导师6名；博士后2名，在站博士后2名；博士学位获得者9名，硕士学位获得者9名。近2年来学院共承担国家级科研课题5项、省部级科研课题10余项，发表论文50余篇，出版专著2部。并在原有基础上先后投入2 000万元，扩建口腔医疗中心，增添了大量新设备。临床教学基地现设有牙体牙髓病科、牙周病科、口腔黏膜病科、老年牙病科、修复科、唇腭裂外科、创伤与整形外科、头颈肿瘤外科、正颌与关节外科、口腔种植科、口腔正畸科以及口腔特需特诊部、口腔美容部等临床科室，拥有口腔综合治疗台70台，病床50张，日门诊量达300余人次，年门诊病人及预防保健达10余万人次，住院病人800人次，手术600台。开展的业务项目包括口腔医学各专业常规项目和各种新业务、新技术，在服务社会、造福患者的同时，为培

图10-108 南方医科大学口腔医学院

图10-109 院长
吴补领教授

养提高本科生、研究生的临床能力提供了大量资源。

2005年1月，成为南方医科大学（非直属）附属口腔医院的广东省口腔医院是中国最早建立的五大口腔医院之一，拥有员工400余人，其中高级职称的医技人员70余人，博士生、硕士生导师共11人。口腔医院设立了牙体牙髓病科、牙周病科、口腔种植中心等，共有牙科诊位180个、专科病床50张。

口腔医院医疗设备先进，临床技术水平均衡，特别是口腔种植中心、口腔正畸正颌治疗中心和牙周疾病治疗中心是广东省口腔医疗机构规模最大、技术力量最雄厚的专科，同时牙周病科还是广东省口腔医学领域唯一的特色专科。同时作为广东省口腔预防指导中心的口腔医院，承担了全国第一、二、三次口腔健康流行病学调查广东省片区的工作，编辑出版国内外公开发行的中华预防医学系列专业《广东牙病防治》学术杂志，承担多项国家级、省部级科研课题，科研成果丰硕，正在向"以临床为主体、以预防为特色、以科研和教学为翅膀，建成国内一流的临床口腔医院"的目标迈进。

南方医科大学口腔医学院2005年度首次招生，目前在校五年制本科生198人。学制采用"3+2"模式，即所有学生前三学年的课程进度与临床医疗5年本科基本同步，口腔前伸课程第二学年进入，后两年完全进入口腔医学专业教学与实习。

口腔医学院现设有口腔基础医学、口腔内科学、口腔颌面外科学等教研室。建成了占地2 000平方米、硬件设施国内一流的口腔医院教学实验中心，包括装有32套日本森田CLINSIM口腔教学模拟实习系统的头颌模拟训练室，60台显微镜的多媒体互动训练室，9张综合治疗台的模拟诊断室、32张技工桌的技工训练室，以及配套的铸造室、烤瓷室、模型制作室等，以及具有口腔特色的菌斑研究实验室、牙髓生物学及牙再生实验室、口腔材料学分析实验室等，能够为研究生、本科生提供一流的教学、科研场所和设施。

南方医科大学口腔临床医学专业自1992年起开始招收硕士研究生，至2008年，已经培养硕士研究生52名，在读研究生55名，并根据学校研究生管理规定制订了口腔医学院研究生管理制度。

学院高度重视对外学术交流，建立了灵活多样的学术交流机制，加强了与国内外相关学术单位的交流，扩大了学科在国内国际的影响力。目前与日本大阪齿科大学、东京大学齿学部、美国加州大学洛杉矶分校牙科学院等国外的口腔医学院建立有长期学术交流和合作关系。本着"学科建设是基础，人才建设是关键，医教研水平是标志"的标准，努力实现口腔医学院、口腔医院、口腔研究所三位一体的全面发展。

二十七、南开大学医学院口腔系

南开大学医学院建立于1993年，旨在培养医德高尚，人文和自然科学基础知识宽泛、医学基础理论扎实、专业实践技能熟练，具有终生自我充实能力的高级医学专门人才。2008年，有在校生647人。临床医学教学采用联合办学的体制，数百名临床指导教师分布于13所附属及教学医院，包括中国人民解放军总医院、第254医院、中国医学科学院血液学研究所、天津市第一中心医院、天津市第三中心医院、天津市肿瘤医院、天津市儿童医院，天津市口腔医院等。现设有临床医学11个专业（本硕连读，学制七年；本硕博连读，学制八年）、口腔临床医学专业（学制五年）、内科学、儿科学、影像医学与核医学、外科学、妇产科学和耳鼻咽喉科学等专业（医学硕士、博士及硕博连读）。基础医学及现代生物医学研究侧重于重大疾病如恶性肿瘤、心血管病、神经细胞退化等疾病的机制探讨及治疗。南开大学基础医学及现代生物医学研究团队师资雄厚，科研经费超过3 000万元。现设有生物医学工程、生理学、药理学、生物化学与分子细胞生物学、免疫学和人体解剖与组织胚胎学等基础生物医学等专业（理学硕士、博士及硕博连读）。见图10-110。

图10-110 南开大学医学院口腔系揭牌仪式

2009年9月，南开大学医学院成立口腔系，培养5年制口腔医学生，首批16名新生成为首批口腔医学系的新生。南开大学校长饶子和，天津市卫生局党委书记王贺胜共同为南开大学医学院口腔系揭牌。向荣任医学院临床医学系主任，杨卓任医学院临床医学系副主任，王建国任医学院口腔医学系主任，刘文、戴艳梅任医学院口腔医学系副主任。向荣宣读了南开大学《关于成立临床医学系和口腔医学系的通知》和任命状。中华口腔医学会口腔颌面放射专业委员会名誉主任委员、原国际颌面放射学会主席、北京大学口腔医学院院务委员会和学术委员会委员、北京大学口腔医学院颞下颌关节病及口面痛诊治中心主任马旭臣教授受聘成为南开大学医学院口腔系名誉主任。福光集团和高露洁公司为支持口腔医学专业，在医学院设立了口腔医学专业奖学金和奖教金。

第十一章 医学院校、系及高职高专院校、系口腔医学专业

全国进行口腔医学专业培养的院校、系近180所，其中进行本科及本科以上教育的口腔医学院、系近70所，另有百余所或者尚未形成口腔医学院、系的建制，或者进行高职高专口腔专业培养。本章收录了10所以本科为主，但尚未建立口腔医学院、系的口腔专业所在院校，以及21所进行口腔专业专科培养的高职高专院校。

第一节 医学院校、系口腔医学专业

本节收录了10所进行口腔医学专业培养的医学院校、系，包括延边大学医学部口腔医学专业、皖南医学院医学三系口腔医学专业、内蒙古医学院临床医学部口腔医学专业等。这些单位主要进行本科及本科以上教育。院系的建制尚有待发展，主要以教研室的形式保证教学过程。

一、延边大学医学部口腔医学专业

延边大学是吉林省省属重点综合性大学，是国家面向21世纪重点建设的百所高校之一。延边大学医学部1951年开始设口腔科学课程，从属于外科学讲座室，1954年从外科学讲座室分出五官科学讲座室。1989年成立口腔学教研室，卢光秀教授任主任。1992年朴永植讲师任教研室主任，1995年玄云泽任教研室主任至今。延边大学医学部口腔专业1988年开始招收口腔专业（3年制专科），且承担口腔专业教学任务。2000年，经教育部、卫生部批准开始招收全日制口腔本科生；1999年，开始招收口腔专科成人教育学员。2000年，开始招收口腔本科成人教育学员。现在每年面向全国招收5年制口腔本科生，成人教育口腔专业专科

及本科生学员。2003年，开始招收硕士研究生。至2008年，延边大学医学部口腔专业共培养全日制本科生154名、专科生207名，成人教育本科生、专科生近2 000名，研究生3名。见图11-1。

口腔医学专业拥有专业教学医疗人员20人，其中教授、主任医师4人，副教授、副主任医师5人，主治医师、讲师6人，医师、助教3人，实验员2人；硕士生导师4人，博士生2人。口腔专业人才梯队合理，师资力量较厚。目前口腔医学专业承担口腔医学导论、口腔解剖生理学、口腔组织病理学、口腔材料学、口腔影像诊断学、牙体牙髓病学、牙周病学、口腔黏膜病学、口腔修复学、口腔正畸学、口腔预防医学、儿童口腔医学、口腔颌面外科学等课程。

延边大学医学部口腔专业现有延边大学附属医院、吉林省长春市口腔医院、中国人民解放军461医院、吉林省延吉市诺布尔口腔医院、延吉市义明技工学校等实习基地，并设有口腔医学实验中心。近年来，先后承担《延边地区朝鲜族牙外、内层解剖结构测量及牙釉质微量元素测定分析研究》、《芦荟药膜的开发应用研究》、《延边地区朝鲜族正常𬌗成人颅颌面结构的计算机X线头影测量研究》、《靶向持续性组织间化疗在口腔癌中的应用研究》、《延边朝鲜族成人下颌骨及其相邻颅面结构关系的头影测量研究》等省级以上科研课题多项，曾获吉林省医学科技奖一次。

为加强学术交流，扩大开放，促进专业发展，利用地缘、人缘等优势，与韩国汉城大学、朝鲜齿科大学等大学建立了友好协作关系，定期有计划地选派教师到国外大学、医院交流学习或攻读学位。

图11-1 延边大学医学部口腔专业主任玄云泽

二、皖南医学院医学三系口腔医学专业

皖南医学院是安徽省教育厅直属院校，坐落在安徽省芜湖市。是首批获准具有硕士、学士学位授予权的高校之一，是培养精医尚德、求实自强、志愿献身医学、全面发展的高级医学人才的五十年办学的老医学院校。1998年顺利通过教育部合格评估，2008年通过了教育部本科教学评估并受到好评。医学三系的口腔医学专业按照教育部专业设置，按照人才培养方案的要求培养口腔临床、教学科研方面的专门人才，是皖南医学院的省级特色专业。1985年经安徽省教委批准成立口腔医学系，开始招收3年制专科生，1997年试招5年制本科生，1998年经教育部正式批准升为本科教育。口腔医学系于2007年11月与法医学等专业合并为皖

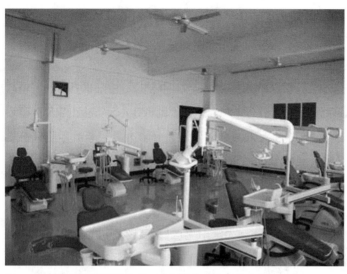

图11-2 皖南医学院医学三系口腔医学专业临床综合实验室

图11-3 皖南医学院医学三系副主任（分管口腔专业）柴琳

南医学院医学三系。见图11-2、图11-3。

建系以来已培养500余名合格的本、专科口腔专业毕业生，很多学生成为医疗机构的骨干人才。连续3年就业率为100%，毕业生受到用人单位广泛好评。目前每年在全国招收120名口腔医学专业5年制本科学生。

口腔医学专业现有在编口腔专业教师17人，实验辅助教学人员4人。拥有教授（主任医师）3人、副教授（副主任医师）7人、中级职称7人，另还外聘教授、副教授10余人。近年口腔专业教师主持省厅级科研教研课题近40项，在省级以上刊物上发表专业论文100余篇。

目前口腔医学专业有口腔专业实验室5个，总面积超过700平方米。实验室有仿真头模70台、综合牙科治疗椅8台、实验技能操作台30台供学生实习前实践教学用，还有13家实习教学医院供学生实习。

三、内蒙古医学院临床医学部口腔医学专业

内蒙古医学院成立于1956年，建院时只有临床医学等几个专业。随着中国医学教育的发展和学院的不断壮大，学院从1988年开始招收口腔医学专业大专学生，每届招生人数大约40人，共招生10届。2000年开始招收口腔医学专业本科学生，每年招收学生40人左右，目前已有毕业生4届。口腔医学专业的教学总体由学院教务处负责，学制5年，获医学学士学位。5年的教学分两段式管理，即

入学后的前3年学生由基础医学院管理，教学由基础医学院教师授课，学生在学院本部学习和住宿。后两年学生的教学由临床医学部负责。课间教学分别由学院的附属医院（直属附属医院）和第四附属医院（非直属附属医院）口腔科共同承担，学生分成两部分去两所附属医院学习和住宿。第5年的生产实习教学，学生再次被分配到区内数10所附属医院和教学医院学习。见图11–4。

承担课间教学的附属医院口腔教研室主任为孟秀英教授（口腔科主任），硕士研究生导师，兼任中华口腔医学会内蒙古分会副主任委员，专业侧重于口腔外科，在区内外享有较高的声誉。分管教学主任为赵诚教授（口腔科副主任）。附属医院口腔科为内蒙古自治区领先学科，2004年获硕士研究生授予权，至今共培养口腔专业研究生14名。第四附属医院口腔学学科负责人为李利教授（内蒙古医学院第四附属医院副院长），获包头市三八红旗手称号。口腔科2000年和2007年被评为包头市领先学科，主任为缪羽，副主任医师。

两所附属医院共有教师47名，其中教授（主任医师）7名、副教授（副主任医师）10名、讲师（主治医师）6名、助教24名；有博士3名、硕士10名、学士29名。口腔科分口腔内科、口腔外科、修复科、正畸科等4个专业。口腔外科床位26张、椅位68个、每所医院各有口腔学实验室1个，配备有16套德国KAVO综合治疗台，25台德国KAVO教学仿头模，还有如根管手术显微镜、切片机、袖珍电焊机等比较先进的仪器，实验室教学设备固定资产总值达120万。共获兵器部级科技进步二等奖一项、三等奖一项，省级科技进步三等奖两项，包头市科技进步二等奖、三等奖各一项。先后参编五年制《口腔科学》教科书一部，《儿童口腔保健与美容》获第三届日月花杯优秀图书奖。多年来两所医院经过不懈的努力具有雄厚的师资队伍和技术力量及先进的医疗和教学设备，完全能胜任口腔医学专业本科教学任务。

图11–4 医学院院长欧阳晓晖

四、广东医学院口腔医学专业

广东医学院口腔教研室成立于1991年，隶属第一临床学院管理，是广东省口腔医学高级人才培养基地。随着广东医学院规模、结构、效益的发展，2000年学院新增口腔医学本科专业，成立口腔教研室。口腔教研室的主要教学任务是培养下得去、留得住、用得上的实用型高级口腔医学人才。口腔教研室已经在较短的时间内完善了所有的教学文件建设，以教学为重，医教并举，从改善

图11-5 广东医学院口腔医学专业教师团队

图11-6 广东医学院口腔
医学教研室主任陈坤

教学条件到创造教学条件，为首届口腔本科专业的教学顺利进行做了许多开创性的工作，保证医疗和教学均高质量地完成，教学效果受到学生赞誉及用人单位肯定。见图11-5、图11-6。

口腔专业每年招收5年制本科生约70名、进修生8名左右，年教学对象约2 500名。教研室承担临床医学、整形美容、眼耳鼻喉以及口腔医学等专业的教学任务，开设《口腔科学》、《牙体牙髓病学》、《牙周黏膜病学》等专业课教学。口腔教研室的主要任务是培养高级口腔医学专业人才，普及和提高口腔疾病的防治水平。教研室共有教职人员21人，其中教授2名、副教授5名，讲师8人，助教5人，主管技师1人。包括硕士（含在职硕士）9人，博士（含在职博士）2人。本教研室从事教学医疗工作的人员绝大多数具有本科以上学历，毕业于中山医科大学、上海第二医科大学、湖北医科大学、广东医学院、西安医科大学、郑州大学等高校，拥有着丰富的临床工作经验，承担口腔专业和医疗专业的教学和科研任务。

学院先后在2003年及2006年投入共178万元建立口腔实验室，配备口腔模拟教学系统。该模拟教学系统为学生提供了良好的动手实践机会，为教研室培养高级口腔医学专业人才奠定了坚实的基础。目前，附属医院口腔科有牙科综合治疗台16台，病床10张。承担粤西及周边地区的口腔医疗工作，年门诊病人近3万人次，住院病人300多人次。

五、河南大学口腔医学专业

河南大学口腔医学专业是百年名校——河南大学的重点专业，其前身为开封医学高等专科学校口腔系，2000年合并到河南大学，成为其本科专业，每年招生50名本科生，临床教学地址为改、扩建后的河南大学医学校区。其宗旨是以培养适应社会主义现代化建设实际需要的德、智、体、美、劳全面发展的，具有实践能力和创新精神的口腔医学临床专业人才。见图11-7、图11-8。

口腔医学专业临床教学、科研和实验教学面积达到3 600平方米。现有口腔颌面外科学教研室、口腔内科学教研室、口腔修复学教研室等8个口腔医学教学教研室，具有满足口腔医学教学、研究的师资队伍200余人，其中硕士生导师10人。包括具有口腔教学高级专业技术职称者70余人，中级专业技术职称者100余人。拥有口腔医学专业教学仪器设备价值600余万元，并设有电子阅览室和图书馆。拥有学生课间见习和临床实习的6所三级综合医院和口腔专科教学医院。口腔医学专业实验室设有口腔内科学、口腔修复学、口腔外科学等5大口腔综合实验室，配有国内一流的口腔教学头模及多媒体系统48套，可开设根管治疗、全口义齿的制作、固定义齿的制作等70多个实验项目，涵盖了口腔医学专业的临床检查、龋病治疗、缺损牙的美容修复、根管治疗、全口义齿的制作、固定义齿的制作及口腔外科各病种的治疗等试验任务。

图11-7 河南大学口腔实验楼

图11-8 河南大学第一附属医院院长赵志军

近年来，口腔专业发展迅速，建有环境优雅、设备一流的河南大学第一附属医院口腔诊疗中心，设有口腔外科、口腔内科、口腔修复等口腔临床治疗科室，承担河南省口腔及颌面部疾患患者的诊治工作，为开封市中、小学生牙病防治中心，承担着龋病治疗，牙髓、尖周病的治疗，缺损牙的美容修复，全口义齿的制作，固定义齿的制作，口腔预防保健，残根残冠的保存修复，颌面外科，颌面颈部肿瘤治疗，颅颌面畸形整复，种植义齿，美容齿科，牙颌畸形矫治等方面形成了明显的特色和优势。同时承担多项继续医学教育项目，举办成人教育大专班，培训国内进修生，并承担河南省及河南大学有关科研项目。

河南大学口腔医学专业致力于培养具有扎实的口腔医学专业知识及相关自然科学知识；具有较强的口腔医学实践和人际交流能力，具有良好的职业道德和人文素养；具有创新、创业精神，融口腔保健、口腔疾病预防与治疗为一体的口腔医学人才。

六、南通大学医学院口腔医学专业

南通大学医学院口腔医学专业前身为临床（口腔医学）专业，由原南通医学院于2000年设置并报江苏省教育厅备案，于2001年开始招生。2002年，经江苏省教育厅批准，设置口腔医学专业。专业下设口腔医学教研室（包括口腔颌面外科学、口腔牙体牙髓病学、口腔黏膜病学、口腔牙周病学、口腔修复学、口腔正畸学、口腔预防医学、儿童口腔医学、口腔影像科学、口腔综合医学）和口腔解剖生理学、口腔组织病理学和口腔生物学3个口腔基础医学教研室。经江苏省招生考试办公室批准，从2005年起，在江苏省内以一类本科招生，2008年有在校生250人。

2008年，本专业有教职员工21人，其中教授（含相应职称）8人，副教授5人，讲师4人，助教4人。5人获博士学位，6人获硕士学位，12名学士，1名在读博士，1名江苏省"226"人才培养对象。学院重视人才培养，先后选派多人赴日本德岛大学、澳大利亚La Trobe大学、北京大学口腔医学院、上海同济大学口腔医学院、上海交通大学口腔医学院、四川大学华西口腔医学院、南京医科大学附属口腔医学院等地进修学习。本专业拥有一支德才兼备、梯队结构合理、学历层次较高、治学严谨的中青年教师队伍。

近几年承担国家、省、市以及校级课题18项，科研经费75万。获得省、市、校科研成果奖、教学改革成果奖10项，发表论文60多篇，其中有2篇被SCI收录。近5年教师承担教学改革项目项省级3项、校级4项，获教学成果省级2项、市级5项，课程建设获省优秀2项、校精品7项。2000—2007年期间，本学科共出版学术专著10部。

南通大学医学院的传统优势就是重视医学学生的技能培训，设有口腔颌面外科学、口腔内科学、口腔修复学、口腔正畸学等研究方向。其中口腔颌面外科目前已成为苏中地区口腔颌面外科疾病治疗中心。口腔正畸学主要是对口腔错合畸形的基础研究与临床诊断，包含临床矫治技术与矫治材料的开展与开发研究。口腔美容修复、疑难全口义齿修复、儿童龋病的防治、成人龋病与根尖周病的治疗等方面已形成学科优势或特色。

南通大学自2001年开始招收口腔专业学生以来，为了达到口腔医学人才培养的目标和要求，学校于2003年投入200多万元建成了总面积为386平方米的口腔医学实验室。设有口内仿真头模室、口修仿真头模室、口外多媒体室、灌模室、操作室。通过专人管理，由学校统一负责安排教学，口腔医学教研室负责带教，每个学生都拥有自己的操作台。见图11-9。

图11-9 南通大学医学院口腔医学专业教研室主任姚淑萍

七、西北民族大学医学院口腔医学专业

西北民族大学医学院成立于1952年，其前身是西北民族学院医务科、医疗系、医学系，是西北民族大学最早建立的系部之一。2000年与学校附属医院合并成立医学院。是国家民委所属院校中唯一设有医学专业的学校。西北民族大学医学院口腔医学专业成立于2002年，同年9月招收3年制口腔医学大专生，2006年开始招收本科生，2007年停止了专科学生的招收。

2002年3月口腔医学综合实验室成立，并被国家民委批准为重点实验室。同年，西北民族大学医学院口腔门诊部成立。2005年，西北民大医学院附属口腔医院成立。至今，口腔医学院已为全国少数民族地区培养了188名合格的口腔专业医师。经过6年多的建设和发展，口腔医学专业已逐步形成了明确的办学指导思想和办学思路，成为集教学、科研和医疗于一体的特色学科单位，是民族院校中高等口腔医学教育、科研及当地医疗的中心。

2002年，口腔医学专业只有3名在职的口腔专业人员，1名副主任医师，2名讲师，主要负责少数几门课程的教学和专业的建制工作，专业课大多数靠外聘。从2003年开始，陆续引进副主任医师以上的专家以及接收各学校毕业的优秀硕士生和本科生。到目前共有专任在职教师21名，其中教授2名，副教授7名，讲师7名。硕士以上资格9名，占总数的42.85%，博士在读2名，硕士在读8名。另外还聘用了8名正高级的教授及专家。

2002年学校先期投入了80.87万元，用于实验室初期的建设，购置了口腔医学实验教学设备和仪器，其中有6台JCS30牙科临床模拟系统。2003年投入37.71万元，补充了部分口腔医学实验教学设备和仪器。2005年投入266.6万元，用于口腔临床教学基地的建设，购置了大部分临床教学设备和仪器，另外投入装修改造费用67万元。2007年投入近242.39万元，完善了口腔基础和临床实验室，并购置了32台Frasaco临床模拟操作系统，成立了仿真人头模室。

2002年，口腔医学实验室总面积只有200平方米，有两间综合实验室和一间基础实验室，口腔临床专业课程的实验在综合实验室进行，基础课均在一间基础实验室进行，目前实验室的面积已扩大到600平方米，下设口腔组织病理实验室、口腔解剖生理实验室、口腔内科实验室、口腔修复实验室、口腔正畸实验室、口腔颌面外科实验室及2间仿真头模实验室。2002年学校成立了附属口腔门诊，设有牙科综合治疗椅8台，西北民族大学附属医院有2台牙椅、10张病床，满足了部分学生的实习和见习任务，另外还开辟了甘肃省人民医院、兰州市口腔医院、兰州市第二人民医院、宁夏医学院第二附属医院、兰炼医院、兰化医院等为主要的临床见习与实习基地。

2005年，学校投资300多万元筹建了一所按国家二级口腔医院标准设置的教学医院，总面积2 600平方米，拥有牙科综合治疗椅17台。下设口腔内科、口腔颌面外科、口腔修复、口腔正畸、儿童牙病科、口腔特诊科六个临床诊断室，能够满足口腔医学的临床教学和科研。为了迎接2007教育部本科教学水平评估，学校于2006年接受了甘肃省第二人民医院为校非直属附属教学医院，该教学医院设有牙科椅17台，病床10张，极大地改善了口腔临床实习的条件。

从2002年至2008年，共发表论文100余篇，其中被SCI收录2篇；共申请到科研项目9项，包括国家级项目1项、国家民委项目2项、甘肃省自然科学基金项目2项、甘肃省民委项目1项、兰州市科技发展计划项目1项、校级中青年项目1项、校级人才引进项目1项等；完成科研鉴定两项；成果获奖3项；编写著作两部《口腔微生物学》(兰州大学出版社，2007年4月)和《口腔医学英文论文写作》(第四军医大学出版社，2007年9月)；申请到校级校改项目3项，校级名课建设1项；目前有2名教师在全国性学术团体和国家级学术刊物任职。

从实验室成立至今，共有14人次参加国内外学术交流。1名教师以教育部访问学者的身份在芬兰的赫尔辛基大学学习一年，为口腔疾病的治疗带来了新理念；1名教师到澳大利亚科学研究中心和韩国庆熙大学考察美容业务，被韩国庆熙大学聘为客座教授；1名以国内访问学者的身份在北京口腔医院学习一年；1名青年教师在四川大学华西口腔学院口腔组织病理实验室学习半年。

八、昆明医学院海源学院口腔医学专业

昆明医学院海源学院是昆明医学院适应国家和云南省经济社会发展的需要，于2001年经省教育厅批准创办、2004年教育部确认的全国首批以新机制和新模式创办的独立学院，是云南省唯一一所医学类本科独立学院。

昆明医学院海源学院坐落于风光秀丽的春城——云南省会昆明市，位于规划现代、欣欣向荣的昆明国家高新技术产业开发区内，西邻名胜古迹筇竹寺与海源寺风景区，南与美丽的高原明珠滇池遥遥相望。校园新颖漂亮，绿草茵茵、花木悦人。教学设施先进，拥有雄伟的教学大楼，配备有先进的多媒体教室、齐备的各类专业综合性实验室，并可共享使用昆明医学院各专业、附属医院、教学医院、实习医院优质的教学资源。昆明医学院海源学院骨干教师由昆明医学院选派，教学工作由昆明医学院教务处严格监督和指导，教学按国家高等医学院校本科教育规程严格要求。海源学院口腔医学专业于2003年首次招生，口腔医学专业教学任务由昆明医学院口腔学院和教学医院的高水平教师承担。

2003年，昆明医学院海源学院口腔医学专业从昆明医学院口腔专业招生计划中划拨了30人作为海源学院2003级首届学生招生，同昆明医学院共用口腔专业的师资、硬件设施。2004年下半年经教育部批准，海源学院正式成为独立学院，2005年自主招生30人。2006年昆明医学院口腔医学院（为内设二级学院）正式成立后，扩大师资队伍、硬件设备及招生规模，2006级招生扩至60人。2005—2007年期间，昆明医学院海源学院口腔专业主要教学任务由昆明医学院口腔医学院承担，师资及硬件设施仍与昆明医学院口腔医学院共用。

2008年学校把口腔医学专业作为重点专业，加强建设，再次扩大口腔医学专业招生规模，按国家高等教育要求，在依托昆医口腔医学专业教师的基础上增加专职教师5人，增建海源学院口腔综合实验室约600平方米，购置近200万元实验设备。同时，增加昆明市延安医院、昆明市口腔医院、曲靖市第一人民医院、玉溪市第一人民医院、昭通市第一人民医院、个旧市第一人民医院6个校外实习基地。2008年，有在校学生278人、教师23人，生师比约为12∶1，其中具有副高及其以上职称的教师14人，中职以下9人，学历结构中研究生及以上学历的13人，占教师总数的57%。院内临床实习基地有病床40张，牙椅38台；院外实习基地有病床27张，牙椅34台。2007年实习生总数29人，生均椅位数2.5，生均病床数2.3。

昆明医学院海源学院口腔医学专业为五年制本科专业，培养从事口腔医疗和保健工作的临床医师，学生合格毕业授予医学学士学位。本专业学生应掌握基础

医学、临床医学、口腔医学的基本理论和医疗技能；学习口腔常见病、多发病的诊治和急、难、重症的初步处理及口腔修复的基本知识和一般操作技能；具备口腔医学科学研究的初步能力；毕业后能够从事口腔及颌面部疾病的医疗和保健工作。主干课程包含思想政治、英语、体育、计算机、人体解剖学、组织胚胎学、微生物与免疫学、生物化学、生理学、病理学、药理学、诊断学、口腔解剖生理学、口腔组织病理学、口腔材料学、口腔影像诊断学、口腔内科学、口腔颌面外科学、口腔修复学、口腔正畸学、预防口腔医学、儿童牙病学等。面向医院、专业口腔机构、医学院校、医疗器械公司、医学预防保健及医学科研等相关机构就业。

九、济宁医学院口腔医学专业

济宁医学院口腔医学教研室成立于2007年1月，其前身是临床医学专业的口腔科学教研室。最早于2004年申请增设口腔医学专业五年制本科，2005年开始招生。在学院领导和各有关部门的关心和指导下，教研室迅速发展，师资队伍不断扩大，师资结构趋向合理，管理制度逐步建立和完善，教学质量和水平不断提高。2008年教研室有专职教师7人，含副教授2名、讲师1名、助教4名，均为外校毕业教师。见图11-10。

口腔医学专业课程包括《口腔解剖生理学》、《口腔组织病理学》、《口腔颌面医学影像诊断学》等12门课程。此外，协助学院完成临床医学专业本科、护理学专业本专科的口腔医学教学任务。教研室还积极申报学院和上级教学改革和科研课题，承担省级科研课题1项、市级6项、校级教研课题一项（申报中），出版著作4部，发表论文19篇。

2006年，由学校和附院共同筹资兴建口腔医学技能室。2007年，正式投入使用。包括口腔多功能实验室、口腔临床模拟实验室、口腔技工实验室（包括技工室、烤瓷室、铸造室、灌模室）及实验准备室、教师休息室、办公室等，面积约450平方米。口腔医学技能中心共有万元以上仪器设备83件，800~10 000元仪器设备百余件，固定资产达到260余万元。口腔医学技能中心现有专职、兼职实验技术人员3人，教师12人。可承担口腔医学专业的口腔解剖生理学、口腔组织病理学、口腔材料学、口腔医学影像学、牙体牙髓病学、牙周病学、口腔黏膜病学、口腔预防保健学、儿童口腔医

图11-10 济宁医学院口腔医学专业教研室主任耿海霞

学、口腔颌面外科学、口腔修复学、口腔正畸学等专业基础、专业课的60余项实验教学任务。

十、长沙医学院口腔医学专业

长沙医学院口腔医学专业于2006年设置，现在校学生200多人。口腔医学专业实施院系两级管理。下辖口腔内科、口腔外科、口腔正畸、口腔修复教研室和口腔专业实验室。目标是培养适应中国社会主义现代化建设和医疗卫生事业发展需要的，德、智、体、美全面发展，具有扎实的基础医学、临床医学和口腔医学的基本知识、基础理论和基本技能，具备较强的创新意识和实践能力，能在口腔临床、医学研究、医学教育等领域从事工作的高素质实用型人才。见图11-11。

长沙医学院围绕专业培养目标，制订了《口腔医学本科专业"十一五"建设规划》和《口腔医学本科专业"十一五"课程建设规划》。按照"优化课程结构，更新教学内容，改革教学方法，采用先进教学手段，创造良好教学条件，并以精品课程建设带动其他课程建设"的总体思路，大力加强课程建设。首先，根据专业人才培养目标与基本规格要求，通过精心设计，按照通识平台、学科基础平台、专业平台和扩展平台四个"平台"和思想道德素质模块、科学素质模块、身心素质模块、专业素质模块和综合素质提高模块五个"模块"建立了合理的课程结构。学科基础平台的公共基础课程、专业基础课程按"大基础、小分流"的思路设置；专业平台的各专业课程按培养方向设置；必修、限选和任选三类课程，按"稳住一头，放宽一片"的思路确定。即对确保基本规格要求的主要课程、重要课程定为必修课程或限选课程，而其他课程一般都作为任选课程，并鼓励学生跨专业、学科选课。对于每门课程，根据其课时数规定了相应的学分，并对学生所应获得的最低总学分及各类课程的最低学分作了相应规定。

基本教学条件优越，教师教学水平较高，能保障口腔医学本科专业学生达到培养目标要求。至2008年，学院共投入专业建设经费400万元，新建了1 600平方米的实验室，购置了教学科研仪器设备200余万元；建立了专业实训（实习）教学基地20多所，其中附属医院8所、口腔医学专科医院2所、实习基地10多所；建立了专业学科水平较高的稳定的师资队伍，其中专业专任教师17名，兼任教师8

图11-11 长沙医学院口腔医学专业主任医师沈子华

名。专任教师中高级职称6名，硕士学位以上5名。口腔医学专业配备了高职称或高学历的教师作为学科专业、课程负责人。

第二节 ▎高职高专院校、系口腔医学专业

高职高专院校对于口腔医学人才的培养起着直接的推动作用。近年，全国范围的高职高专院校已占较大比例，但是口腔医学专业培养资质尚需要进一步的调查。根据口腔医学专业教学指导委员会的调查，收集了21所进行口腔专业专科培养的高职高专院校资料，其中多数学校形成了口腔医学系的建制，少数尚处于起步阶段。

一、汉中职业技术学院医学院口腔医学专业

汉中职业技术学院口腔专业于1983年经陕西省教育厅批准成立，率先在陕西省卫生类学校开设的一个4年制口腔医士专业，每年招生30人，持续10年。1994年开始隔年招生30人，2000年开始实行"扩招大专，减招中专，办骨干专业，创名牌学校"的发展战略，设定口腔专业为学院的骨干专业。2002年，与第四军医大学口腔医学院联合办学，使口腔医学大专班的办学业务和技术得到有力的帮助和支持。2003年，学院口腔专业被省教育厅批准为全省首批骨干示范专业，并获得香港华夏基金会口腔教育专项资助。2005年，经省教育厅和教育部、卫生部的评估批准，学校由中等卫生学校升格为高职高专类医学院校，口腔专业上了一个新的台阶。2008年，口腔医学专业被省教育厅确定为全省高职高专类学校的骨干重点专业。目前，口腔专业设有口腔医学大专和口腔工艺技术中专两个层次，口腔医学大专每年从普通高考计划统招录取90名，分设3个班。

口腔专业现有教师18人，其中高级职称5人，中级职称9人，初级职称4人，有14人为"双师型"教师，从事临床和教学的双重工作，有3人参加了全国高等口腔专业教材的编写工作。学院不断充实口腔专业教师队伍，加大了招聘和引进专业人才的力度，并通过继续教育，不断对教师进行知识更新。

1983年至1993年，由省教育厅和学校共同投资约100万建立了可供口腔解剖生理，口腔外科，口腔内科和口腔修复实验的4个基本技能实验室，面积约150平方米，按照当时教学大纲要求，口腔各科实验开设率可达85%~90%。2000年至2004年，由学校出资和香港华夏基金会口腔教育专项资助及汉中市政府的配套资金约150万元用于对口腔实验室的扩建和设备的添置，使口腔实验室

由原来的4个增加到12个，可供实验的学生人数由原来的30人增至90人，按照当时教学大纲要求，口腔各科实验开设率可达95%~96%。2005年至2008年，口腔专业实验室增加到22个，实验室面积约800余平方米，可以同时接纳实验学生人数160人，口腔各科实验开设率可达96%~98%。

学院口腔医学专业从1983年已毕业18届，900多名毕业生分布在陕西省各地，全省县级以下医院的口腔专业人员约95%毕业于该校，已有相当数量的毕业生成为各级医疗单位的业务主干，成为乡镇基层医院口腔医疗保健的主力，约1/3的毕业生从事个体口腔医疗保健工作，毕业生的就业率可达87%~90%。

二、苏州卫生职业技术学院口腔医学系

苏州卫生职业技术学院口腔医学系成立于2006年2月，前身是1984成立的口腔教研组和1991年成立的口腔学科（下设口腔内科学教研组、口腔颌面外科学教研组、口腔矫形学教研组），是具有20多年历史、师资力量雄厚、教学设备先进、实训基地一流的重点系部。1984年开设的口腔医学专业，因江苏省地方性法规于2004年停止招生。2000年开设了口腔医学技术专业，目前有在校生316人。见图11-12。

口腔系目前设有口腔内科教研室、口腔外科教研室、口腔修复教研室、义齿制作中心及口腔实验楼和附属口腔医院。现有教职工36人，其中教师22人。包括副教授7人、讲师6人、助教9人。专业教师中有博士1人、硕士研究生7人。先后有多名教师承担部、省级口腔医学、口腔工艺技术规划教材的参编任务，共参编教材26本。至2008年，口腔系教师承担国家级课题1项，省、院级学术研究课题20多项，公开发表学术论文50余篇，多名教师获得省级以上表彰及奖励，并获得香港华夏基金会口腔教育专项资助。口腔系设有口腔医学技术专业（口腔工艺技术方向、口腔治疗技术方向）。目前拥有1 500平方米的口腔实验楼，内设20个实验室及义齿制作中心，资产达800余万元；拥有专业的实验室功能及义齿制作中心，仪器设备达到了国内、国际先进水平；拥有5 000多平方米的附属口腔医院。

口腔系注重培养学生的全面素质，近两年在校生获得市级以上大学生技能比赛一等奖2项、三等奖1项、其他奖项多个。口腔毕业生具有较强的知识应用能力和实践操作能力，口腔医学专业学生和口腔医学

图11-12 苏州卫生职业技术学院口腔医学系系主任姜巧玲

技术专业学生就业率达98%，历年来口腔系毕业生人数达千人以上，已逐步成为省内外各市、县级医疗单位重要岗位的骨干力量。

三、益阳医学高等专科学校口腔医学系

图11-13 益阳医学高等专科学校口腔医学系系主任刘友良

益阳医学高等专科学校口腔医学系的前身是益阳卫生学校口腔专业。自1987年争取到卫生部华夏基金会70万港元的进口口腔仪器设备并自筹同等数额资金开创口腔医士专业，到2008年升格后正式成立口腔医学系，已累计为全国各地医疗卫生单位和口腔器材加工厂输送合格口腔医生及口腔技工近千名。见图11-13。

口腔医学系拥有一支素质优良、结构合理、充满活力的师资队伍，现有专任教师19人，其中研究生4人、本科生14人、专科生1人；副高以上职称15人、中级职称4人。长期以来，口腔医学系作为学校的"特色"专业，重点培养了一批口腔专业教师，并分期分批派遣到北京、上海、武汉、长沙等地的口腔医学院校深造学习，为口腔医学系的发展奠定了坚实的人才基础。2000年以来，该系先后在各级期刊发表论文50余篇，编写教材15部，有多名教师承担卫生部口腔专业规划教材的参编任务，共承担省级科研课题3项。

口腔医学系配有计算机训练中心和6个口腔专业训练实验室。面积达350平方米的实训室配有40台口腔专业实验桌、40个仿头模、7台牙科高速涡轮机、40台电动牙钻和一批精美的牙科教学模型、模具。为配合临床教学工作，学校成立了益阳市口腔疾病防治中心，这是口腔医学系所设专业融理论教学、实践教学、社会服务和科研为一体的服务性实训基地。先后投入300余万元引进了牙科综合治疗椅23台、台式灭菌器4台、世界顶级的ITI种植体系等先进设备。除开设口腔内科、外科、修复科和正畸科等各科的一般服务项目外，还能较规范的进行一些技术难度较大的服务项目，如现代根管治疗、牙周病序列化治疗、铸造烤瓷修复等。近年来，先后引进了碧兰麻无痛麻醉、喷砂洁牙、电子根管长度测量等先进技术。

四、青海卫生职业技术学院相关医学系口腔医学专业

青海卫生职业技术学院于1990年筹建口腔实验室，1991年开办口腔专业，当年招收学生30名中专层次的学生。2003年4月，以青海卫生学校为基础建立

成为一所"四系二部一中心"专科层次普通高等院校，包括护理系、药学系、相关医学系、临床医学系、基础医学部、公共学科部和现代教育技术中心，口腔专业隶属于相关医学系。2003年，学院获得"华夏基金资助"约7.5万美元的设备，及"华夏基金会资助发展口腔项目"配套资金约70万元。实验室由1间扩大到目前的5间，包括口腔综合实验室，口腔内科实验室，口腔修复实验室，口腔外科实验室，石膏灌注修整室。新增技工桌50张、综合治疗椅6张、牙科植钉机3台、烤瓷炉2台、高速涡轮机10台、技工打磨机50台、光固化机1台、银汞输送器1台、台式喷沙机5台、临床模拟操作台2副、快速手机30部。教学设备的优化大大促进了口腔教育质量的提高，使口腔专业的学生在校期间就树立了现代口腔医学理念，掌握了口腔操作技能。目前口腔专业专任教师12名，其中高级职称者4名、中级职称者4名、初级职称者3名，实验教师2名，其中1名为高级实验指导教师。学院结合口腔实际制定出了一个长期进修、短期培训、学历教育为一体的学校口腔师资队伍培训计划，使教师的理论水平和操作技能得到提高。2003年，聘请青海省二甲及以上医院口腔科主任组成口腔专业专家教育指导委员会，特别聘请青海省享受国务院津贴的著名专家担任指导委员会主任，指导口腔专业教学工作。2006年，学院从适应医学模式和口腔医学发展的要求出发结合省情和学院实际，深化教育教学改革。

口腔专业面向全国14个省市招生，有3年制口腔医学、口腔工艺技术两个专业。自2006年面向全国招生，口腔专业外省学生约占20%，以第一志愿招录。2008年，有在校学生263名，共6个班级，其中两个班级已进入实习阶段。学生每年就业率达到90%以上。2003年学院应市场需求开办了口腔工艺技术专业，2004年口腔工艺技术专业被青海省教育厅评审为首批高职高专省级示范专业，同年11月口腔实验室被青海省卫生厅评为特色实验室。2007年学院接受教育部对高职高专院校的评估工作，最终学院以"优秀"通过评估，在本次评估工作中，口腔教研室被评为学院级先进教研室，教研室主任被评为2007年省级优秀教师。见图11-14。

图11-14 青海卫生职业技术学院相关医学系口腔医学专业教研室主任马严俊

五、泰州职业技术学院口腔医学技术系

泰州职业技术学院口腔医学技术系的前身是泰州卫生学校口腔医学专业，是江苏省首先开设中专层次口腔医学专业的学校，由著名口腔病理专家刘桢主任

医师担任专业负责人。办学15年，专业教师主编全国统编教材1部，参编教材4部。办学水平在省内已形成影响，先后为社会培养、输送近700名口腔医学专业人才，毕业生遍布江苏，受到各用人单位和社会的一致好评，许多毕业生现已成为江苏口腔医学领域的技术骨干和学科带头人。1995年江苏省教育厅、卫生厅联合发文在江苏地区停招中专层次口腔医学专业学生，次年停招。

1997年泰州卫生学校与泰州职业技术学院联合办学，举办大专层次口腔医学专业。为优化教学资源，适应社会需求，泰州市政府2000年决定将泰州卫生学校并入泰州职业技术学院，组建医学系，继续举办口腔医学专业。随着口腔修复学、口腔正畸学的发展，2002年在省内又率先设置专科层次口腔工艺技术专业。

2002年教育部、卫生部、国家中医药管理局联合颁发教高〔2002〕4号文《关于医药卫生类高职高专教育的若干意见》，江苏省决定停招大专层次口腔医学专业，口腔工艺技术专业须进行专业评估方可继续招生。2003年年底通过江苏省教育厅和卫生厅联合评估，确定学院口腔工艺技术专业的招生资格。2004年恢复口腔工艺技术专业招生。2005年根据教育部《普通高等学校高职高专指导性专业目录（试行）》口腔工艺技术专业更名为口腔医学技术专业（口腔工艺技术方向）。2006年增设口腔医学技术专业（口腔治疗技术方向）。

2002年以来开设的口腔医学技术专业（口腔工艺技术方向）已为江苏、上海等地医院、义齿加工企业培养三届170名毕业生，毕业生就业岗位及薪酬均较为理想。目前三年制口腔工艺技术方向在校学生130名，口腔治疗技术方向专科学生180名，口腔治疗技术方向尚无毕业生。见图11-15、图11-16。

图11-15 泰州职业技术学院口腔医学技术系实训室

图11-16 泰州职业技术学院口腔医学技术系系主任丁存善

经过多年的建设和积累，口腔医学技术专业已成为学院特色专业。专业师资梯队结构合理，12名专业教师中，副教授5名，讲师2名，实验师4名。9名兼职教师均为高级职称，兼职教师注重研究教学，教学效果好。教师教、科研能力不断加强，参编全国统编教材3部，在各级刊物发表论文70多篇。为继续扩大对外交流，2008选派2名教师赴日本大阪齿科大学学习，继续完善中外合作办学，提高教师技能和教学水平。

学院建立了省内一流的校内外实训基地。本专业校内实训基地建设经费投入近550万元，建立了口腔医学技术实训中心和附属齿科门诊部。口腔医学技术实训中心设有9个专业实验室，建筑面积1 500平方米。中心配备各类先进的仪器设备和多媒体教学设备，齿科门诊部占地面积达1 200平方米。

2006年11月，在全国"高职高专院校人才培养工作水平评估"中，本专业作为院推荐专业接受专家组的剖析，受到专家好评，专家认为"专业办学特色显明，专业建设部分达国内一流水平"，为学院评估创"优"做出了贡献；学生连续4年在全国"日进杯"技能大赛获奖，特别是在2007、2008年两年受到同行关注，2007年4名选手一举夺得一等奖、二等奖、三等奖、入围奖各一项，并获团体优胜奖；2008年4名选手夺得二等奖一项、三等奖两项。

六、荆楚理工学院口腔医学专业

荆楚理工学院是经教育部批准于2007年3月在原荆门职业技术学院、沙洋师范高等专科学校合并基础上建立的一所公立省属本科层次的普通高等学校。口腔医学专业源于原湖北省荆门市卫生学校口腔医士专业。见图11-17、图11-18。

1998年3月，荆门市卫生学校整体并入荆门职业大学，成立荆门职业技术学院，1998年5月成立口腔系，并于1998年经湖北省教育厅批准设立口腔医学3年制大专专业，是全省各类大专院校中率先在专科层次开办口腔医学专业的高校，实行省市共管。同年，招收首届口腔医学大专专业全日制普通专科学生。本专业为了与学院的发展相适应，2005年，口腔系从原荆门职业技术学院医学院分出，与附属医院口腔科、义齿加工中心联合组建口腔医学院。2006年，在教育部和省教育厅关于高职高专院校人才培养水平评估工作对荆门职业技术学院的评估中，口腔医学专业被专家组作为专业剖析对象，并被专家组肯定为有特色项目的专业。2007年3月荆楚理工学院建立，口腔医学专业也因此隶属荆楚理工学院。

学院口腔医学专业历史悠久，教学条件良好，师资水平较高，并拥有一个较大规模的附属口腔医院。几年来，在学院党委的高度重视和大力支持下，进一步

图11-17 荆楚理工学院口腔医学实训中心

图11-18 荆楚理工学院附属口腔医院副院长万前程

充实了师资队伍，加强了实验室建设，办学条件大为改善，除附属口腔医院外，还拥有大型口腔医学实训中心，内设口腔医学专业基础及专业实验室，以及一个义齿加工中心，面积达2 000多平方，设备价值500多万元。为了提高学生专业实践技能，保证实践教学的时数，口腔专业理论课与实验课学时比达到了1:1甚至1:1.5。

　　口腔医学专业现有专任教师41名，其中具有正高职称教师 5 人，副高职称教师12人，讲师17人，助教7人。在课程建设上，学院教师结合本院专业特点，大力加强课程建设，《口腔修复学》已列为院级优质课程。学院对口腔专业教材建设一直非常重视，1997年受国家卫生部聘请，有一名教师任主编，组织编写了《口腔预防学》；3名教师任编者参编了《口腔外科学》、《口腔修复学》及《口腔组织病理学》的规划教材的编写。2001年，有3名教师被卫生部聘为《口腔正畸学》、《口腔工艺技术概论》、《口腔颌面外科》全国高职高专口腔专业规划教材的主编或副主编，4名教师被聘为《口腔内科学》、《口腔修复学》、《口腔预防医学》、《口腔组织病理学》全国高职高专口腔专业规划教材的编委。2005年，学院有3名教师担任了全国卫生院校高职高专教学改革实验教材《口腔正畸学》、《口腔预防保健》、《口腔工艺技术概论》的主编或副主编。学院口腔专业有3名教师被卫生部聘为"十一五"高职高专口腔专业规划教材的主编。

七、湖北职业技术学院医学院口腔医学专业

湖北职业技术学院于1998年经教育部批准建立，医学院前身是原部级重点中专孝感市卫生学校于1997年开办的口腔工艺技术专业（中专）。孝感市卫生学校合并组建成湖北职业技术学院医学院后，开办了口腔医学（专科）和口腔工艺技术（专科）专业。口腔医学专业1999年经湖北省教育厅批准，于2000年开始招收3年制专科生，开办专业以来已培养860名合格的专科毕业生。口腔工艺技术专业2006年经湖北省教育厅批准，于2007年开始招收3年制专科生。口腔医学专业（专科）学制3年，培养从事口腔常见病、多发病的诊治、修复和预防工作的实用型专门人才。口腔工艺技术专业（专科）学制3年，培养从事口腔工艺技术制作的实用型专门人才。

口腔医学专业设有口腔基础医学教研室、口腔内科学教研室、口腔颌面外科学教研室、口腔修复学教研室及口腔医学实验中心。课程设置完善，口腔医学专业除开设全部医学基础和临床课程外，主要开设口腔解剖、口腔组织病理、口腔修复等课程。

学院师资力量较强。从事教学医疗工作的人员绝大多数是毕业于武汉大学口腔医学院本科以上学历的中青年，本专业专职教师共18人，2位研究生学历，16位本科生学历；有5位正副高级职称的教师，7位中级职称，6位初级职称。是一支学历层次、职称结构较为合理的教学队伍，都具有丰富的临床工作经验，承担着口腔医学、口腔工艺技术专业的教学、医疗和科研任务。2004—2008年，承担省级、院级科研课题8项；公开发表学术论文30余篇；多名教师主编或参编了高职高专口腔医学、口腔工艺技术专业规划教材。

校内有口腔医学实验中心，设有口腔基础实验室、口腔综合技能训练室、口腔修复工艺实验室和口腔临床示教室等，其总面积2 000余平方米，实验教学设备固定资产总值268万元。其中口腔临床教学模拟系统居国内先进水平，装备台数可同时容纳20名学生进行实践操作，使学生在校内即可完成口腔临床操作技能的基础训练。医学院有自己的口腔门诊部，是口腔医学教育的临床教学、科研的基地之一。校外实习基地由多家师资力量雄厚、设备完善且先进的实习医院——孝感市口腔医院、孝感市中心医院科、黄石现代口腔医院等组成。校内外实习基地共同保证了口腔医学专业对学生实践操作技能的高标准要求，提高了实践教学的内在质量。

八、丽水学院医学院口腔医学系

丽水学院医学院的前身为浙江省丽水卫生学校，创建于1965年。口腔医学系创立于2007年5月，其前身是丽水卫生学校口腔医学专业，创建于1980年，是浙江省最早创建口腔医学专业的两所学校之一。1998年，创建附属口腔医院（丽水市口腔医院），拥有床位50张，牙椅30张。2000年后，相继开办口腔医学、口腔医学技术、口腔护理及护理等全日制专科专业。口腔专业是丽水学院医学院的特色专业，具有较强的办学实力和较高的知名度。见图11-19、图11-20。

口腔医学系现有专任教师15人，教辅人员5人。专任教师中具有副高职称者5人，具有中级职称者8人，具有硕士学位者3人。口腔医学系设有口腔内科学教研室、口腔颌面外科学教研室、口腔修复学教研室及口腔医学实验中心。口腔医学实验中心设有口腔基础实验室、口腔综合技能训练室等，总面积3 000余平方米。

图11-19 丽水学院医学院口腔医学系创建时期的实验楼

图11-20 丽水学院医学院院长潘丽萍

口腔医学专业设立以来，30年时间为社会培养了3 000多名口腔专门人才，为浙江省的口腔疾病防治事业作出了突出贡献。口腔医学系现已初步具备了集教学、科研和医疗于一体的专业体系，形成了多专业、多层次的应用型人才培养模式。口腔医学系现设有口腔医学专业、口腔医学技术专业和口腔护理等3个专科专业，2008年有在校生460人。口腔医学专业学制3年，培养从事口腔常见病、多发病的诊治、修复和预防工作的实用型口腔专门人才。口腔医学技术专业学制3年，培养从事口腔工艺技术制作的实用型专门人才。口腔护理专业学制3年，培养从事口腔疾病的护理和预防工作的高级专门人才。

九、山东力明科技职业学院口腔系

山东力明科技职业学院是山东省建校最早的民办院校之一。学院开设临床医学、口腔医学、护理、针灸推拿、旅游管理、数控技术、汽车维修等36个统招专业。2001年6月24日，学院经山东省教育厅批准，开始着手招收口腔医学专科生。2004年7月，成立口腔系。目前，口腔医学是学院重点专业之一。2008年有在校生1 443人（含实习生），已为社会培养口腔医学专科毕业生1 304人。

2008年，口腔系有教职员工17人。其中教授（主任医师）3人、副教授（副主任医师）2人、讲师（主治医师）6人、助教（住院医师）3人、其他卫生技术人员1人；行政及工勤人员2人。目前，全系符合岗位资格教师17人，已获得硕士、博士学位3人，占教师比例20%，正在职攻读硕士学位4人。口腔系现有中华口腔医学会专业委员会委员及山东省口腔医学会任副主委、委员3人（次）。何小华任口腔系主任。

口腔系历来重视教育研究与教学改革，不断调整专业课程体系与教学内容，改革教学方法，保证教学质量。优化课程结构，缩减总教学时数，调整公共基础、医学基础、临床医学、口腔医学专业基础、口腔专业、口腔临床各阶段教学的课程内容与学时比例。口腔医学专业课程教学时数所占比例增至40%。口腔内科、外科、修复等几门主干学科的课程讲授与实习学时比例，由原来的1:0.8增至1:1，学生临床实习由原来的42周增至45周。建系以来，先后获得校级优秀教学成果奖2项；有2门（次）课程被评为校优秀课程；有3人（次）获得校级优秀教师（教育工作者）荣誉称号；全系共发表、交流医学教育研究论文百余篇。

口腔系建立了中心实验室，购置了大量实验仪器设备，不断改善科研实验条件。口腔系现有口腔综合治疗椅、齿科仿头模拟教学实验台、修复工艺实验台等口腔教学专用设备和多媒体教学系统设施，总价值300余万元。随着教学环境的不断改善和设备更新换代，学院向教学投入的实验设备、实习设备、口腔耗材、生产实习等经费年均约60万元，生均0.06余万元。口腔系拥有学生专用理论课教室9间，口腔基础医学教学实验室6间，临床培训之地8间（含临床诊室、消毒室、模型室、影像室），技工操作间4间，实习准备室2间，总面积达1 200余平方米。校外二级甲等以上的实习实训医院12个。

十、黔东南民族职业技术学院医药技术系口腔专业

黔东南民族职业技术学院医药技术系口腔专业源于黔东南州卫生学校，是贵

州省同级同类院校中唯一开设的专业。1981年，黔东南州卫生学校受贵州省教育厅及卫生厅委托，承办贵州省唯一的中等口腔医学专业。同年，面向贵州省黔东南及黔南两自治州招收学生30名，1982至1986年则面向全贵州省各地区招生，1987年开始面向贵州省及周边省、区、市招生。办学初期，经费困难、师资缺乏、设施不全、经验不足。但是在省教育厅、卫生厅及当地政府的鼎力支持下，口腔专业办学条件得以改善。如今已办成具有一定规模，条件完善，生源丰富，在贵州省具有一定影响力的专业。见图11-21。

2002年，黔东南州卫生学校、黔东南州财贸学校、黔东南州林业学校、黔东南州农业学校四校合并成立黔东南民族职业技术学院，口腔专业隶属学院医药卫生系。2008年7月，医卫系分类三系一部，口腔专业隶属学院医药技术系。口腔专业前后共培养了口腔医务人员2 800余名，2008年有在校生800余人。

口腔系办学过程中大胆地进行教学改革，建立校院（企）合作、工学交替的高职口腔医学人才培养模式，深化与口腔行业的合作关系，重视学生职业道德教育，强调技能训练，使学校教育与实践紧密结合。

图11-21 黔东南民族职业技术学院医药技术系副主任欧祥林

口腔专业拥有一支综合素质优良、业务过硬、能力强、爱岗敬业、教风严谨、结构合理的教学团队，在这支队伍里，大多数为"双师型"教师，同时还有院（企）专家参与，使教师能力结构更为合理完善。在教学设施上，有丰富的教学资源，校内有配套齐全，设备先进，设置合理的口腔各科实验室，并建有设备完善的二级口腔医院。有稳定的省内、省外实训基地，能够承担口腔专业的实训教学任务及顶岗实习任务，保障实践教学的完成。

十一、菏泽家政职业学院口腔医学技术专业

菏泽家政职业学院是在菏泽卫生学校基础上经山东省人民政府批准、教育部备案建立的专科层次的国办全日制普通高等院校。2002年，经山东省教委批准，口腔医学技术专业设立，开始招收初中起点的3年制中专、高中起点的2年制中专和"三二"连读5年制大专口腔医学技术专业。现已培养600余名合格的毕业生。2007年经教育部、卫生部批准，开始面向全国招收3年制专科生。口腔医学技术专业具有雄厚的师资队伍，完备的实验、实习基地，就业率达98%以上。

口腔医学技术专业拥有一支素质优良、结构合理、充满活力的教学团队。从事口腔医学技术专业的专职、兼职教师由起初的5人发展到现在的19人，其中高

级职称者9人，硕士研究生5名。口腔医学技术专业教学团队锐意进取，改革创新，率先提出"压缩文化课，增加专业课，加大实训课"的设想，制定了实训教学的整体规划方案，创建了本专业"课堂实训－阶段实训－综合实训"的口腔医学技术专业新模式。积极参加教学科学研究，在国家级杂志和核心期刊上发表论文10余篇，参编卫生部、教育部组织的全国统一规划使用教材多部，如《牙体牙髓病学》、《眼耳鼻咽喉和口腔科护理学》、《固定义齿修复工艺技术》等。

口腔医学技术专业实验中心筹建于2002年，可同时容纳800余人的先进实验中心。口腔医学技术专业实验中心是口腔医学技术专业学生口腔基本技能训练的重要场所，同时也是全国口腔技师考试－口腔技能考核考点。口腔实验中心建筑面积1 000余平方米，实验设备价值150余万元，配备专职管理人员。此外，学院还有57处教学实习医院，口腔医学技术专业的学生可以去相应的口腔医院或综合医院的口腔科实习。

与此同时，根据口腔医学技术专业的特点，积极探索校企联合办学的模式。目前学院已与上海、珠海、青岛等多家义齿加工制作公司签订了实习、就业协议，正逐步实现高素质、技能应用型人才的培养，既为学生提供了良好的实习实训基地，又为他们提供了一个很好的就业平台。见图11-22。

图11-22 菏泽家政职业学院口腔医学技术专业负责人刘连英

十二、湖北中医药高等专科学校口腔医学专业

湖北中医药高等专科学校于2002年3月经国家教育部批准，是由原湖北省中医药学校（1958年建校）和湖北省荆州卫生学校（1953年建校）合并组建的一所全日制医学类普通高等专科学校。学校面向全国31个省、自治区、直辖市招生，开设有临床医学、口腔医学、中医学、中西医结合、针灸推拿、中医骨伤、护理、助产、中药、医用电子仪器与维护、医疗美容技术、康复治疗技术、中药制药技术、药品经营管理14个专业。学校拥有3所直属附属医院，其中荆州市第二人民医院为"二级甲等医院"，病床750余张。

口腔医学专业是医疗系开设的专业之一，于2002年3月申报，同年上半年经省教育厅批准，2002年秋季开始招生。2008年，口腔医学专业在校人数507人（06、07、08级），生源分别来自湖北、湖南、广东、内蒙古、甘肃等29个省、自治区、直辖市。口腔医学设置的基础是原荆州卫生学校口腔医学专业。学校在中专层次时就与省内高等医学院校联合开办了成人口腔医学专科班，为基层培养了数百名口腔专业人才。

2008年，口腔医学专业有专任教师31人。其中高级职称12人，占教师比的38.7%；40岁以下青年教师18人，占教师比的58.0%；"双师"素质教师25人，占比例为83%；硕士学历1人，本科学历27人。在学校教学质量评估中获得"甲等奖"或"十佳教师"共23人次。口腔医学专业教师注重教学教改与科研，至2008年，在各级刊物上发表论文数十篇，口腔医学专业老师参编高等职业技术教育教材十余部。

口腔医学专业重视实验教学。学校先后投资设备100余万元建立了口腔医学实验中心，实验中心能满足教学计划规定开设的实验（实训）项目，教学计划规定开设的实验（实训）项目开出率100%。口腔医学专业加强实践教学。除学校三所附属医院外，还与省内外80多所二甲以上医院建立了良好的实习合作关系，做到了教学内容与实习、实训内容的衔接、扩展，最大程度的保障学生的利益与学习效果。见图11-23。

图11-23 湖北中医药高等专科学校口腔医学专业副主任石劲红

十三、邢台医学高等专科学校口腔医学系

邢台医学高等专科学校于2002年3月经教育部批准，由邢台市卫生学校升格为医学高等专科学校，是一所独立设置的市属全日制普通医学高等专科学校。口腔医学系始创于1993年的五官医学专业，开设之初开创了全国举办五官医士培训的先河，至今已为各级卫生单位培养五官医务人员2 000余名。2002年升专，招收口腔医学专业学生48名，至2008年年底共有4届毕业生407人。现拥有口腔医学、口腔医学技术2个专业，在校生645名。2006年学校通过教育部办学水平评估，口腔医学专业作为主要开设专业参加了评估，受到教育部专家的好评。口腔医学专业2007年被评为河北省高职高专教育示范专业，口腔医学教学团队2008年被评为河北省高等院校优秀教学团队。2005年专业基础主干课程《人体解剖学》、《生物化学》被评为省级精品课程。见图11-24、图11-25。

学校拥有设施完善的校内实训基地，同时与省内34家医疗卫生单位合作建立了校外实训基地，保证了学生见习和毕业实习的需要。学校附属医院为三级甲等综合性医院，占地160亩，建筑面积10.8万平方米规划，900张床位。口腔医学系现有口腔医学专业实验室及专业基础实验室，建筑面积3 414平方米，仪器设

图11-24 邢台医专校景

图11-25 邢台医学高等专科学校口腔医学系系主任马涛

备总值250.6万余元。

经过多年的建设和积累，专业师资队伍不断得到优化，教师的综合素质、教学能力和教科研水平都得到了长足发展。现有专任教师18人，其中教授1人、副教授4人、中级职称者4人；硕士学位、研究生学历者6人；双师素质教师14人。本专业现有河北省中等教育五官学科专业委员会副主任委员1人、河北省口腔医学会理事1人，邢台市口腔医学会副会长1人，校级专业带头人1人。

近几年来专业教师在全国各类期刊发表论文30余篇，主编或参编的国家级著作14部（其中主编7部），有1部教材被评为国家"十一五"规划教材。取得省级科技成果2项、教学成果3项，市科技进步奖2项。有30人（次）获得省、市、校级优秀教师（教育工作者）、三育人先进个人、市级嘉奖等荣誉称号。

十四、淄博科技职业学院口腔医学技术专业

淄博科技职业学院之前身淄博卫生学校，于1956年建校，属省部级重点学校。口腔工艺技术（中专）、护理等相近专业。于2003年创办了口腔医学技术专业。分高中毕业生或同等学力起点的3年制高职、初中毕业生起点的5年一贯制。实行全日制教学，"一年学基础，一年学技能，一年顶岗实习"的"三段式"人才培养模式。现有3年制高职2005级123人，2006年117人，2007年91人；5年一贯制2003级60人，2004级74人；共465人。2006届毕业生107人，2007届108人，2008届127人。专业亮点在于产学紧密结合，就业率高，2006—2008届毕业生343人中的大部分就业单位为各级口腔医院、综合医院口腔科、义齿加

工企业、口腔诊所等部门，主要从事口腔医学技术服务工作。

口腔医学技术专业课程依据职业能力培养需要设置，包括公共必修课、职业基础课程、职业技术课、职业拓展课程。课程体系与结构充分体现就业导向、能力本位的人才培养特点。基础理论以应用为目的，专业课教学加强针对性和实用性，实训课程重在培养学生实践能力，实践课时比例达66%。毕业实习安排在第三学年，共40周，计1 040学时。

口腔医学技术专业设有专业建设指导委员会，直接参与教学改革与专业建设，取得了满意的效果。本专业师资配备力量较强，学历、职称、兼职教师比例均达到优秀标准，师资队伍年龄结构合理，师生比适宜。现有教师36人，其中专任教师27人，双肩挑教师1人，兼职教师8人。在校生人数专科层次466人，师生比为1:12.9。双师型教师15人，占专业课和专业基础课教师（26）的57.7%；专任教师中青年教师17人，青年研究生8人，占47.1%；专任教师中，高级职称者12人，占44.4%；兼职教师8人，实践指导教师6人，专业课教师19人，兼职教师占专业课和实践指导教师的32%。

本专业建有校外实训、实习基地24家。既有义齿加工企业又有综合性医院口腔科及口腔专科医院，能够接纳口腔医学技术专业学生实习、实训。2007年底，为了开展好本专业教学的实践环节，学院与淄博迎方义齿制作有限公司合作，在校内建立口腔医学技术专业生产性实训基地。校内生产性实训基地建设是教育部倡导的校企组合的新模式。由企业提供设备，建设固定义齿制作和活动义齿制作两条生产线。校内生产性实训基地同时承担口腔专业职业技能培训和考核鉴定任务，设置劳动部门和卫生部门两个职业技能培训和考核鉴定站，为学生和社会提供相应服务。

图11-26 淄博科技职业学院口腔医学技术专业教研室主任车宗刚

口腔医学技术专业形成了"双元育人'三位一体'"的人才培养模式。"双元育人"指学生在学制内接受教育的育人主体，一元是学校，一元是企业，即依托学校和企业两个育人主体，围绕职业岗位能力的需求，以就业为导向，以高素质的口腔医学技术人才培养为目标，全面培养学生的职业能力和综合素质。"三位一体"即"教、学、做合一，专业教学与工作实境合一，顶岗实习与就业合一"的综合培养模式，体现卫生高职教育以服务为宗旨、以就业为导向、产学结合的办学理念，最终实现学校、学生与企业"三方共赢"。见图11-26。

十五、云南医学高等专科学校口腔系

云南医学高等专科学校口腔系始于1936年建立的云南省卫生学校口腔科。几经变迁，于1973年恢复招生，1975年招收口腔专业学生，在云南率先创办了口腔专业，成为全国中等学校中最早开设口腔医学专业的卫校之一。2003年学校升格为医学高等专科学校，同时口腔科扩建为口腔医学系。学校口腔专业为云南省的口腔医学人才培养作出了突出的贡献，被誉为云南口腔医学的发源地和摇篮之一。见图11-27、图11-28。

口腔专业经过30余年的建设和发展，积累了丰富的教学经验，形成了具有边疆少数民族地区特色的教学体系和模式。由于有良好的教学环境、合理的人才培养层次和模式，成为云南口腔医学教育的重要基地之一，并辐射到周围各省。以李恩源、林一南、吴荣忠等为首的云南省口腔医学专家勤奋工作，共为省内外各级医院尤其是边疆少数民族地区培养了各层次35个班级约1 800余人的口腔医学人才。至2008年，口腔医学专业共毕业大专层次349名。在云南省从业的执业口腔医师中，约60%为该校培养的学生。

学校口腔医学系现有22名专任教师（另有医学影像系的7人从事口腔医学影像工作），其中教授3人，副教授4人，中级职称者13人。口腔医学系设口腔内科学、口腔外科学、口腔修复学、口腔正畸学四个教研室。目前口腔医学系加大了教师学历提高、出国深造的力度，并已建立了相应的鼓励措施和规定，有多名

图11-27 云南医学高等专科学校口腔门诊部部分工作人员留影

图11-28 云南医学高等专科学校口腔系系主任王荃

教师先后到加拿大、瑞典等国学习深造，为口腔医学系的长远发展提高打下了坚实的基础。

口腔医学系教师有10人次参加了卫生部口腔医学专业高职高专规划教材和高等教育出版社出版的口腔医学专业高职高专教材编写，多人担任了主编和副主编。口腔医学系教师队伍的职称结构、学历结构、年龄结构合理；所有专任教师均为"双师型"，均有口腔执业医师证，并从事口腔临床工作。口腔医学系专家多次参加了省卫生厅、昆明市卫生局科研项目评审及医学院校研究生论文答辩，教师公开发表论文40余篇。

在上级部门和学校的大力支持下，于1975年开办了口腔门诊部，除满足教学需要外，还面向社会服务，并在云南省率先开展正畸矫治、人工牙种植等业务，在20世纪80年代末就引进了口腔曲面断层X线机和烤瓷炉等先进设备，并用于教学和临床。目前口腔门诊部设有口腔内科、口腔外科、口腔修复科、口腔正畸科等，设备先进，技术力量深厚，已成为云南省知名的口腔专科门诊部。口腔专科门诊的设置，为学生理论联系实际、动手能力的培养提供了良好的环境条件和场所。

学校口腔实验室、口腔门诊部曾先后两次接受香港华夏基金会捐赠价值100余万元设备和器械，同时学校及上级部门也配套了相应的资金，使办学条件得到较大的改善。目前口腔医学系拥有面积达700平方米口腔专业实验室，类别齐全，设施完备，能满足教学大纲要求。

经过30余年的建设和发展，口腔医学系已形成了具有自身特点的教学管理、学生管理的管理模式；建设成了一支具有丰富教学经验和实践动手能力的教师队伍；设施齐全、满足实验要求的各类规范实验室；有一个科室设置完整、水平较高的口腔专科门诊部。目前口腔医学系的师资队伍、实验条件能满足每年招收2~3个口腔医学专业班级的教学实力；专任教师均为"双师型"，具有较强的实践性教学能力，能独立承担口腔医学基础课和口腔医学专业课的教学任务。

十六、赤峰学院医学院口腔医学系

赤峰学院医学院口腔医学系是赤峰学院口腔临床医学重点学科，附属医院口腔医学中心是内蒙古自治区临床医学重点学科。口腔医学系与口腔医学中心在临床、教学、科研、管理等方面实行一体化管理。赤峰学院口腔医学专业的办学历程可以追溯到1975年举办的赤峰卫校口腔培训班，专科招生始于2005年。

目前，口腔医学系下设口腔基础、口腔内科、口腔颌面外科、口腔修复、口腔正畸、口腔预防6个教研室，开设口腔医学及口腔医学技术两个专科专业。有口腔临床实验室2个、口腔临床模拟实验室1个、口腔工艺技术实验室（包括口腔铸造室、口腔烤瓷室等）4个、口腔颌面医学影像诊断实验室1个，实验室面积近600平方米。教学设备比较齐全，有牙科综合治疗机28台，口腔临床模拟教学系统30套，全颌曲面体层X线机、铸造机、液式喷砂机、笔式喷砂机、自动琼脂搅拌机、高速切割机、真空搅拌包埋机、烤瓷炉、齿科观测器等专用设备。

赤峰学院附院口腔医学中心分设口腔内科、口腔颌面外科、口腔修复科、口腔正畸科、儿童口腔科、牙周科、口腔种植中心、口腔放射科、义齿加工中心及口腔消毒中心等科室。口腔医学中心建筑面积达3 000平方米，现有60台牙科治疗椅，口腔专业技工台30张，病房床位30张；有数字成像、胶片成像全颌曲面体层X线机各1套，数字牙片X线机和胶片机各1套，有终端数50个的口腔信息管理系统1套。配备了三叉神经射频治疗仪、颞颌关节镜、口腔科显微镜聚合瓷设备等先进设备仪器，有各种口腔设备仪器900余台（件）。口腔科有临床教学诊室3个，口腔各专科病员丰富、病种齐全，发展协调，为专业技术人员的业务发展、学生的专业实习提供了较好的基础条件。

全系统共有专业技术人员近百人，专兼职教师38名，其中，有硕士生导师1人，高级职称人员8人。近年来，在各种杂志学术会发表论文100余篇，承担自治区及赤峰市各类科研项目18项，获赤峰市科学技术进步奖6项，赤峰市卫生科技奖8项。口腔医学系所包含的课程中，口腔修复学2008年5月被评为赤峰学院精品课程，同年6月被评为内蒙古自治区级精品课程。

赤峰学院暨附属医院与北京大学口腔医学院建立了良好的关系，口腔医学教学科研、临床工作得到北京大学口腔医学院的大力支持与帮助，学院聘请北京大学口腔医学院15名教授为兼职教授，指导口腔临床、教学、科研、人才培养等工作，使口腔医学系的发展建设步伐更加稳健、迅速。见图11-29。

图11-29 赤峰学院医学院口腔医学系系主任吕广辉

十七、柳州医学高等专科学校口腔系

柳州医学高等专科学校是教育部批准设置的全日制普通高等学校，是广西唯一一所医学高等专科学校。学校坐落于广西工业中心、历史文化名城——柳州市，占地1 208亩，建筑面积18.3万平方米，校园依山傍水，绿草如茵。学校拥有二所附属医院，一家三级甲等综合医院和一家二级甲等专科医院。柳州医学高等专科学校口腔专业是在柳州医学高等专科学校第一附属医院口腔科的基础上发展壮大起来的，其前身为柳州地区人民医院口腔科。

1975年7月1日，柳州地区人民医院成立时即开设口腔科，当时只有口腔门诊，2张牙科综合治疗台，2名医生。口腔科使用面积不足20平方米，医疗设备简陋，开展业务简单。1983年，口腔门诊增至6张牙科综合治疗台，同时在外科病房设有3张口腔病床，8名医生。1994年9月，五官科病区成立后，口腔科病床增至6张。2004年1月，柳州地区人民医院更名为柳州医学高等专科学校第一附属医院，卫生厅选派口腔医学博士主任医师王伯均教授到院任副院长。2004年5月成立口腔病区（头颈外科），设立病床27张，该科的成立迎得了国际"微笑列车"定点医院。

图11-30 柳州医学高等专科学校口腔系系主任王伯钧

2005年7月开始正式招生，每年招生60人。2008年有在校学生120人，另有60人在不同的用人单位实习，毕业生就业率为100%。目标是培养适应21世纪社会主义市场经济发展需要的，具有扎实基础，动手能力强，综合素质高，创新竞争意识强，能适应未来口腔医学技术科学发展要求的高职高专口腔技工人才。修业年限为3年，其中在校学习2年，在外实习一年。见图11-30。

2008年，柳州医学高等专科学校口腔教研室共有教师39人，其中博士、硕士研究生4人，教授、副教授5人，"双师型"教师30人，教研室主任是王伯钧博士。教研室拥有独立的实验室，安装有总价值36万元的各种实验仪器设备，能够满足学生在校期间的实验实习要求。新校区实验室布局合理、设施齐全、充满现代气息。

为了给口腔医学生提供更好的实习基地，柳州医学高等专科学校第一附属医院成立口腔医学中心，该中心占地面积约1 400平方米，是集医疗、教学、科研为一体的综合性重点学科，拥有一支技术力量雄厚、业务娴熟、服务优良的队伍。中心配备先进的牙科综合治疗机45台，引进国内外一系列先进高科技的数字化口腔设备，如数字化口腔成像系统、数字自动化消毒设备、数字化全景机、中心负压抽吸系统。此外，还配备无痛局麻仪、超声波洁牙机、喷砂机等先进设备。医院通过提高医疗技术水平和服务质量，开展新项目，拓宽业务范围，增强医院的竞争力，目前已开展唇腭裂的序列治疗，牙、颌面畸形矫治技术、牙周病的系统治疗、颞颌关节综合征系统治疗及口腔颌面部的整形美容、器官再造等技术。学校在抓好教学工作的同时，始终坚持把科研工作作为一项重要任务，至2008年教职工发表论文60篇，科研获奖8项。

十八、井冈山大学医学院口腔医学系

井冈山大学创办于1958年，1963年因经济困难停办，1978年8月以原井冈山大学医学院为基础，建立了江西医学院吉安分院。1980年招收第一届口腔医学专业中专班（即高中毕业后参加全国普通中等学校考试）51人，开创了口腔医学专业办学历史。改革开放后的教学理念遵循"面向现代化，面向世界，面向未来"的总方针，以培养"具有基础医学专业知识、具备口腔医学基础专业知识、实用性较强的口腔医学临床专业知识和操作技能"为目标，实践证明，在30年发展历程中励精图治，培养了一批理论基础知识扎实，操作技能较强的实用性人才。见图11-31、图11-32。

口腔医学教研室及实验室成立于1980年，面向江西省招收第一届高中起点普通中等专业三年制口腔医学专业学生。1993年成立井冈山高等专科学校。1999年招收第一届口腔医学专业大专班44人。2005年8月成立井冈山大学医学院口腔系，面积1 000余平方米，招生共计620余人。目前拥有口腔医学基础教研室两个（口腔解剖生理学、口腔病理学），口腔医学基础实验室（口腔解剖生理实验室、口腔病理实验室），口腔医学临床教研室和实验室各四个。涉及的专业有口腔颌面外科学，口腔内科学（牙体牙髓病学、牙周病学、口腔黏膜病学、儿童口腔病学），口腔修复学（口腔材料学），口腔正畸学。为口腔医学本科专业。

图11-31 井冈山大学医学院

图11-32 副院长曾常爱教授

口腔医学专业任课教师有教授14人，副教授53人，其中在编临床教学人员20人（教授1人，副教授6人，讲师3人，口腔医学博士1人，口腔医学硕士6人），江西省中华口腔医学会委员4人（其中常务理事1人，理事1人），师资力量较强、教学队伍结构完整。另外，从同济大学口腔医学院柔性引进了王佐林、苏剑生两位教授、博士生导师；南昌大学口腔医学院朱洪水、陈林林、伍军三位教授、硕士生导师聘为系兼职教授，日本昭和大学齿学部新谷悟教授、北京大学口腔医学院马大权教授聘为系客座教授，指导口腔医学教学、临床医疗和科研工作。

口腔医学系教师积极开展教学改革和研究工作，目前参与国家自然科学基金课题2项，省级教改课题5项（其中主持课题2项），省级科技课题4项（主持2项），主持市级课题9项，并获得市科技进步奖（二等奖2项，三等奖3项）。学术交流活跃，参加国际国内中华口腔医学会学术交流10余次，共举办讲座62场，其中外请教师主讲25场，本校教师主讲37场。在国内外本专业期刊上发表学术论文40余篇（其中核心期刊28篇，SCI一篇）。教师在做好教学、科研工作的同时，始终坚持临床医疗工作，任劳任怨，不断提高医疗技术水平，取得了良好的社会效益和经济效益，在全省名列前茅。

井冈山大学附属医院口腔医疗中心从1979年的口腔科历经30年的发展壮大成为如今的技术项目开展较全面，人才队伍较完善，医疗、教学、科研、预防为一体的专科医院发展平台；并在积极创造条件成为江西省的第二所口腔专科医院。2008年被定为美国微笑列车项目定点医院，目前开展手术100余例，拥有住院部、门诊部2 000余平方米，住院床位30张，门诊综合治疗椅36台，引进了种植机，X线全景机等260余万元新的仪器设备。基本能满足学生见习、实习的需要。口腔医学系还建有省内、外实习基地90余处，其中包括同济大学口腔医院、南昌大学口腔医院等一批知名口腔专科医院、三甲医院、三乙医院口腔科。

十九、商丘医学高等专科学校口腔医学系

商丘医学高等专科学校坐落在中国历史文化名城、全国优秀旅游城市河南商丘古城湖畔，是一所全日制公办普通医学高等专科学校。学校前身为商丘市卫生学校，经教育部批准，2004年升格为医学高等专科学校。2001年学校开设口腔工艺技术专业（中专），2005年开始，口腔医学技术专业（大专）招生，2006年学校建立口腔医学系并于当年开始口腔医学专业（大专）招生。目前，口腔医学专业为河南省特色专业建设点，口腔医学技术专业为河南省教学改革试点专业。口腔医学系致力于培养热爱口腔医学事业，具有从事口腔医疗、口腔预防保健及

图11-33 商丘医学高等专科学校实训大楼

图11-34 商丘医学高等专科学校口腔医学系系主任李翔

口腔技术工作综合能力，知识扎实，技能娴熟，能够适应口腔卫生工作一线需要的高素质应用型人才。见图11-33、图11-34。

近年来，口腔医学系通过实施人才引进、中青年骨干教师培养、人才资源共享等多项措施，建立了一支年龄结构合理、知识结构互补、职称结构均衡、专兼结合、数量充足、素质优良的教学团队。现有专任教师38人，其中专业带头人2人，高级职称教师17人，具有硕士及以上学位教师11人。口腔医学教学团队富于创新，不断借鉴吸收先进的教学理念，及时更新教学内容，采用科学的教学方法和先进的教学手段，教学效果优良。

口腔医学系教师积极参加教学科学研究，教科研成果的层次和水平不断提升。近两年发表的论文中被SCI收录1篇，获得市厅以上自然科学奖、科学进步奖共7项，科研立项5项，国家级专利1项，获国家自然科学基金资助1项，获上海市科学技术委员会重点资助1项。主编或参编专著15部，已分别由高等教育出版社、科学出版社出版，其中主编1人，副主编6人，编委8人。

近年来，口腔医学系不断加大投入，优化教学条件，已逐步建成一个内外结合、优势互补、资源共享的教学基地网络。校内口腔实训中心设有口腔基础实训室、口腔综合技能实训室、口腔仿真实训室、口腔修复实训室、烤瓷铸造实训室和模型制作室等，配备了临床综合治疗机、临床模拟教学系统、牙科X线机、多功能高级技工台、进口烤瓷炉、高频铸造机等先进设备。实训中心条件优越，功能完备、面积足、设施全、档次高，为卫生部审核批准的职业技能培训鉴定工作站。校外实训实习基地现有2所二级甲等附属医院、遍布省内外的40多所教学实习医院和义齿加工制作企业，正逐步实现高素质、技能应用型人才的共育，为学生岗位职业能力的培养创造了良好的条件。

口腔医学系充分发挥人力资源和技术优势，积极开展口腔修复职业技能鉴定、执业医师和乡村医生等职业培训，承担中华慈善总会"微笑列车"项目，开展贫困唇腭裂患者矫治，与企业合作开展了口腔修复体CAD/CAM技术的应用推广，坚持为基层医疗单位提供技术服务，成效显著，具有良好的社会声誉。

口腔医学系正谨记"明德、至爱、励学、善思"的校训，继续加强内涵建设，深化教学改革，不断探索富有特色的人才培养模式，努力为学校的建设和发展作出更大贡献。

二十、漳州卫生职业学院口腔医学技术专业

漳州卫生职业学院是一所专科层次的公办全日制普通高等院校，前身为具有73年中专办学历史和15届高职高专教育史的漳州卫生学校。2004年12月，经福建省人民政府批准，升级为漳州医学护理职业学院，2007年2月，更名为漳州卫生职业学院，2007年4月通过教育部备案。漳州卫生职学院设三年制口腔医学技术专业、五年制口腔医学技术专业。口腔医学技术专业创办于2005年，专业定位面向就业市场，培养具有基础理论知识，掌握口腔医学基本理论和各种修复体及矫治器制作技能、能为口腔医疗机构的临床医师加工各种修复体和矫治器的高等级口腔修复工艺专业人才。

为配合课程的开展，学校花费大力气加强师资队伍建设，制订师资队伍建设规划。一方面引进本科生以上的高职称教师，另一方面鼓励支持本校教师到口腔医院进修学习，提高业务水平。学校现有口腔专业专兼职教师20人，其中硕士研究生3人，占15%，本科学历12人，占60%。高级职称3人，中级职称11人。"双师型"教师11人，占总人数的55%。附属医院承担着福建医科大学口腔医学本科生、厦门卫生学校口腔医学大专班和各区县口腔进修医师的临床教学工作。本专业部分主干课程由具有中高级职称且具备多年临床教学经验，在理论教学、临床实践及教学科研上做出一定的成绩的教师承担。学校聘请台湾及国内资深的义齿加工专业高级技师进行理论教学指导及实践培训。

2005年，学校创办了口腔医学技术专业，总投资100多万元配备了包括仿真头模临床技工两用实验桌，高速、低速涡轮手机等设备及相应的口腔实验室。口腔医学基础实验室包括口腔医学模型陈列室、口腔解剖生理实验室、口腔医学模

拟操作室等。配置了本专业教学所需的挂图、标本、模型及视听教材等，可完成口腔医学技术专业教学工作中要求开设的基础实验内容，为开展口腔医学专业创造了必要的基础教学设施。同时，附属漳州中医院与漳州市医院拥有比较丰富的临床教学资源。两院建有专用的口腔诊疗室、口腔修复科、口腔技工室等，拥有20台口腔综合治疗机、意大利产的高频离心铸造机、德国产点焊机等较为先进的设备，完全可以满足口腔医学专业理论课及临床操作教学的需要。为了更好的教育教学，学院于2008年重新进行口腔实验室建设，在原有的实验设施基础上，新投入100余万元建设了口腔临床操作实训室、口腔临床模拟诊室、口腔X线拍片室等。实验开出率在95%以上。实验室面积约300平方米。同时在附属医院口腔科设立口腔临床实训基地，负责学院口腔临床教学和实训，完全可以满足口腔医学专业临床技能实训，使实验开出率达到92%以上。目前，学校拥有的教学设施能满足本专业教学需要。

2008年，学院与深圳三本真齿科研究技术公司及厦门茂硕义齿加工厂建立共同培养方案，更好地培养学生的理论及实践技能，使学生一毕业就能更好地进行专业操作，同时学生毕业后可自愿到上述企业就业。

二十一、白城医学高等专科学校口腔系

白城医学高等专科学校口腔系前身为五官教研室，于2007年11月成立口腔系。口腔系目前开设口腔医学和口腔医学技术两个专业。口腔系口腔医学专业贯彻"预防为主，依靠科技进步，动员全社会参与，中西医协调发展，为人民健康服务"的卫生工作方针。主要为乡镇级医院培养从事口腔修复技术工作的高级技术应用型专业人才以及专门在义齿加工企业工作的技术应用型专业人才。见图11-35。

图11-35 白城医学高等专科学校口腔系系主任胥晓丽

口腔系现有从事本专业课专任教师35人，绝大多数为毕业于吉林大学医学院、延边大学医学院、佳木斯大学医学院的口腔医学本科以上学历的中青年。全系教职工共19人，包括副高职称3人、讲师1人、助讲12人、实验技术人员3人，其中"双师型"教师6人。他们具有丰富的临床工作经验，承担着口腔医学专业和医学技术专业的教学和科研任务，先后4人获得省级科研项目奖。口腔系制定了完善的师资建设规划，注意培养专业带头人，形成了一支专兼职结合、结

构优化，能够满足教学需要的教师队伍。

口腔系除开设全部医学基础和临床科目外，还开设口腔解剖生理学、口腔组织病理学、口腔修复学等学科。近年来，学校为了提高办学质量，改善办学条件，加大了口腔实验室的建设。目前建成了大型的口腔实验中心。现设有12个实验室，包括口腔示教室、口腔综合实验室、口腔修复实验室等。各实验室均配备国内先进的实验仪器和设备。先进的教学设备方便了学生的实践操作，为学生走上临床工作提供了良好的实训环境。

口腔系走产学研结合道路，订单式培养模式已初具雏形。口腔系已经与7家义齿加工厂签订了订单式培养协议和校外实习基地协议，为学生毕业实习、就业创造了条件。

第十二章 中国高等口腔医学教育大事年表

中国高等口腔医学教育从始至今已历百余年华诞。从1907年加拿大多伦多大学牙医学博士林则先生第一次将西方现代牙医学和牙医学教育带到中国，在四川成都将这粒种子广洒全中国，吹绿了大江南北。伴随新中国的诞生与改革开放的脚步，中国高等口腔医学教育一步步茁壮成长，经历了"文化大革命"的寒冬，也经历了改革开放的春风。以下分新中国成立前、新中国成立后、改革开放后、21世纪四个阶段汇总了中国高等口腔医学教育进程中所发生的重大历史事件，以史明鉴。

第一节 ▌1949年以前

1900年　较早从事口腔科学的重要代表人物之一徐善亭医师,留学澳大利亚学习外科与牙科，归国后在广州和香港开业医牙疾，并著有《新发明牙科卫生书》(1904年出版)

1907年　加拿大多伦多大学牙医学博士林则(Ashley W.Lindsay)，加拿大第一位牙医学传教士在成都创办仁济牙科诊所

1910年　华西协合大学成立

1911年　哈尔滨私立俄侨第一齿科专门学校成立

1912年　成都仁济牙症医院成立

1914年　北京私立同仁医院牙科专修学校成立，办学仅3年

1914年　广州牙医界刘东生、池耀庭等7人发起召开中国最早的牙医界学术会议

1915年　中华医学会在上海成立

1917年　成立华西协合大学牙学院，学制7年

1919年　司徒博等在上海成立中国最早的地区性牙医学学术团体——中华全国齿科学会，同时编印《中华全国齿科医学会临时周报》

1921年　中国第一位牙医学博士黄天启毕业，是最早从事高等牙医学教育的中国人

1922年　辛亥革命后中国最早的牙医学留学生司徒博毕业于日本东京齿科学校

1923年　中国齿科医学专门学校成立。同年，群众性护牙协会——中国保牙会在上海成立

1928年　国际牙医师学院（ICD）成立，中国为会员国

1928年　仁济牙症医院更名为华西协合大学口腔病院

1928年　哈尔滨俄侨私立第二齿科专门学校成立

1929年　司徒博主编的中国最早的牙医学专著《齿科医学全书》出版

1931年　上海齿科学校成立

1932年　上海震旦大学牙医学系成立

1935年　南京国立牙医专科学校在南京成立

1936年　华西协合大学医牙研究室成立

1936年　中国第一批女牙医学博士张琼仙、黄端芳毕业于华西协合大学

1937年　周大成主编《东方齿科》创刊，季刊，沈阳东方齿科月刊社发行，刊至第36期

1938年　南京中央大学医学院牙学院、南京金陵大学、金陵女子文理学院、山东齐鲁大学、燕京大学先后迁址至华西

1938年　俄侨第一、第二齿科专门学校合并成立哈尔滨齿科学院，同年底齿科学院与哈尔滨医科大学合并改称哈尔滨医科大学附属齿科医学院

1939年　司徒博在上海组建中国牙科医学会

1940年　贵州安顺军医学校牙科成立

1941年　中国牙科医科学校成立

1941年　北京大学医学院附属医院建立齿科诊疗室

1942年　成立华西协合大学口腔病研究室

1943年　北京大学医学院齿学系成立

1944年　《牙医季刊》在成都创刊

1945年　华西协合大学刘延龄教授编著《战后中国牙科教育》由国家卫生牙科健康出版社出版发行

1945年　华西协合大学邹海帆教授主持编纂出版我国第一部英汉《牙医学词汇》

1945年　上海牙医专科学校成立

1946年　中国第一个牙医学术期刊《华大牙医学杂志》（中、英文版）创刊，主编林则博士，编委有戴天放、刘延龄、周少吾。

1948年　于右任先生为《华大牙医学杂志》题写封面，更名为《华西牙医》，英文出版

第二节 ▎1949—1977年

1949年　全国教育工作会议在北京举行。教育部长马叙伦阐述了新民主主义教育总方针

1950年　第一届全国高等教育会议在北京举行。会议讨论了高等教育的方针、任务、课程改革及学制、领导关系等问题

1950年　教育部发布《关于实施高等学校课程改革的决定》

1950年　教育部发布《高等学校暂行规程》、《专科学校暂行规程》和《私立高等学校管理暂行办法》

1950年　第一届全国卫生工作会议在北京召开，会议通过了"面向工农兵、预防为主、团结中西医"为新中国卫生工作的三大原则

1950年　卫生部教材编审委员会统一制定口腔医学名词，全国高等医学院牙医学系更名为口腔医学系、医院牙科更名为口腔科

1950年　《华西牙医》更名为《中华口腔医学杂志》，宋儒耀任总编辑

1951年　中华医学会口腔科分会在北京成立

1951年　卫生部公布了《关于健康和发展全国卫生基层组织的决定》，卫生部和教育部联合公布了《关于发展卫生教育和培养各级卫生工作人员的决定》

1951年　中国人民政府正式接办私立华西协合大学，学校更名为华西大学，牙学院更名为华西大学牙学院。

1952年　原圣约翰大学医学院、同德医学院、震旦大学医学院三校合并成立上海第二医学院，震旦大学牙医学系则成为上海第二医学院牙医学系

1952年　第三军医大学牙科、牙症医院改称第五军医大学牙科、牙症医院

1953年　华西大学主办《中华口腔医学杂志》终刊。中华医学会出版《中华口腔科杂志》，总编辑毛燮均、宋儒耀，专职编辑陆兆基

1953年　华西大学牙学院更名为四川医学院口腔医学系，成立中国第一个口腔颌面外科病房

1954年　第四、第五军医大学合校，第五军医大学牙科、牙症医院和第四军医大学牙科合并为第四军医大学口腔医学系、口腔医院

1954年　卫生部与高教部通过了口腔专业教学计划与培养目标

1954年　全国高等医学教育会议召开。会议决定按照苏联口腔医学教育的组织机构，口腔医学系设立口腔内科学、口腔颌面外科学、口腔矫形学三个教研室

1954年　高教部、教育部、卫生部、国家体委联合发出《关于开展学校保健工作的指示》

1954年　高教部和卫生部联合在北京召开第一届全国高等医学教育会议，确定了高等医学教育的具体方针任务，制定了统一的教学计划，规定了专业培养目标

1955年　四川医学院口腔医学系招收研究生，孙冠名、曾祥琨、刘方柏等5人经考试录取口腔医学副博士研究生

1956年　第四军医大学口腔医院学习苏联卫国战争经验，将口腔外科改造成为口腔颌面外科。全军总医院建立口腔科

1956年　卫生部召开全国卫生工作会议，制定了卫生事业十二年计划

1956年　高等教育部、卫生部在北京召开的第二次医学教育会议确定了口腔专业各门课程的教学大纲和教材编辑委员会的名单

1958年　北京医学院口腔内科教研组编译彼凯尔所著苏联高等医学院校教学用书《口腔内科学》出版

1958年　中国第一所口腔医学研究所——四川医学院口腔医学研究所成立，肖卓然任所长，王翰章任副所长

1958年　《上海二医口腔医学文摘汇刊》创刊，总编辑张涤生，编委为方连珍等12人。1959年改为《口腔医学文摘》。1960年8月停刊，共发行32期

1959年　夏良才主编的高等医药院校试用教材《口腔颌面外科学》由人民卫生出版社出版

1960年　湖北医学院口腔医学系成立

1960年　郑麟蕃主编的高等医药院校试用教材《口腔内科学》由人民卫生出版社出版

1962年　毛燮均、朱希涛主编的高等医药院校试用教材《口腔矫形学》由人民卫生出版社出版

1963年　中华医学会第一届全国口腔科学会议在成都召开

1965年　广州市实施饮水加氟，1983年停止

1966年　全国规模最大的口腔专科医院——华西口腔医院大楼落成

1966年　"文化大革命"开始，全国口腔医学院系停止招生。原留校学生推迟至

1969—1970年分配工作

1972年　中断6年的口腔医学教育恢复招生，学制3年

1973年　全国口腔医学教育革命经验交流会在成都举行

1974年　全国召开《口腔内科学》及《口腔科学》教材协作编写会议

1974年　《国外医学参考资料口腔医学分册》创办，双月刊。1979年更名为《国外医学口腔医学分册》，2006年更名为《国际口腔医学杂志》

1977年　全国恢复高考，口腔医学学制由3年恢复至5年。全国高等医学院校口腔医学教材会议在成都召开

第三节 ▌ 1978—1999年

1978年　高等学校招生实行全国统一考试，恢复研究生制度，这一年共录取了10 500多名研究生。这个数字已接近"文化大革命"前17年培养的研究生的总数。同年，口腔医学研究生恢复招生，学制3年

1978年　口腔颌面外科学、口腔矫形学、口腔内科学、口腔正畸学成为首批口腔医学硕士学位授予学科

1978年　全国地区性口腔科学术会议在西安召开

1979年　教育部和中国社会科学院在北京联合召开了全国教育科学规划会议

1979年　人民卫生出版社出版全国高等医药院校试用教材：《口腔组织病理学》第1版由北京医学院主编；《口腔解剖生理学》第1版由湖北医学院主编，皮昕统稿

1979年　首届龋齿防治工作专题学术交流会议在广州召开

1979年　口腔矫形学第一次全国性学术会议于天津召开

1979年　郑麟蕃教授获巴西第四届国际牙科大会勋章；周大成教授出席在东京召开的医史、药史、齿科病史联合大会

1979年　《中国医学百科全书口腔医学分卷》编委会成立，王翰章教授任主编

1980年　第五届全国人大常委会第十三次会议通过并公布《中华人民共和国学位条例》。此条例自1981年1月1日起施行

1980年　人民卫生出版社出版全国高等医药院校试用教材：《口腔内科学》第1版由四川医学院肖卓然、李秉琦主编；《口腔颌面外科学》第1版由上海第二医学院主编，张锡泽总审；《口腔矫形学》第1版由四川医学院主编，陈安玉、周秀坤总审；1987年第2版改为《口腔修复学》，由朱希涛主编、陈安玉副主编；1996年第3版主编为徐君伍

1980年　根据《中华人民共和国学位条例》规定，国务院设立了学位委员会，负责领导全国学位授予工作。12月，经国务院批准，学位委员会主任为方毅，副主任委员有周扬、蒋南翔、钱三强

1980年　国务院学位委员会在北京召开设立以来的第一次（扩大）会议。会议审定了《中华人民共和国学位条例暂行实施办法》，讨论并通过了《国务院学位委员会关于审定学位授予单位的原则和办法》

1980年　全国第一届口腔科耳鼻喉科病冷冻学术会在哈尔滨召开

1981年　国务院学位委员会召开第二次会议。会议通过了国务院学位委员会学科评议组分组及成员名单。张锡泽教授任首届国务院学位委员会学科评议组成员

1981年　口腔颌面外科学、口腔修复学、口腔内科学、口腔正畸学成为首批口腔医学博士学位授予学科

1981年　首批口腔医学硕士研究生毕业

1981年　《口腔医学》创刊，主编张锡泽。1985年主办单位更替后主编为尹立乔，副主编蒋炜、吴少鹏、杨明达、李再仁等

1981年　教育部发出通知，从1981年开始招收攻读博士学位的研究生。国务院批准首批口腔科学博士学位授予单位及专家名单

1982年　全国第一次口腔健康流行病学调查

1982年　北京口腔医学研究所被世界卫生组织批准为"世界卫生组织预防牙医科学科研与培训合作中心"，郑麟蕃教授任中心主任

1982年　毛祖彝主编高等医药院校教材《口腔科学》第1版，由人民卫生出版社出版

1982年　中国高等院校五年制口腔医学专业教学计划审订通过

1982年　全国牙周病及口腔黏膜病第一次学术会议在武汉召开

1982年　席应忠教授荣获美国哈佛大学医学院最高学会荣誉会员证

1983年　国务院批转了教育部、国家《关于加速发展高等教育的报告》，并为此发出通知，要求结合各地区和各部门的情况贯彻执行

1983年　在武汉召开的全国高等口腔医学教材编写工作会议确定了口腔解剖生理学、口腔组织病理学、口腔内科学、口腔颌面外科学、口腔修复学、口腔正畸学、口腔颌面X线诊断学、口腔预防医学8门教材的主编、编写人员和编写大纲

1983年　中国高等教育学会成立，蒋南翔当选为会长

1983年　经广州市人民政府批准，广州市停止饮用自来水加氟

1983年 《华西口腔医学杂志》创刊

1984年 《中国口腔医学年鉴》创刊，是我国口腔医学界唯一的一部史记性、综合性和资料密集型的连续出版物，编辑部设在四川医学院口腔医学系

1984年 北京医学院口腔医学系马绪臣成为恢复研究生制度后培养的第一位口腔医学博士，导师邹兆菊教授

1984年 第三届全国口腔科学术会议在南京召开

1984年 人民军医出版社出版了陈华、陈日亭主编的《颌面颈部创伤学》。时隔五年，又出版了丁鸿才、周树夏主编的《口腔颌面损伤治疗学》，标志着我军在野战颌面外科具有国际先进水平

1984年 全国口腔医学教育学术研讨会在成都召开，30所高等院校的院校长、口腔医学系主任等80人出席会议

1985年 卫生部在山西运城主持召开了"全国牙病防治工作现场会"

1985年 《中华口腔科杂志》改为双月刊。《临床口腔医学杂志》（武汉）创刊，主编李辉奉，常务副主编周复兴；《口腔医学纵横》（湖北）创刊，主编樊明文，副主编李全荣、汪说之、皮昕、东耀峻、姚林琪；《实用口腔医学杂志》（陕西）创刊，主编陈华、徐君伍，副主编章尔仓；《新医学文摘口腔分册》（重庆）创刊，主编刘方柏，副主编孙会丰、唐维晶、敬万年

1985年 北京医学院口腔医学系更名为北京医科大学口腔医学院；四川医学院口腔医学系更名为华西医科大学口腔医学院；北京第二医学院口腔医学系更名为首都医学院口腔医学系，上海第二医学院口腔医学系更名为上海第二医科大学口腔医学系

1985年 邱蔚六、陈安玉出任第二届国务院学位委员会学科评议组成员

1985年 首届全国口腔正畸学科学术讨论会在北京召开

1985年 首届全国口腔外科正畸学术讨论会在青岛召开

1986年 中国口腔疾病和口腔医生的现状及其预测第一次全国协作会议在京举行

1986年 国际牙医师学院（ICD）1986年会在北京举行，张锡泽、肖卓然、夏铸三名老会员及朱希涛、王翰章、邹兆菊、王巧璋、吴廷椿等29名新会员参加会议。我国30位口腔医师成为新中国第一批该院院士，朱希涛教授任中国分部主席

1986年 《中国医学文摘口腔医学》（南京）创刊，主编尹立乔，副主编吴观国、梁青

1986年 全国高等医药本科专业设置，口腔医学专业再次确定为一级专业

1986年 国家教育委员会授予华西医科大学口腔医学院教学实验室"全国高校实验室系统先进集体"称号

1986年 首届全国口腔材料学术交流会在上海举行；首届全国口腔护理学术经验交流会在武汉召开；首届全国老年口腔病专题讨论会在武汉召开

1987年 卫生部许文博司长、朱希涛主任委员率领中国口腔医学会代表团应邀赴香港、澳门进行学术访问，代表团成员有张锡泽、徐君伍、王大章、戚道一

1987年 《中华口腔科杂志》更名为《中华口腔医学杂志》

1987年 《现代口腔医学杂志》创刊，主编郑麟蕃，副主编陈瑞梅、李树棠、张仁德、金蕴文、刘玉峻、马智

1987年 人民卫生出版社出版全国高等医药院校试用教材：《口腔预防医学》第1版，由刘大维主编、李宏毅副主编；《儿童口腔病学》第1版，由石四箴主编

1987年 首届全国口腔病理学术会议在南京召开；首届全国口腔中西医结合学术会议在北京举行；首届全国单立市口腔学术交流会在大连召开；首届全国口腔放射学学术会议在北京召开；首届全国儿童牙病防治学术会议在北京召开

1988年 首届全国口腔黏膜病学术会议在常州市召开；首届全国口腔预防医学学术讨论会在天津召开

1988年 国家教委批准部分高校口腔医学专业试行七年制招生

1988年 人民卫生出版社出版卫生部规划教材、全国高等医药院校试用教材（供口腔专业用）：《口腔正畸学》第1版，由黄金芳主编、詹淑仪副主编；《口腔颌面X线诊断学》第1版，邹兆菊主编

1988年 第三届全国口腔科学术会议在贵阳市召开

1989年 首届国际生物材料和口腔种植学术交流会在成都举行；首届全国𬌗学学术会议在西安举行

1989年 世界卫生组织执委会在83次会议上决定中国牛东平为1989年笹川卫生奖的获得者，以表彰他在中国农村保健事业中所作出的贡献

1989年 首届全国青年口腔医师学术讨论会在上海第二医科大学召开

1989年 首届全国口腔修复学组成立暨学术交流会在西安召开

1989年 全国牙病防治指导组及顾问组在北京成立，卫生部张自宽司长任组长，卫生部联合九部委确定每年9月20日为全国爱牙日活动。第一届爱牙日活动主题为"人人刷牙，早晚刷牙，正确刷牙，用保健牙刷和含氟牙

膏刷牙"

1989年　卫生部批准在华西医科大学成立卫生部口腔生物医学工程重点实验室

1989年　国家教委决定在我国高校建立国家重点学科点。口腔医学首批重点学科为：口腔组织病理学（北京医科大学口腔医学院）、口腔内科学（第四军医口腔医学院）、口腔颌面外科学（华西医科大学口腔医学院）、口腔修复学（华西医科大学口腔医学院）

1990年　卫生部全国口腔医学专业教材评审委员会成立。主任委员张震康，副主任委员邱蔚六，委员包括李秉琦、陈青、欧阳喈、樊明文、鞠九生（兼秘书）副研究员。第一次会议讨论了"卫生部高等医学院校教材评审委员会工作条例"和"关于修订高等医学院校教材的意见"

1990年　国家人事部和全国博士后管理委员会批准建立首批口腔医学博士后流动站

1991年　周大成主编的《中国口腔医学史考》由人民卫生出版社出版

1991年　《牙体牙髓牙周病学杂志》在西安创刊

1991年　卫生部口腔种植科技中心在华西医科大学成立

1991年　国家教育委员会授予华西医科大学口腔医学院教学实验室"高等学校实验室工作先进集体"称号

1992年　邱蔚六、李秉琦、徐恒昌出任第三届国务院学位委员会学科评议组成员

1992年　解放军总后卫生部发出通知，成立全军牙病防治指导组。《军事口腔医学杂志》创刊

1992年　《上海口腔医学》创刊

1992年　朱希涛、张震康、傅民魁应中国台湾牙医师联合会邀请赴台访问并作学术报告

1992年　《中国口腔学医学信息杂志》在成都创刊

1992年　中华医学会与日本医学会、日本齿科学会等联合举办第一届中日医学交流大会

1994年　中国正式加入国际牙科联盟组织（FDI），张震康教授任中国部主席

1994年　中国牙病防治基金会成立，万里和陈敏章担任名誉理事长，卫生部张自宽司长任第一届理事长

1995年　全国牙防先进县（区）表彰暨现场会在上海嘉定县召开

1995年　中国首张藏文《爱牙日专刊》（青海）出版

1995年　全国第二次口腔健康流行病学调查

1995年　人民卫生出版社出版卫生部规划教材、高等医学院校试用教材（供口腔

医学专业用）《口腔材料学》第1版，由陈治清主编

1995年　《军事口腔医学杂志》（西安）创刊

1996年　中华口腔医学会成立，张震康教授任会长

1997年　卫生部口腔医学计算机应用工程技术研究中心在北京医科大学口腔医学院成立

1998年　国务院学位委员会确定口腔医学成为医学门类研究生学科设置的一级学科，下设口腔基础医学、口腔临床医学两个二级学科

1998年　口腔医学正式确定为一级学科，设口腔基础医学、口腔临床医学两个二级学科

1998年　第四届国务院学位委员会学科评议组成立，口腔医学组成员有邱蔚六、李秉琦、傅民魁、王大章、樊明文、徐恒昌、马轩祥、刘洪臣八位教授，邱蔚六、李秉琦、傅民魁任召集人

1998年　郑麟蕃、吴少鹏、李辉奉主编《中国口腔医学发展史》，由北京医科大学、中国协和医科大学联合出版社出版

1998年　卫生部口腔医学专业教材评审委员会审议决定开始进行口腔医学专业规划教材第四轮修订，从第三轮的9种增加为第四轮的15种教材。《口腔解剖生理学》第4版由皮昕主编，《口腔组织病理学》第4版由于世凤主编，《口腔颌面医学影像诊断学》由马绪臣主编，《口腔生物学》由刘正主编，《口腔临床药物学》曾光明主编，《口腔材料学》第2版由陈治清主编，《口腔颌面外科学》第4版由邱蔚六主编、张震康副主编，《口腔修复学》第4版由徐君伍主编，《牙体牙髓病学》由樊明文主编，《牙周病学》由曹采方主编，《口腔黏膜病学》由李秉琦主编，《儿童口腔病学》由石四箴主编，《口腔预防医学》由卞金有主编，《口腔医学实验教程》及《口腔医学实验教程附册》由王嘉德、梁傥主编

1999年　国际牙科研究会（IADR）中国分会成立，张震康教授任中国部主席

第四节 ▎2000—2009年

2000年　中国口腔医学网开通

2000年　国务院学位委员会学位办批准开展口腔医学专业学位试点工作

2000年　北京大学口腔医学院方平科博士获全国百篇优秀博士论文，导师马绪臣教授

2000年　人民卫生出版社出版卫生部规划教材、全国高等学校教材：《口腔生物

学》第1版由刘正主编，《口腔临床药物学》第1版由曾光明主编，《口腔医学实验教程》及《口腔医学实验教程附册》第1版由王嘉德、梁悦主编，《口腔黏膜病学》第1版，由李秉琦主编，《牙周病学》第1版由曹采芳主编，《牙体牙髓学》由樊明文主编、周学东副主编

2001年 《中华口腔科学》第1版，由人民卫生出版社出版，主编王翰章，副主编王大章、李秉琦、赵云凤、罗颂椒、周学东

2001年 王嘉德等联合多校教学改革项目《我国高等口腔医学教育课程体系和教学模式改革》获国家级教学成果一等奖

2001年 上海第二医科大学口腔医学院邱蔚六教授成为中国口腔医学界首位中国工程院院士

2001年 首都医科大学王松灵教授成为中国口腔医学界首位国家杰出青年基金获得者

2001年 北京大学口腔医学院招收第一届八年制学、硕、博连读本科生

2002年 全国高等学校教材建设研究会和卫生部口腔医学专业教材评审委员会审议决定开始对全国口腔医学专业规划教材进行第五轮修订。新增《骀学》，共16种，其中6种同时为教育部评为普通高等教育"十五"国家级规划教材。16种教材分别为：皮昕主编、何三纲副主编《口腔解剖生理学》第5版，于世凤主编、汪说之副主编《口腔组织病理学》第5版，马绪臣主编《口腔颌面医学影像诊断学》第5版（国家级规划教材），刘正主编、边专副主编《口腔生物学》第2版（国家级规划教材），史宗道主编、王晓娟副主编《口腔临床药物学》第2版，陈治清主编《口腔材料学》第3版，邱蔚六主编、张震康副主编《口腔颌面外科学》第5版（国家级规划教材），马轩祥主编、赵铱民副主编《口腔修复学》第5版，樊明文主编、周学东副主编《牙体牙髓病学》第2版（国家级规划教材），曹采方主编《牙周病学》第2版（国家级规划教材），李秉琦主编、周曾同副主编《口腔黏膜病学》第2版，傅民魁主编《口腔正畸学》第4版（国家级规划教材），石四箴主编《儿童口腔医学》第2版，卞金有主编、胡德渝副主编《预防口腔医学》第4版，王嘉德主编、姚月玲副主编《口腔医学实验教程》及《口腔医学实验教程附册》第2版，易新竹主编、王美青副主编《骀学》

2002年 四川大学与武汉大学共同建设口腔生物医学工程教育部重点实验室

2003年 中国医师协会口腔医师分会在北京成立，栾文民任主任委员

2003年 武汉大学樊明文教授负责《牙体牙髓病学》获国家级精品课程

2003年　第五届国务院学位委员会学科评议组成立，口腔医学组成员有傅民魁、樊明文、周学东、张志愿、陈场熙、俞光岩、马轩祥、刘洪臣；傅民魁、樊明文任召集人

2004年　上海第二医科大学邱蔚六院士荣获中国医师协会颁发的第一届中国医师奖

2004年　北京大学特聘美国密歇根大学王存玉教授为教育部"长江学者奖励计划"讲座教授，成为中国口腔医学界第一位该项目获得者

2004年　中国医师协会口腔医师分会委员会通过《工作条例》和《会员发展与管理实施办法》

2004年　国家食品药品监督管理局首次发布"牙科病人椅"等9项医疗器械行业新标准

2004年　全国第三次口腔健康流行病学调查

2004年　四川大学巢永烈负责的《口腔修复学》获国家级精品课程

2005年　口腔民营机构调查登记工作启动

2005年　首批26名中国台湾籍口腔医学硕士研究生在四川大学华西口腔医学院毕业

2005年　中国医师奖。天津市口腔医院杨连举、山东大学魏奉才，首都医科大学侯本祥荣获第二届中国医师奖

2006年　第86届世界牙科联盟（FDI）年会在中国深圳举行

2006年　中华口腔医学会换届，王兴任会长

2006年　卫生部职业技能鉴定指导中心认定四川大学华西口腔医院等7家单位为口腔修复国家职业技能培训工作指导站

2006年　全国高等学校口腔医学专业教材评审委员会审议通过，开始对全国口腔医学专业教材进行第六轮修订。第六轮教材共17部，全部为卫生部"十一五"规划教材，其中14种同时被教育部评定为普通高等教育"十一五"国家级规划教材

2006年　第四军医大学承办2006年度世界军事齿科大会，为中国第一次举办全球军队口腔医学盛会

2006年　武汉大学口腔医学院樊明文成为中国口腔医学界首位国家级教学名师

2006年　四川大学周学东负责的《口腔内科学》、上海交通大学张志愿负责的《口腔颌面外科学》、武汉大学边专负责的《口腔生物学》、北京大学周彦恒负责的《口腔正畸学》获国家级精品课程

2006年　全国口腔医院文化建设与人力资源管理学术研讨会在杭州召开

2006年 中国医师奖。北京大学张震康、武汉大学樊明文荣获第三届中国医师奖

2007年 教育部成立高等学校口腔医学专业教学指导委员会，周学东任主任委员

2007年 卫生部决定撤销全国牙病防治指导组，成立疾病预防控制局口腔卫生处，夏钢任处长

2007年 首都医科大学王松灵教授等学者荣获国际牙科领域重要的William J Gies奖（年度最佳研究论文奖）及最佳封面论文两项大奖。这是我国大陆学者首次荣获此二项国际口腔医学大奖

2007年 四川大学华西口腔医院隆重庆祝百年庆典

2007年 首届中国医师协会口腔医师分会"杰出口腔医师奖"颁奖仪式于广州举行，马轩祥、王兴、王翰章、李金荣、刘洪臣、张志愿、林野、赵士芳、高东华、凌均棨、章锦才等11位教授获此殊荣

2007年 武汉大学樊明文教授领衔的口腔内科教学团队成为中国口腔医学界第一个国家级教学团队

2007年 第四军医大学赵铱民负责的《口腔修复学》，四川大学石冰负责的《口腔颌面外科学》、陈谦明负责的《口腔黏膜病学》获国家级精品课程

2007年 四川大学华西口腔医学实验教学中心成为首个国家级实验教学示范中心建设单位

2007年 科技部批准四川大学建设口腔疾病研究国家重点实验室，邱蔚六院士任学术委员会主任，周学东教授任实验室主任

2007年 第四军医大学口腔医学院金岩成为中国口腔医学界首位教育部长江学者特聘教授

2007年 人民卫生出版社出版普通高等教育"十一五"国家级规划教材、卫生部"十一五"规划教材：傅民魁主编《口腔正畸学》第5版，于世凤主编《口腔组织病理学》第6版，皮昕主编、李春芳副主编《口腔解剖生理学》6版，刘正主编、边专副主编《口腔生物学》3版

2007年 中国医师奖。四川大学王翰章、北京大学王兴、上海交通大学张志愿、总装司令部黄寺门诊部彭勤建荣获第四届中国医师奖

2008年 5月12日14点28分，四川汶川发生8级强烈大地震，全国口腔医学界积极行动，抗震救灾，奉献爱心。华西口腔医学院荣获全国总工会"抗震救灾、重建家园"工人先锋队荣誉称号；《华西口腔医学杂志》荣获新闻出版总署抗震救灾先进杂志

2008年 首都医科大学口腔医学院杨晓江教授出任2008年北京奥运会首席牙医

2008年 第四军医大学口腔医学院赵铱民少将当选国际牙科联盟国防力量牙科勤

务分会主席和世界军事牙科大会执行主席

2008年　四川大学周学东教授领衔的口腔医学教学团队成为国家级教学团队

2008年　四川大学赵志河负责的《口腔正畸学》获国家级精品课程，上海交通大学周曾同负责的《口腔黏膜病学》获国家级精品课程，北京大学马绪臣负责的《口腔颌面医学影像诊断学》获国家级精品课程

2008年　《中国口腔医学信息》杂志编辑部成立学生采编部，采编部学生来自全国29所口腔医学院（系）

2008年　首届中国口腔医学研究生教育专题研讨会在大连召开

2008年　首届中国口腔医学博士论坛于北京召开

2008年　国际牙医师学院中国分部2008年学术年会在成都举行，栗震亚、徐岩英等38位优秀口腔医学工作者被授予国际牙医师学院院士（Fellow）

2008年　普通高等教育"十一五"国家级规划教材、卫生部"十一五"规划教材：马绪臣主编《口腔颌面医学影像诊断学》第5版，陈治清主编《口腔材料学》第4版，邱蔚六主编、张震康及张志愿副主编《口腔颌面外科学》第6版，赵铱民主编、陈吉华副主编《口腔修复学》第6版，樊明文主编、周学东副主编《牙体牙髓病学》第3版，孟焕新主编《牙周病学》第3版，陈谦明主编、周曾同副主编《口腔黏膜病学》第3版，卞金有主编、胡德渝副主编《预防口腔医学》第5版，王嘉德主编、董艳梅副主编《口腔医学实验教程》及《口腔医学实验教程附册》第3版

2008年　卫生部"十一五"规划教材：史宗道主编、王晓娟副主编《口腔临床药物学》第3版；石四箴主编《儿童口腔医学》第3版；易新竹主编、王美青副主编《𬌗学》第2版

2008年　中国医师奖。四川大学周学东荣获第五届中国医师奖

2009年　《中华口腔科学》第2版由人民卫生出版社出版，全书分基础总论卷、口内修复卷、口外正畸卷三卷。主编王翰章、周学东，副主编王兴、俞光岩、张志愿、赵民、边专、王松灵

2009年　四川大学华西口腔医学院获得全国教育系统先进集体

2009年　第六届国务院学科评议组口腔医学组成员有俞光岩、周学东、张志愿、赵铱民、刘洪臣、边专、李铁军、陈谦明、孙宏晨；召集人俞光岩、周学东

2009年　经新闻出版总署批准，中国口腔医学界第一部具有国内统一连续出版物号（CN号）的英文期刊 *International Journal of Oral Science* 在成都创刊

2009年　全国首批口腔医学研究生教材主编会议在湖北宜昌召开。15部教材分别是：李伟主编《口腔生物化学与技术》、王松灵主编《口腔分子生物学与技术》、金岩主编《口腔组织工程与再生医学》、孙娇主编《口腔材料学》、周学东主编《龋病学》、彭彬主编《牙髓病学》、王勤涛主编《牙周病学》、周曾同主编《口腔黏膜病学》、巢永烈主编《口腔修复学》、刘宝林主编《口腔种植学》、林久祥主编《口腔正畸学》、邱蔚六主编《口腔头颈肿瘤学》、胡静主编《正颌外科学》、李祖兵主编《颌面创伤外科学》、马莲主编《唇腭裂外科学》

2009年　国际牙医师学院中国分部成功升级为国际牙医师学院第13分区（The Autonomous ICD Section ⅩⅢ –China），周学东教授任中国区主席和ICD国际理事

2009年　国际牙科研究会泛亚太地区联盟会议于武汉举行

2009年　田卫东、王松灵、金岩等教授首次联合申报《牙发生发育分子机理及牙齿再生的研究》获得国家重点基础研究发展规划（973计划）项目资助

2009年　第四军医大学王美青教授负责《口腔解剖生理学》、中山大学凌均棨教授负责《牙体牙髓病学》、上海交通大学郭莲教授负责《口腔解剖生理学》获国家级精品课程

2009年　第四军医大学口腔医学院赵铱民教授领衔的口腔修复学教学团队成为国家级教学团队

2009年　中国医师奖。中国人民解放军总医院（301医院）刘洪臣、北京大学林野、中山大学凌均棨、中国人民解放军第二炮兵总医院李志韧、（辽宁省）中国医科大学附属第一医院王玉新荣获第六届中国医师奖

2010年　中国医师奖。四川大学王大章、北京医院栾文民、广东省口腔医院章锦才荣获第七届中国医师奖

2010年　中美口腔医学精粹论坛暨2010年口腔医学博士论坛在成都举行

2010年　由中华人民共和国教育部主管，四川大学主办，口腔疾病研究国家重点实验室承办 *International Journal of Oral Science* 杂志被《科学引文索引》(SCI)数据库、PubMed(MEDLINE)收录

2010年　《中国口腔医学信息》第二次学生采编部工作会议在成都召开

2010年　国际牙医师学院中国区2010年学术会在成都举行，邱蔚六、张震康、王大章3位教授被授予国际牙医师学院中国区杰出院士称号，阿达来提、阿斯娅·牙生等39位优秀口腔医学工作者被授予国际牙医师学院院士

2010年　北京大学口腔医学院院长徐韬教授当选世界牙科联盟(FDI)教育委员会委员

2010年　第二届中国－东盟国际口腔医学论坛在广西南宁举行

2010年　贵州省口腔医学会成立

2010年　甘肃省口腔医学会成立

2010年　江苏省口腔医学会成立

2010年　《中华口腔医学研究杂志》（电子版）被美国化学文摘CA收录

2010年　中国第一位口腔医学女博士张琼仙教授迎来100岁华诞

2010年　国际牙医师学院中国区成功获得2013年ICD国际理事会的举办资格

2010年　首届全球华人口腔医学大会暨2010中国国际口腔医学大会在厦门召开

2010年　四川大学李伟教授负责的《口腔基础医学》、北京大学葛立宏教授负责的《儿童口腔医学》、吉林大学孙宏晨教授负责的《口腔组织病理学》、南京医科大学王林教授负责的《口腔正畸学》获国家级精品课程

2010年　《中华口腔科学》第2版由人民卫生出版社正式出版

2010年　口腔疾病研究国家重点实验室通过科技部验收，成为中国第一个口腔医学国家重点实验室

附　录

附录一　华西协合大学牙学院总学时

课程	小时数			课程	小时数		
	讲授时间	实验时间	总时间		讲授时间	实验时间	总时间
生物	64	192	256	组织学	34	102	136
无机化学	96	192	288	胚胎学	30	30	60
数学	96		96	神经解剖学	30	30	60
语文	96		96	生理学	85	153	238
英语	416		416	细菌学	51	102	153
伦理学	64	elective64	64（128）	牙齿形态学	32	64	96
党章	32		32	药剂学	34		34
体育	128		128	药理学	75	90	165
物理化学	85	51	136	病理学	56	90	146
有机化学	45	45	90	临床病理学	30	60	90
比较解剖学	34	102	136	诊断学	15	45	60
脊椎动物学	30	90	120	内科学	98		98
物理化学	111	113	224	牙周学	47	94	141
心理学	64		64	口腔应用解剖学	143	77	220
科技英语	160		160	外科	51	17	68
绘图技术		32	32	口腔比较解剖	30	15	45
心理健康	64		64	口腔组织学	51	85	136
生物化学	96	162	258	口腔生理学	64	62	126
系统解剖学	32	288	320	神经精神病学	34	17	51
骨骼学	32		32	口腔病理学	45	75	120

357

课程	小时数			课程	小时数		
	讲授时间	实验时间	总时间		讲授时间	实验时间	总时间
预防口腔学	173		173	口腔实际操作	15		15
皮肤病学	17		17	口腔伦理学	15		15
牙齿学	47	143	190	口腔法学	15		15
修复学（上）	49	98	147	临床记录			
修复学（下）	32	96	128	专题讲座：演示			
牙周病学	34	34	68	临床病理讨论	47		47
临床口腔病理	15	15	30	实习			
儿童牙齿学	17		17	口腔诊断和记录	180		180
牙齿矫正学	30		30	牙周外科	180		180
公共卫生	85		85	口腔外科	360		360
牙科历史	15		15	修复外科	180	180	360
口腔内外科				牙齿外科	360	180	540
（1）外科守则	32		32	预防口腔	180		180
（2）骨折	17		17	基本内外科	120		120
（3）肿瘤	17		17	耳鼻喉科	60		60
（4）根管治疗	15		15				
（5）诊断	32		32				
（6）拔牙	34		34				
（7）X射线	15		15				
（8）麻醉	17		17				
（9）口腔射线	17		17				
（10）耳鼻喉	30		30				

中国现代高等口腔医学教育发展史

附录二 2007—2010年教育部高等学校口腔医学专业教学指导委员会名单

主任委员

周学东   四川大学

副主任委员

王松灵   首都医科大学   赵铱民   第四军医大学

张志愿   上海交通大学   郭传瑸   北京大学

秘书长

石 冰   四川大学

委员（按姓氏笔画为序）

毛立民	哈尔滨医科大学	周 洪	西安交通大学
牛卫东	大连医科大学	周 健	安徽医科大学
王 林	南京医科大学	周延民	吉林大学
王佐林	同济大学	俞立英	复旦大学
台保军	武汉大学	胡勤刚	南京大学
买买提·牙森	新疆医科大学	凌均棨	中山大学
安 峰	河北北方学院	唐 亮	暨南大学
闫福华	福建医科大学	徐 欣	山东大学
余占海	兰州大学	贾暮云	青岛大学
宋宇峰	贵阳医学院	章锦才	南方医科大学
张连云	天津医科大学	焦艳军	山西医科大学
谷志远	浙江大学	阙国鹰	中南大学

附录三 第一届中华口腔医学会口腔医学教育专业委员会组成名单

顾问	张震康	王大章	邱蔚六			
名誉主任委员	朱宣智					
主任委员	王邦康					
副主任委员	马轩祥	冯海兰	章锦才	郭　伟	边　专	
常务委员	潘可风	颜景芳	孙宏晨	孙　正	凌均棨	
委员	王　强	王松灵	王嘉德	王健平	谷志远	朱恩新 何克新
	张　斌	周汝俊	杨丕山	杨佑成	骆孔华	莫三心 唐　亮
	高　平	应宝俊	顾潜川	吕春堂	牛东平	李　松 陈　宁
秘书	王松灵（兼）					

附录四　第二届中华口腔医学会口腔医学教育专业委员会组成名单

顾问	张震康、邱蔚六、王大章、樊明文
名誉主任委员	王邦康
主任委员	王松灵
副主任委员	郭传瑸、石　冰、郭　莲、台保军、李　东、凌均棨
常务委员	（按姓名笔画）

　　王佐林、王松灵、台保军、白玉兴、石　冰、李　东、杨丕山、
谷志远、陈　力、陈　宁、周延民、周　洪、凌均棨、郭传瑸、
郭　莲、章锦才、程　辉、路振富

委员	（按姓名笔画）

　　牛卫东、王予江、王文梅、王佐林、王松灵、王健平、邓芳成、
邓嘉胤、卢　利、台保军、白玉兴、石　冰、刘宏伟、孙宏晨、
何克新、余占海、宋宇峰、张连云、李　东、李　松、李翠英、
杨丕山、杨佑成、谷志远、陈　力、陈　宁、周延民、周　洪、
周　健、罗晓晋、郑家伟、侯铁舟、姚江武、姜巧玲、柳　茜、
凌均棨、唐国瑶、唐　亮、徐　欣、郭传瑸、郭　莲、章锦才、
黄永清、程　辉、路振富、阚国鹰、潘乙怀

青年委员	（按姓名笔画）

　　马　宁、史文峰、史金娜、刘进忠、刘　敏、李　谨、阎　英、
黄　翠、谢志坚、戴红卫

秘书	白玉兴、李翠英

附录五　全国高等学校口腔医学专业教材评审委员会组成名单

第一届	主任委员	张震康
	副主任委员	邱蔚六
	委员	李秉琦、陈　青、欧阳喈、樊明文、鞠九生
	秘书	鞠九生

第二届	主任委员	张震康
	副主任委员	邱蔚六
	委员	李秉琦、袁井圻、梁　傥、傅民魁、樊明文
	秘书	王嘉德

第三届	名誉主任委员	张震康
	主任委员	樊明文
	委员	王松灵、孙宏晨、张志愿、周学东、俞光岩、赵铱民、傅民魁
	秘书	边　专

中国现代高等口腔医学教育发展史

附录六　全国高等学校口腔医学专业类教材

1959年　夏良才主编《口腔颌面外科学》，高等医药院校试用教材

1960年　郑麟蕃主编《口腔内科学》，高等医药院校试用教材

1962年　毛燮均、朱希涛主编《口腔矫形学》，高等医药院校试用教材

1979年　北京医学院主编《口腔组织病理学》第1版，高等医药院校试用教材

　　　　湖北医学院主编《口腔解剖生理学》第1版，高等医药院校试用教材

1980年　四川医学院主编《口腔内科学》第1版，高等医药院校试用教材

　　　　上海第二医学院主编《口腔颌面外科学》第1版，高等医药院校试用教材

　　　　四川医学院主编《口腔矫形学》第1版，高等医药院校试用教材

　　　　毛祖彝主编《口腔科学》第1版，高等医药院校试用教材

1982年　毛祖彝主编《口腔科学》第2版，高等医药院校教材

1983年　四川医学院主编《口腔内科学》第2版，高等医药院校教材

1985年　北京医学院主编《口腔组织病理学》第2版，高等医药院校教材

　　　　上海第二医学院主编《口腔颌面外科学》第2版，高等医药院校教材

1986年　湖北医学院主编《口腔解剖生理学》第2版，高等医药院校教材

1987年　刘大维主编《口腔预防医学》第1版，高等医药院校试用教材

　　　　朱希涛主编《口腔修复学》第2版，高等医药院校试用教材

　　　　石四箴主编《儿童口腔病学》第1版，高等医药院校试用教材

1988年　邹兆菊主编《口腔颌面X线诊断学》第1版，高等医药院校试用教材

　　　　黄金芳主编《口腔正畸学》第1版，高等医药院校教材

1991年　毛祖彝主编《口腔科学》第3版，高等医药院校教材

1993年　吴奇光主编《口腔组织病理学》第3版，高等医药院校教材

　　　　邹兆菊主编《口腔颌面X线诊断学》第2版，高等医药院校教材

1994年　皮昕主编《口腔解剖生理学》第3版，高等医药院校教材

　　　　徐君伍主编《口腔修复学》第3版，高等医药院校教材

1995年　陈治清主编《口腔材料学》第1版，高等医药院校教材

　　　　邱蔚六主编《口腔颌面外科学》第3版，高等医药院校教材

　　　　杨是、石四箴主编《口腔预防医学及儿童口腔医学》第2版，高等医药

院校教材

张举之主编《口腔内科学》第3版，高等医药院校教材

1996年　毛祖彝主编《口腔科学》第4版，高等医药院校教材

傅民魁主编《口腔正畸学》第2版，高等医药院校教材

1998年　1998—2001年出版高等学校口腔医学专业第四轮规划教材15种

皮昕主编《口腔解剖生理学》第4版

于世凤主编《口腔组织病理学》第4版

马绪臣主编《口腔颌面医学影像诊断学》第3版

刘正主编《口腔生物学》第1版

曾光明主编《口腔临床药物学》第1版

陈治清主编《口腔材料学》第2版

邱蔚六主编《口腔颌面外科学》第4版

徐君伍主编《口腔修复学》第4版

樊明文主编《牙体牙髓病学》第1版

曹采方主编《牙周病学》第1版

李秉琦主编《口腔黏膜病学》第1版

傅民魁主编《口腔正畸学》第3版

石四箴主编《儿童口腔病学》第1版

卞金有主编《口腔预防医学》第3版

王嘉德主编《口腔医学实验教程》及《口腔医学实验教程附册》第1版

1999年　卫生部人事司主编《口腔修复学》卫生行业工人技术等级考试培训教材

徐君伍主编《口腔修复理论与临床》，供医学院校师生使用

赵丽娟主编《中医口腔科学》，供中医临床医生使用

2000年　张荣汉主编《眼耳鼻咽喉口腔科实用诊疗技术》

2001年　张志愿主编《口腔科学》第5版基础、预防、临床医学类高等医药院校教材

邱蔚六主编《口腔颌面外科学》第4版配套教材《口腔颌面外科临床手册》第2版

2002年　2002—2004年出版高等学校口腔医学专业第五轮规划教材16种，其中6种同时为教育部评定的普通高等教育"十五"国家级规划教材

皮昕主编《口腔解剖生理学》第5版

于世凤主编《口腔组织病理学》第5版

马绪臣主编《口腔颌面医学影像诊断学》第4版，"十五"国家级规划教材

刘正主编《口腔生物学》第2版，"十五"国家级规划教材

史宗道主编《口腔临床药物学》第2版

陈治清主编《口腔材料学》3版

邱蔚六主编《口腔颌面外科学》第5版，"十五"国家级规划教材

马轩祥主编《口腔修复学》第5版

樊明文主编《牙体牙髓病学》第2版，"十五"国家级规划教材

曹采方主编《牙周病学》第2版，"十五"国家级规划教材

李秉琦主编《口腔黏膜病学》第2版

傅民魁主编《口腔正畸学》第4版，"十五"国家级规划教材

石四箴主编《儿童口腔医学》第2版

卞金有主编《预防口腔医学》第4版

王嘉德主编《口腔医学实验教程》及《口腔医学实验教程附册》第2版

易新竹主编《𬌗学》第1版

2002年　任重主编《眼耳鼻咽喉口腔科护理学》，全国高等医药院校护理专业教材

2003年　史宗道主编第一部中文《循证口腔医学》专著

史久成主编《口腔内科学》，高职高专卫生部规划教材

姚江武主编《口腔修复学》，高职高专卫生部规划教材，2007年被列为"十一五"国家级规划教材

谢洪主编《口腔颌面外科学》，高职高专卫生部规划教材

农一浪主编《可摘局部义齿工艺技术》，高职高专卫生部规划教材

刘长庚主编《口腔材料学》，高职高专卫生部规划教材

潘可风主编《口腔医学美学》，高职高专卫生部规划教材，2007年被列为"十一五"国家级规划教材

赵高峰主编《口腔正畸学》，高职高专卫生部规划教材

王跃进主编《全口义齿工艺技术》高职高专卫生部规划教材

顾长明主编《口腔预防医学》，高职高专卫生部规划教材，2007年被列为"十一五"国家级规划教材

韩栋伟主编《固定义齿工艺技术》高职高专卫生部规划教材

伍爱民主编《口腔工艺技术概论》高职高专卫生部规划教材

马莉主编《口腔解剖生理学》第1版，高职高专卫生部规划教材，2007年被列为"十一五"国家级规划教材

葛培岩主编《口腔组织病理学》高职高专卫生部规划教材

2004年　赵佛容主编《口腔护理学》第1版，"十五"国家级规划教材

宫苹主编《种植义齿修复设计》第1版，研究生系列教材

张志愿主编《口腔科学》第6版，"十五"规划教材

2004年　姚江武主编《口腔修复学专题辅导教程》，高职高专规划教材配套教材

吴慧云主编《眼耳鼻咽喉和口腔科护理学》，高职护理教材

吴慧云主编《眼耳鼻咽喉和口腔科护理学学习指导》，高职高专规划教材配套教材

马绪臣主编《口腔颌面医影像诊断学》第4版，配套教材《口腔颌面影像医学图谱》

苏启明主编《眼耳鼻喉口腔科学》第4版，高职高专教材

周学东主编《实用牙体牙髓病治疗学》，供口腔科从业人员使用

2005年　石冰主编《口腔临床医学实验教程》第1版

皮昕主编《口腔解剖生理学》第5版，配套教材《口腔解剖生理学复习应试指南》第2版

2006年　巢永烈主编《口腔修复学》第1版，"十五"国家级规划教材、全国高等学校教材

樊明文主编《龋齿：疾病及其临床处理》，供口腔临床医师、医学生使用

王斌全主编《眼耳鼻喉口腔科学》第5版，高职高专卫生部规划教材

王斌全主编《眼耳鼻喉口腔科学学习指导》，高职高专规划教材配套教材

席淑新主编《眼耳鼻咽喉口腔科护理学》第2版，供本科护理学类专业用全国高等学校教材

席淑新主编《眼耳鼻咽喉口腔科护理学学习指导及习题集》，本科护理学类专业全国高等学校配套教材

焦晓辉主编《口腔科学》，基础、预防、临床医学类专业高等医药院校教材

陈燕燕主编《眼耳鼻喉口腔科护理学》第2版，高职高专护理专业全国高等学校教材

陈燕燕主编《眼耳鼻咽喉口腔科护理学学习指导及习题集》，高职高专护理专业全国高等学校配套教材

2006年　2006—2008年出版高等学校口腔医学专业第六轮规划教材17种，全部为卫生部"十一五"规划教材，其中14种同时为教育部评定的普通高等教育"十一五"国家级规划教材

皮昕主编《口腔解剖生理学》第6版，"十一五"国家级规划教材

于世凤主编《口腔组织病理学》第6版（附光盘），"十一五"国家级规划教材

马绪臣主编《口腔颌面医学影像诊断学》第5版（附光盘），"十一五"国家级规划教材

刘正主编《口腔生物学》第3版，"十一五"国家级规划教材

史宗道主编《口腔临床药物学》第3版

陈治清主编《口腔材料学》第4版，"十一五"国家级规划教材

邱蔚六主编《口腔颌面外科学》第6版，"十一五"国家级规划教材

赵铱民主编《口腔修复学》第6版，"十一五"国家级规划教材

樊明文主编《牙体牙髓病学》第3版（附光盘），"十一五"国家级规划教材

孟焕新主编《牙周病学》第3版，"十一五"国家级规划教材

陈谦明主编《口腔黏膜病学》第3版（附光盘），"十一五"国家级规划教材

傅民魁主编《口腔正畸学》第5版，"十一五"国家级规划教材

石四箴主编《儿童口腔医学》第3版（附光盘）

卞金有主编《预防口腔医学》第5版（附光盘），"十一五"国家级规划教材

王嘉德主编《口腔医学实验教程》第3版，"十一五"国家级规划教材

王嘉德主编《口腔医学实验教程附册》第3版，"十一五"国家级规划教材

易新竹主编《𬌗学》第2版

2007年　朱洪水主编《口腔科学试题库》，临床医学试题库系列丛书

傅民魁主编《口腔正畸专科教程》

2008年　陈谦明主编《口腔黏膜病学》第3版，配套教材《口腔黏膜病学习题集》

史宗道主编《循证口腔医学》第2版，卫生部"十一五"规划教材

丁仲鹃主编《口腔科学（案例版）》，高等医学院校规划教材

张志愿主编《口腔科学》第7版，"十一五"国家级规划教材、卫生部"十一五"规划教材

姬爱平主编《口腔科学（全国医学高等专科学校教材）》

钟良军主编《口腔科学临床实习指南》，全国高等医药院校临床实习指南系列教材

王美青主编《石膏牙雕刻训练教程》，口腔医学类专业用全国高等学校配套教材

2009年　口腔医学研究生教材15种

李伟主编《口腔生物化学与技术》

王松灵主编《口腔分子生物学与技术》

金岩主编《口腔组织工程与再生医学》

孙娇主编《口腔材料学》

周学东主编《龋病学》

彭彬主编《牙髓病学》

王勤涛主编《牙周病学》

周曾同主编《口腔黏膜病学》

邱蔚六主编《口腔头颈肿瘤学》

胡静主编《正颌外科学》

李祖兵主编《颌面创伤外科学》

马莲主编《唇腭裂外科学》

巢永烈主编《口腔修复学》

刘宝林主编《口腔种植学》

林久祥主编《口腔正畸学》

2009年　栾文民主编《口腔科学》，全国专科医师培训规划教材

张志愿主编《口腔颌面外科学》第6版，配套教材《口腔颌面外科临床手册》第3版

钟启平主编《口腔微生物学》，"十一五"国家级规划教材

李刚主编《口腔医学职业规划和就业指导》，高等学校教材

马莉主编《口腔解剖生理学》第2版，高职高专卫生部规划教材、"十一五"国家级规划教材

郑艳主编《口腔内科学》第2版，高职高专卫生部规划教材、"十一五"国家级规划教材

王跃进主编《全口义齿工艺技术》第2版，高职高专卫生部规划教材

赵高峰主编《口腔正畸学》第2版，高职高专卫生部规划教材

宋晓陵主编《口腔组织病理学》第2版，高职高专卫生部规划教材、"十一五"国家级规划教材

万前程主编《口腔颌面外科学》第2版，高职高专卫生部规划教材

潘可风主编《口腔医学美学》第2版，高职高专卫生部规划教材、"十一五"国家级规划教材

李长义主编《口腔固定修复工艺技术》第2版，高职高专卫生部规划教材

林雪峰主编《可摘局部义齿修复工艺技术》第2版，高职高专卫生部规划教材、"十一五"国家级规划教材

吕广辉主编《口腔工艺技术概论》第2版，高职高专卫生部规划教材

王荃主编《口腔材料学》第2版，高职高专卫生部规划教材

李月主编《口腔预防医学》第2版，高职高专卫生部规划教材、"十一五"国家级规划教材

姚江武主编《口腔修复学》第2版，高职高专卫生部规划教材、"十一五"国家级规划教材

王斌全主编《眼耳鼻喉口腔科学》第6版，高职高专卫生部规划教材

王斌全主编《眼耳鼻喉口腔科学学习指导及习题集》，全国高职高专卫生部规划教材配套教材

附录七 口腔医学类期刊

1946年　林则主编《华大牙医学杂志》(中英文版，季刊)，1948年更名为《华西牙医》全英文出版。1950年更名为《中华口腔医学杂志》，宋儒耀主编。1953年迁至北京，成都停刊

1953年　毛燮均、宋儒耀主编《中华口腔医学杂志》(月刊)原名：《口腔医学科杂志》，现任主编：王兴

1974年　孙冠名主编《国际口腔医学杂志》(双月刊)，现任主编：巢永烈

1981年　张锡泽主编《口腔医学》(双月刊)，现任主编：王林

1983年　王翰章主编《华西口腔医学杂志》(双月刊)，现任主编：周学东

1985年　陈华主编《实用口腔医学杂志》(双月刊)，现任主编：赵铱民

1985年　樊明文主编《口腔医学研究》(双月刊)，现任主编：樊明文

1985年　李辉莑主编《临床口腔医学杂志》(月刊)，现任主编：李辉莑

1986年　尹立乔主编《中国医学文摘：口腔医学》(季刊)，现任主编：俞未一

1987年　郑麟蕃主编《现代口腔医学杂志》(双月刊)，现任主编：俞光岩

1991年　朱广杰主编《口腔颌面外科杂志》(季刊)，现任主编：王佐林

1991年　史俊南主编《牙体牙髓牙周病学杂志》(月刊)，现任主编：唐荣银

1992年　薛淼主编《口腔材料器械杂志》(季刊)，现任主编：薛淼

1992年　邱蔚六主编《上海口腔医学》(双月刊)，现任主编：张志愿

1992年　王大章主编《中国口腔医学信息》(双月刊)内部交流，现任主编：周学东

1993年　朱宣智主编《北京口腔医学》(双月刊)，现任主编：孙正

1993年　张颂农主编《广东牙病防治》(季刊，2007年改月刊)，现任主编：章锦才

1994年　傅民魁主编《中华口腔正畸学杂志》(季刊)原名：口腔正畸学，现任主编：傅民魁

1996年　王模堂主编《中国口腔种植学杂志》(季刊)，现任主编：王模堂

1998年　张震康主编《中国口腔医学继续教育杂志》(双月刊)，现任主编：王兴

1998年　颜景芳主编《口腔设备及材料》（季刊），现任主编：颜景芳

1998年　张震康主编 *The Chinese Journal of D ental Research*（季刊），现任主编：马绪臣

1999年　王邦康主编《口腔颌面修复学杂志》（季刊），现任主编：王邦康、刘洪臣

2002年　邱蔚六主编《中国口腔颌面外科杂志》（双月刊），现任主编：邱蔚六

2002年　刘洪臣主编《中华老年口腔医学杂志》（季刊），现任主编：刘洪臣

2008年　路振富主编《中国实用口腔科杂志》（月刊），现任主编：路振富

2008年　凌均棨主编《中华口腔医学研究杂志》（双月刊）电子版，现任主编：凌均棨

2009年　周学东、Page Caufield、Cun-yu Wang主编 *International Journal of Oral Science*（季刊）英文版，现任主编：周学东、Page Caufield、Cun-yu Wang

附录八 口腔医学类专著及习题、考试辅导书

专著类

1929年 《齿科医学全书》司徒博主编

1936年 《口腔与齿牙》石原久著；任一碧译

1945年 《战后中国牙科教育》Robert Gordon Agnew（刘延龄）编著

《牙医学词汇》邹海帆主编

1949年 《口齿疾病及防治概论》郑麟蕃编著

1950年 《口腔卫生学》林文培编著

1951年 《战伤口腔外科学》井上著

《口腔卫生》詹子猶著

《临床口腔诊断治疗学纲要·诊断篇》柳步青编著

《口腔的疾病与卫生》陈朝政编撰

1952年 《口腔科X光学》陈约翰编著

《根管治疗学》胡郁斌编著

《牙体牙周组织病理学》郑麟蕃译

1953年 《口腔外科学》张光炎编

1954年 《口腔科学》斯塔娄宾斯基著

《口腔卫生》姜杰民编

《口腔科学》唐秉寰译

《口腔卫生常识问答》陈华著

《口腔学》邹海帆编著

1955年 《牙髓学》史俊南编著

《牙冠学》史俊南编著

《全口义齿学》欧阳官编著

《牙体解剖学》王惠芸编著

《口腔卫生与口腔疾病图解》会恩荣译

1956年　《临床小儿口腔医学》阿加波夫著；岳松龄等译

　　　　《口腔胚胎组织学》丁鸿才编著

　　　　《牙齿与健康》黄天启著

1957年　《唇裂与腭裂的修复附鼻部畸形修复》（第1版）宋儒耀编著

　　　　《唇裂与腭裂的修复术》张涤生主编

1958年　《口腔颌面外科学》С・ФKocbix著；高孝湛译

　　　　《口腔内科学》彼凯尔著；北京医学院口腔内科教研组译

　　　　《口腔学》邹海帆主编

　　　　《临床口腔学》陈华编

　　　　《实用拔牙学》陈华主编

　　　　《牙体解剖生理学》王惠芸主编

1959年　《瓷在牙医修复上的应用》黄天启著

　　　　《口腔科学》第二军医大学编

　　　　《口腔学》宋儒耀著

1961年　《拔牙技术》（第1版）王巧璋主编

　　　　《瓷牙的研究和试制》郭演仪主编

　　　　《口腔科X线摄影技术手册》丁志德编

1963年　《颅面骨的测量分析》四川医学院编

　　　　《口腔矫形科医疗常规》四川医学院编

1964年　《口腔内科临床手册》四川医学院编

1965年　《头颈部肿瘤的治疗》George T.Pack编著；李宝实译

　　　　《临床口腔学》陈华等主编

　　　　《实用拔牙学》陈华主编

1972年　《口腔矫形学》四川医学院编

　　　　《口腔颌面外科学》四川医学院编

1973年　《口腔科学》上海第二医学院编

　　　　《口腔疾病》广州军区总医院编

1974年　《口腔科急症》天津医学院附属医院口腔科编

　　　　《口腔颌面外科学》四川医学院编

　　　　《口腔病防治学》北京医学院口腔医学系编

　　　　《实用手术学（口腔、颌面外科分册）》沈阳医学院编

　　　　《颌面损伤》尹立乔主编

1975年　《颌面间隙感染》焉晋绪等编著

《口腔科学》苏州医学院编

《X线诊断学》四川医学院附属医院放射科、附属口腔医院放射科编

《口腔科学》（上、下册）上海第二医学院编

《口腔科学》四川医学院

《口腔常见病》北京市口腔医院编著译

1977年　《口腔颌面手术》（第1版）山东省人民医院口腔科

《口腔颌面急诊手册》（第1版）浙江医科大学附属第二医院口腔科

《口腔颌面外科临床手册》上海第二医学院编

1978年　《系统病与口腔》北京医学院口腔系编

《口腔医学临床资料汇编》中华医学会新疆分会口腔科学会编

《三元自凝牙托材料资料汇编》四川省口腔镶牙材料科研协作组编

1979年　《实用口腔矫形学》北京医学院口腔医学系编著

《牙𬌗畸形矫治》张盛滨

《口腔矫形学》第四军医大学主编

《口腔矫形应用解剖生理学》陈安玉、胡国瑜、陈治清主编

《口腔颌面X线学》四川医学院编

《口腔黏膜病学》Philip L McCarthy著；陈殿廉译

1980年　《下颌骨断裂缺损即时植骨》（第1版）吴廷椿编著

《口腔颌面外科手术学》四川医学院编著

《口腔解剖生理学》湖北医学院编

《唇裂与腭裂的修复》宋儒耀编著

1981年　《牙周病临床手册》李秉琦、仝月华、张蕴惠主编

1982年　《中国口腔医学发展简史》周大成著

《口腔健康调查：基本方法》世界卫生组织编；杨是译

《儿童口腔病知识》（第1版）汪承宗编著

1983年　《临床颌面外科学》李树棠编著

《口腔颌面外科手术学》黄培喆编著

《口腔颌面手术学》王雅娴 孙永清等编著

1984年　《口腔医学的科学基础》B.柯恩等主编；丁延介等译

《龋病学》岳松龄主编

《全口义齿学》孙廉编著

《镶牙技术》王振华

《颞颌关节临床学》贺俊兰、李世民编著

《颌面口腔病学》姜国城主编

《颌面颈手术解剖》陈日亭编著

《实用口腔病学》严万斌主编

《口腔颌面手术学》王雅娴等编

《口腔医学新篇》陈安玉、李秉琦主编

《口腔科诊断学》席懋椿编著

《口腔颌面外科文献索引（国内部分1951—1983）》杨永沛、张建设、
陈佐华编

1985年　《中国医学百科全书·中医耳鼻咽喉口腔科》中国医学百科全书编辑委
员会编

《颌面口腔病学》姜国城主编

《涎腺外科》马大权编著

《牙槽外科》张永成编著

《基层实用口腔学》陈绍东编著

《口腔医学的科学基础》柯恩、克莱默主编

《儿童牙科临床诊疗》（日）片寄恒雄著；周大成等译

《口腔内科临床手册》黄婉蓉主编

《舌诊图鉴》（彩色）张学文、邵生宽编著

《常见口腔疾病的防治》岳松龄、张举之、周秀坤等编

《口腔疾病及保健》郑玉平、王淑清编著

《爱护牙齿》王维焕编

《牙齿保健问答》方震编

《牙病与牙齿保健》李秉琦、韩锦秋编著

1986年　《中国口腔医学年鉴（1984）》王翰章主编

《中国医学百科全书·口腔医学》王翰章主编

《牙体病学》郑玉平等编著

《口腔科黏结学》施长溪、洪法廉著

《总义齿修复理论与应用》刘鸿益编译

《临床牙周病学》萧卓然主编

《颌面CT诊断学》焦锡葳、王大有主编

《口腔颌面外科临床手册》邱蔚六主编

《口腔医疗护理手册》楼静霞主编

《口腔咽喉病辨证论治》徐治鸿编著

《补牙、拔牙、镶牙、正牙》张元坚编著

《口齿疾病一百问答（医学科普知识）》金蕴文编

《家庭口腔医学顾问》黄晓梅、邱瑞玉编

《怎样使孩子的牙齿更健美（〈卫生知识〉丛书第一辑）》敬万年编著

1987年　《中国口腔医学年鉴（1986）》王翰章主编

《实用口腔黏膜病学》李秉琦主编

《口腔颌面部囊肿》M.Shear著；于秦曦编译

《实用正颌外科》东耀峻、赵怡芳主编

《口腔解剖生理学》皮昕主编

《口腔组织、病理学》郑麟蕃主编

《口腔外科学》姚恒瑞主编

《颞下颌关节疾病》张震康、傅民魁主编

《口腔疾病与免疫》（第1版）韩桃娟主编

《口腔颌面良性肿瘤》焉晋绪、吕勤英著

《英汉口腔医学词汇》黄大斌编

《英汉口腔医学词汇》陆可望主编

《牙医诊疗手册》史俊南主编

《补牙、拔牙、镶牙》郭琦、项圣照合编

《儿童口腔保健》金蕴文等编

《儿童牙齿保健》长春市卫生教育所编写

《牙病防治知识104则》丁泽鲤编

1988年　《中医口腔科学》卢其成主编

《总义齿修复学》段联戎编著

《口腔颌面损伤治疗学》丁鸿才、周树夏主编

《中国口腔医学文献索引》李刚、蔡家骏编著

《补牙、拔牙、镶牙》许姜泽、刘慧荣编著

《口腔保健指南》李刚、张保山、刘恺、何桐锋编著

《小儿口腔保健问答》林祝康等编著

《口腔疾病与卫生保健》孙树征编

《口齿保健》洪占元、粟红兵编

《老年人口腔疾病及口腔保健》金蕴文、李忠南编

《儿童牙齿保健》胡郁斌等编

《儿童牙病防治问答》王振华编《口腔、颜面常见疾病防治问答》杨超

群著

1989年　《中国口腔医学年鉴（1988）》王翰章主编

《中国口腔医学史》李刚、腾洪安、张冶编著

《中国口腔病症学》李刚、徐国榕主编

《实用口腔固定正畸学》严开仁、王邦康著

《实用口腔颌面外科学》张永福主编

《牙周病的现代治疗》王为箴、曾焕隆编著

《牙颌外科正畸手术》张道珍等编著

《最新口腔材料学》陈治清主编

《口腔劳动卫生学》陈正刚主编

《中医口腔病症学》李刚、徐国榕编著

《儿童牙科心理学》李刚、吕元编著

《可见光固化复合树脂在口腔科的应用》任煜光、周耀皓著

《牙痛》呼云之编著

《口腔疾病知识》王莜村著

《英汉口腔医学词典》郑麟蕃主编

《儿童口腔保健与美容》孟秀英主编

《口齿的卫生与保健》陈德元、罗政著

《老年口腔保健知识（健康小丛书）》侯润之、张裕珠编著

《青少年牙齿的保护与美容》俞志坚编著

1991年　《儿童口腔卫生》朱希涛、傅民魁编

1991年　《中国口腔医学史考》周大成著

《中国口腔医学史（年表）》李刚编著

《实用𬌗学》徐樱华主编

《口腔颌面外科及头颈部整形外科临床实践》吴廷椿主编

《实用洁牙技术》孙卫斌等编著

《实用中医口腔病学》徐治鸿等编著

《实用牙周病学》陈殿廉主编

《儿童牙科心理学》李刚等编著、吕元等主编

《颌面颈手术失误与并发症的防治》李德伦等编著

《口腔颌面部综合征》冯殿恩编著

《口腔急诊》李武修等编著

《口腔正畸学》（英）福斯特著；傅民魁等译

《现代口腔正畸学》林久祥主编

《临床口腔正畸学》王邦康等编著

《实用口腔固定正畸学》严开仁等编著

《口腔正畸方丝弓矫治技术》傅民魁等编著

《口腔正畸方丝弓西丝弓矫治技术》傅民魁等编著

《口腔正畸Begg矫治技术导引》（美）凯瑟林著；许江彦等译

《牙拾外科正畸手术》张道诊等编著

《口腔种植学》陈安玉主编

《舌疾病学》杜希哲等编著

《实用Begg细丝矫治技术》王林编著

《皮肤软组织扩张术》鲁开化主编

《头颈部恶性肿瘤》余树观主编

《下颌阻生智齿》耿温琦主编

《涎腺疾病的影像学诊断》邹兆菊主编

《现代整容美容手术学》赵秉智主编

《牙体病误诊误治》赵皿主编

《美学与口腔医学美学》孙廉主编

《口腔劳动卫生学》陈正刚主编

《口腔正畸矫治图谱》（意）Fenti F. V著；姚森译

《口腔黏膜病彩色图谱》张文清主编

《口腔药物成方手册》李剑农编著

《儿童口腔病防治指南》朱烈昭主编

《健齿防病200问》李秉琦、陈谦明主编

1994年　《中国口腔医学年鉴（1992）》王翰章主编

《龋病学》樊明文主编

《颌面显微外科学》张弘著

《口腔病理学》郑麟蕃等主编

《口腔材料学》谢贺明主编

《口腔流行病学》李良寿、汪一鸣主编

《实用牙髓病学》（英）Stock C. J. R著；吴友农等译

《实用口腔科学》郑麟蕃等主编

《实用口腔正畸学》陈华编著

《实用唇腭裂整复》罗国钦主编

《实用五官美容》杨贵舫等编著

《口腔外科学》刘松筠主编

《口腔修复实用技术》吴景轮编著

《口腔医学美学》孙少宣主编

《口腔活动矫治器的应用》詹淑仪等主编

《口腔癌前病变——白斑与扁平苔藓》许国祺等主编

《口腔矫形技术工艺学》樊森主编

《口腔X线头影测量——理论与实践》傅民魁等编著

《口腔疾病鉴别诊断学》张国志等编著

《口腔微生物学及实用技术》肖晓蓉主编

《口腔和骨科的生物活性本专科：原理、应用、进展》杨连甲等编

《麻醉中的危险与错误》（英）A.Buxteu Hopkin著；郭灵恩译

《美容整形手术学》泰山医学院附属医院编

《生物科学基础——口腔医学基础理论》戎诚兴等主编

《新概念牙体修复学》P.Horsted Bindslev主编；陆兆庄译

《牙科Pd操作基础与医学》林自强主编

《图解活动矫治器》（日）岸本正著；姚森等译

《实用口腔药物手册》史久成编著

《口腔预防与社会医学》李刚主编

《口腔医学新进展》樊明文等主编

《口腔医学进展讲座》邱蔚六主编

《中国医学人工智能进展》魏世成等主编

《口腔医疗护理手册》楼静霞主编

《老年口腔保健指南》李刚著

《汉英口腔医学词汇》赵信义等著

《家庭口腔保健顾问》韩科等编著

《颜面美秘诀》杨群超编

1996年 《中国口腔医学年鉴（第六卷）》王翰章主编

《口腔免疫学》李武修等编著

《口腔设备学》张志君等编著

《口腔微生物》刘正主编

《口腔医学新探索》郑知四等编著

《口腔正畸生物学》段银钟、林珠主编

《口腔正畸Tip-Edge差动直丝弓矫正技术导引》林久祥编译

《口腔正畸学——现代原理与技术》Thomas M. Graber等著；徐芸译

《颌面颈手术解剖》（第2版）陈日亭编著

《颈淋巴清扫术》郑家伟编著

《美容牙科与口腔粘接技术》施长溪著

《全口义齿的设计》Watt DM, MaoGregor AR著；冯海兰等译

《涎腺疾病》俞光岩编著

《现代口腔念珠菌病学》白天玺等编著

《现代口腔预防医学研究》李刚等编著

《现代口腔正畸学》（第2版）林久祥主编

《牙颌面矫形学及功能矫治器》敬万年编著

《牙体修复学》王光华主编

《牙周病微生物学》李德懿编著

《牙周外科手术学》张蕴惠主编

《咬合诱导》中田稔著；邓辉主译

《正颌外科学》张震康等编著

《唇腭裂序列治疗的研究与进展》傅豫川著

《智齿及并发症》杨群超主编

《手术学全集·口腔颌面外科卷》周树夏主编

《实用英汉·汉英口腔医学词汇》周先略等编著

《英汉-汉英口腔医学词典》黄大斌编著

《口腔正畸矫治图谱——结构、原理、应用》姚森译

《口腔颌面外科手术图解》邱蔚六、张道珍主编

《中国人恒牙及根管形态图谱》岳保利等编著

《当代实用口腔正畸技术与理论》罗颂椒主编

《口腔生物力学》赵云凤主编

《义齿修复前外科学》黄洪章主编

《实用颅颌面成形外科》吴求亮主编

《实用中西医结合口腔病学》王守儒主编

《现代颞下颌关节影像学》胡敏、尹音主编

《现代临床口腔正畸学——骨性错𬌗畸形矫治与成人正畸》徐宝华主编

《细胞培养》司徒镇强、吴军正主编

《儿童牙病防治》石四箴主编

中国现代高等口腔医学教育发展史

《口腔科诊疗手册》王忠义主编

《医院口腔制剂手册》宋世珍主编

《老年人牙病防治130问》张晔缨编著

1997年　《中国口腔医学年鉴（第七卷）》王翰章主编

《口腔颌面外科临床经验文萃》王能安编著

《口腔颌面医学影像诊断学》（第2版）邹兆菊、马绪臣主编

《口腔科学》石爱梅主编

《口腔正畸治疗学》林珠、段银钟等编著

《颅面外科学》张涤生主编

《口腔颜面美容学》郭天文主编

《美容外科学》孙弘主编

《美容医学·颌面部》刘侃、钱云良、潘可风主编

《头面部美容外科》王建华、滕伯刚、李肇元等主编

《牙颌畸形临床治疗学》高光明、吕克文主编

《金属-烤瓷桥》田村胜美等主编；陈吉华译

《实用激光治疗学》赵福运主编

《头颈部综合征》（第3版）马莲编译

《儿童口腔保健与治疗》木村光孝主编；石广香、葛立宏编译

《口腔科手册》（第2版）刘正主编

《实用口腔疾病诊治图谱》邱蔚六主编

《口腔癌防治100问》张晔缨编著

1998年　《中国口腔医学发展史》郑麟蕃、吴少鹏、李辉奉等主编

《牙髓病学》凌均棨主编

《口腔疾病治疗学》李秉琦、温玉明主编

《简明口腔科学》杨佑成、崔秀珍主编

《口腔科常见病用药指南》周红梅、胡涛、高庆红编著

《口腔厌氧菌与牙周病》陈莉丽、章锦才等主编

《口腔种植义齿学》巢永烈主编

《现代牙髓免疫学》文玲英主编

《口腔基础医学》王丽京主编

《口腔颌面外科理论与实践》邱蔚六主编

《口腔正畸·现代标准方丝弓矫治技术》（第2版）姚森编著

《口腔正畸临床固定矫治技巧》段银钟编著

《标准方丝弓矫正技术精要及典范病例解析》刘泓虎主编

《牙科铸钛理论和技术》郭天文主编

《针刺麻醉拔牙与中西医结合治疗部分口腔颌面疾病》辜祖谦编著

《Tweed-Merrifield标准方丝弓矫治理论与实用技术》徐芸、段银钟等译

《现代临床金属烤瓷修复学》陈吉华、森修一、永野、清司编著

《牙周黏膜病防治》徐君伍主编

《口腔医院感染控制的原则与措施》徐岩英、LP.圣曼雅克、郭传滨主编

《口腔科临床手册》樊明文、王邦康主编

《现代口腔社会医学论坛》李刚、吴友农主编

《爱牙护齿百问百答》吴友农、刘格林主编

《口腔疾病防治400问》罗冬青、马泉生主编

《拔牙、植牙、外伤防治200问》徐君伍主编

《常见牙病防治180问》徐君伍主编

《儿童牙病防治100问》徐君伍主编

《口腔疾病防治100问》徐君伍主编

《镶牙常识180问》徐君伍主编

《牙齿矫正100问》徐君伍主编

1999年　《中国口腔医学年鉴（第八卷）》周学东主编

《口腔医史学》周大成主编

《第二次全国口腔健康流行病学抽样调查》全国牙病防治指导小组

《口腔健康调查基本方法》凌均棨、陈少琼等译

《临床口腔医学》樊明文主编

《临床全口义齿学》郭天文主编

《九十年代中国口腔修复主流技术》耿建平主编

《颌面颈部创伤》周树夏主编

《口腔疾病的微生物学基础》刘天佳主编

《口腔科、皮肤性病科诊断常规》（口腔科诊断常规部分）刘正主编

《正颌外科手术学》王兴、张振康、张熙恩主编

《临床口腔颌面修复技术》张克豪主编

《口腔修复理论与临床》徐君伍主编

《口腔医学实用技术——口腔颌面外科学》刘宝林、顾晓明主编

《口腔医学实用技术——口腔内科学》肖明振主编

《口腔医学实用技术——口腔修复学》马轩祥主编

《口腔医学实用技术——口腔正畸学》林珠主编

《实用根管治疗学》张光诚主编

《应用𬌗垫对磨牙症临床评价法》池田雅彦、毕良佳主编

《美容牙医学》潘可风、蔡中主编

《牙齿美容学》戎力、杨青岭、苗波主编

《实用美学技术》杜晓岩、郑健全主编

《临床牙颌畸形治疗彩色图谱》施长溪著

《口腔颌面外科整形手术图谱》李金荣主编

《口腔临床医学诊治手册》白桦主编

《美容医学临床手册》孙少宣、刘海泉主编

《实用镶牙诊疗手册》朱元蚨主编

《口腔进修医师必读》刘洪臣主编

《口腔疾病诊疗并发症》赵怡芳主编

《口腔疾病诊疗指南》宫月娥主编

《口腔疾病调养与护理》罗冬青主编

《名医谈百病——龋病与牙周病》刘正主编

《口腔保健300问》金友仁主编

2000年 《口腔黏膜病诊断学》郑际烈编著

《口腔生态学》周学东、胡涛主编

《药理学》崔凤起、鄢海燕主编

《口腔分子生物学》陈谦明主编

《口腔疾病》丁学强、许鸿生主编

《口腔颌面部畸形与缺损的外科处理》翦新春主编

《口腔修复实用技术》吴景轮主编

《口腔整形美容学手术室操作基础》罗亚丹主编

《口腔正畸学的临床基础》张丁主编

《美容牙科学》孙少宣、郭天文主编

《氟与口腔医学》郭媛珠、凌均棨等主编

《颞下颌关节病的基础与临床》马绪臣主编

《手术创新与意外处理——口腔颌面外科卷》马大权、俞光岩主编

《涎腺非肿瘤疾病》王松岭主编

《现代口腔烤瓷、铸造支架修复学》白天玺主编

《亚历山大直丝弓临床矫治技术》VSD研究会编；兰泽栋译

《实用牙周病学》鄢明明主编

《临床口腔预防医学》李刚主编

《现代口腔内科学》史俊南主编

《现代口腔色彩学》姚江武编著

《现代实用医学美容学》吴荣忠、徐芸等主编

《口腔疾病诊治失误案例》金志勤主编

《口腔疾病诊断失误案例》金志勤主编

《口腔医学病案分析》石爱梅、何巍、姜育红主编

《耳鼻咽喉——头颈外科手术指南》钱永忠等主编

《口腔疾病诊疗手册》凌均棨主编

《现代口腔颌面外科学诊疗手册》孙勇刚、王兴主编

《现代口腔内科学诊疗手册》高学军、沙月琴主编

《现代口腔修复学诊疗手册》冯海兰主编

《现代口腔正畸学诊疗手册》曾祥龙主编

《口腔医学新进展》（第2版）樊明文主编

《临床口腔内科新进展》史久成、史俊南著

《口腔科医学家专家忠告》王邦康、孙正主编

《口腔保健大全》雷成家、裴传道主编

2001年　《中国口腔医学年鉴（第九卷）》周学东主编

《中华口腔医学》王翰章主编

《口腔修复技术与工艺学》赵云凤主编

《部分活动义齿技术——设计与制作》平诏谦二编著；陈吉华等译

《耳鼻咽喉——头颈外科诊断与鉴别诊断》姜泗长主编

《滑动机制直丝弓矫治技术》刘东旭、郭泾主编

《口腔颌面外科临床解剖学（现代临床解剖学丛书）》张震康、邱蔚六、
　　皮昕主编

《口腔科学》张志愿主编

《口腔免疫学》牛忠英主编

《口腔免疫学基础与临床》牛忠英主编

《口腔、皮肤科疾病诊断标准（现代临床医学诊断标准丛书）》周长江、
　　钱学冶主编

《口腔设备学》（修订版）张志君主编

《口腔微生态学》马晟利主编

《整形外科学》王炜、吴求亮、谷志远主编

《口腔修复常用取印模技术》王景云主编

《口腔修复技术与工艺》郭长军主编

《口腔正畸固定矫治技巧》段银钟主编

《口腔正畸早期治疗学》彭友俭、高嘉泽主编

《临床儿童口腔医学》文玲英主编

《平直弓丝矫治技术—— 一种新型直丝弓矫治技术的理论与临床》
　　张丁译

《龋病非创伤性充填（ART）》Frencken著；胡德渝译

《实用口腔内科学》李玉晶主编

《实用中医耳鼻咽喉口齿科学》熊大经主编

《数学与计算机技术在口腔医学中的应用》吕培军主编

《涎腺非肿瘤疾病》（第2版）王松灵主编

《现代根管治疗学》王晓仪主编

《现代口腔颌面外科麻醉》朱也森主编

《现代口腔颌面外科学》黄洪章主编

《现代牙科铸造技术》王宝成主编

《牙病的现代诊断与治疗》王小琴主编

《牙体修复学》（第2版）王光华主编

《亚历山大矫治技术病例精粹》兰泽栋、冯雪译

《口腔内科学诊断彩色图谱（临床诊断彩色图谱系列）》William R
　　Tyldesley编著；徐连来、张结译

《口腔颌面部疾病诊断彩色图谱（临床诊断彩色图谱系列）》Tyldesley
　　编著；张结、徐连来译

《口腔颌面肿瘤手术彩色图谱》张志愿主编

《口腔医学专业术语词典》刘宏臣主编

《口腔颌面外科临床手册》（第2版）邱蔚六、张志愿主编

《唇腭裂防治指南》李青云、王国民、袁文化主编

《腭裂术后语音训练》陈仁吉编著

《先天性唇腭裂照顾及语音指导》文抑西主编

《口腔白斑与扁平苔藓（名医谈百病）》周曾同主编

《口腔溃疡（名医谈百病）》周曾同主编

《牙体缺损与缺失（名医谈百病）》张富强主编

385

2002年　《齿科学生用口腔正畸学》山内和夫、作田守主编；兰泽栋译

《多曲唇弓矫治技术》张丁主编

《覆盖义齿》冯海兰主编

《口腔颌面外科病理学》（英）Cawson R. A等著；孙善珍、魏奉才译

《口腔颌面部肿瘤》俞光岩、高岩、孙勇刚主编

《口腔颌面组织胚胎学》金岩主编

《口腔基础医学》王翰章主编

《口腔科急诊诊断与治疗》毛天球主编

《口腔生物化学》周学东主编

《口腔微生物学》周学东、肖晓蓉主编

《口腔正畸临床操作与技术》沈真祥主编

《口腔正畸诊断与矫治计划》姚森主编

《老年口腔医学》刘洪臣主编

《美容牙科学》孙少宣主编

《社区口腔诊所开设和经营管理》于秦曦、张震康主编

《生物力学在口腔正畸学的应用》周洪主编

《实用口腔病理学》章魁华、于世凤主编

《手术学全集·口腔颌面外科卷》周树夏主编

《系统化正畸治疗技术》Mclaughlin·Bennett·Trevisi编著；曾祥龙、
许天民译

《涎腺疾病》马大权著

《现代口腔科治疗学》林雪峰主编

《现代口腔修复前外科学》李声伟、田卫东主编

《现代手术并发症学》邱蔚六主编

《圆锥形套筒冠义齿》张富强主编

《牙周病临床（实用临床口腔医学丛书）》任铁冠主编

《亚历山大口腔正畸矫治技术的原理与应用——临床病理分析》魏松、
贾绮林主编

《口腔颌面部肿瘤基础研究新进展》李金荣、何荣根主编

《口腔颌面外科临床实习手册》薛振恂、刘彦普主编

《临床牙颌损伤治疗新技术彩色图谱》施长溪主编

《口腔头面颈部临床解剖学图谱与生理学图谱》朱世柱主编

《实用口腔颌面外科手术彩色图谱》王洪武、王志英、王克林主编

《实用口腔解剖学图谱》王美青、胡开进主编

《口腔解剖学彩色图谱》皮昕主编

《颌面颈部疾病影像学图鉴》邱蔚六、余强、燕山主编

《口腔病理学（袖珍诊疗彩色图谱系列）》（英）R.A.Cawson E.W.Odell
编著；徐连来译

《口腔疾病（袖珍诊疗彩色图谱系列）》（英）Crispian Scully Roderick
A Cawson 编著；徐连来译

《口腔疾病与内外科学（袖珍诊疗彩色图谱系列）》（英）Stephen
R.Porter · Crispian Scully Philip Welsby · Michael Gleeson 编
著；俞凯译

《牙周病学（袖珍诊疗彩色图谱系列）》（英）Peter Heasman Philip
Preshaw David Smith 编著；张结译

《正畸和儿童牙科学（袖珍诊疗彩色图谱系列）》（英）Declan
Millett Richard Welbury 编著；徐连来译

《耳鼻咽喉科学（袖珍诊疗彩色图谱系列）》（英）Nicholas
D.Stafford Robin Youngs 编著；何凡、王瑾译

2003年　《中国口腔医学年鉴（第十卷）》周学东主编

《唇裂与腭裂的修复》（第4版）宋儒耀、柳春明主编

《口腔正畸学》（美）Samir. E. Bishara 著；段银钟、丁寅、金钫译

《现代口腔医学》张震康、樊明文、傅民魁主编

《颌面功能性外科学》孙弘、孙坚主编

《活动义齿修复》施斌编著

《可摘局部义齿修复学》（英）G.P 麦吉服尼 A.B卡尔著；杨亚东、
姜婷译

《口腔颌面美容修复学》余占海主编

《口腔颌面外科手术学》王大章主编

《口腔颌面肿瘤学》赵文川主编

《口腔科与皮肤科诊疗常规》北京市卫生局编

《口腔临床免疫学》郭伟主编

《口腔医学美学与口腔物理设备学》史久成主编

《口腔医学信息学》魏世成、邓锋主编

《口腔颌面部肿瘤诊断与治疗（实用临床口腔医学丛书）》张文峰主编

《口腔诊断病理学（实用临床口腔医学丛书）》汪说之、陈新明主编

《口腔正畸功能矫治技术（实用临床口腔医学丛书）》贺红编著

《口腔正畸临床技术大全》段银钟编著

《口腔正畸临床诊断》沈真祥编著

《儿童口腔科诊疗必修技术》杨富生编著

《颌骨坚固内固定》张益、孙勇刚主编

《美容牙医学》（第2版）孙少宣主编

《龋病与生物电和自由基》黄力子编著

《实用拔牙学（华西口腔医学系列丛书）》田卫东主编

《牙体修复（实用临床口腔医学丛书）》彭彬、陈智主编

《外科正牙与美容》耿温琦主编

《牙殆颌面畸形诊断与治疗》林珠编著

《正畸临床拔牙矫治与非拔牙矫治》段银钟编著

《临床技术操作规范 口腔分册》中华医学会编

《开业医师用——口腔正畸学基础篇》（日）青岛攻著；兰泽栋、丁云译

《开业医师用——口腔正畸学循序渐进篇》（日）青岛攻著；兰泽栋、
　　丁云译

《开业医师用——口腔正畸学应用篇》（日）青岛攻著；兰泽栋、丁云译

《口腔科医师效率手册》胡燕萍编著

《美容牙科彩色图谱》（美）Josef Schmidseder著

《口腔颌面肿瘤外科手术彩色图谱》翦新春主编

《口腔正畸矫治器彩色图谱》（意）Federico V Tenti著；姚森主译

《青少年口腔卫生保健》李存荣、高志炎主编

《老年人口腔卫生保健（口腔卫生保健丛书）》高志炎、吴少鹏主编

《农村口腔卫生保健（口腔卫生保健丛书）》高志炎、李存荣主编

《社区口腔卫生保健（口腔卫生保健丛书）》沈霖德主编

2004年　《中国口腔医学年鉴（2003）》周学东主编

《中医口腔科学》赵丽娟主编

《唇腭裂修复外科学》石冰主编

《唇裂语言治疗学》雷丽编著

《非手术性面型矫治》林培炎编著

《根管治疗（实用临床口腔医学丛书）》范兵、彭彬主编

《固定义齿修复工艺技术》林雪峰编著

《颌面赝复学（上卷）——颌骨及腭部缺损的修复》赵铱民主编

《口腔感染疾病诊疗常规》林梅主编

《口腔工艺技术概论》伍爱民主编

《口腔固定修复学（实用临床口腔医学丛书）》王贻宁编著

《口腔颌面部肿瘤学——现代基础理论与实践》温玉明主编

《口腔颌面疾患的MRI诊断》（日）岛原政司著；姜晓钟译

《口腔颌面肿瘤学》张志愿主编

《口腔疾病概要》李葛洪主编

《口腔疾病诊疗并发症》（第2版）赵怡芳主编

《口腔科特色治疗技术》郭天文主编

《口腔审美学》孙少宣、王光护主编

《口腔生物学》（第2版）樊明文主编

《口腔行为医学》（英）Gerry Humphris Margaret S.Ling著；宋光保译

《口腔修复基础与临床》张富强主编

《口腔修复学理论与实践》余占海、刘斌、周益民主编

《口腔正畸功能矫形治疗学》（第2版）Thomas M.Graber　Thomas
　　Rakosi　Alexandre G.Petrovie编著；徐芸、白玉兴、宋一平译

《颞下颌关节病的基础与临床》（第2版）马绪臣主编

《龋病牙髓病研究》樊明文编著

《实用口腔技术新编》王忠义编著

《实用口腔正畸矫治方法与技巧》武广增 沈真祥主编

《实用舌病诊疗（实用临床口腔医学丛书）》周先略主编

《实用牙体牙髓病治疗学》周学东、岳松龄主编

《手术学全集·口腔颌面外科手术学》（第2版）周树夏主编

《头颈肿瘤外科手术术式与技巧》伍国号编著

《现代口腔种植学》宿玉成主编

《现代颅颌面整复外科学》吴求亮、宋建良主编

《现代头颈肿瘤外科学》屠规益主编

《现代正畸片段弓矫正技术》（美）Dr.Charless J. Burstone等著；房兵译

《口腔颌面影像医学图谱》马绪臣编著

《口腔颌面外科查房手册》胡勤刚编著

《牙科诊所手册》欧尧编著

《寿柏泉口腔医学文集》寿丽华、寿卫东主编

《口腔保健问与答》林珊、陈江主编

《口腔保健指南》李青奕编著

《漂亮牙齿伴孩子一生》裴传道、聂德周主编

《中老年人牙齿保健》孟昭泉编著

2005年 《中国口腔医学年鉴（2004）》周学东主编

《2005口腔科学新进展》樊明文主编

《SPEED矫治技术（口腔正畸新技术）》缪耀强主编

《带血管蒂组织瓣移位手术学》杨志明、温玉明主编

《儿童口腔医学》邓辉主编

《附着体义齿》张富强主编

《根尖周病治疗学》凌均棨主编

《固定义齿修复工艺技术》马玉革、杜士民主编

《固定义齿修复学精要》（第3版）Herbert T Shillingburg编著；冯海兰译

《颌面外科手术与技巧》毛天球编著

《可摘局部义齿修复工艺技术》农一浪编著

《可摘义齿修复工艺技术》胡山力编著

《口腔材料学》徐恒昌主编

《口腔材料学及药物学》杨家瑞主编

《口腔工艺材料学》席建成、米新峰主编

《口腔工艺技术概论》张亚丽主编

《口腔固定修复工艺技术》姚江武主编

《口腔颌面部解剖学》赵士杰、皮昕主编

《口腔颌面骨疾病临床影像诊断学》吴运堂主编

《口腔颌面外科学》郑谦主编

《口腔颌面外科学》谢善培主编

《口腔颌面外科学》李丙恒、刘绍仁主编

《口腔颌面外科学》杨学文主编

《口腔疾病》高益鸣主编

《口腔解剖生理学》李晓箐主编

《口腔解剖生理学》杜昌连主编

《口腔解剖生理学》马惠萍、马莉主编

《口腔解剖生理学》马惠萍、马文义主编

《口腔解剖生理学》沈宗起主编

《口腔解剖生理学》王维智主编

《口腔解剖生理学基础》李华方主编

《口腔科急症诊断与治疗（修订版）》毛天球主编

《口腔科疾病（临床医师速成手册）》范勇斌主编

《口腔科疾病鉴别诊断学》杨彦昌主编

《口腔科学》谢晓莉、唐瞻贵主编

《口腔科用钛理论和技术》郭天文主编

《口腔临床新技术新疗法》王欢、魏克立主编

《口腔临床医学》王世清、张国辉主编

《口腔流行病学》林焕彩、卢展民、杨军英主编

《口腔内科学》周刚、赵心臣主编

《口腔内科学》牛东平主编

《口腔内科学》史久成主编

《口腔生物学》张筱林主编

《口腔外科学》顾潜川主编

《口腔修复工艺学》于海洋主编

《口腔修复学》冯海兰主编

《口腔修复学》姚江武主编

《口腔修复学》赵秋华主编

《口腔修复学》李新春、刘建东主编

《口腔修复学》毛珍娥主编

《口腔牙周病与黏膜病学》杨山主编

《口腔医学美学》刘绍仁、叶文忠主编

《口腔医院诊所经营管理学导论》刘福祥、魏世成主编

《口腔预防医学》顾长明主编

《口腔预防医学》张国辉主编

《口腔正畸工艺技术》侯斐盈主编

《口腔正畸学》赵高峰主编

《口腔正畸学》傅民魁、林久祥主编

《口腔正畸学》沈真祥主编

《口腔正畸学》赖文莉主编

《口腔正畸学》侯斐盈主编

《口腔正畸现代标准方丝弓矫治技术》姚森主编

《口腔种植学临床操作指南》Mithridade Davarpanah 编著；严宁译

《口腔组织病理学》季晓波主编

《口腔组织病理学》孙江燕主编

《口腔组织学与病理学》于世凤、高岩主编

《颅颌面外科学》黄洪章、杨斌主编

《"妙"矫治技术病例精粹》（日）MEAW研究会主编；林巍、兰泽栋、
谢蕊译

《全口义齿工艺技术》王跃进主编

《全口义齿工艺技术》姚江武主编

《全口义齿原理与实践·塑造心中的义齿形象》（日）Iwao Hayakawa编
著；张玉梅、程静涛译

《三叉神经痛》冯殿恩主编

《实用冠桥学》钱法汤、傅宏宇主编

《实用口腔颌面美容》雷成家、李小丹主编

《实用手术配合全书·眼科、耳鼻咽喉科、口腔颌面外科手术配合》何
国花、赵菁编

《实用牙髓病诊疗学》陈乃焰主编

《实用中医口腔临床》李秀亮主编

《手术学全集·耳鼻咽喉·头颈外科手术学》姜泗长、杨伟炎、顾瑞主编

《头颈部的修复重建（现代修复重建外科丛书）》温玉明主编

《头颈部肿瘤基础与临床新进展》葛俊恒、王占龙主编

《牙科技术工艺学》[德]恺撒编著；林文元译

《牙体解剖与口腔生理学》谢秋菲主编

《牙体修复学新进展·现代临床操作（第1卷）》Jean-Francois Roulet
等编著；赵守亮译

《牙体牙髓病学》杜秋红主编

《牙体预备基本原则（铸造金属和瓷修复体）》Herbert T Shillingburg编
著；刘荣森译

《眼耳鼻喉口腔科学》（第5版）王斌全主编

《眼耳鼻咽喉及口腔疾病药膳疗法》纪军、王翔宇主编

《眼耳鼻咽喉口腔科护理学》任基浩主编

《医疗机构医务人员三基训练指南·口腔科》胡勤刚主编

《医疗美容基础与临床》章庆国主编

《医学粘接技术》梁向党、曾仑主编

《隐形口腔正畸治疗·当代舌侧正畸学的新概念与治疗技术》（意）斯库佐主编；徐宝华译

《正畸临床推磨牙远移技术》段银钟、冷军主编

《整形美容外科及烧伤科护理常规》余媛主编

《中西医结合口腔科学》李元聪主编

《中医耳鼻咽喉口腔科学》王永钦主编

《总义齿与可摘局部义齿的设计》（上、下册）徐军主编

《眼·耳鼻咽喉·口腔科学》曹木荣、黄纬、李新明主编

《口腔医学辞典》王翰章主编

《正畸学专业术语大全》John Daskalogiannakis 编著；段银钟译

《口腔颌面外科手术规范及典型病例点评》魏奉才、孙善珍主编

《口腔医学专题讲座》周曾同、张志愿、张富强主编

《牙周外科学临床图谱（国际牙科名著系列）》（日）佐藤奈子编著

《根管外科临床图谱（国际牙科名著系列）》Ralph Bellizzi 等编著；王勤涛译

《眼耳鼻喉口腔科诊疗基本技能图解》曾宪孔、黄昭鸣主编

《实用整形外科手术彩色图谱》李建宁、李东主编

《实用口腔正畸临床应用技术图谱》武广增主编

《口腔颌面及颈部临床解剖学图谱》张正治主编

《口腔疾病诊疗彩色图谱》（希）拉斯凯瑞斯主编；陈江、林珊译

《医疗和口腔诊所空间设计手册》（美）杰恩·马尔金编著

《口腔科急症速查手册》杨群超主编

《口腔疾病诊疗手册》（彩图版）（美）朗格莱主编；闫福华、陈江等译

《临床思维指南·口腔科典型病例分析》孙正主编

《临床诊疗指南·口腔医学分册》中华医学会

《口腔疾病诊疗指南》（第 2 版）陈卫民、朱声荣、毛靖主编

《五官及颈部影像鉴别诊断指南》黄砚玲主编

《口腔正畸常见问题及解答》邹敏、周洪主编

《口腔疾病：患者最想知道什么》刘庆林编著

《口腔疾病调养与护理》罗冬青、杨利平主编

《口腔预防保健》万前程主编

《口腔预防保健》胡景团主编

《可摘局部义齿》西安交通大学

《婴幼儿口腔健康指南》阮文华、郭琦主编

《如何令孩子牙齿整齐》姚惠荣主编

《齿科是综合医院吗》（韩）黄永久主编

2006年　《中国口腔医学年鉴（2005年卷）》周学东

《牙科修复学》原著 A.Danien Walmsley Trevor F.Walsh等；陈吉华译

《牙髓生物学》史俊南主编

《现代𬌗学》王美青主编

《正颌外科》胡静、王大章主编

《口腔黏膜病学》魏克立主编

《口腔技工工艺学》姚江武主编

《龋病学：疾病及其临床处理（翻译版）》樊明文、边专主编

《SPSS在口腔医学统计中的应用（英汉对照）》杜民权、宇传华主编

《TIP-Edge正畸矫治技术》（美）Richard Parkhouse著；李永明译

《固定义齿工艺技术》韩栋伟主编

《口腔固定修复的临床设计》徐军主编

《口腔固定修复工艺学》于海洋主编

《口腔颌面疾病临床X线表现及其病理学基础》王松灵主编

《口腔颌面外科手术操作技巧与并发症处理及图谱详解（全三卷）》本
　　书编委会主编

《口腔数码摄影》刘峰主编

《口腔数字化技术学》陈卫民、胡军武、陶学金主编

《口腔修复工艺技术》姚江武主编

《口腔医学美学》王伯钧主编

《口腔正畸生物渐进技术》曹军主编

《口腔正畸微种植支抗（MIA）技术——技术原理与临床运用》朴孝尚
　　主编

《临床口腔颌面外科麻醉学》宋德富

《实用口腔药物学》尹音

《头颈部肿瘤病理学和遗传学——世界卫生组织肿瘤学分类》原著：
　　（美）巴尼斯；刘红刚、高岩译

《头颈部综合征》（第2版，翻译版）马莲译

《外科手术规范化操作与配合——口腔颌面外科分册》毛立民、郭福
　　林、田素宝主编

《无牙颌患者的治疗》原著：J Faster McCord 等；王新知等译

《现代根管治疗学》（第2版）王晓仪、朱亚琴

《现代牙颌面畸形治疗学》原著Proffit W. R等；林珠等译

《牙科修复材料学》（第11版）原著 Robert G.Graig John M.Powers；赵信义等译

《一次性根管治疗学》徐学良、张梅主编

《保存牙科学（口腔医学精粹丛书）》刘正主编

《口腔生物材料学（口腔医学精粹丛书）》薛森主编

《种植义齿 背景·选择·计划·操作（口腔科临床精品系列）》韩科主编

《实用口腔种植技术（口腔临床要点快速掌握系列）》原著：Lloyd J Searson 等；陈波译

《实用根管治疗学（口腔临床要点快速掌握系列）》原著：（英）John M Whitworth；吕红兵、闫福华主译

《实用口腔局部麻醉学（口腔临床要点快速掌握系列）》编著：John G Meechan；王巍等译

《全牙列漂白（口腔临床要点快速掌握系列）》原著：（德）Ronald E.Goldstein；倪龙兴、林媛主译

《如何让儿童配合口腔治疗（口腔临床要点快速掌握系列）》原著：（英）Barbara L Chadwich；秦满主译

《可摘局部义齿（口腔临床要点快速掌握系列）》原著：（英）Nicholas JA Jepson；王家伟主译

《儿童龋病学（口腔临床要点快速掌握系列）》原著：（英）Chris Deery；秦满主译

《正畸学荟萃——与正畸相关的口腔其他学科问题的处理》（美）Cozzani G. Spezia L 著；柯杰译

《牙科治疗团队工作原则（口腔临床要点快速掌握系列）》原著：Suzanne Noble；闫福华译

《牙髓治疗失败的临床对策（口腔临床要点快速掌握系列）》原著 Bun San Chong；刘原译

《口腔诊所开设和经营管理》（第2版）于秦曦、张震康主编

《牙科诊所开业管理》李刚主编

《口腔医疗安全管理（口腔诊所开业管理丛书）》李刚编著

《口腔医疗国外现状（口腔诊所开业管理丛书）》李刚编著

《口腔医疗人力资源（口腔诊所开业管理丛书）》李刚编著

《口腔医疗市场拓展（口腔诊所开业管理丛书）》李刚编著

《口腔诊所病人管理（口腔诊所开业管理丛书）》李刚编著

《口腔诊所感染控制（口腔诊所开业管理丛书）》李刚编著

《口腔诊所开业法规（口腔诊所开业管理丛书）》李刚编著

《口腔诊所开业准备（口腔诊所开业管理丛书）》李刚编著

《口腔诊所空间设计（口腔诊所开业管理丛书）》李刚编著

《口腔医疗质量管理（口腔诊所开业管理丛书）》李刚、郭平川主编

《Tweed-Merrifield定向力矫治技术图谱（1）》（韩）金一奉等编著；
王林译

《颌面口腔应用解剖彩色图谱》段坤昌、李庆生主编

《口腔种植图谱——手术与修复》原著：（英）Richard M Palmer；陈江译

《口腔组织学图谱》钟滨、钟伟主编

《实用口腔正畸临床应用技术图谱》编著：武广增

《齿科医院流程管理》徐培成主编

《口腔专科护理操作流程》陈佩珠主编

《口腔科诊断常规（北京协和医院医疗诊疗常规）》宿玉成主编

《医院口腔科诊疗常规推广应用与检查诊断标准及科室工作制度规范实
用手册（全三册）》本书编委会

《现代牙科诊所指南》蒋泽先主编

《口腔科诊断治疗手册》敬佩主编

《口腔科助理手册》欧尧主编

《牛津临床口腔科手册》（第4版）原著：David A Mitchell Laura
Mitchell 刘宏伟主译

《牙齿外伤手册》（翻译版）（第2版）原著 J.O.Andreasen F.M.A
ndreasen；葛立宏译

《婴儿、儿童和母亲口腔保健手册》姜萍主编

《专家谈口腔四大疾病与口腔医学美学》林培炎主编

《口腔保健与牙病预防》施生根主编

《口腔病症——知名专家进社区谈医说病》彭楠、王兴主编

《口腔疾病1000问》台保军

《现代临床医学妇儿及五官科进展·口腔分册》樊明文主编

《一口好牙DIY》俞未一、于金华主编

2007年　《中国口腔医学年鉴（2006年卷）》周学东主编

　　　　《耳鼻咽喉头颈外科学新进展》韩德主编

　　　　《补牙技巧》杨运田、杨冬茹主编

　　　　《唇裂与腭裂》袁奎封、来庆国主编

　　　　《磁性附着体覆盖义齿的临床术式》（日）水谷紘、中尾腾彦著；扬亚
　　　　　　冬、佟岱译

　　　　《机器人化全口义齿排牙技术》张永德主编

　　　　《口腔及颌面部疾病》李慧、孙昊量主编

　　　　《口腔疾病误诊与防范（临床思维指南）》王松灵主编

　　　　《口腔疾病诊疗常规（临床医学诊疗常规丛书）》张汉东主编

　　　　《口腔科疾病（新编临床诊疗丛书）》许彦技主编

　　　　《口腔美学修复临床实战》刘峰主编

　　　　《口腔、皮肤科疾病诊断标准（现代临床医学诊断标准丛书）》（第2版）
　　　　　　贝政平、苏剑生、周长江、姚志荣主编

　　　　《口腔医学科研设计与统计分析》胡良平主编

　　　　《McCraCken可摘局部义齿修复学》（第11版）原著（美）alln B Carr Glen
　　　　　　P McGivney David T. Brown；张富强译

　　　　《实用口腔临床诊段技术》张勇、肖水清、杜毅主编

　　　　《实用临床口腔颌面外科诊疗技术操作现范与手术常规及手术图谱》本
　　　　　　书编委会

　　　　《头颈部血管瘤与脉管畸形》张志愿、赵怡芳主编

　　　　《修复前外科与义齿和义颌修复》胡敏、丁仲鹃、田慧颖主编

　　　　《牙体修复学》（第3版）王光华、彭式祖主编

　　　　《现代固定修复学（口腔精品专著系列）》赵云凤主编

　　　　《牙外伤的治疗设计（提高口腔医师临床技能系列）》（日）月星光博；
　　　　　　吴国锋译

　　　　《牙体修复的临床决策（口腔临床要点快速掌握系列）（中英文对照）》
　　　　　　原著（英）Brunton P A；李继遥、肖瑾、谢倩译

　　　　《牙周病临床评估和诊断程序（口腔临床要点快速掌握系列）（中英文
　　　　　　对照）》Lain LC Chapple Angela D Gilbert著；黄海云译

　　　　《牙周非手术治疗（口腔临床要点快速掌握系列）（中英文对照）》（英）
　　　　　　Peter A Heasman等著；闫福华译

　　　　《当代口腔正畸学（世界经典口腔名著系列）》（第3版）（美）William

RProffit、Henry W Fields著；傅民魁、贾绮林、胡炜译

《复杂牙拔除技术（口腔科实用技术丛书）》吴煜农主编

《功能性矫治技术（口腔科实用技术丛书）》陈文静主编

《口腔种植技术（口腔科实用技术丛书）》陈宁主编

《牙科全瓷修复技术（口腔科实用技术丛书）》章非敏主编

《牙周基础治疗技术（口腔科实用技术丛书）》孙卫斌主编

《图解牙美容外科实用技术（口腔执业医师临床培训丛书）》段建民主编

《口腔常见错𬌗畸形的预防与矫治（口腔执业医师临床培训丛书）》王小
琴主编

《眼耳鼻咽喉与口腔科常见疾病诊治（社区医师培训丛书）》李娜主编

《牙颌畸形的正畸早期矫治（口腔开业医师临床指导丛书）》原著（法）
Antonio Patti Guy Perrie D Are；周洪译

《实用口腔颌面外科：查房·会诊（实用西医查房·中医会诊丛书）》
丁桂聪、刘学主编

《医学临床口腔科医师"三基"训练与口腔科疾病诊疗技术操作规范实
务全书》本书编委会主编

《镶牙与正牙》张元坚主编

《最新医院口腔科特色治疗技术大典》马世宗主编

《最新临床疾病诊断标准大全——800个口腔科疾病诊断标准》本书编
委会主编

《住院病人口腔护理》李刚编著

《腭裂术后语音训练实用手册》黄迪炎、朱国雄主编

《口腔正畸疑难病例解析》张丁主编

《牙髓病治疗技术图解》原著（美）比尔，鲍曼，基尔巴萨；潘亚萍译

《口腔种植学临床技术图谱》黄建生主编

《口腔局部麻醉手册》（第5版）原著（美）stanley F Malamed；刘克英译

《口腔全科诊疗要点手册（临床医师案头锦囊丛书）》周宇翔、叶文忠
主编

《现代牙科技师手册》于海洋主编

《口腔实习进修医师临床指南》吴子忠主编

《正畸微种植体支抗临床应用指南》（日）林治幸著；刘建林、戴娟译

《孕妇和婴幼儿口腔保健手册》欧尧主编

《贴心牙医：口腔保健手册》刘楠、孙玉娟主编

《现代口腔疾病诊疗操作技术要点与护理修复工艺技术手册》范敏文主编

《口腔保健常识图解》谭冠柳主编

《口腔保健9讲：牙博士教你做口腔保健》楚德国主编

《口腔保健一本通》王志浩主编

《老年口腔病防治与保健》杨群超、张金廷主编

《美，从牙开始》刘峰、李颖主编

《面部外伤、炎症、肿瘤：直面拔牙、外伤，还有可怕的肿瘤（健齿美容系列丛书）》陈渝斌、何海涛主编

《塑造甜美笑容的艺术——口腔多学科综合美学治疗（国际经典口腔美容系列）》（英）Rafi Roman著；邓辉译

《镶牙、种植牙、特殊镶牙：完美地修复我们的牙（健齿美容系列丛书）》岳玲、张莉主编

《牙病、牙周病、口腔黏膜病：全面呵护我们的口腔（健齿美容系列丛书）》唐帧龙、唐群主编

《牙齿的矫正：让我们的笑容更美丽（健齿美容系列丛书）》章玫、温秀杰主编

《医学专家解答：口腔病》高平主编

2008年　《中国口腔医学年鉴（2007年卷）》周学东主编

《现代牙髓病学》边专、樊明文主编

《实用龋病学》周学东、岳松龄主编

《邱蔚六口腔颌面外科学（当代医学院士经典系列）》邱蔚六编

《Duplicate Dentures 复制义齿（口腔执业医师临床培训图书）》滨田泰三、姜婷编著；金辰、洪光、白雪芹译

《PDQ速成牙髓学（翻译版）》（美）John I.Ingle著；麻建丰、潘乙怀译

《氟防龋的公共卫生及临床应用》沈彦民、冉炜主编

《根管治疗学》（第2版）葛久禹主编

《国际口腔种植学会（ITI）口腔种植临床指南——美学区种植治疗》（瑞士）D.Buser,D.W.主编

《殆学理论与临床实践》韩科、张豪主编

《口腔颌面部疾病CT诊断学》孟存芳、李德超、苗波主编

《口腔急诊医学》沈岱、张连云、高平主编

《口腔疾病的生物学诊断与治疗（口腔医学精粹丛书）》郭伟编著

《口腔疾病概要》（第2版）毛珍娥主编

《口腔疾病诊断流程与治疗策略（今日临床丛书）》王林主编

《口腔解剖生理学》付升旗主编

《口腔临床流行病学（口腔医学精粹丛书）》冯希平主编

《口腔美学比色》（美）Stephen J Chu、（瑞士）Alessandro Devigus、
（美）Adam J.Mieleszko著；郭航、刘峰译

《临床龋病学》高学军主编

《临床正畸拓展牙弓方法与技巧》武广增编著

《美容口腔医学（口腔临床要点快速掌握系列）》（美）巴莱特、布伦顿
编著；王革、梁珊珊译

《颞下颌关节紊乱病》谷志远、傅开元、张震康主编

《前牙瓷黏结性仿生修复》（瑞士）Magne P.Belser U. 著；王新知等译

《上颌骨种植骨移植技术》（瑞典）Karl － erik Kahnberg 著；赵信义译

《实用口腔颌面外科护理及技术（专科护理丛书）》李秀娥主编

《实用口腔微生物学》杨圣辉主编

《实用口腔粘接修复技术》姜烷主编

《实用口腔诊所管理实践》于秦曦、魏世成主编

《下颌阻生智齿》（第2版）耿温琦等主编

《现代口腔烤瓷铸造主渠修复学（第十届全国优秀科技图书）》白天玺
主编

《牙科树脂及水门汀材料理论与临床》高承志主编

《总义齿的𬌗接触——五种不同始到的设计要点》徐军等编著

《牙髓外科实用教程》（第2版）Donald E.Arens 等著；岳林译

《预防口腔臣学——基本方法与技术（口腔医学用粹丛书）》胡德渝主编

《正畸治疗方案设计——基础、临床及实例》赵志河、白丁主编

《英汉汉英医学分科词典——口腔科学分册》（第2版）王邦康主编

《青少年安氏Ⅱ类1分类非拥挤错𬌗的正畸治疗——双期连续矫治（口
腔开业医师临床指导丛书）》John C Bennett 著；丁云译

《重度牙周炎治疗临床指南（口腔开业医师临床指导丛书）》Roger
Detienville 著；闫福华译

《口腔疾病简明图谱》（第2版）G.Laskaris 著；楚德国译

《牙体图谱》（第2版）Chares J Coodcare D.O.S.,M.S.D. 著；张秀华、
李一鸣译

《唇腭裂手术图谱》（美）Salyer KE Bardach J；石冰、李盛译

《根管治疗图谱》彭彬主编

《根管治疗临床指南（口腔临床指导丛书 中英文对照）》Martin Trope；
  刘荣森译

《口腔正畸无托槽隐形矫治临床指南》Orhan C.Tuncay著；白玉兴译

《临床口腔医学——新进展、新技术、新理论》俞立英主编

《口腔临床药物手册》薛洪源主编

《口腔科手册（临床诊疗丛书）》陶洪主编

《口腔内科医师手册》葛久禹主编

《健康第一关——口腔保健（大众健康小百科丛书）》李刚主编

《口腔保健专家谈》刘洪臣、储冰峰主编

2009年　《儿童口腔医学》Jimmy R. Pinkham等著；葛立宏主译

《王翰章口腔颌面外科手术学》王翰章主编

《中华口腔科学》（第2版）王翰章、周学东主编

《实用口腔微生物学与技术》周学东编著

《牙髓病学》John I.Ingle Leif K.Bakland主编；倪龙兴、余擎译

《口腔科疾病并发症鉴别诊断与治疗》主编雷志敏

《全瓷修复技术（口腔临床操作技术丛书第一辑）》万乾炳主编

《口腔科精要》主编王林、张怀勤主编

《可摘局部义齿修复学》张富强主编

《头颈颌面部手术麻醉》朱也森主编

《实用口腔科学》张震康、俞光岩主编

《实验口腔医学》章魁华、于世凤主编

《颌面颈部肿瘤影像诊断学》余强、王平仲主编

《口腔修复学、儿科口腔与口腔正畸学》（第2版）PeterHeasman著

《口腔颌面外科学、影像学、病理学与口腔内科学》（第2版）
  PaulCoulthard，KeithHorner，PhilipSloan，ElizabethTheaker著

《口腔固定修复中的美学重建》（第1卷）（意）Mauro Fradeani著；王
  新知主译

《实用口腔疾病治疗学》王志刚、楚金普、吉雅丽主编

《中西医结合诊治口腔黏膜疾病》林仲民、林楠、王颖编著

《口腔外科小手术操作指南》（美）Karl R.Koerner原著；胡开进主译

《口腔颌面 头颈外科手术麻醉》张宗旺编著

《口腔种植的软组织美学》Sclar著；宿玉成译

《口腔药理学与药物治疗学》肖忠革、周曾同主编

《口腔正畸病例集》傅民魁编

《口腔临床免疫学实验技术》陈万涛主编

《社区口腔卫生服务实用技术（口腔临床操作技术丛书第一辑）》王伟
　　健主编

《牙科博览（2009）》赵铱民、李世俊主编

《岳松龄现代龋病学》岳松龄编著

《口腔材料学》（第2版）王荃编著

《口腔微生物学》钟启平编著

《口腔科疾病并发症鉴别诊断与治疗》雷志敏编著

《口腔内科》潘亚萍主编

《口腔修复》艾红军主编

《腭裂语音治疗学》李宁毅主编

《临床全口义齿复诊学》郭天文主编

《牙外伤》龚怡主编

《口腔修复 口腔全科医师实用技术手册》艾红军主编

《口腔内科 口腔全科医师实用技术手册》潘亚萍主编

《口腔内科学——口腔医学实用技术》肖明振主编

《树脂修复经典案例》樊明文主编

《口腔正畸无托槽隐形矫治临床指南（The Invisalign System）》Orhan
　　C. Tuncay著；白玉兴译

《牙科附着体技术手册》James. T. Ellison著；张艳、徐兵译

《口腔疾病和口腔保健知识问答》王兴主编

2010年　《中华口腔科学》（第2版）王翰章、周学东主编

《实用口腔微生物图谱》肖丽英、肖晓蓉主编

《中国口腔医学年鉴2009年卷》周学东主编

《口腔修复的磁附着固位技术》赵铱民著

《口腔正畸临床技术大全》（第2版）段银钟、戴娟主编

《口腔生物力学》陈新民、赵云凤主编

《口腔医学实验学》石冰主编

《美容口腔医学》韩科主编

《实用口腔疾病诊疗手册》张雅俐编著

《口腔种植治疗的基础研究与临床应用》陈卓凡主编

《口腔颌面种植学词汇》（美）莱尼（W.R Laney）主编；林野主译

《暂时性修复体——对修复体功能和美观的要求》（日）伊藤雄策主编；
　　姜婷译

《阻生牙外科联合正畸治疗》原著（法）科尔苯达（Korbendau）；田岳
　　红、赵波主译

《颞下颌关节疾病诊疗手册（口腔科临床精品系列）》张俊杰、张卫东著

《贝氏口颌面痛—口颌面痛的临床处置》（第6版）陈永进、赵铱民、张
　　旻著

《种植牙周围的组织重建》（日）佐藤直志著；段建民、大井毅译

《新型磁性附着体固位的种植义齿——最少的种植体、最好的结果》
　　（日）前田芳信等著；马楚凡译

《实用口腔免疫学与技术》张平著

《牙周检查技术与常见牙周疾病诊断（口腔临床操作技术丛书）》栾庆
　　先著

《美容牙科学》（第2版）王海林著

《临床综合牙科学》毛渝编著

《口腔疾病病案分析》刘洪臣、张海钟主编

《口腔黏膜病药物治疗精解》周红梅等主编

《牙齿美学漂白》原著So-Ran Kwon，Seok-Hoon Ko，Linda
　　H.Greenwall；樊聪主译

《新口腔摄影方法与技巧》：（日）熊谷崇，熊谷ふじ子，鈴木昇一主编；
　　包扬主译

《阻生牙外科联合正畸治疗》编著（法）科尔苯达、派蒂；田岳红、赵
　　波主译

《标准拔牙手术图谱》（口腔临床操作技术丛书）胡开进主编

《口腔正畸思路与临床操作技巧》武广增主编

《口腔科疾病临床诊断与治疗方案》冯崇锦主编

《专家谈口腔疾病》林培炎编著

《老年口腔疾病防治指南（保健大课堂系列教程）》李刚主编

《口腔常见疾病彩色图谱》（美）罗伯特著；赵继志主译

《口腔种植临床操作图解（口腔临床操作技术丛书）》谷志远主编

《临床美容牙科学彩色图谱》施长溪编著

《美容牙科技术》（高职美容/配光盘）张秀华主编

《口腔正畸工艺技术实用教程》王春梅、韩光丽编著

习题、考试辅导类

1984年　《卫生技术人员职称评定考核复习题集（耳鼻喉科、眼科、口腔科）》
云南卫生厅等编

《充填术、拔牙术（录像）》第四军医大学主编

1985年　《口腔医学试题解（口腔基础分册）》上海第二医学院口腔系主编

1988年　《口腔科晋升考试复习题解》汪承宗、赵立春主编

1994年　《T-N矫正法的临床操作录像片》王邦康主编

《口腔正畸系列讲座录像片》北京医科大学口腔医学院正畸科编制

1996年　《口腔颌面外科试题及题解选编》邱蔚六主编

《舍格伦综合征教学幻灯片》首都医科大学附属北京口腔医院编写发行

2000年　《国家执业医师/助理执业医师资格考试应试参考丛书·口腔医学专业
分册》翦新春、彭解英主编

2003年　《2003年卫生专业技术资格考试指南（口腔医学技术专业）》全国卫生
专业技术资格考试专家委员会编写

2004年　《2004口腔医师考试全真模拟及精解（第2版）》，《口腔医师考试全真
模拟及精解》专家组

《2004口腔助理医师复习试题集（第2版）》（国家执业医师资格考试用
书），《口腔助理医师复习试题集》专家组

《2004口腔助理医师考试全真模拟及精解（第2版）》（国家执业医师资
格考试用书），《国家执业医师资格考试应试指导》专家组

《2004口腔助理医师应试指导（第2版）》（国家执业医师资格考试用
书），《国家执业医师资格考试应试指导》专家组

《口腔医师应试习题集（2004年版）》，《口腔医师应试习题集》专家编
写组

《卫生专业技术资格考试知道（2004年版）——口腔医学》，全国卫生
专业技术资格考试专家委员会

《卫生专业技术资格考试知道（2004年版）——口腔医学技术》全国卫
生专业技术资格考试专家委员会

2005年　《2005国家执业医师资格考试·口腔医师考试全真模拟及精解（第2
版）》口腔医师考试专家组

《2005国家执业医师资格考试·口腔助理医师复习试题集（第2版）》

口腔医师复习试题集专家组

《2005国家执业医师资格考试·口腔助理医师应试指导（第2版）》口
腔医师应试指导专家组

《2005国家执业医师资格考试口腔医师应试习题集（第2版）》口腔医
师应试习题集专家组

《2005口腔助理医师考试全真模拟及精解》口腔助理医师考试专家组

《2005国家执业医师资格考试口腔医师应试指导》（上、下册）口腔医
师应试指导专家组

《2005年口腔医师实践技能应试指导》口腔医师应试指导专家组主编

《2006年口腔执业（助理）医师考试指导》董福生主编

《2006口腔助理医师应试指导》口腔医师应试指导专家组主编

《口腔执业（助理）医师时间考试技能应试指南》刘敬明、朱正宏主编

《口腔执业医师·医师资格考试大纲（2006年）》国家医学考试中心编

《口腔执业医师·医师资格考试大纲（2005年）》国家医学考试中心编

《口腔执业助理医师·医师资格考试大纲（2005年版）》国家医学考试
中心编

《口腔执业助理医师·医师资格考试大纲（2006年版）》国家医学考试
中心编

《口腔执业助理医师复习应试全书》顾方舟主编

《口腔解剖生理学复习应试指南》皮昕主编

《口腔科学·耳鼻咽喉科学·眼科学实习指导》莫三心、罗冬云主编

《常见错𬌗畸形的矫治·牙列拥挤（VCD）》河北医科大学主编

《错𬌗畸形的病因（CD-ROM）》南京医科大学主编

《覆盖义齿（VCD）》河北医科大学主编

《口腔颌面部感染（CD-ROM）》胡勤刚、涂明耀、童昕主编

《口腔颌面颈部系统解剖（CD-ROM）》南京医科大学主编

《口腔面颈颅部局部解剖（CD-ROM）》第四军医大学口腔医学院主编

《口腔颌面外科临床检查（VCD）》南京医科大学主编

《口腔护理四手操作技术》四川大学华西口腔医学院主编

《松牙固定术（VCD）》华中科技大学同济医学院主编

《牙片X线机的临床应用技术（VCD,上、下）》王照五主编

《牙周病的检查和诊断（CD-ROM）》南京医科大学主编

《牙周病的检查和诊断（VCD）》西安交通大学口腔医学院主编

2006年 《口腔医学专业英语（系列专业英语）》边专主编

《2006耳鼻咽喉头颅外科新进展》韩德民主编

《2006国家执业医师资格考试口腔医师考试全真模拟及精解（第2版）》
《口腔医师考试全真模拟及精解》专家组编

《2006国家执业医师资格考试口腔助理医师复习试题集（第2版）》,
《口腔助理医师复习试题集》专家组编

《2006国家执业医师资格考试口腔助理医师考试全真模拟及精解（第2
版）》,《口腔助理医师考试全真模拟及精解》专家组编

《2006国家执业医师资格考试口腔助理医师应试指导（第2版，修
订）》,《国家执业医师资格考试应试指导》专家组编

《2006口腔医师实践技能应试指导（含助理口腔医师）》,《口腔医师实
践技能应试指导》专家组编

《2006国家执业医师资格考试口腔医师应试习题集（第3版）》,《口腔
医师应试习题集》专家组编

《2006国家执业医师资格考试口腔医师应试指导（上、下册）》,《国家
执业医师资格考试应试指导》专家组编

《2006国家执业医师资格考试口腔助理医师应试习题集（第3版）》,
《口腔助理医师应试习题集》专家组编

《口腔颌面外科学（卫生专业技术资格考试指导）》全国卫生专业技术
资格考试专家委员会编

《口腔内科学（卫生专业技术资格考试指导）》全国卫生专业技术资格考
试专家委员会编

《口腔修复学（卫生专业技术资格考试指导）》全国卫生专业技术资格
考试专家委员会编

《口腔医师执业资格考试一本通》毛钊、石平主编

《口腔医学（综合）（卫生专业技术资格考试指导）》全国卫生专业技术
资格考试专家委员会编

《口腔医学技术（卫生专业技术资格考试指导）》全国卫生专业技术资
格考试专家委员会编

《口腔医学技术（主管技师）全真模拟试题》（主治医师考试冲关捷径
丛书）全国卫生专业技术资格考试专家委员会编

《口腔正畸学（卫生专业技术资格考试指导）》全国卫生专业技术资格考
试专家委员会编

《口腔执业医师——医师资格考试大纲（2007年版）》卫生部医师资格考试委员会国家医学考试中心编

《口腔执业助理医师——医师资格考试大纲（2007年版）》卫生部医师资格考试委员会国家医学考试中心编

《实践技能考试辅导及综合笔试题解——口腔分册（国家执业医师资格考试）》（2006年版）毛钊、石平主编

《医疗机构医务人员三基训练习题集：口腔科》胡勤刚主编

《眼耳鼻咽喉口腔科护理学学习指导及习题集》陈燕燕主编

《错𬌗畸形的早期生长控制和颌骨矫治（VCD）》西安交通大学医学院主编

《方丝弓矫治器（VCD）》西安交通大学医学院主编

《颌面部骨折手术复位坚强内固定术（VCD）》哈尔滨医科大学主编

《活动矫治器（VCD）》哈尔滨医科大学主编

《口腔颌面医学影像诊断学（CD-ROM）》北京大学主编

《口腔面颈颅部局部解剖（CD-ROM）》第四军医大学口腔医学院主编

《口腔正畸技工教学多媒体（CD-ROM）》刘岚、刘鑫主编

《口腔正畸诊疗新技术操作规范与彩图详解（CD-ROM）（3卷）》梁永明主编

《口腔专科护理操作技术（一）（DVD）》四川大学华西口腔医院主编

《牙周病的检查和诊断（VCD）》西安交通大学口腔医学院主编

2007年 《2007口腔医师考试全真模拟及精解（第3版）（国家执业医师资格考试丛书）》北京大学医学部专家组主编

《2007口腔执业医师（助理医师）通关宝典——考点提要与习题精选》卢利主编

《2007口腔执业医师资格考试考四分级实战模拟（轻松过关专论丛书）》邵龙泉、李鸿波主编

《2007口腔执业医师进格考试历年考点分级精解（轻松过关考试丛书）》李文颜主编

《2007口腔执业助理医师资格考试考题分级实战模拟（轻松过关考试丛书）》邵龙泉、李鸿波主编

《2007口腔执业助理医师资格考试历年考点分级精解（轻松过关考试丛书）》刘婷姣主编

《2007口腔助理医师考试全真模拟及精解（第3版）（国家执业医师资

格考试丛书）》北京大学医学部专家组主编

《2007口腔助理医师资格考试历年真题解析（国家执业医师资格考试历
年真题解析丛书）》颐恒主编

《2007年版国家医师资格考试口腔医师实践技能复习应试全书》专家编
写组主编

《2007年版国家执业医师资格考试／口腔医师应试指导（上、下册）》，
《国家执业医师资格考试应试指导》专家组主编

《爱丁堡皇家外科学院口腔正畸专业考试病例精选》曾祥龙主编

《医师资格考试口腔执业助理医师复习应试全书基础医学综合分册
（2007年新版）》顾方舟主编

《国家执业医师资格考试口腔医师专题解析（含口腔助理医师）（2007
年版）》，《口腔医师考题解析》专家组主编

《国家执业医师资格考试口腔助理医师应试习题集（2007版）》杜德顺、
光良编

《耳鼻咽喉、头颈外科学及口腔科学见习指导》（全国医学院校临床课
程见习指导丛书）张先锋、唐西清、石大志主编

《口腔科学全真模拟试卷（主治医师考试冲关捷径丛书）》卫生专业技
术资格考试专家委员会编

《口腔科学试题库（附光盘）（临床医学试题库系列丛书）》朱洪水、邱
嘉旋、王予江、刘路平编

《口腔临床英语会话集（英汉对照，附光盘）》余立江主编

《口腔医师实践技能应试指导（含口腔助理医师2007版）（国家执业医
师资格考试）》，《口腔医师实践技能应试指导》专家编写组

《口腔医师执业资格考试一本通》毛钊主编

《口腔医学技术（2007年全国卫生专业技术资格考试指导）》全国卫生
专业技术资格考试专家委员会编

《口腔医学英文论文写作》何样一、李志强主编

《口腔助理医师资格考试历年考题纵览》（2007）（医师资格考试历年考
场纵览丛书）段少字《牙拔除术（CD-ROM）》第四军医大学口腔
医学院编

2008年　《口腔医学专业实习指导》杜凤芝主编

《2008口腔医师考试全真模拟及精解（第3版）》（国家执业医师资格考
试丛书）北京大学医学部专家组编

《2008 口腔助理医师考试复习试题集》（国家执业医师资格考试丛书）
国家执业医师资格考试专家组编

《2008 口腔助理医师资格考试历年真题解析》颐恒主编

《2008 年国家医师资格考试临考押题试卷——口腔执业医师》段少宇
主编

《国家医师资格考试·口腔执业医师模拟试卷（2008 年版）》医师资格
考试专家组

《国家医师资格考试·口腔执业医师习题精选与答案解析（2008 年版）》
医师资格考试专家组

《国家医师资格考试·口腔执业助理医师模拟试卷（2008 年版）》医师
资格考试专家组

《国家医师资格考试·口腔执业助理医师习题精选与答案解析（2008 年
版）》医师资格考试专家组

《国家医师资格考试·医学综合笔试——口腔执业医师应试指南（上、
下册）（2008 年版）》国家医学考试中心

《国家医师资格考试·医学综合笔试——口腔执业助理医师应试指南
（2008 年版）》国家医学考试中心

《国家执业医师资格考试·口腔医师考题解析（含口腔助理医师）
（2008 年版）》国家医师考题解析专家组

《国家执业医师资格考试·口腔医师实践技能应试指导（含口腔助理
医师）（2008 国家执业医师资格考试用书）》国家执业医师资格考
试中心

《国家执业医师资格考试·口腔医师应试指导（上、下册）（2008 国
家执业医师资格考试用书）》，《国家执业医师资格考试应试指导》
专家组

《国家执业医师资格考试·口腔执业医师模拟试卷（医学综合笔试部
分）（2008 国家执业医师资格考试用书）》，《国家执业医师资格考试
模拟试卷》专家组

《国家执业医师资格考试·口腔助理医师应试习题集（2008 国家执业医
师资格考试用书）》，《口腔助理医师应试习题集》专家组

《口腔颌面外科学（2008 全国卫生专业技术资格考试指导）》全国卫生
专业技术资格考试专家委员会

《口腔颌面外科学（2009 全国卫生专业技术资格考试指导）》全国卫生

专业技术资格考试专家委员会

《口腔基础医学学习指南》黄海云、王文霞、李国菊主编

《口腔内科学（2008全国卫生专业技术资格考试指导）》全国卫生专业
技术资格考试专家委员会

《口腔内科学（2009全国卫生专业技术资格考试指导）》全国卫生专业
技术资格考试专家委员会

《口腔修复学（2008全国卫生专业技术资格考试指导）》全国卫生专业
技术资格考试专家委员会

《口腔黏膜学习题集》陈谦明主编

《口腔修复学（2009全国卫生专业技术资格考试指导）》全国卫生专业
技术资格考试专家委员会

《口腔医学（中级）模拟试卷及解析》吴补领、高杰主编

《口腔医学（综合）（2008全国卫生专业技术资格考试指导）》全国卫生
专业技术资格考试专家委员会

《口腔医学（综合）（2009全国卫生专业技术资格考试指导）》全国卫生
专业技术资格考试专家委员会

《口腔医学技术（2008全国卫生专业技术资格考试指导）》全国卫生专
业技术资格考试专家委员会

《口腔医学技术（2009全国卫生专业技术资格考试指导）》全国卫生专
业技术资格考试专家委员会

《口腔医学（综合）精选模拟习题集（2009全国卫生专业技术资格考试
指导）》朱亚琴主编

《口腔医学技术（士）模拟试卷及解析》邵龙泉、王彦亮主编

《口腔正畸学（2008全国卫生专业技术资格考试指导）》全国卫生专业
技术资格考试专家委员会

《口腔正畸学（2009全国卫生专业技术资格考试指导）》全国卫生专业
技术资格考试专家委员会

《口腔执业医师高频考点（2008全国卫生专业技术资格考试）》邵龙泉、
高杰主编

《口腔执业医师过关必做3000题（国家执业医师资格考试辅导系列）》，
《中华医学学习网》执业医师资格考试辅导专家组

《口腔执业医师（助理）医师考试指导（含实践技术、综合笔试）（供
口腔执业医师、口腔执业助理医师使用）》刘敬明、朱正宏、董福生

主编

《口腔执业医师全真模拟——思路、规律与拓展（2008国家执业医师资格考试）》赵之国

《牙周炎的伴发病变（DVD）》华中科技大学制作

《医学综合笔试口腔执业医师全真模拟试卷（2008版）》毛钊主编

《功能性矫治器与矫治技术（DVD）》河北医科大学主编

2009年　《国家执业医师资格考试·口腔医师应试习题集》口腔医师应试习题集专家编写组编

《2009口腔助理医师资格考试历年真题纵览与考点评析》段少宇、顾斌、马攀主编

《口腔执业医师考试历年真题精解 2009版》国家医师资格考试用书编委会

《口腔医学应试考题精练》主编李瑞智、高鸿主编

《国家医师资格考试·口腔执业医师应试习题集（2009）》北京大学医学部专家组编

《国家医师资格考试·口腔执业助理医师应试习题集（2009）》北京大学医学部专家组编

《口腔科学全真模拟试卷》楼北雁、罗云、王敏主编

《口腔科学与口腔医学技术试题解析》楼北雁、罗云、王敏主编

《口腔执业（助理）医师实践技能考试通关宝典》荣丽主编

《国家医师资格考试·口腔执业助理医师应试指导（2009）》北京大学医学部专家组编

《国家医师资格考试·口腔执业医师应试指导（2009）》北京大学医学部专家组编

《口腔医师实践技能应试指导（含助理医师）》,《口腔医师实践技能应试指导》专家组编

《口腔助理医师考试指南》,《口腔助理医师考试指南》专家编写组编

《〈口腔护理学〉学习指导与习题》赵佛容主编

《口腔执业医师（助理医师）通关宝典·技能考试实战模拟》刘洪臣、李鸿波编

《国家医师资格考试》北京大学医学部专家组著，口腔执业助理医师冲刺3套卷

《口腔医学职业规划和就业指导》李刚编著

《国家医师资格考试实践技能考试一本过关·口腔执业医师》医师资格考试专家组编

《国家医师资格考试实践技能考试一本过关·口腔执业助理医师》医师资格考试专家组编

《规范的牙髓治疗（VCD）》河北医科大学第一医院

2010年　《口腔医师实践技能应试指导（含助理医师）（2010国家执业医师资格考试推荐用书）》，《口腔医师实践技能应试指导》专家组编

《口腔助理医师考试指南（2010国家执业医师资格考试推荐用书）》《口腔助理医师考试指南》专家编写组编

《口腔执业（助理）医师实践技能考试通关宝典（2010＋光盘）》荣丽、舒静媛、徐军主编

《2010口腔执业医师过关冲刺3000题（2010医师考试用书）》高平主编

《2010年国家口腔执业医师资格考试－实践技能考试一本过关（配DVD）》医师资格考试专家组编写

《2010年国家医师资格考试——实践技能考试一本过关——口腔执业医师》周洪著

《2010口腔执业医师考试全真模拟及精解（2010医师考试用书）》北京大学医学部专家组编写

《2010年口腔医师应试习题集（含光盘）（国家执业医师资格考试）》，《口腔医师应试习题集》专家组编写

《口腔执业助理医师通关宝典医师实践技能精讲与实战模拟（第3版）（国家执业医师资格考试推荐用书）》刘洪臣、李鸿波主编

《2010口腔执业医师考前押题必做（国家执业医师资格考试（含部队）唯一指定辅导用书）》梁源著

《2010口腔执业助理医师模拟试卷（解析）（国家执业医师资格考试（含部队）唯一指定辅导用书）》王丹著

《实践技能考试辅导口腔分册（国家执业医师资格考试）》毛钊、牛光良著

《2010口腔执业助理医师考前押题必做（国家执业医师资格考试唯一指定辅导用书）》董广艳著

附录九 口腔医学专业课主要实验设备

名称	单位	数量
牙科综合治疗机椅	台	10
高速涡轮机	台	6~10
台式电钻	台	40
高速微型电动牙钻机	台	20
牙科X线机	台	1~2
口腔颌面全景X线机*	台	1
实验桌	台	40
技工桌	台	40
金属仿头模	台	40
自动银汞调和器	台	2
牙髓电活用测试仪	台	2
光固化机	台	2
根管长度测量及根管扩大仪*	台	1
超声波洁牙机	台	2
无缝冠机	台	1~2
熔金器	台	4
电动熔金器	台	2
石毫膏模型切割机	台	1
石膏模型打孔机	台	1
牙科振荡器	台	2
电动真空搅拌机*	台	1
马福炉	台	1
高频离心铸造机	台	1

名称	单位	数量
高速金属切割机	台	1
喷砂机（钢托用）	台	1
笔式喷砂机（冠桥用）	台	1
超声波清洗器	台	1
电解抛光机	台	1
技工打磨机	台	4
烤瓷炉*	台	1
石膏模型修整机	台	1
电热高压灭菌器	台	1
电热煮沸消毒器	台	1
手提消毒器	台	2
电冰箱	台	1
口腔检查器械	台	120
充填治疗器械	台	40
髓病治疗器械	台	40
洁牙器	台	40
牙周手术器械	台	5
牙及牙槽外科手术器械	套	10
观片灯	台	8
暗室及X线胶片冲洗设备	套	2
石膏调拌器械	台	40
蜡牙雕刻器械	台	80
各类技工钳	套	40
技工剪	套	40
技工小锤及小铁砧	套	40
技工大锤及大铁砧与附座	台	6
熔铅勺	台	20
分瓣缩颈器	台	40
牙科观测仪	台	10

名称	单位	数量
可调式全口𬌗架	台	40
石膏剪	台	10
型盒（7号）	套	40
携带式型盒架	台	20
冲蜡及热处理设备	台	4 *
空气压缩机	台	1

注：标"*"的设备为逐步配备设备。